朱旭东　丛书主编

中国教育改革开放40年

职业教育卷

和震　刘云波　魏明　等 著

北京师范大学出版集团
BEIJING NORMAL UNIVERSITY PUBLISHING GROUP
北京师范大学出版社

丛书编委会

总　序

今年是改革开放40周年，40年来我国教育取得了辉煌的成就。现在各个教育研究机构和出版机构都在总结40年的经验，出版各种丛书。这40年的成就是写多少书也说不周全的，但我想用五句话来做一个简要的概括。

第一，教育观念的转变。在解放思想的路线指导下，我们对教育的认识越来越深刻、越来越全面。特别是党的十八大以来，习近平总书记提出以人民为中心、教育公平是社会公平的重要基础、教育强则国家强的主张。今年教师节时，习近平总书记在全国教育大会上的讲话中首先强调教育对新时代坚持和发展中国特色社会主义的战略意义。他指出，教育是民族振兴、社会进步的重要基石，是功在当代、利在千秋的德政工程，对提高人民综合素质、促进人的全面发展、增强中华民族创新创造活力、实现中华民族伟大复兴具有决定性意义。教育是国之大计、党之大计。习近平总书记同时指出，教育的根本问题是培养什么人、怎样培养人、为谁培养人。中国共产党领导的社会主义教育，就是要培养德智体美劳全面发展的社会主义建设者和接班人。

第二，教育事业的发展。40年来，我国全面普及了九年义务教育；学前教育已提前完成了《国家中长期教育改革和发展规划纲要(2010—2020年)》提出的到2020年的指标，2017年学前毛入园率达到79.6%；高中阶段教育基本普及，2017年毛入学率为88.3%；高等教育，包括研究生教育实现了跨越式发展，2017年各类高等教育在学总规模达到3 779万人，高等教育毛入学率达到45.7%。2017年，全国有2.7亿人在各级各类学校学习，我国成为世界上受教育人口最多的教育大国。

第三，教育制度的创新。改革开放以来，我国逐步制定教育法律法规并不断完善。1980年通过了《中华人民共和国学位条例》，之后，我国逐步制定了《中华人民共和国义务教育法》《中华人民共和国教师法》《中华人民共和国教育法》《中华人民共和国职业教育法》《中华人民共和国高等教育法》《中华人民共和国民办教育促进法》等，并根据教育事业的发展进行了修订或修正，使教育治理有法可依。现在希望尽早制定学前教育法、学校法，使幼儿园和学校的发展得到法律保障。

第四，教育科学的繁荣。改革开放之前，教育理论界人数很少，缺乏对教育实践中的理论问题和实际问题的研究。40年来，中国特色社会主义教育理论体系初步形成，教育理论有了较大发展。教育科学的繁荣呈现出如下一些特点：一是改变了以前一本《教育学》一统天下的局面，恢复和创建了许多新兴学科，如教育哲学、教育经济学、教育社会学、比较教育学、课程与教学论等，研究成果丰硕；二是教育理论研究重视宏观战略研究，为我国教育事业发展的科学决策做出了一定的贡献；三是教育科学研究从书斋走向基层，教育理论工作者与广大教师共同开展教育研究，把教育改革落到实处，不仅提高了教育质量，而且积累了丰富的经验。

第五，从请进来到走出去。改革开放初期，我们打开窗户，发现世界教育已经走向现代化，于是我们如饥似渴地引进西方教育的先进理念、教育改革的经验，逐渐使我国的教育恢复起来，教育事业得到迅速发展。20世纪90年代，我国教育学界开始走自己的路，创造中国特色社会主义教育理论和经验。特别是上海在PISA(国际学生评估项目）中数次名列前茅，让外国学者对中国教育刮目相看。世界也在学习中国的教育经验。讲好中国教育故事是今后教育工作者的任务。我国多部教育著作已经被译成外文出版。2006 年，高等教育出版社就与 Springer 出版社合作出版了英文版杂志 *Frontiers of Education in China*，至今已 12 年，杂志受到外国学者的重视。这些都是中国教育走出去的标志。我们既要不断吸收世界优秀文明成果，又要讲好中国教育故事，让世界了解中国。

今后中国教育界应以习近平新时代中国特色社会主义思想为指导，贯彻落实党的十九大精神，深化教育改革，发展素质教育，推进教育公平，让每个孩子享有公平而有质量的教育。

北京师范大学出版社组织教育学术界同人，编写这套“中国教育改革开放 40 年”丛书，包括学前教育、义务教育、高中教育、高等教育、教师教育、职业教育、民办教育、终身教育、教育技术、课程与教学、政策与法律、关键数据与国际比较 12 卷。它是 40 年教育改革开放的总结，丰富了教育学术宝库。出版社要我写几句，是为序。

2018 年 11 月 5 日于北京求是书屋

目　录

第一章　职业教育事业发展与成就　1

第一节　我国现代职业教育的历史基础　2
第二节　中等职业学校教育发展情况　13
第三节　高等职业学校教育发展情况　58
第四节　职业培训发展情况　84

第二章　职业教育的立法与政策演变　96

第一节　职业教育的立法与政策回顾　96
第二节　我国职业教育立法与政策的成就　120
第三节　我国职业教育立法与政策的问题　123
第四节　对我国职业教育政策的建议　127

第三章　我国职业教育管理体制与办学体制改革　132

第一节　社会经济发展的时代背景　133
第二节　职业教育管理体制改革　143
第三节　我国职业教育办学体制改革　154

第四章　职业教育财政改革与资助体系　188

第一节　公共财政保障力度增强　189

第二节　对民办职业教育的财政支持加强　206
第三节　中高职学生资助体系逐步确立　213

第五章　职业教育与培训体系建设　227

第一节　建立现代职业教育体系　227
第二节　职业教育体系的纵向贯通　231
第三节　倡导终身学习，推进职业教育和培训工作　250
第四节　完善职业资格认证制度　266

第六章　职业教育人才培养模式改革　279

第一节　人才培养模式的演进　280
第二节　职业教育人才培养目标　287
第三节　职业教育招生制度改革　292
第四节　职业教育专业管理与平台建设　307
第五节　职业教育教学管理制度改革　313

第七章　职业教育教师队伍建设与专业化　325

第一节　职业教育师资队伍制度建设　326
第二节　师资培养培训体系建设　339
第三节　“双师型”教师队伍建设　345
第四节　兼职教师队伍建设　357
第五节　师资队伍建设的现状与经验　362

第八章　职业教育课程改革　371

第一节　课程改革的阶段化特征　371

第二节　课程模式的引入和借鉴　375
第三节　国内课程开发的理论与实践　384
第四节　课程体系的构建与发展趋势　393
第五节　课程改革的成就、问题与建议　402

第九章　职业教育发展的基本经验与未来展望　414

第一节　职业教育发展的基本经验　415
第二节　职业教育发展的未来展望　436

后　记　446

第一章

职业教育事业发展与成就

我国当代职业教育体系的建立与发展具有深厚历史基础，经历了一个跌宕起伏的历史发展过程。在我国古代，职业技能的学习主要采用传统学徒制的形式，是师徒授受学习和生产服务中各种非正式学习。清朝洋务运动时期创办了一批以军事和工、农、商各业所需技术技能为学习内容的新式学堂，标志着现代职业教育学校体系的初创。民国时期职业学校教育正式进入学制。中华人民共和国成立后，建立起了门类齐全的工业体系和配套的产业体系，培养国民经济各行各业急需的中等职业技术人才的中等专业技术学校和技工学校得到迅速发展。现如今具有中国特色的职业教育体系不断完善与创新。总体来看，职业教育在我国经历了多年的曲折前进，表现出了强大的生命力，尤其是改革开放40年来，职业教育发展虽有起伏，但是始终承担着中等教育和高等教育两个阶段中教育结构调整的重任，肩负着培养多样化人才、传承技术技能、促进就业创业的重要职责，职业教育已经成为国民教育体系和人力资源开发的重要组成部分，是广大青年打开通往成功大门的重要途径，服务经济社会和改善民生的能力不断提升，为国家的现代化培养数以亿计的技能人才和高素质劳动者，为实现“两个一百年”奋斗目标和中华民族的伟大复兴提供坚实的人才保障。

第一节　我国现代职业教育的历史基础

一、从古代职业教育至民国时期职业学校

从教育起源看，职业技术教育源于人类早期的生产和生存活动，技能学习的历史源远流长，这一点是毋庸置疑的。虽然中国古代关于教育的典籍非常丰富，但是由于技术技能活动本身的情境性、隐晦性特征，以及其他社会政治和文化因素，导致直接记录古代百工师徒教学的著作寥寥无几，今天人们往往只能凭借古代技术类典籍和流传至今的工匠作品实物来推测古代不同时期职业技术教育的状况。

我国古代技术著作蕴含丰富的职业教育思想，反映了古代不同时期职业教育的风貌。我国古代第一部技术著作是战国时期的《考工记》，后来还有记录各行各业的技术著作，如北魏末年的《齐民要术》，宋代建筑行业的《营造法式》，明代综合类技术著作《天工开物》，明代兽医行业的《元亨疗马集》，明代珠算技能的《盘珠算法》和《算法统宗》，清代种植类的《烟草谱》，等等。

《考工记》开篇给“百工”以定论，确立了工农商各业劳动者在国家发展中的重要地位：“国有六职，百工与居一焉……坐而论道，谓之王公；作而行之，谓之士大夫；审曲面执，以饬五材，以辨民器，谓之百工；通四方之珍异以资之，谓之商旅；饬力以长地财，谓之农夫；治丝麻以成之，谓之妇功。”如今三百六十行，行行需要训练有素的工匠和技能工作者。

在我国古代，技艺虽然不如精英阶层推崇的儒家道统更吸引人，却是广大人民群众生存和发展的依靠。对于普通人群来说，读书求仕途，成功的往往是千里挑一，且时间成本很高，前景渺茫，因而学习技艺就成为安身立命的现实需求和较为上等的出路。也不断有

贤者告诫晚辈们应该学技在身，如《增广贤文》有道“家有良田万顷，不如薄艺在身”，南北朝《颜氏家训》有道“谚曰：积财千万，不如薄伎在身”(伎同技)。对于国家而言，大批各行各业有技能的工匠是国家进行生产和建设、提升经济实力和军事实力的重要人力支撑，古代几乎各个朝代都设置了管理工匠的政府部门，建立起了相应的工匠管理制度。

在职业学校出现之前，传统艺徒制一直是技能授受的主要形式和青年人职业化的主要途径，并沿用至中华人民共和国成立初期。传统艺徒制是在手工作坊和工场中由师傅在生产劳动中训练学徒使其掌握技能技巧的制度。师徒在工作中形影相随，传授技艺的同时，也传递了耐心、专注、精益求精的工匠精神，这种精神的获得依赖于人际间的情感交流和行为感染，这往往是现代工业化的组织制度与操作流程所缺少的。手工作坊和工场中的师傅相对于学徒而言享有很高的地位，学徒地位低下，教育的成效因人而异。一个师傅只能同时指导为数不多的学徒，学徒学成出师的期限一般较长，长的达到6～8年。中国古代工匠师傅的杰出代表是鲁班，各行各业的工匠都有各自行业尊敬的先师大匠。春秋时期就有了“物勒工名”的产品质量保障制度，在很大程度上保障了艺徒制的质量。能工巧匠也世代不绝，但是能著书立传、使其事迹流传的工匠却不多。传统艺徒制的保守和封闭的特点也是许多优秀的独门绝技得不到长久传承的原因之一。

建立近代职业技术学校的最早尝试，是清末改革中出现的一批技术类新式学堂。从诞生之初，近代职业技术学校就与国家富强、民族振兴的呼唤紧紧联系在一起。最早的近代职业技术学校是1866年左宗棠奏请清政府批准成立的福建船政学堂(初建时称“求是堂艺局”)，开设制造班、驾驶班、管轮班，培养海军所需的造船、驾驶等工业技术人才，由此开启了一个新的教育时代。与进学堂、读圣贤书再参加科举取士的路径不同，科学技术开始进入学堂，通过进入职业技术学校学习技术技能来经世致用、安身立命的路径出现了。中华民国成立后，政府革新学制，职业学校开始建立起来。虽然数量不多，但已经正式成为教育体系的一个组成部分。民国时期民间发展职业教育的代表人物是黄炎培，他于1917年发起成立中华职业教育社，推动举办职业学校，提出大职业教育主义，以“使无业者有业，使有业者乐业”为职业教育目的，推崇手脑并用、敬业乐群、双手万能，呼唤树立职业平等的新社会观念，即职业无贵贱高下，苟有益于人群者皆是无上上品。黄炎培的职业教育思想和实践对于改造中国传统教育的弊端、发展职业教育、培育实用技术人才做出了巨大的贡献。

二、中华人民共和国成立至“文化大革命”结束的职业教育

（一）中华人民共和国成立头17年职业教育体系的建立与发展

我国职业教育的称谓几经改变：清朝末年时称为“实业教育”；1912年至1949年一直使用“职业教育”的称谓；中华人民共和国成立后改称为“中等技术教育”（后来又称为“中等专业教育”），1958年时曾使用“职业（技术）教育”的称谓；20世纪80年代使用过“职业技术教育”的术语；1996年《中华人民共和国职业教育法》颁布，开始正式使用“职业教育”一词，并与“职业技术教育”一词共存。不同的称谓体现了不同时期对职业教育的不同理解。

从1949年中华人民共和国成立到“文化大革命”开始前，这17年是中华人民共和国教育的起步和建设阶段，是我国职业教育发展历史上的一个重要阶段，这一时期中华人民共和国职业教育体系逐步建立与发展。在这17年里，广大教育工作者为探索社会主义教育的发展道路做出了不懈的努力，职业教育在这样的大背景下，虽几经波折，但也积累了大量的宝贵经验。我国职业教育现在的发展局面离不开中华人民共和国成立初期打下的基础和留下的宝贵经验。根据不同时期不同的政治经济背景，职业教育的方针和任务也进行

了变化和调整，这 17 年可以被划分为两个阶段：改造与建立时期(1949—1952 年)、调整与发展时期(1952—1966 年)。

1. 职业教育改造与建立时期

中华人民共和国成立初期，国家面临着巩固政权和全面建立经济体系的重任。中国共产党领导人民开展了不同形式的政治运动，政治一直主导着社会发展的各个领域，也决定了这个时期职业教育的定性和价值导向。我国当时经济上处于百业待兴的状态，工业基础薄弱，各类工业发展大多为空白。但是国家的目标是建立全面的工业体系，国民经济处于亟须恢复的关键时期，亟须发展专业门类齐全的职业教育以培养国民经济各行各业需要的技术技能人才。具有宪法性质的《中国人民政治协商会议共同纲领》为全国政治、经济、教育等方面的建设确定了基调。1950 年抗美援朝、土地改革相继进行。1953 年，中共中央提出了过渡时期的总路线：要在一个相当长的时期内，逐步实现国家的社会主义工业化，并逐步实现国家对农业、对手工业和对资本主义工商业的社会主义改造。国家采取了一系列方针政策来建立和发展职业教育，具体有以下几点。

第一，在解放战争时期中国人民解放军就开始接管旧学校的工作，在党中央的领导下，采取了妥善的措施对国民党当局建立的学校进行了接管，保留了重要的教育资源，并加强对接管学校师生的革命政治教育，为之后职业教育的发展奠定了一定基础。

第二，1949 年颁布的《中国人民政治协商会议共同纲领》对中华人民共和国教育的性质、任务做了明确的阐述，规定中华人民共和国的文化教育为新民主主义的，即民族的、科学的、大众的文化教育。在《文化教育政策》一章中，指出加强中等教育和高等教育，注重技术教育，加强劳动者的业余教育和在职干部教育，以适应革命工作和国家建设工作的广泛需要。

第三，1951 年 6 月，教育部在北京召开了第一次全国中等技术教育会议。会议讨论了中等专业教育的方针以及中等专业学校的学制、领导关系等问题。会议认为，中等技术教育的基本方针任务是根据新民主主义的教育政策，从国家建设的实际需要出发，整顿与发展中等技术学校，以理论与实际一致的方法，培养大批具有一般文化、科学基本知识，掌握现代技术，身体健康，全心全意为人民服务的初、中级技术人才。全国中等技术教育采取以调整、整顿为主，有条件地发展的方针。会议明确中等技术学校以改归业务部门领导为原则。此后，《中央人民政府政务院关于整顿和发展中等技术教育的指示》《中等技术学校暂行实施办法》等四个文件颁发。①

第四，为了提高工农干部和工农群众的文化水平，并且使他们的子女享有更多的学习机会和较好的学习条件，以便培养技术人才，国家采取了教育向工农开门的方针。1951年政务院《关于改革学制的决定》确定设立初级技术学校，吸收难以受到完全初等教育的学生入学，为他们的就业创造条件。各类中等技术学校也都提高了人民助学金标准，减免学杂费。

第五，政务院《关于改革学制的决定》对中等技术学校的学制也进行了规定。中等技术学校按性质分为工业、交通、农业、林业等类，按程度分为技术学校和初级技术学校两种。前者招收初中毕业生或具有同等学力者，修业年限为2～4年；后者招收小学毕业生或具有同等学力者，修业年限也为2～4年。各类技术学校须附设短期技术训练班或技术补习班。② 中等技术学校要重视学生的实习，中等技术学校的普通课授课时数一般应以不少于授课总时数的25％、不多于45％为原则，学生的实习应列入教学计划，除校内实习外，要求学生到工厂、农场(农村)等进行实习。学校的技术课应设一定数量的专任教师，并由各主管业务部门从企业或业务单位的技术人

① 毛礼锐、沈灌群：《中国教育通史》第六卷，12页，济南，山东教育出版社，1989。

② 李蔺田：《中国职业技术教育史》，234页，北京，高等教育出版社，1994。

员中聘请兼任教师。学校与企业或业务单位试行建立定期交流技术课教师和技术人员的制度。①

第六，1952 年 11 月，中央人民政府委员会第十九次会议通过决议，成立高等教育部，高教部成立了中等技术教育司，专管职业教育工作，各级各类中等技术学校由各级人民政府教育部门与各有关业务部门分工领导。各类中等专业学校均归中央各有关业务部门主管。②

短短几年里，我国的职业技术教育有了明显的发展与改进。

首先，各类专业技术学校成为学制的组成部分。政务院《关于改革学制的决定》明确规定技术学校、专门学院、专科学校和专修科的地位和制度，以适应培养大量国家建设人才特别是技术人才的需求。

其次，中等技术教育有了较大发展。根据 1952 年年底的统计，全国各类中等技术学校(不含中等师范学校)共 792 所，比 1950 年增加了 56%，学生 298 811 人，比 1950 年增加了 164%。③

再次，各种速成性质的技术培训班、业余技术补习班和短训班也得到了发展，使正规的、速成的、业余的专业教育相互配合发展。截至 1952 年年底，全国中等技术学校附设短训班的共有 96 所，在校学员共有 29 390 人。④

2. 职业教育调整发展时期

从 1952 年到 1965 年，我国进行了卓有成效的社会主义改造，实行了两个五年计划。社会主义经济建设取得了重大成就。1956 年中共八大召开，提出了“集中力量发展社会生产力，实现国家工业化，逐步满足人民日益增长的物质和文化需要”的方针。同年底，我国掀起“大跃进”运动。从 1959 年到 1961 年，国民经济遇到严重困

①② 孙琳：《新中国职业教育的发展与变革》，载《中国职业技术教育》，2008(33)。

③ 毛礼锐、沈灌群：《中国教育通史》第六卷，50 页，济南，山东教育出版社，1989。

④ 李蔺田：《中国职业技术教育史》，241 页，北京，高等教育出版社，1994。

难，1961年党中央决定对国民经济实行“调整、巩固、充实、提高”的方针。

此阶段采取的与职业教育相关的方针政策如下所述。

第一个五年计划的顺利实现需要大量的从各类高等和中等学校毕业的专门人才，这就要求国家有计划地调整、扩大和开办各类高等和中等专业学校，并充分利用企业和机关的有利条件，训练培养各类建设人才，提高在职干部的理论、政策、业务、文化、技术水平。1953年7月，《高等教育部关于中等技术学校(中等专业学校)设置专业的原则的通知》借鉴了苏联中等专业教育的经验，要求各业务部门在制订中等技术学校专业设置计划时，以中央各业务部门集中统一计划为原则，学校之间应适当分工，所设专业力求集中单一。① 1953年，政务院决定由劳动部门对全国技工学校进行综合管理。1954年，中央财经委员会批转《劳动部关于技工学校暂行办法草案》，规定技工学校按产业部门分别设置，各产业管理部门应根据自己对技工的需要设立技工学校。对于技工学校的学制，该文件规定技工学校的学习期限为两年，招收高小毕业及以上文化程度的青年。技工教育制度逐步建立起来。

第二个五年计划以及中共八大做出的决议要求进一步发展高等教育和中等专业教育。教育部门根据这一要求制订了教育发展计划，扩大中等专业学校学生规模，完善专业设置，并大力举办各类中学，如农业中学、工业中学和手工业中学。

1958年“教育与生产劳动相结合”的方针被提出，毛泽东也提出一切中等技术学校和技工学校，凡是可能的，一律试办工厂或农场，进行生产，做到自给或半自给，学生实行半工半读。在这一方向的指引下，中等技术学校逐步将生产劳动列为正式课程，进一步补充完善生产设施，结合教学生产产品，建立生产劳动实习基地，学校

① 李蔺田：《中国职业技术教育史》，258页，北京，高等教育出版社，1994。

的生产计划也被纳入了省市生产计划。①

1958年刘少奇提出了“两种教育制度、两种劳动制度”的设想。同年9月，《中共中央国务院关于教育工作的指示》提出多快好省地发展教育事业，有几大并举：教育部门办学和业务部门办学并举，中央办学和地方办学并举，国家办学和厂矿、企业、农业合作社办学并举。② 1964年，教育部进一步贯彻执行“两条腿走路”的方针，逐步实行两种教育制度，城市坚决贯彻执行普通教育与职业(技术)教育并举，积极发展职业教育。

由于在1958年教育“大跃进”过程中教育管理权被下放，多渠道办学局面形成，教育事业计划失去控制，给国家造成了很大困难。1961—1962年，教育部召开会议，对职业教育进行调整。会议决定大幅度裁并中等专业学校，精简教职工，提倡人民办学，调整招生计划指标，等等。1964年，中共中央、国务院发布了由教育部拟定的《中小学教育和职业教育七年(1964—1970年)规划要点(初步草案)》，推进发展城市职业教育。

这段时期的职业教育经过发展、调整、恢复，积累了一定的办学经验，具备了比较完整的规章制度和较好的教学条件，建立了一批基础相当好的学校，逐步形成了较完善的职业教育体系。到1965年，全国已有中等职业技术学校871所，在校生39.2万人；中等师范学校394所，在校生15.5万人；技工学校400所，在校生12.3万人。中等专业学校、技工学校、农业高中、职业高中的招生总数高达87.2万人，而当时普通高中招生数仅为45.9万人，国家高中阶段教育结构比较合理。③

以中等专业教育和技工教育为主体，包含农业中学和职业中学，

---

① 李蔺田：《中国职业技术教育史》，293页，北京，高等教育出版社，1994。

② 同上书，294页。

③ 杨进：《建国五十周年职业教育的成就与经验》，载《中国职业技术教育》，1999(12)。

各种培训相结合的中等职业教育制度逐步建立起来。专业技术教育提高了专业干部和技术工人的文化水平和技能，为我国此后30多年的社会主义建设事业培养了几十万中级骨干人才和技术工人，对我国经济建设和工业体系的建立起了重大作用。①

职业教育的管理体制和办学体制基本确立。中等专业教育的管理权在高等教育部和教育部之间几经更替，最终为了促进职业技术教育的发展，贯彻两种教育制度，1964年原先设在高等教育部的负责管理中等专业学校的中等专业教育司被划到教育部，与教育部原先分管全国技工学校和城市、乡村职业学校的职业教育司合并，仍称为中等专业教育司。② 同时，技工学校的综合管理工作由劳动部划归教育部，而地方劳动部门办的技工学校仍由地方劳动部门直接领导。

(二)“文化大革命”时期的职业教育

我国教育在沧桑岁月中不断改革，历经风雨，积累无数宝贵的经验，但也有惨痛的历史教训。“文化大革命”的10年里，不仅国民经济遭受沉重打击，而且我国教育事业也受到极大破坏。我国刚刚起步的职业教育，在“文化大革命”中经受了磨难，又在艰苦努力中艰难恢复。教育与政治关系密切，教育事业的发展受政策的强大影响。“文化大革命”时期的一系列政策使职业教育处境艰难。

1.“左”倾思想指导下的教育政策与职业教育

“文化大革命”中一系列教育政策与“左”倾教育思潮的出现直接相关。早在“文化大革命”开始前，我国教育界、学术界就已存在一些“左”倾教育观点。在贯彻“教育必须为无产阶级政治服务，必须同生产劳动相结合”这一方针的过程中，出现了师生过多参加生产劳动，用劳动代替学习的问题，使得正常的教学秩序遭到破坏，教育

---

① 孙琳：《新中国职业教育的发展与变革》，载《中国职业技术教育》，2008(33)。

② 李蔺田：《中国职业技术教育史》，316页，北京，高等教育出版社，1994。

质量受到影响。在教育事业的发展问题上搞“大跃进”，不顾实际条件大办大中专学校，盲目缩短学制，等等。“文化大革命”中一系列对教育事业有直接重大影响的政策的出台都与“左”倾教育思潮的形成和发展相伴，给教育事业带来沉重的打击，使职业教育遭到破坏。

1966 年至 1970 年，职业教育在动荡中受到了严重的破坏。各类学校被大量撤销、停办、停止招生或改为工厂；学校停办，教师被下放或转入其他行业，使得各类中等专业学校的教师流失；校舍被占用，教学设备、图书仪器等也被损坏。

2. 职业教育在动乱中艰难恢复

由于社会经济发展的需要，加上广大职业教育工作者的努力，中央和地方各界对恢复和办好中等专业学校的呼吁越来越强烈。从 1970 年下半年到 1976 年“文化大革命”结束，职业教育在艰难的条件下得到了恢复。

在周恩来、邓小平等国家领导人的努力下，颁布了一些行之有效的教育政策，如恢复高校招生，要求加强大学理科基础理论教学，等等。在 1971 年全国教育工作会议上，周恩来总理肯定了恢复、兴办中等专业学校的必要性。① 1975 年在邓小平的指导下，教育事业包括职业教育事业得到了一定的恢复，但不久后刚刚起步的教育整顿工作又陷入了困境。

1971 年的全国教育工作会议上，国务院有关部委和各省市代表强烈要求恢复和办好中等专业学校和技工学校，这次会议对于职业教育的恢复起了一定的促进作用。会议期间，与会人员对于当时中专被撤销或停办所造成的问题有了较清醒的认识，工人缺乏技能、工厂生产技术急需提高等现状迫切要求恢复中专办学。会后发布的

---

① 1971 年 7 月 6 日周恩来总理在接见全国教育工作会议领导小组时指出：中专可以委托厂矿来办，或联合办，或地方办，多种多样。从而肯定了中专要办。李蔺田：《中国职业技术教育史》，341 页，北京，高等教育出版社，1994。

《全国教育工作会议纪要》第九条写道："中等专业学校和技工学校是我国普及科学技术、文化教育的一支重要力量，必须认真办好。"会议结束后，从中央到地方开始着手恢复中等专业学校。①

职业教育遭受的破坏也给全社会教育、经济各方面造成了深远影响。中等教育结构单一，中等专业教育在中学阶段教育中所占的比重过低。普通高中、初中毕业生缺乏劳动就业必要的职业技能。同时，各行各业急需技术力量，职工的技术文化水平难以提高，而后备力量又不能及时补充。这些情况对国家的建设事业、社会的安定、经济的发展等都有直接的影响 。1971 年到 1976 年，中等专业教育得到了显著恢复，甚至在数量上超过了 1965 年的水平。1965 年时中等技术学校共 871 所，在校学生数 39.2 万人；到 1971 年时，中等技术学校数为 955 所，而在校学生数骤降到了 9.8 万人，1976 年，中等技术学校数达 1 461 所②，在校学生数基本恢复到了 1965 年的水平，达到了 38.6 万人。技工学校也有了显著的恢复和增加，甚至超过了 1965 年的水平。③而半工半读学校、职业中学和农业中学在这一时期仍然没有得到恢复。

恢复中等专业学校和技工学校的办学后，1973 年国务院批转了国家计委和国务院科教组《关于中等专业学校、技工学校办学中几个问题的意见》，对于这些学校的培养目标、学制、招生方法及教学工作等一系列问题做了规定。该文件规定，中等专业学校是为社会主义革命和社会主义建设培养中等专业人才的学校，技工学校则培养有社会主义觉悟、有文化的技术工人，对中专、技工学校的培养目标做了区分。此外，这两类学校的学制也被缩短。

①③ 李蔺田：《中国职业技术教育史》，341 页，北京，高等教育出版社，1994。
② 该统计数据不含中等师范学校和技工学校。

第二节 中等职业学校教育发展情况

根据《中华人民共和国职业教育法》，中等职业学校教育由中等职业学校实施，“其他学校按照教育行政部门的统筹规划，可以实施同层次的职业教育”。在《2017年全国教育事业发展统计公报》中，中等职业教育被包含在高中阶段教育之内，“中等职业教育包括普通中等专业学校、职业高中、技工学校和成人中等专业学校”。2016年我国职业初中数下降到16所，全国职业初中在校学生数仅为3 734人，职业初中的数量和规模都比较小。因此，这一节所描述的中等职业学校指提供高中阶段职业教育的学校，包含普通中等专业学校、职业高中、技工学校和成人中等专业学校，不包含其他同层次职业教育的学校。

这一节将根据已有的统计数据①，描述我国实施中等职业学校教育的学校、教育者、受教育者的情况以及教育成果；既纵向呈现改革开放40年以来中等职业学校教育发展变化的情况和趋势，也横向对不同地区、不同类型的中等职业学校教育进行比较。

一、中等职业学校

（一）中等职业教育学校数量的变化情况

高中阶段职业学校教育主要在四类中等职业学校中进行，分别是普通中等专业学校、职业高中、技工学校和成人中等专业学校。中等职业学校在“文化大革命”中遭到了比较严重的破坏，“文化大革命”结束后，只剩下少量的中等专业学校和技工学校。20世纪70年代末至80年代初，中等职业教育开始恢复发展。1980年教育部、国家劳动总局《关于中等教育结构改革的报告》的出台促进了中等职业

① 本章中所使用的数据均未包括香港特别行政区、澳门特别行政区和台湾省。

教育的发展，也促进了由普通高中改办而成的职业高中的诞生。①如表1-1与图1-1所示，1978—1988年，中等职业教育学校数持续

表1-1 各年度中等职业教育学校数与1978年中等职业教育学校数的比值

年份	中等职业教育学校数（所）	与1978年中等职业教育学校数的比值(1978=1)	年份	中等职业教育学校数（所）	与1978年中等职业教育学校数的比值(1978=1)
1978	2 760	1.00	1998	22 174	8.03
1979	3 033	1.10	1999	21 542	7.81
1980	3 459	1.25	2000	19 727	7.15
1981	3 693	1.34	2001	17 580	6.37
1982	3 927	1.42	2002	15 919	5.77
1983	4 498	1.63	2003	14 682	5.32
1984	8 852	3.21	2004	14 454	5.24
1985	14 190	5.14	2005	14 466	5.24
1986	15 273	5.53	2006	14 693	5.32
1987	15 726	5.70	2007	14 832	5.37
1988	20 570	7.45	2008	14 847	5.38
1989	20 729	7.51	2009	14 388	5.21
1990	20 763	7.52	2010	13 862	5.02
1991	20 931	7.58	2011	13 083	4.74
1992	21 338	7.73	2012	12 654	4.58
1993	21 627	7.84	2013	12 262	4.44
1994	21 907	7.94	2014	11 878	4.30
1995	22 072	8.00	2015	11 202	4.06
1996	22 151	8.03	2016	10 893	3.95
1997	22 229	8.05			

注：根据国家统计局及教育部提供的年度数据，2003年之后的中等职业教育学校数即为普通中专、职业高中、技工学校和成人中专学校数的总和。1978—2002年，国家统计局的统计口径可能有变动，国家统计局、教育部与

① 和震：《我国职业教育政策三十年回顾》，载《教育发展研究》，2009(3)。

《中国教育统计年鉴》的统计口径存在差异，国家统计局的年度数据中缺少2003年以前职业高中和成人中专的数量，以及1981年之前技工学校的数量，所以不能确定国家统计局提供的中等职业教育学校数具体指哪些学校。本节暂采用此数据以反映改革开放以来中等职业教育大致的变化情况。

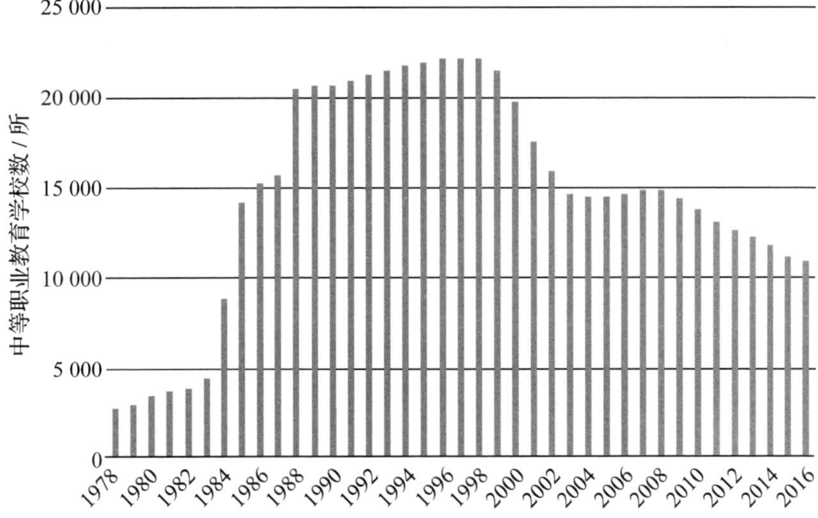

图1-1　1978—2016年中等职业教育学校数

增长。1988—1998年，尽管增速减缓，但中等职业学校的数量仍然在增长，这一时期是中等职业教育的发展阶段。从1999年开始，中等职业学校的数量总体呈现下降趋势，尽管2004—2008年有小幅回升，但是2008年中等职业教育学校数比1998年下降了约33.0%；2016年中等职业教育学校数比2008年又下降了约26.6%。这一变化既与人口变化有关，也与中等职业教育在这一时期的发展滑坡和调整有关。

（二）各类中等职业教育学校数量的变化情况

中等职业教育学校包括普通中等专业学校、技工学校、职业高中和成人中等专业学校。如表1-2、图1-2所示，各类中等职业学校的变化情况与中等职业学校整体的变化情况相似，但各类学校之间也存在差异。1978—2002年，技工学校与普通中等专业学校的数量比较接近。20世纪90年代，技工学校的数量一度多于普通中等专业学校。从2003年开始，普通中等专业学校的数量超过技工学校，2016年，普通中专学校数较技工学校数高出约34.5%。职业高中和成人中专的数据有部分缺失，仅从现有数据来看，2003年职业高中的数

表1-2　1978—2016年各类中等职业教育学校数

年份	技工学校数（所）	普通中专学校数（所）	年份	职业高中数（所）	技工学校数（所）	普通中专学校数（所）	成人中专学校数（所）
1978		2 760	1998		4 362	4 109	
1979		3 033	1999		4 098	3 962	
1980		3 069	2000		3 792	3 646	
1981		3 132	2001		3 470	3 260	
1982	3 367	3 076	2002		3 075	2 953	
1983	3 443	3 090	2003	5 824	2 970	3 065	2 823
1984	3 465	3 301	2004	5 781	2 884	3 047	2 742
1985	3 548	3 557	2005	5 822	2 855	3 207	2 582
1986	3 765	3 782	2006	5 765	2 880	3 698	2 350
1987	3 952	3 913	2007	5 916	2 995	3 801	2 120
1988	3 996	4 022	2008	5 915	3 075	3 846	1 983
1989	4 102	3 984	2009	5 652	3 064	3 789	1 883
1990	4 184	3 982	2010	5 206	2 998	3 938	1 720
1991	4 269	3 925	2011	4 802	2 914	3 753	1 614
1992	4 392	3 903	2012	4 517	2 892	3 681	1 564
1993	4 477	3 964	2013	4 267	2 882	3 577	1 536
1994	4 430	3 987	2014	4 067	2 818	3 536	1 457
1995	4 521	4 049	2015	3 907	2 545	3 456	1 294
1996	4 467	4 099	2016	3 726	2 526	3 398	1 243
1997	4 395	4 143					

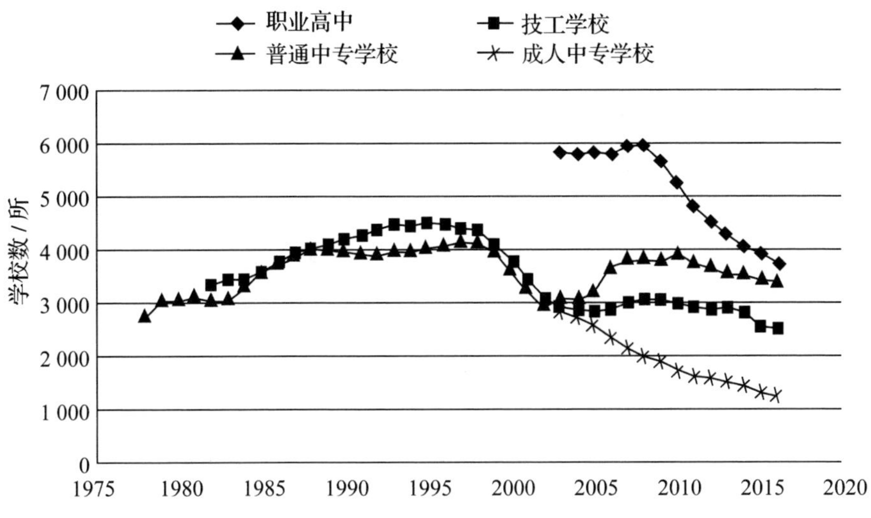

图 1-2 1978—2016 年各类中等职业教育学校数变化情况

量在各类中等职业学校中位居第一，约占总数的 39.6%；但是从 2008 年开始，职业高中的数量急剧下降，至 2016 年已与普通中等专业学校的数量接近，较 2003 年下降了约 36.0%。成人中等专业学校的数量从 2003 年开始持续下降，2016 年与 2003 年相比下降了约 56.0%，可见成人中专学校数的减少速度也相对较快。总体而言，进入 21 世纪之后，职业高中、成人中专和技工学校的数量都呈现出不同程度的下降，普通中专的数量有所波动，下降趋势相对比较平稳。

(三)中等职业教育学校的地区分布

横向来看，我国中等职业学校的分布存在地区差异。我国东部地区、中部地区中等职业学校分布较为密集，其中位于中部地区的河南省有约占全国总数 7.5%的中等职业学校，数量位居全国第一。西部地区的中等职业学校数相对较少，不过位于西部的四川省有着约占全国总数 4.9%的中等职业学校，位居全国第六。整体而言，我国中等职业学校的分布大致呈现出“东、中多，西少”，中等职业学校在各地区的分布不均衡(详见表1-3)。①

表1-3 2015年各地区中等职业教育学校(机构)数

地区	中等职业教育学校(机构)数	地区	中等职业教育学校(机构)数	地区	中等职业教育学校(机构)数
北京	122	福建	279	安徽	495
天津	108	江西	497	四川	550
河北	801	山东	629	贵州	275
山西	542	河南	840	云南	418
内蒙古	299	湖北	421	西藏	9
辽宁	402	湖南	600	陕西	433
吉林	345	广东	644	甘肃	310
黑龙江	373	广西	319	青海	54
上海	98	海南	90	宁夏	53
江苏	374	重庆	185		
浙江	357	新疆	280		

(四)民办中等职业教育学校情况

借助市场力量和社会力量调整办学体制是我国职业教育发展过程中的一个明显特征。1993年出台的《中国教育改革和发展纲要》提出："职业技术教育和成人教育主要依靠行业、企业、事业单位办学和社会各方面联合办学。"1994年发布的《国务院关于〈中国教育改革和发展纲要〉的实施意见》明确指出："职业教育和成人教育应面向社会需要，在政府统筹管理下，主要依靠行业、企事业单位、社会团体和公民个人举办，鼓励社会各方面联合举办。"职业教育举办主体

① 东部地区包括北京、天津、河北、上海、江苏、浙江、福建、山东、广东、海南10个省(直辖市)。中部地区包括山西、安徽、江西、河南、湖北、湖南6个省。西部地区包括内蒙古、广西、重庆、四川、贵州、云南、西藏、陕西、甘肃、青海、宁夏、新疆12个省(自治区、直辖市)。东北地区包括辽宁、吉林、黑龙江3个省。

的政策取向在这一时期发生了改变。但是市场机制并未帮助我国的职业教育发展摆脱困境，在国家投入不足的情况下，市场机制在资源配置、社会合作及教育公平方面都存在问题。在这种背景下，2002年出台的《国务院关于大力推进职业教育改革与发展的决定》在强调依靠企业、行业举办职业教育，鼓励和支持民办职业教育发展的同时，强化了政府举办职业教育的责任。①《国家中长期教育改革与发展规划纲要(2010—2020年)》中，也对"大力支持民办教育"和"依法管理民办教育"进行了详细阐述，在寻找政府干预和市场调节之间的平衡方面做出了积极的探索。

2009—2015年，民办中等职业学校的数量下降了约30.4%，尽管民办中等职业学校在中等职业学校总数中的占比也下降了2.37个百分点，但依然维持在20%左右，所以民办中等职业学校数量的下降基本适应中等职业学校整体的变化情况，民办中等职业教育在中等职业教育体系中发挥着重要的作用(见表1-4、图1-3)。

表1-4　民办中等职业教育学校数及占总数比例

年份	民办中等职业教育学校数(所)	民办学校数与中等职业学校总数的比
2009	3 198	22.23%
2010	3 123	22.53%
2011	2 856	21.83%
2012	2 649	20.93%
2013	2 482	20.24%
2014	2 343	19.73%
2015	2 225	19.86%

① 和震：《我国职业教育政策三十年回顾》，载《教育发展研究》，2009(3)。

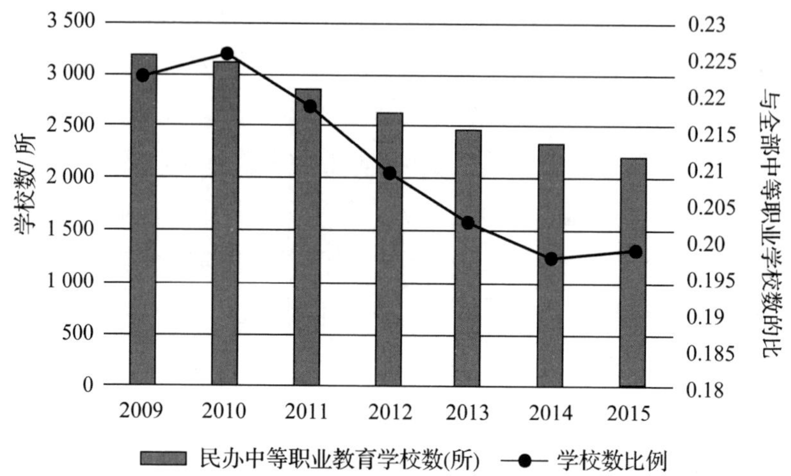

图 1-3　民办中等职业教育学校数及其与总数的比的变化情况

（五）中等职业学校的校舍与资产情况

必要的教学场所、设施、设备是学校开展教学工作的保障，此类硬件条件的发展水平也是衡量教育发展水平、影响教育发展质量的重要因素之一。改革开放以来，我国重视各级各类学校的硬件建设，标准和要求也随着时代的发展而逐步提高。① 根据《中华人民共和国职业教育法》，职业学校的设立必须符合四项基本条件，其中第三项为“有符合规定标准的教学场所、与职业教育相适应的设施、设备”，所以中等职业学校应当具备满足一定硬件条件的能力。

生均校舍建筑面积是学校办学的基本指标，2010年印发的《中等职业学校设置标准》提出的参考标准为“新建学校建筑规划面积不少于24 000平方米；生均校舍建筑面积指标不少20平方米。”2004—2009年，我国中等职业学校生均校舍建筑面积逐年减少，这可能与这一时期中等职业学校在校学生数的增长有关，尽管中等职业学校

① 曾晓东、曾娅琴：《中国教育改革30年：关键数据及国际比较卷》，62～65页，北京，北京师范大学出版社，2009。

校舍建筑面积的总量也在逐年增长，但无法完全适应学生数量增长的需要。2013—2016 年，尽管校舍面积总量有所下降，但由于中等职业学校的招生数持续减少，生均校舍建筑面积呈现出逐年增长的趋势。但是直至 2016 年，我国中等职业学校的生均校舍建筑面积仍未达到 20 平方米(详见表 1-5)。横向比较来看，2016 年全国普通高中生均校舍建筑面积为 20.8 平方米，多于中等职业学校。

表 1-5 2004—2016 年中等职业学校建筑面积情况

年份	学校产权校舍建筑面积(平方米)	实验室、实习场所建筑面积(平方米)	生均校舍建筑面积(平方米/人)	生均实验室、实习场所建筑面积(平方米/人)
2004	162 714 594	18 001 628	12.75	1.41
2005	166 198 337	18 705 474	12.45	1.40
2006	175 321 472	21 052 568	12.38	1.49
2007	184 814 707	23 245 065	12.03	1.51
2008	191 708 861	24 820 075	11.34	1.47
2009	187 574 495	25 118 590	10.57	1.42
2010	196 506 862	28 679 333	10.82	1.58
2011	204 590 061	32 493 133	11.49	1.83
2012	212 144 499	34 695 589	12.57	2.06
2013	214 011 336	36 032 845	13.21	2.22
2014	215 500 935	37 991 043	14.47	2.55
2015	213 114 059	39 480 865	16.09	2.98
2016	212 502 660	41 191 841	18.09	3.51

注：中等职业学校校舍与资产相关数据均来自于教育部的年度教育统计数据，只包含学校产权部分，表中使用的数据均只涉及普通中专、职业高中和成人中专，不包含技工学校的数据。生均建筑面积是用建筑面积除以普通中专、职业高中和成人中专在校学生数的和得到的，保留两位小数，可能存在误差。

《中等职业学校设置标准》未对实习、实训基地提出明确的要求。中等职业学校的实验室、实习场所建筑面积始终稳定增长，并且增长的速度可以适应因学生数量变化而产生的需求变化。与实验室、实习场所建筑面积的变化情况类似，中等职业学校的教学、实习仪器设备资产值也在持续增长。2004—2009年，其增长速度基本可以满足学生数量增长的需求；2013—2016年，生均教学、实习仪器设备资产值呈现出明显的增长趋势，且全国平均水平超过《中等职业学校设置标准》提出的工科类专业和医药类专业生均仪器设备价值不低于3 000元，其他专业生均仪器设备价值不低于2 500元的要求(见表1-6)。这一增长趋势体现出实习、实训在职业学校教学过程中的重要地位。

表1-6　2004—2016年中等职业学校固定资产情况

年份	固定资产值(万元)	教学、实习仪器设备资产值(万元)	当年新增教学、实习仪器设备资产值(万元)	生均教学、实习仪器设备资产值(元/人)
2004	11 701 311.98	2 485 161.61	302 098.39	2 115.49
2005	12 750 581.47	2 600 653.35	375 267.15	1 963.14
2006	14 937 779.13	2 745 654.68	388 910.08	1 843.87
2007	16 435 188.68	3 043 831.74	445 119.12	1 879.07
2008	17 191 976.35	3 302 058.91	507 566.78	1 955.92
2009	19 063 744.95	3 620 677.31	595 038.97	2 034.26
2010	21 585 342.05	4 076 383.55	627 142.58	2 244.16
2011	23 172 914.45	4 419 580.57	623 596.65	2 490.04
2012	24 587 549.74	4 934 855.52	638 787.91	2 920.24
2013	26 573 194.20	5 558 781.52	720 711.99	3 618.09
2014	27 789 926.76	6 074 550.07	738 579.65	4 288.99
2015	29 393 382.35	6 528 462.28	804 070.49	4 889.35
2016	31 088 732.98	7 094 397.43	902 957.55	5 560.48

在全球信息技术快速发展的背景之下，教育信息化逐渐引起了各方的关注。2015年，教育部发布《职业院校数字校园建设规范》，旨在推动职业院校数字校园建设走上规范化、科学化道路，从而推动职业教育信息化的良性发展。该文件指出，职业院校数字校园的

建设不仅是信息化技术系统的建设，“更重要的是突出机制创新，重视职业院校信息化组织结构与体系的构建”；推动职业教育信息化的发展，不仅是应用和推广信息技术，同时也旨在借助教育信息化变革职业教育的办学模式和教学模式，提升教育教学质量，促进职业院校改革与发展目标的实现。

2004—2016 年，中等职业学校教学用计算机的总数保持增长，且基本与学生数量的变化相适应。《中等职业学校设置标准》要求：“学校计算机拥有数量不少于每百生 15 台。”2013 年，全国平均水平已达到这一标准(见表 1-7)。从 2013 年开始，教育统计数据新增了对平板电脑数的统计，反映出教育信息化在硬件方面的升级。2016 年，全国不包括技工学校的中等职业学校共有平板电脑约 10 万台，每万名学生拥有 83 台平板电脑，平板电脑的普及程度较低，其数量

表 1-7　2004—2016 年中等职业学校计算机数量情况

年份	计算机 (台)	教学用计算机 (台)	每万名学生教学用 计算机台数 (台/万人)
2004		1 539 640	1 311
2005		1 660 494	1 253
2006		1 852 327	1 244
2007		2 072 394	1 279
2008		2 266 588	1 343
2009		2 197 786	1 235
2010		2 322 847	1 279
2011	2 811 698	2 340 911	1 319
2012	2 920 215	2 400 220	1 420
2013	2 990 717	2 497 229	1 625
2014	3 098 189	2 581 291	1 823
2015	3 133 552	2 615 597	1 959
2016	3 184 396	2 646 966	2 075

也没有明显的增长趋势(见表1-8)。不过，在这项指标上，中等职业学校与普通高中的水平持平。

表1-8　2013—2016年中等职业学校平板电脑数量情况

年份	平板电脑（台）	每万名学生平板电脑台数（台/万人）
2013	110 663	72
2014	119 015	84
2015	110 123	82
2016	106 448	83

2004—2009年，教育统计数据统计了语音实验室座位数与多媒体教室座位数，2013—2016年统计了网络多媒体教室间数，反映出网络多媒体教室的数量在这些年有较大的提升。2013年，网络多媒体教室数量约占教室总数的35.5%，2016年，这一比重上升到43.4%，上升了近8个百分点，网络多媒体教室的普及取得了一定的效果。但中等职业学校与普通高中之间仍然存在较大的差距。

表1-9　2004—2016年中等职业学校教室情况

年份	语音实验室座位数（个）	多媒体教室座位数（个）	年份	普通教室（间）	网络多媒体教室（间）
2004	423 995	1 402 873	2013	410 934	145 692
2005	440 687	1 666 427	2014	417 622	166 900
2006	462 610	1 906 045	2015	450 782	177 989
2007	501 034	2 229 275	2016	402 241	174 559
2008	515 484	2 598 996			
2009	545 737	2 993 829			
2010	532 021	3 371 941			
2011	671 438	3 488 766			
2012	610 989	3 930 312			

总体而言，近年来我国中等职业学校的硬件条件处在发展之中，尤其是在实习实训设施和教育信息化设施方面发展较快，但是与普

通高中仍存在差距。

（六）各地区中等职业学校校舍和资产情况

在中等职业学校的校舍建筑面积和资产情况方面，我国各地区之间也存在较大的差异。仅就2016年的数据而言，在校舍建筑面积方面，北京的生均校舍建筑面积约为30.01平方米，居全国首位，而居全国末位的广西，生均校舍建筑面积仅为11.11平方米，北京高出广西约170%。在除香港特别行政区、澳门特别行政区和台湾省外的省级行政区中，仅有10个达到了生均校舍建筑面积不少于20平方米的标准（见表1-10）。

表1-10 2016年各地区中等职业学校建筑面积情况

地区	学校产权校舍建筑面积（平方米）	生均校舍建筑面积（平方米/人）	地区	学校产权校舍建筑面积（平方米）	生均校舍建筑面积（平方米/人）
北京	2 574 261.7	30.01	湖北	7 974 732.6	21.23
天津	1 793 961.38	17.75	湖南	8 674 376.45	13.13
河北	10 328 360.87	15.69	广东	13 845 243.12	12.99
山西	7 161 018.05	21.19	广西	7 758 639.8	11.11
内蒙古	3 571 950.84	17.62	海南	1 751 353.98	15.22
辽宁	5 165 963.95	16.20	重庆	6 492 264.57	20.83
吉林	2 596 197.98	19.99	四川	11 474 412.48	12.55
黑龙江	3 088 844.58	14.32	贵州	7 091 917.19	12.87
上海	2 882 833.11	25.74	云南	5 968 343.52	12.27
江苏	15 883 577.6	24.34	西藏	475 436.95	26.18
浙江	10 594 893.25	20.35	陕西	5 780 823.66	20.81
安徽	15 888 932.88	20.32	甘肃	3 758 534.04	17.84
福建	5 502 421.31	14.46	青海	1 069 910.91	14.45
江西	6 522 099.04	18.03	宁夏	1 289 393.23	16.37
山东	15 802 396.29	19.51	新疆	4 452 900.44	18.94
河南	15 286 664.36	15.05			

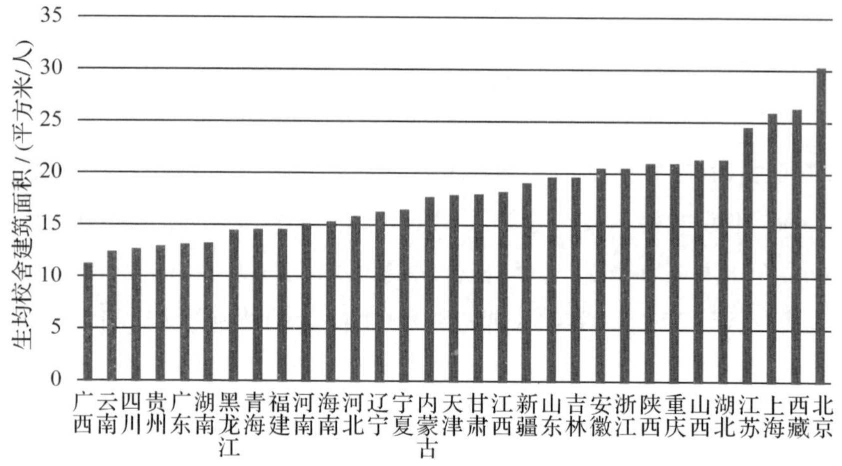

图 1-4 各地区生均校舍建筑面积

在中等职业学校的资产方面，如表 1-11 所示，上海的中等职业学校共有教学用计算机 71 522 台，生均教学用计算机数居全国首位，约是居全国末位的贵州的 5.5 倍。上海与北京的生均教学用计算机数远高于全国平均水平，居全国第二位的北京的生均教学用计算机数约是居第三位的江苏省的 1.9 倍。尽管各地区之间存在差异，但是均满足每百生拥有 15 台计算机的标准。

浙江的中等职业学校共有网络多媒体教室 12 437 间，网络多媒体教室约占全部教室数量的 73.9%，居全国首位；北京的中等职业学校共有网络多媒体教室 3 432 间，生均网络多媒体教室间数居全国首位；而新疆的中等职业学校仅有 2 028 间网络多媒体教室，约占教室总数的 24.3%，居全国末位；广西的中等职业学校共有 4 776 间网络多媒体教室，生均网络多媒体教室数居全国末位；北京的生均网络多媒体教室数约为广西的 5.9 倍。

表 1-11 2016 年各地区中等职业学校资产情况一

地区	计算机数（台）	教学用计算机数（台）	平板电脑数（台）	生均教学用计算机数（台/人）	教室（间）	网络多媒体教室（间）	生均网络多媒体教室（间/百人）
北京	58 250	49 396	1 687	0.68	5 303	3 432	4.00
天津	33 747	27 506	565	0.33	3 489	1 295	1.28
河北	169 841	139 371	7 467	0.26	23 768	8 898	1.35
山西	88 776	73 600	3 353	0.26	13 527	4 799	1.42
内蒙古	50 770	40 296	722	0.25	6 680	2 835	1.40
辽宁	97 627	78 334	2 433	0.31	10 640	4 558	1.43
吉林	44 682	34 122	2 517	0.34	6 278	1 579	1.22
黑龙江	51 306	41 918	1 406	0.24	7 243	2 570	1.19
上海	91 904	71 522	2 270	0.82	5 911	3 741	3.34
江苏	236 674	197 070	3 658	0.36	27 125	16 827	2.58
浙江	188 597	163 003	2 760	0.36	16 820	12 437	2.39
安徽	147 910	126 063	2 577	0.19	26 330	8 639	1.11
福建	102 720	88 185	2 173	0.27	9 532	6 022	1.58
江西	84 517	69 039	2 696	0.23	11 265	3 649	1.01
山东	218 189	177 507	9 021	0.27	34 291	13 667	1.69
河南	192 154	156 988	9 902	0.19	30 970	10 476	1.03
湖北	105 209	88 289	5 231	0.28	12 603	4 775	1.27
湖南	132 634	111 070	10 003	0.20	19 759	7 488	1.13
广东	316 555	269 073	9 736	0.30	24 227	15 234	1.43
广西	119 460	101 025	7 818	0.17	10 607	4 776	0.68
海南	23 743	20 912	183	0.21	2 151	1 210	1.05
重庆	87 162	74 284	3 902	0.28	10 488	6 564	2.11
四川	165 160	138 113	3 335	0.18	27 128	9 616	1.05
贵州	82 889	69 634	4 209	0.15	11 017	5 297	0.96
云南	94 654	79 311	549	0.19	12 919	4 202	0.86
西藏	4 965	3 515	37	0.27	644	172	0.95
陕西	72 920	59 407	2 324	0.26	10 763	3 157	1.14
甘肃	48 711	41 039	1 623	0.23	7 650	2 744	1.30
青海	14 841	10 723	324	0.20	2 072	650	0.88
宁夏	15 980	13 785	186	0.20	2 712	1 222	1.55
新疆	41 849	32 866	1 781	0.18	8 329	2 028	0.86

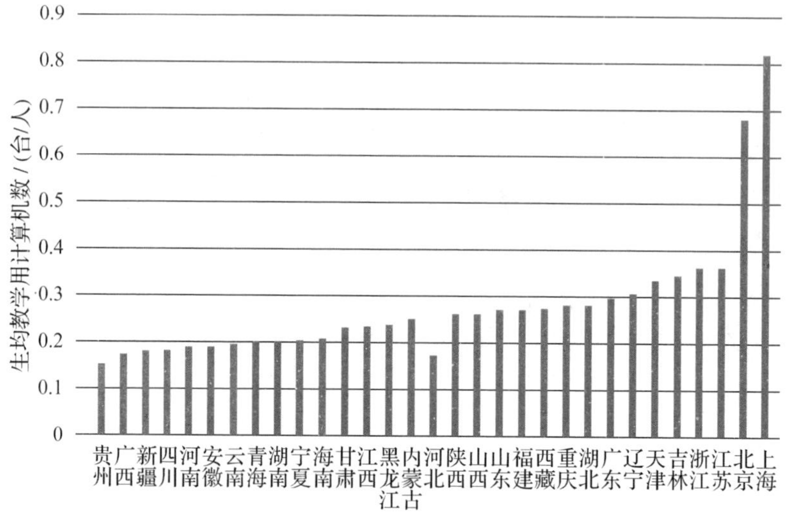

图 1-5　各地区生均教学用计算机数

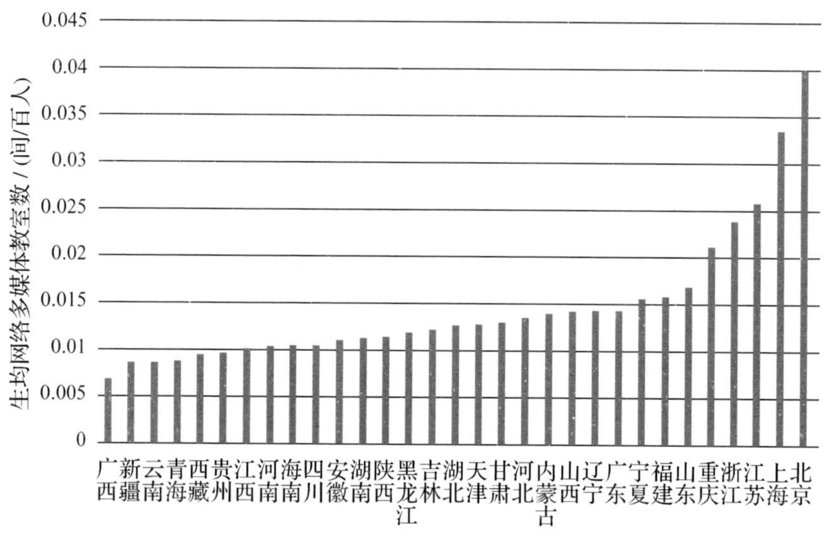

图 1-6　各地区生均网络多媒体教室数

北京和上海中等职业学校的生均教学、实习仪器设备资产值分别约为3.36万元和2.97万元，分别居于全国第一、第二，北京的生均教学、实习仪器设备资产值约为居第三位的西藏的3倍，约为居全国末位的河南的11.6倍，河南的生均教学、实习仪器设备资产值仅为0.29万元。

表1-12　2016年各地区中等职业学校资产情况二

地区	固定资产值（万元）	教学、实习仪器设备资产值（万元）	生均教学、实习仪器设备资产值（万元）
北京	703 138.75	288 168.62	3.36
天津	230 354.16	84 877.2	0.84
河北	1 199 169.89	285 772.33	0.43
山西	804 738.81	167 861.63	0.50
内蒙古	732 553.23	141 058.46	0.70
辽宁	938 224.78	203 885.32	0.64
吉林	367 262.63	97 562.82	0.75
黑龙江	430 118.27	109 625.43	0.51
上海	1 129 530.77	332 929.39	2.97
江苏	2 949 216.99	580 063.02	0.89
浙江	1 695 968.73	443 522.49	0.85
安徽	1 796 681.14	326 643.78	0.42
福建	768 419.68	234 117.05	0.62
江西	705 748.7	149 562.35	0.41
山东	2 233 940.03	473 794.51	0.59
河南	1 482 750.46	299 636.16	0.29
湖北	899 973.83	199 670.76	0.53
湖南	1 175 583.99	234 500.41	0.35
广东	2 340 401.19	692 649.8	0.65
广西	1 026 933.17	317 233.14	0.45
海南	268 347.34	64 907.27	0.56
重庆	949 380.14	183 095.38	0.59
四川	1 785 802.66	354 633.64	0.39

续表

地区	固定资产值（万元）	教学、实习仪器设备资产值（万元）	生均教学、实习仪器设备资产值（万元）
贵州	903 344.19	188 165.63	0.34
云南	1 169 533.91	160 743.83	0.33
西藏	128 345.78	20 439.79	1.13
陕西	722 695.88	147 974.93	0.53
甘肃	475 039.99	90 408.52	0.43
青海	255 042.97	44 483.25	0.60
宁夏	192 513.65	49 609.73	0.63
新疆	627 977.27	126 800.8	0.54

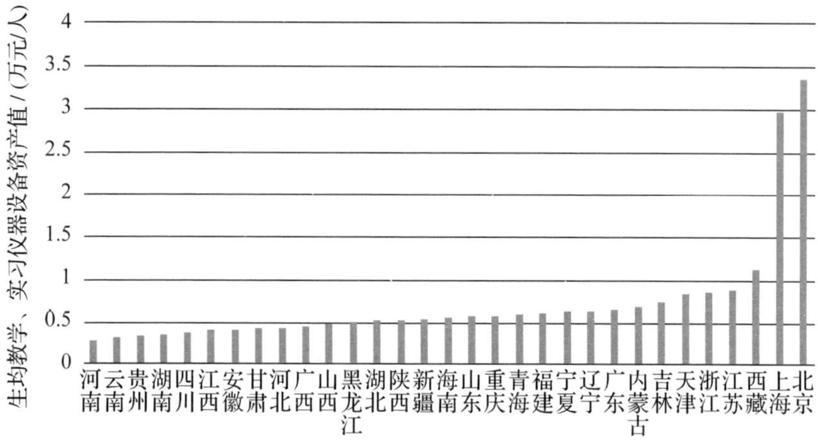

图 1-7　各地区生均教学、实习仪器设备资产值

根据2016年全国各地区中等职业学校的校舍和资产情况，我国中等职业学校办学条件的地区差异较大。总体而言，北京、上海、江苏、浙江等东部经济发达地区有比较良好的硬件条件，而部分西部和中部的地区的物质资源可能无法满足学生的需要。

（七）中等职业学校经费情况

公共财政预算教育经费指学校（单位）从同级财政部门取得的公

共财政预算财政拨款，包括教育事业费、基本建设经费、教育费附加、科研经费和其他经费。其中，教育事业费指学校(单位)从同级财政部门取得的、列《政府收支分类科目》公共财政预算 205 类“教育支出”的拨款，不含基本建设经费和教育费附加。教育经费支出包括个人部分支出、公用部分支出和基本建设支出三部分。公用部分支出包括商品支出、服务支出和其他资本性支出。商品和服务支出“指学校(单位)购买商品和服务的支出(不包括用于购置固定资产的支出)”，其他资本性支出“指非发展与改革部门集中安排用于学校(单位)购置固定资产、土地、无形资产和大型修缮等所发生的支出”。① 如表 1-13、图 1-8 所示，2006—2016 年，我国中等职业学校生均公

表 1-13 2006—2016 年中等职业学校教育经费情况

年份	生均公共财政预算公用经费(元)	生均预算内教育事业费(元)
2006	595.18	2 465.65
2007	718.00	3 124.01
2008	911.71	3 811.34
2009	1 164.43	4 262.52
2010	1 468.03	4 842.45
2011	2 212.85	6 148.28
2012	2 977.45	7 563.95
2013	3 578.25	8 784.64
2014	3 680.83	9 128.83
2015	4 346.94	10 961.07
2016	4 778.79	12 227.70

注：未扣除物价的影响。

① 教育部财务司、国家统计局社会科技和文化产业统计司：《中国教育经费统计年鉴(2015)》，658～661 页，北京，中国统计出版社，2016。

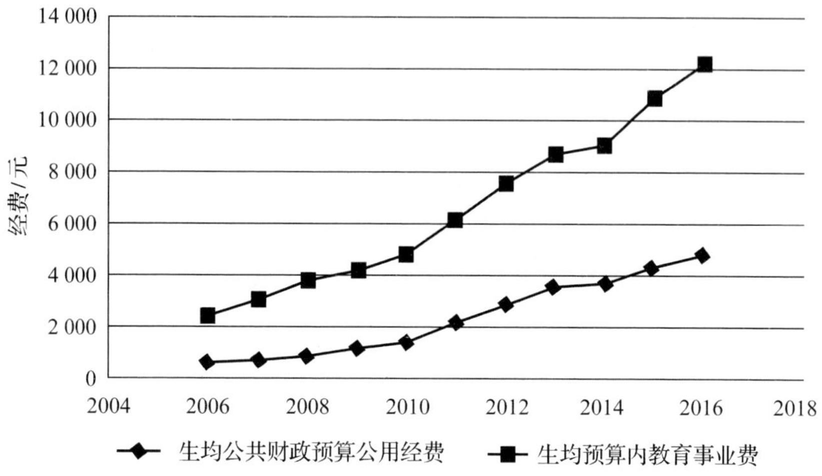

图 1-8　2006—2016 年中等职业学校教育经费变化情况

共财政预算公用经费及生均预算内教育事业费均呈现出上升的趋势，相较于2006年，2016年中等职业学校的生均公共财政预算公用经费增长了约703%，生均预算内教育事业费增长了约396%。

2016年全国普通高中生均公共财政预算公用经费支出为3 198.05元，生均预算内教育事业费支出为12 315.21元，均低于中等职业学校。

（八）各地区中等职业学校经费情况

中等职业学校的教育经费在不同地区之间也有比较大的差异。2016年，北京市中等职业学校生均公共财政预算教育事业费为38 661.50元，位居全国第一，约为位居全国末位的贵州的6倍。

表 1-14　2016 年各地区中等职业学校教育经费情况

地区	生均公共财政预算公用经费(元)	生均公共财政预算教育事业费(元)	地区	生均公共财政预算公用经费(元)	生均公共财政预算教育事业费(元)
贵州	2 725.41	6 425.03	新疆	5 008.46	13 332.91
河南	3 610.42	7 375.56	河北	3 943.54	13 524.02
江西	3 715.17	8 527.77	江苏	4 320.58	13 668.13
陕西	3 322.77	9 264.29	山西	5 215.56	13 682.26
四川	3 589.35	9 344.50	山东	5 069.97	13 761.07
湖南	4 269.57	9 722.77	福建	5 435.98	14 416.41
广西	4 505.42	9 754.12	湖北	7 393.21	15 398.42
安徽	5 393.03	10 115.03	黑龙江	5 652.56	15 734.44
重庆	5 172.21	10 441.61	内蒙古	6 241.84	16 389.99
宁夏	5 128.39	10 561.81	浙江	6 416.07	18 789.57
云南	4 787.58	11 220.00	吉林	6 866.47	22 112.22
广东	4 329.79	11 598.22	天津	7 212.38	26 651.70
辽宁	4 595.09	12 005.48	上海	8 969.86	28 302.29
甘肃	3 971.43	12 083.35	西藏	12 895.19	30 228.19
青海	7 415.64	12 867.51	北京	15 587.33	38 661.50
海南	7 319.31	13 056.93			

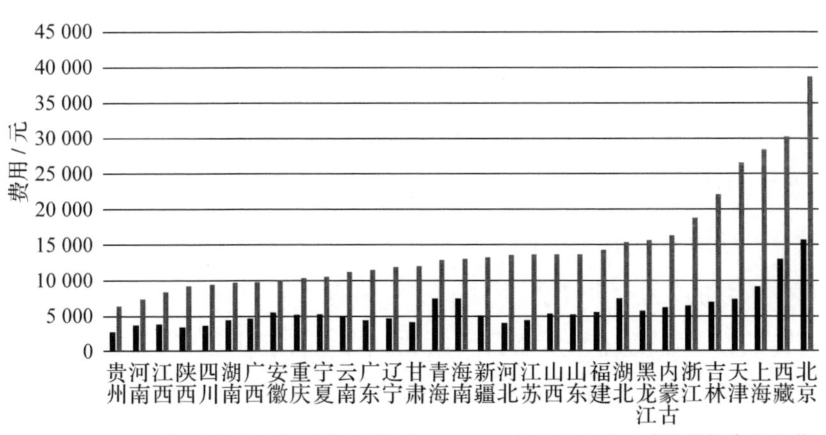

图 1-9　2016 年各地区中等职业学校教育经费情况

二、教育者

(一)中等职业教育专任教师情况

教师是教育的关键资源，我国在恢复和发展职业教育的过程中十分重视对职业教育教师的培养。1980年，《关于中等教育结构改革的报告》指出：教育部门、劳动部门和有关业务部门要有计划地为发展职业技术教育培养师资；省、直辖市、自治区应积极筹办职业技术师范学院。为了应对职业教育师资短缺的问题，各地区采用“改”“调”“兼”“聘”的方式挖潜培养出一批职业教育教师，同时建立了培养新教师的机构。1984年发布的《关于普通高等学校举办中等学校教师本科班和专科班的通知》要求，从1984年起，在一部分普通高等学校中举办中等学校教师本科班或专科班，培养包括中等职业学校在内的中等学校教师。虽然全国中等职业教育设置的专业门类繁多，必须依托普通高等院校和高等师范院校共同培养职业学校师资，但是这类职业技术师范班或职业技术教育专业难以成为职教师资的稳定来源。为了满足职业教育对师资的需求，我国从1979年开始兴办了至少15所独立设置的职业技术师范学院。如今，我国已形成了职业技术师范学院和普通高等院校共同培养职业教育教师的培养体系。①

1978—1998年，中等职业教育处在逐渐恢复与发展的阶段，这一时期，中等职业学校专任教师数量也在逐年增长。1998—2002年，中等职业教育处于滑坡阶段，随着中等职业学校的减少，中等职业教育专任教师数也下降了约29.6%。从2002年开始，与中等职业教育学校数的先小幅回升再下降的趋势略有不同，2008年中等职业教育专任教师数较2002年上升了约29.0%，此后中等职业专任教师数小幅下降，2016年较2008年下降了约5.6%。

---

① 孟国庆、曹晔、杨大伟：《中国职业技术师范教育史》，81～91页，北京，教育科学出版社，2016。

表 1-15　1978—2016 年中等职业教育专任教师情况

年份	中等职业教育专任教师数(万人)	生师比	年份	中等职业教育专任教师数(万人)	生师比
1978	10	21.28	1998	98	14.81
1979	11	43.03	1999	85	16.68
1980	13	45.10	2000	80	16.06
1981	15	38.13	2001	74	15.74
1982	17	34.34	2002	69	17.26
1983	19	26.10	2003	71	17.70
1984	26	11.49	2004	74	19.04
1985	35	13.60	2005	75	21.33
1986	41	13.20	2006	80	22.62
1987	46	12.62	2007	86	23.10
1988	63	11.67	2008	89	23.45
1989	65	11.56	2009	87	25.22
1990	66	11.57	2010	87	25.72
1991	68	11.78	2011	88	25.05
1992	70	12.25	2012	88	24.01
1993	72	13.46	2013	87	22.10
1994	75	11.12	2014	86	20.41
1995	74	16.62	2015	84	19.72
1996	77	17.14	2016	84	19.04
1997	80	16.95			

注：生师比是用中等职业教育专任教师数去除中等职业教育在校学生数得到的，可能存在误差。

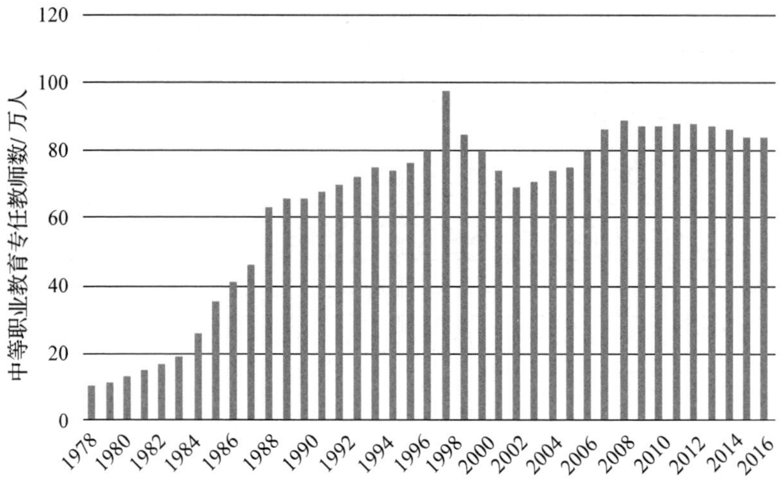

图 1-10　1978—2016 年中等职业教育专任教师数变化情况

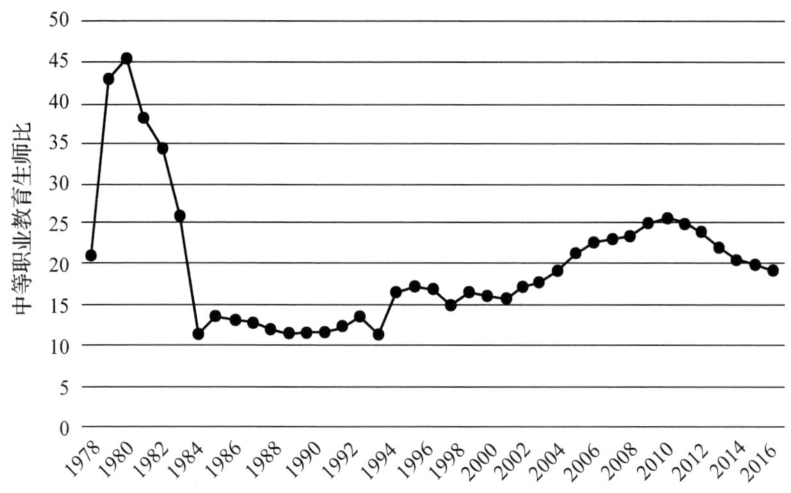

图 1-11　1978—2016 年中等职业教育生师比变化情况

教师在教育教学活动中具有不可替代的主导作用，《中等职业学校设置标准》中也为中等职业学校的专任教师规模设置了标准："中等职业学校应当具有与学校办学规模相适应的专任教师队伍，兼职教师比例适当。"具体来说，生师比应不超过 20∶1。20 世纪 70 年代末至80年代初，我国中等职业教育处在恢复时期，专任教师匮乏，生师比在1980年达到历史峰值。20世纪80年代至90年代，生师比快速下降后又在波动中小幅上升，但自1984年起始终没有超过20∶1，专任教师资源的增长足以适应中等职业教育发展的需求。进入21世纪后，专任教师数量的下降导致生师比攀升，2010年生师比达到25.72∶1。此后尽管专任教师数有小幅的下降，由于学生数的降低速度更快，2015年，中等职业教育生师比回到20∶1以下。

（二）各地区中等职业教育专任教师情况

2016年，全国中等职业教育生师比达到了《中等职业学校设置标准》的要求，但是各地区之间的差异较大，被统计的31个省级行政区划单位中仍有半数地区的生师比超过20∶1，其中属于西部地区的广西、贵州、青海的生师比均超过30∶1。整体而言，西部、中部地区比较缺乏中等职业教育专任教师，专任教师资源在地区之间分布不均衡（见表1-16）。

表1-16　2016年各地区中等职业教育生师比情况

地区	中等职业教育生师比	地区	中等职业教育生师比	地区	中等职业教育生师比
北京	12.84	安徽	27.31	四川	23.59
天津	15.65	福建	22.74	贵州	31.10
河北	14.67	江西	26.80	云南	22.67
山西	13.27	山东	16.79	西藏	14.02
内蒙古	14.72	河南	20.20	陕西	17.96
辽宁	15.51	湖北	18.18	甘肃	13.71
吉林	8.93	湖南	25.80	青海	30.14
黑龙江	15.32	广东	23.80	宁夏	29.24
上海	13.61	广西	33.69	新疆	24.29
江苏	15.66	海南	25.87		
浙江	15.55	重庆	21.04		

注：表中数据仅包括普通中专、职业高中和成人中专，不包括技工学校。

（三）民办中等职业教育专任教师情况

2009—2015年，民办中等职业教育专任教师数逐年下降，2015年较2009年下降了约32.9%，降幅超过中等职业教育专任教师数的整体降幅。但民办中等职业教育的生师比也在下降，表明专任教师数的下降与学生数的削减相适应。不过民办中等职业教育的生师比始终超过20∶1，民办中等职业教育仍然存在专任教师资源短缺的问题（见表1-17）。

表1-17　2009—2015年民办中等职业教育专任教师情况

年份	民办中等职业教育专任教师数（万人）	生师比
2009	10.74	29.63
2010	10.34	29.68
2011	9.55	28.19
2012	8.81	27.34
2013	7.79	26.70
2014	7.43	25.52
2015	7.21	25.44

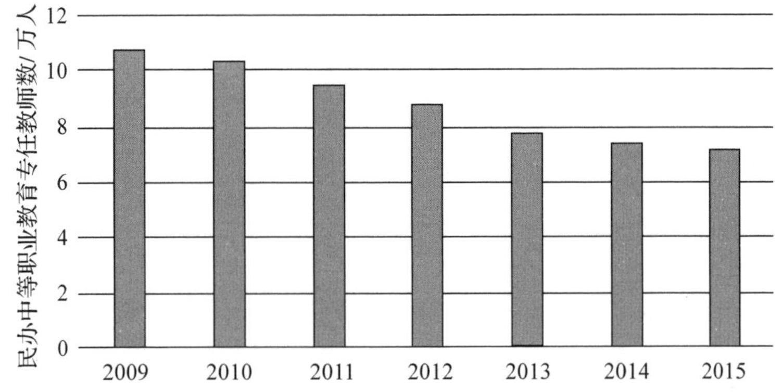

图1-12　2009—2015年民办中等职业教育专任教师情况

（四）中等职业教育分科专任教师情况

根据 2016 年关于普通中专、成人中专和职业高中的统计数据，中等职业教育专任教师中，文化基础课教师共有 26.68 万人，约占总数的 41.5%；实习指导课教师共有 2.53 万人，约占总数的 3.9%；专业课教师总计 35.10 万人，约占总数的 54.6%。《中等职业学校设置标准》要求专业教师数应不低于本校专任教师数的 50%，全国平均水平达到了这一标准。

在各专业门类中，如表 1-18 所示，体育与健身类、能源与新能源类、资源环境类、石油化工类专业的专业课教师比较充足，医药卫生类、休闲保健类、交通运输类等专业门类比较缺乏专业课教师。

表 1-18　2016 年中等职业教育分科专业课教师数情况

科目	专业课教师数（人）	生师比
文化基础课	266 836	47.81
实习指导课	25 331	503.68
专业课（总计）	350 976	36.35
体育与健身	14 675	8.57
能源与新能源	2 609	15.86
资源环境	1 617	17.23
石油化工	2 883	19.10
文化艺术	33 390	20.33
轻纺食品	4 239	24.30
公共管理与服务	5 394	24.81
司法服务	1 700	28.26
信息技术	59 570	34.67
加工制造	47 019	35.19
教育	35 016	37.67
旅游服务	16 947	39.78

续表

科目	专业课教师数(人)	生师比
财经商贸	37 611	40.32
土木水利	11 113	42.44
农林牧渔	20 761	43.26
医药卫生	23 837	56.24
休闲保健	1 409	61.05
交通运输	20 417	69.19
其他	10 769	9.87

注：表中数据不包括技工学校数据。

(五)中等职业教育专任教师学历情况

根据《中华人民共和国教师法》，“取得高级中学教师资格和中等专业学校、技工学校、职业高中文化课、专业课教师资格，应当具备高等师范院校本科或者其他大学本科毕业及其以上学历；取得中等专业学校、技工学校和职业高中学生实习指导教师资格应当具备的学历，由国务院教育行政部门规定”。1996年，国家教委下发《关于取得中等职业学校实习指导教师资格应当具备的学历的规定的通知》，其中规定：“取得中等职业学校实习指导教师资格，应当具备各类中等职业学校、普通高级中学毕业及以上学历。但对于确有特殊技艺者，经省级教育行政部门核准，其学历要求可以适当放宽。”①

2003—2016年，我国中等职业教育教师的整体学历不断提高。如表1-19、图1-13所示。2003年，具有本科以下学历的教师约占总数的33.5%，至2016年，这一比重下降到约9.2%，可见师资质量水平的提升。不过与《教师法》的规定相比，中等职业教育师资质量水平仍有提升的空间。

① 孟国庆、曹晔、杨大伟：《中国职业技术师范教育史》，341页，北京，教育科学出版社，2016。

表 1-19　2003—2016 年中等职业教育专任教师学历情况

年份	博士研究生（人）	硕士研究生（人）	本科（人）	专科（人）	高中阶段及以下（人）
2003	179	5 870	366 529	169 043	18 331
2004	227	7 076	387 649	159 854	16 231
2005	222	9 030	413 692	151 044	14 706
2006	240	11 628	450 079	145 759	14 234
2007	284	14 861	486 767	139 585	13 103
2008	348	18 248	514 228	133 589	7 756
2009	471	22 486	531 344	121 210	6 640
2010	534	26 807	539 839	108 218	5 556
2011	799	30 510	557 341	95 513	5 200
2012	792	34 425	559 588	85 177	4 089
2013	915	37 383	549 795	76 891	3 770
2014	736	40 666	551 305	67 982	3 093
2015	705	43 304	544 070	61 795	2 573
2016	552	45 476	538 134	56 569	2 412

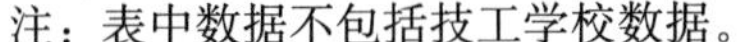
注：表中数据不包括技工学校数据。

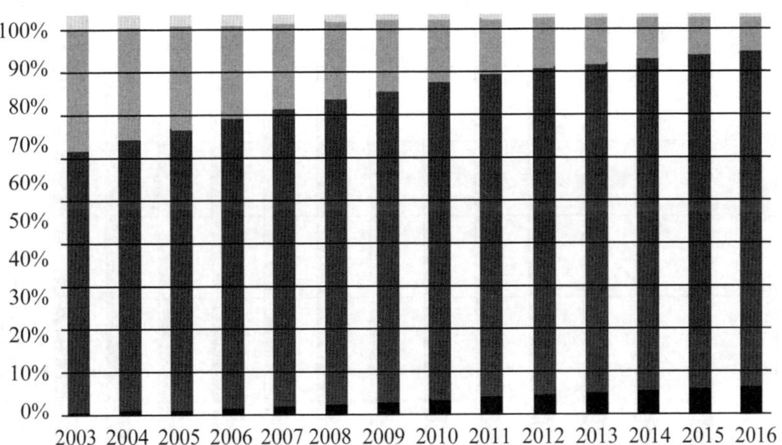

图 1-13　2003—2016 年中等职业教育专任教师学历情况

(六)中等职业教育外聘教师情况

外聘教师不仅是解决教师资源短缺的策略，对于职业教育来说，聘请有实践经验的教师也有利于学生了解职业、学习技能。《中等职业学校设置标准》中提出："聘请有实践经验的兼职教师应占本校专任教师总数的20%左右。"2003—2016年，外聘教师与专任教师的比例变动的幅度很小，基本稳定在1∶7左右，即外聘教师约为专任教师的14%，低于《中等职业学校设置标准》中的要求。

表1-20 2003—2016年中等职业教育专任教师与外聘教师情况

年份	专任教师数（人）	外聘教师数（人）	年份	专任教师数（人）	外聘教师数（人）
2003	559 952	78 888	2010	680 954	101 752
2004	571 037	80 804	2011	689 363	102 321
2005	588 694	82 306	2012	684 071	106 549
2006	621 940	89 913	2013	668 754	96 619
2007	654 600	100 441	2014	663 782	99 662
2008	674 169	102 850	2015	652 447	99 379
2009	682 151	100 335	2016	643 143	95 319

注：表中数据不包括技工学校数据。

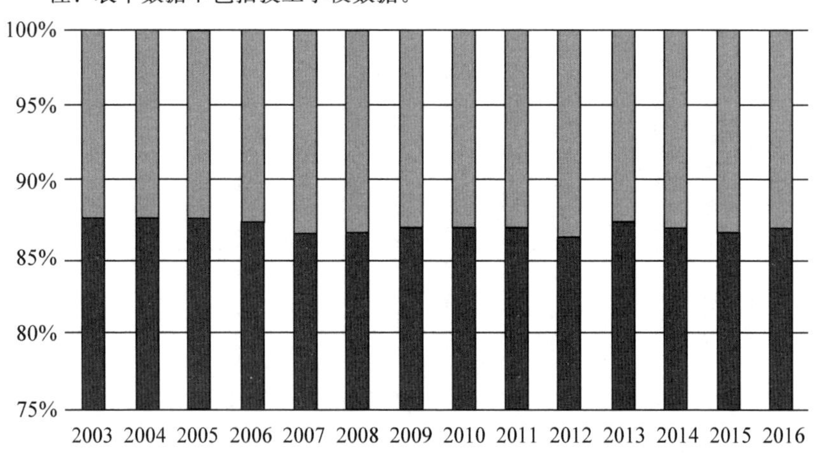

图1-14 2003—2016年中等职业教育专任教师与外聘教师比例情况

三、学习者

(一)中等职业教育在校学生数情况

由于中等职业学校的规模存在差异，中等职业教育在校学生数可以比中等职业学校数更好地反映中等职业教育的规模的变化情况。

1978—1998 年，中等职业教育在校学生数在波动中逐渐上升，1998 年，中等职业教育在校学生数达到 1 451.16 万人，较 1978 年增长了约 582%，这一时期中等职业教育的恢复与发展成效显著。1998—2001 年，中等职业教育在校学生数下降，2001 年较 1998 年下降了约 19.7%，下降的速度较快。2001—2010 年，随着重振职业教育与中等职业教育扩招，中等职业教育在校学生数恢复了快速增长的趋势，2010 年较 2001 年增长了约 92.1%。但是 2010 年之后，由于人口的变化和职业教育发展面临的阻碍，在校学生数又开始迅速下降，2016 年较 2010 年下降了约 28.5%。所以我国的中等职业教育规模发展的过程比较曲折，2010 年后，中等职业教育规模呈现出缩减的趋势(见图 1-15、表 1-21)。

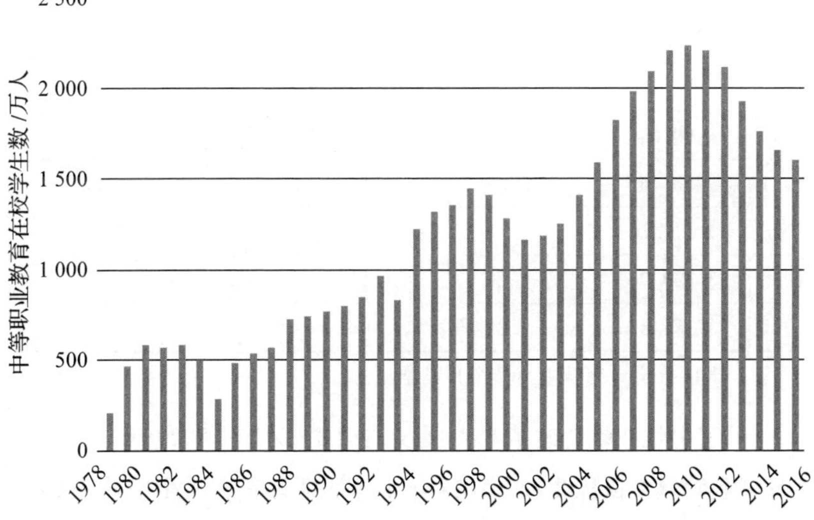

图 1-15　1978—2016 年中等职业教育在校学生数情况

表 1-21　1978—2016 年中等职业教育在校学生数情况

年份	中等职业教育在校学生数（万人）	各年中等职业教育在校学生数与 1978 年数据的比值(1978=1)	年份	中等职业教育在校学生数（万人）	各年中等职业教育在校学生数与 1978 年数据的比值(1978=1)
1978	212.8	1.00	1998	1 451.16	6.82
1979	473.3	2.22	1999	1 417.51	6.66
1980	586.28	2.76	2000	1 284.46	6.04
1981	571.89	2.69	2001	1 164.94	5.47
1982	583.79	2.74	2002	1 190.76	5.60
1983	495.84	2.33	2003	1 256.73	5.91
1984	298.72	1.40	2004	1 409.25	6.62
1985	476.13	2.24	2005	1 600.04	7.52
1986	541.22	2.54	2006	1 809.89	8.51
1987	580.61	2.73	2007	1 987.01	9.34
1988	735.15	3.45	2008	2 087.09	9.81
1989	751.28	3.53	2009	2 194.17	10.31
1990	763.53	3.59	2010	2 237.40	10.51
1991	801.21	3.77	2011	2 204.33	10.36
1992	857.25	4.03	2012	2 112.69	9.93
1993	969.04	4.55	2013	1 922.97	9.04
1994	833.74	3.92	2014	1 755.28	8.25
1995	1 230.16	5.78	2015	1 656.70	7.79
1996	1 320.06	6.20	2016	1 599.01	7.51
1997	1 355.89	6.37			

注：未区分全日制学生与非全日制学生。

《国家中长期教育改革和发展规划纲要（2010—2020 年）》提出的教育事业发展主目标要求，2015 年中等职业教育在校生应达到2 250 万人，2020 年应达到 2 350 万人。但是 2015 年中等职业教育在校生人数仅为 1 656.70 万人，如果目前规模缩减的趋势持续下去，则 2020 年的目标也很难达到。

（二）各类中等职业学校在校学生数情况

职业高中、技工学校、普通中专和成人中专这四类学校在校学生数的变化趋势比较相似，基本与中等职业教育整体的变化同步。前文已经展现过改革开放以来这四类学校数量的变化情况，如图 1-16、表 1-22 所示，1978—2002 年，技工学校与普通中专的数量比较接近，从 2003 开始，普通中专的数量超过技工学校。但是从在校学生数来看，20 世纪 80 年代，普通中专在校学生数略高于技工学校，二者增长的速度相似；20 世纪 90 年代之后，普通中专在校学生数逐渐与技工学校拉开较大差距；2016 年，普通中专在校学生数比技工学校约多 122.2%。根据统计数据，2004 年之后，职业高中的数量始终多于普通中专，但是普通中专在校学生数多于职业高中，且 2010 年之后下降的速度低于职业高中；2016 年，普通中专在校学生数比职业高中约多 72.4%。2016 年，普通中专在校学生数约占总数的 45%，所以普通中专是中等职业教育的主体部分。

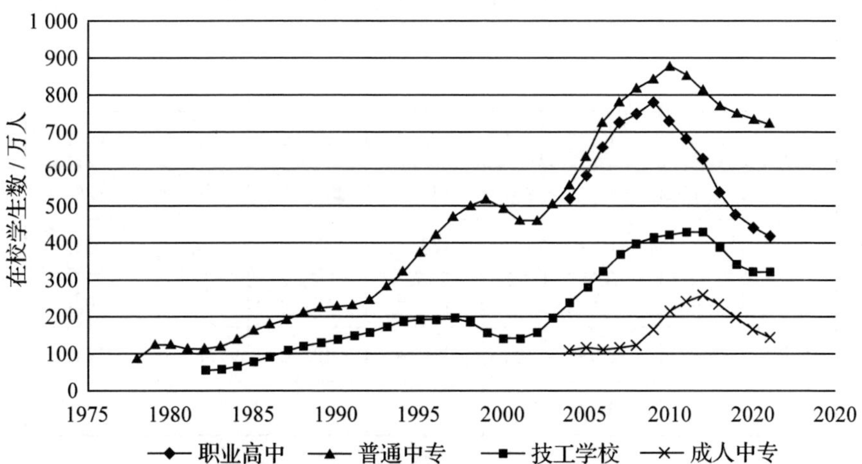

图 1-16　1978—2016 年各类中等职业教育在校学生数情况

表 1-22　1978—2016 年各类中等职业教育在校学生数情况

年份	技工学校在校学生数(万人)	普通中专在校学生数(万人)	年份	职业高中在校学生数(万人)	技工学校在校学生数(万人)	普通中专在校学生数(万人)	成人中专在校学生数(万人)
1978		88.9	1998		181.3	498.1	
1979		119.9	1999		156.0	515.5	
1980		124.3	2000		140.1	489.5	
1981		106.9	2001		134.7	458.0	
1982	51.2	103.9	2002		153.0	456.4	
1983	52.5	114.3	2003		193.1	502.4	
1984	62.8	132.3	2004	516.9	234.4	554.5	103.3
1985	74.2	157.1	2005	582.4	275.3	629.8	112.5
1986	89.2	175.7	2006	655.6	320.8	725.8	107.6
1987	103.1	187.4	2007	725.2	367.1	781.6	113.0
1988	116.1	205.2	2008	750.3	397.5	817.3	120.6
1989	125.8	217.7	2009	778.4	414.3	840.4	161.0
1990	133.2	224.4	2010	726.3	421.0	877.7	212.4
1991	142.2	227.7	2011	681.0	429.4	855.2	238.7
1992	155.6	240.8	2012	623.0	422.8	812.6	254.3
1993	171.7	282.0	2013	534.2	386.6	772.2	230.0
1994	187.1	319.8	2014	472.8	339.0	749.1	194.4
1995	189.0	372.2	2015	439.9	321.5	732.7	162.7
1996	191.8	422.8	2016	416.6	323.2	718.1	141.2
1997	193.1	465.4					

(三)中等职业教育招生情况

中等职业教育招生数的变化趋势与在校学生数的变化趋势相似。如表 1-23、图 1-17 所示，1978—1996 年，普通高中与中等职业教育的招生数之比逐渐下降，1996 年中等职业教育招生数超过普通高中招生数。1996—2003 年为职业教育滑坡阶段，这一时期普通高中与中等职业教育的招生数之比持续升高，2003 年这一比例升至 1.46。2003 年之后，随着中等职业教育的重振与扩招，至 2010 年，这一比例恢复至 1 左右。但是 2010 后中等职业教育与普通高中招生数之比再度升高至 1.35，中等职业教育的规模呈现出缩减的趋势。

《国家中长期教育改革和发展规划纲要(2010—2020 年)》要求："根据经济社会发展需要，合理确定普通高中和中等职业学校招生比例，今后一个时期总体保持普通高中和中等职业学校招生规模大体相当。"但是根据 2010—2016 年普职招生比不断上升的趋势，达到普职招生大体相当的要求存在难度，如要完成这一目标，应完善我国的现代职业教育体系，深化职业教育改革。

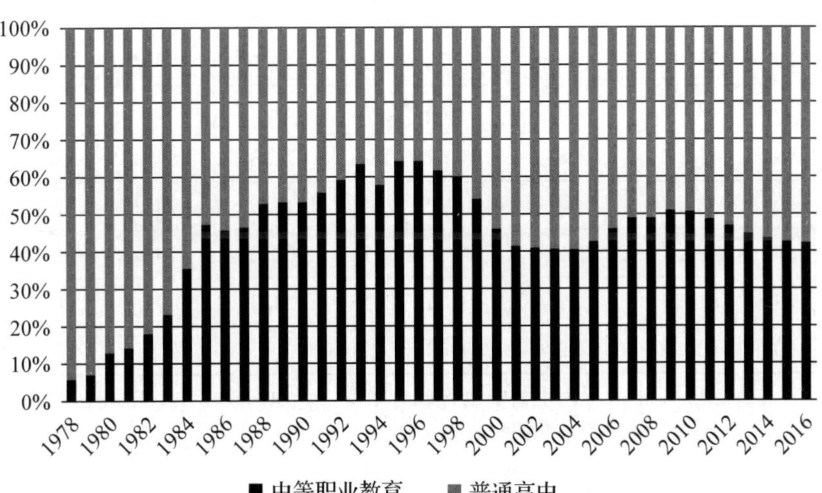

图 1-17　1978—2016 年中等职业教育与普通高中招生占比变化情况

表1-23　1978—2016年中等职业教育与普通高中招生情况

年份	中等职业教育招生数(万人)	普通高中招生数(万人)	普职招生比	年份	中等职业教育招生数(万人)	普通高中招生数(万人)	普职招生比
1978	44.7	692.9	15.50	1998	539.5	359.6	0.67
1979	49.1	614.1	12.51	1999	473.3	396.3	0.84
1980	58.3	383.4	6.58	2000	408.3	472.7	1.16
1981	54.8	327.8	5.98	2001	399.9	558.0	1.40
1982	62.2	279.3	4.49	2002	473.6	676.7	1.43
1983	78.4	259.8	3.31	2003	515.8	752.1	1.46
1984	144.5	262.3	1.82	2004	566.2	821.5	1.45
1985	234.2	257.5	1.10	2005	655.7	877.7	1.34
1986	218.4	257.3	1.18	2006	747.8	871.2	1.16
1987	223.3	255.2	1.14	2007	810.0	840.2	1.04
1988	283.0	251.6	0.89	2008	812.1	837.0	1.03
1989	275.8	242.1	0.88	2009	868.2	830.3	0.96
1990	286.1	249.8	0.87	2010	870.4	836.2	0.96
1991	311.7	243.8	0.78	2011	813.9	850.8	1.05
1992	344.9	234.7	0.68	2012	754.1	844.6	1.12
1993	401.8	228.3	0.57	2013	674.8	822.7	1.22
1994	337.7	243.4	0.72	2014	619.8	796.6	1.29
1995	498.6	273.6	0.55	2015	601.2	796.6	1.32
1996	510.4	282.2	0.55	2016	593.3	802.9	1.35
1997	520.8	322.6	0.62				

注：中等职业教育招生数中包含成人中专，普通高中招生数中不包含成人高中，所以表中计算的普职招生比偏低。

(四)各地区中等职业教育在校学生数情况

纵向来看，近年来我国中等职业教育的规模不断缩减；横向来看，我国不同地区的中等职业教育规模差异较大。2015 年，广东中等职业教育在校生数为 176 万人，位居全国第一。根据 2015 年各地区中等职业教育在校生数的数据，我国的职业学校在校生主要集中在东部和中部地区，呈现出与中等职业学校分布相似的“东、中多，西少”的特点(见表 1-24)。

表 1-24 2015 年各地区中等职业教育在校学生数

地区	中等职业教育在校学生数(人)	地区	中等职业教育在校学生数(人)	地区	中等职业教育在校学生数(人)
北京	134 226	安徽	881 604	四川	1 107 828
天津	119 056	福建	451 179	贵州	675 668
河北	714 224	江西	553 459	云南	597 891
山西	473 062	山东	1 175 446	西藏	15 796
内蒙古	233 011	河南	1 307 182	陕西	436 867
辽宁	387 880	湖北	454 274	甘肃	271 871
吉林	161 918	湖南	765 268	青海	95 869
黑龙江	292 707	广东	1 760 689	宁夏	84 441
上海	119 701	广西	846 026	新疆	290 242
江苏	920 583	海南	139 206		
浙江	646 245	重庆	453 605		

(五)民办中等职业教育学生情况

如表 1-25、图 1-18 所示，2009—2015 年，民办中等职业教育的招生数与在校生数都逐年下降，相较于 2009 年，2015 年民办中等职业教育招生数降低了约 44.6%，在校学生数降低了约 42.4%，下降的速度超过中等职业教育平均速度。民办中等职业教育在校生数占总数的比例从约 14.50%下降至约 11.07%。民办中等职业教育的发展情况并不乐观。

表 1-25 民办中等职业教育学生情况

年份	民办中等职业教育招生数（万人）	民办中等职业教育在校生数（万人）	民办中等职业教育在校生数占中等职业教育在校生数比重(%)
2009	128.04	318.10	14.50
2010	113.19	306.99	13.72
2011	95.74	269.25	12.21
2012	83.75	240.88	11.40
2013	73.15	207.94	10.81
2014	71.95	189.57	10.80
2015	70.93	183.37	11.07

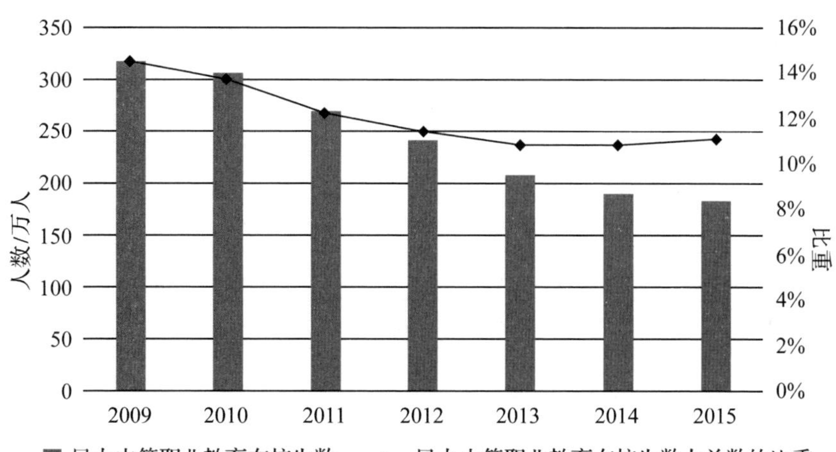

图 1-18 2009—2015 年民办中等职业教育在校生数情况

（六）中等职业教育分专业门类学生情况

2000 年，教育部颁布《中等职业学校专业目录》，2010 年，教育部为适应经济社会发展和产业结构调整的需求，对《中等职业学校专业目录》进行了修订，根据产业分类将专业划分为 18 个专业类，共

321个专业，在2000年版的基础上增设了适应发展现代农业、先进制造业、现代服务业和民族传统文化产业要求的一系列专业。①

根据2016年的统计数据，中等职业教育各专业门类中，信息技术类的在校学生数和招生数最多，其次为加工制造类和财经商贸类。总体而言，中等职业教育的专业设置和学生分布反映了现代产业发展的需求(见表1-26、图1-19)。

表1-26　2016年中等职业教育分专业门类在校生数和招生数情况

专业门类	在校学生数（人）	招生数（人）	招生数占总数的比例（%）
信息技术类	2 065 301	784 499	16.83
加工制造类	1 654 699	569 330	12.21
财经商贸类	1 516 292	556 876	11.95
交通运输类	1 412 653	534 680	11.47
教育类	1 318 941	523 940	11.24
医药卫生类	1 340 680	450 903	9.67
农林牧渔类	898 107	293 260	6.29
旅游服务类	674 204	269 571	5.78
文化艺术类	678 789	249 656	5.36
土木水利类	471 638	151 149	3.24
公共管理与服务类	133 806	55 386	1.19
体育与健身	125 829	49 960	1.07
轻纺食品	102 993	39 428	0.85
休闲保健类	86 014	33 024	0.71

① 职业教育与成人教育司：《〈中等职业学校专业目录〉修订情况介绍》，http://www.moe.gov.cn/jyb_xwfb/xw_fbh/moe_2606/s3644/s3909/s3915/201007/t20100712_91544.html，2018-04-29。

续表

专业门类	在校学生数（人）	招生数（人）	招生数占总数的比例（%）
司法服务类	48 049	19 745	0.42
石油化工	55 052	15 747	0.34
能源与新能源类	41 385	12 688	0.27
资源环境类	27 859	7 344	0.16
其他	106 313	44 242	0.95

注：表中数据不包括技工学校数据。

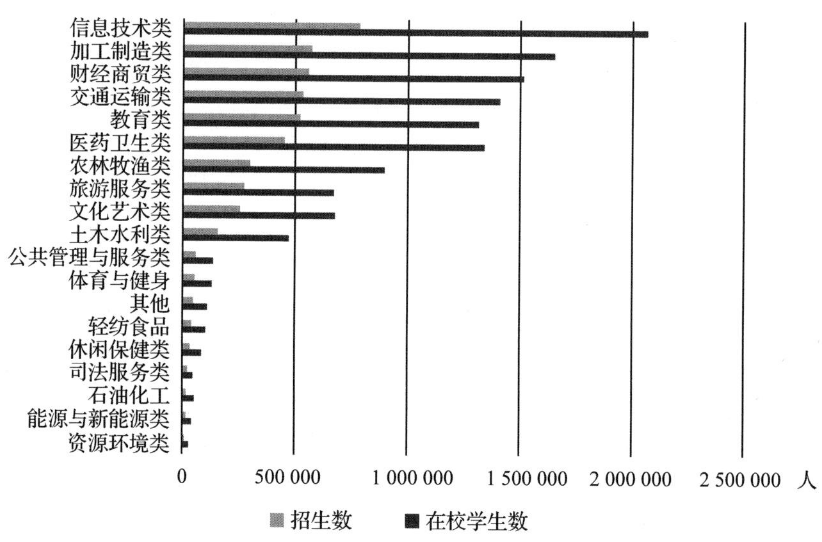

图 1-19　2016 年中等职业教育分专业门类在校生数和招生数情况

四、教育成果

（一）中等职业教育毕业生情况

中等职业教育作为我国高中阶段教育的重要组成部分，为我国的高等教育和经济社会发展培养了大量的合格毕业生。2012 年，中等职业教育毕业生数为 674.6 万人，达到历史峰值；2016 年毕业生数约为 533.6 万人，较 2012 年下降了约 20.9%，参照中等职业教育规模缩减的趋势，毕业生数可能会继续下降(见表 1-27、图 1-20)。

表 1-27　1978—2016 年中等职业教育毕业生数

年份	中等职业教育毕业生数（万人）	年份	中等职业教育毕业生数（万人）
1978	40.30	1998	449.03
1979	37.40	1999	468.90
1980	73.28	2000	476.66
1981	99.53	2001	430.60
1982	124.01	2002	380.05
1983	71.32	2003	346.40
1984	69.40	2004	359.19
1985	92.46	2005	418.20
1986	124.55	2006	479.05
1987	156.24	2007	530.90
1988	210.07	2008	580.66
1989	226.99	2009	624.90
1990	240.58	2010	665.00
1991	262.14	2011	660.04
1992	251.28	2012	674.60
1993	265.31	2013	674.44
1994	292.52	2014	622.95
1995	348.43	2015	567.88
1996	392.82	2016	533.62
1997	406.04		

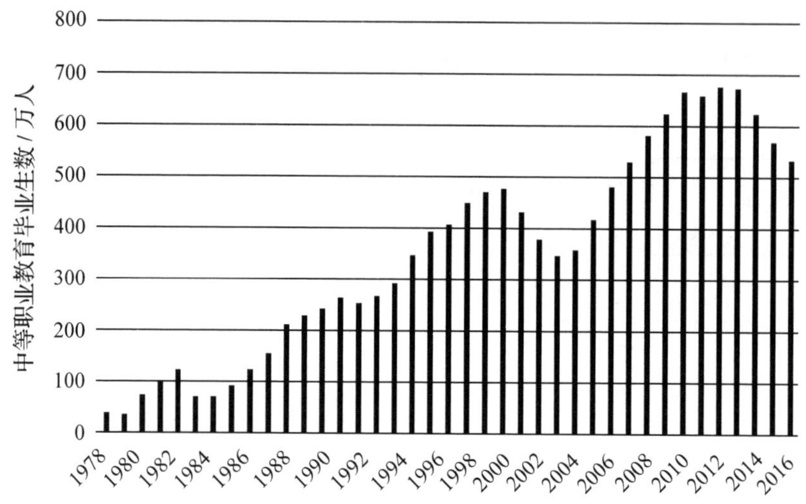

图 1-20 1978—2016 年中等职业教育毕业生数变化情况

2003 年，普通中专、成人中专和职业高中毕业生获得职业资格证书的比例仅为 46.28%，2016 年这一比例上升到 80.53%。尽管毕业生数量逐渐下降，但是中等职业教育人才培养的质量有所提高(见表 1-28、图 1-21)。

表 1-28 2003—2016 年中等职业教育人才培养质量情况

年份	毕业生数(人)	获得职业资格证书的毕业生数(人)	获取职业资格证的比例(%)
2003	3 011 438	1 393 781	46.28
2004	3 056 939	1 513 555	49.51
2005	3 491 921	1 864 778	53.40
2006	3 926 271	2 200 018	56.03
2007	4 312 433	2 535 815	58.80
2008	4 710 924	2 819 264	59.85
2009	5 096 654	3 131 260	61.44
2010	5 436 524	3 420 318	62.91
2011	5 411 252	3 384 287	62.54

续表

年份	毕业生数（人）	获得职业资格证书的毕业生数（人）	获取职业资格证的比例（%）
2012	5 543 840	3 483 872	62.84
2013	5 575 587	4 336 937	77.78
2014	5 161 519	4 032 975	78.14
2015	4 732 654	3 813 336	80.60
2016	4 405 572	3 547 673	80.53

注：表中数据不包括技工学校数据。

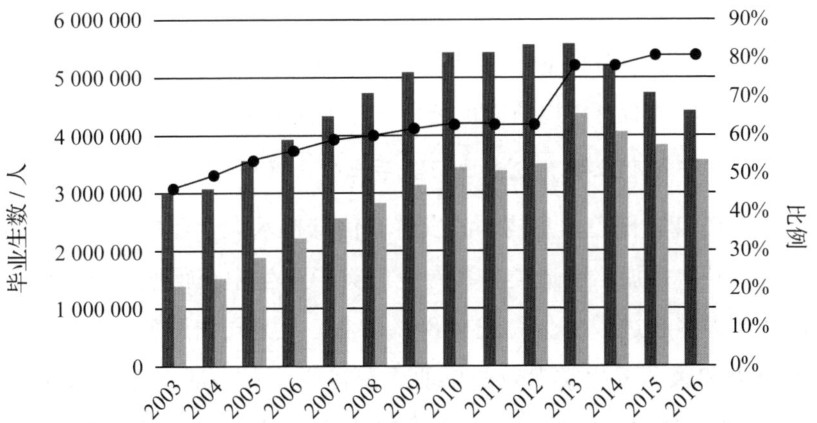

图 1-21　2003—2016 年中等职业教育人才培养质量情况

2006—2013 年，中等职业学校毕业生就业率超过 95%。在升学情况方面，2006 年，普通中专、成人中专和职业高中的毕业生升入高一级学校就读的有 16.37%①，但是此后这一比例逐渐降低，在 2010 年降至 9.19%，2010 年之后，这一比例逐渐上升，2013 年升学的比例为 14.57%，较 2012 年增加了 2.97 个百分点。

在就业方面，2013 年，普通中专、成人中专和职业高中在各类

① 《2006 年全国中等职业学校毕业生就业率达 95.6%》，http://www.moe.gov.cn/jyb_xwfb/gzdt_gzdt/moe_1485/tnull_22911.html，2018-04-30。

企事业单位就业的人数为340.24万人，占毕业生总数的71.45%，较历年有所降低；个体经营的人数为66.59万人，占13.68%，较历年有所提高。此外，69.77%的毕业生在本地就业，中职毕业生为推动地方区域经济发展做出了贡献；73.84%的毕业生在城区就业，在镇区和乡村就业的学生较少；直接就业的毕业生中，对口就业率达76.01%，表明中等职业教育的专业设置和人才培养情况基本可以适应市场的需求。据不完全统计，中职毕业生的平均起薪高于每月2 000元，超过八成的毕业生享有社会保障，中职毕业生的就业待遇不断改善。

中等职业教育毕业生的升学、就业的比例和质量的相关数据表明，中等职业教育可以适应市场需求，中高职衔接的体系日益完善。

(二)中等职业教育分专业门类毕业生情况

2016年，随着信息技术的发展，信息技术类专业的毕业生人数最多，其次是加工制造类。各专业门类毕业生中获得职业资格证书的比例大多超过了80%，或在80%左右，但是司法服务类、体育与健身类和医药卫生类专业的毕业生获得职业资格证书的比例较低，各专业门类在人才培养情况方面存在差异(见表1-29、图1-22)。

表1-29　2016年中等职业教育分科毕业生情况

专业门类	毕业生数(人)	获得职业资格证书的毕业生数(人)	获得职业资格证书的比例(%)
农林牧渔类	391 465	284 025	72.55
资源环境类	21 537	18 872	87.63
能源与新能源类	15 534	13 489	86.84
土木水利类	202 534	169 720	83.80
加工制造类	636 091	549 398	86.37
石油化工类	29 602	24 714	83.49

续表

专业门类	毕业生数（人）	获得职业资格证书的毕业生数（人）	获得职业资格证书的比例（%）
轻纺食品类	42 259	36 790	87.06
交通运输类	387 971	328 141	84.58
信息技术类	732 737	619 716	84.58
医药卫生类	443 900	301 102	67.83
休闲保健类	24 605	20 246	82.28
财经商贸类	482 064	378 881	78.60
旅游服务类	204 530	169 900	83.07
文化艺术类	211 857	168 360	79.47
体育与健身类	35 740	21 991	61.53
教育类	432 156	355 334	82.22
司法服务类	16 362	9 339	57.08
公共管理与服务类	52 590	43 853	83.39
其他	42 038	33 802	80.40

注：表中数据不包括技工学校数据。

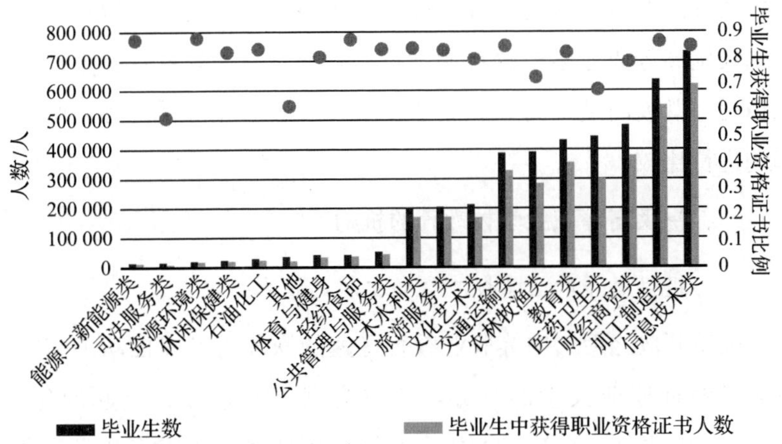

图 1-22　2016 年中等职业教育分科毕业生情况

第三节　高等职业学校教育发展情况

根据《中华人民共和国职业教育法》，“高等职业学校教育根据需要和条件由高等职业学校实施，或者由普通高等学校实施。其他学校按照教育行政部门的统筹规划，可以实施同层次的职业学校教育”。国家统计局对普通高等学校这一统计指标的解释为：“指通过国家普通高等教育招生考试，招收高中毕业生为主要培养对象，实施高等学历教育的全日制大学、独立设置的学院、独立学院和高等专科学校、高等职业学校及其他机构。大学、独立设置的学院主要实施本科及本科层次以上的教育。独立学院主要实施本科层次的教育。高等专科学校、高等职业学校实施专科层次的教育。其他机构是指承担国家普通招生计划任务不计校数的机构，包括普通高等学校分校、大专班等。”①

本节中的高等职业学校教育主要是指高等专科学校、高等职业学校实施的专科层次的教育。这一节将根据已有的统计数据，描述我国实施高等职业学校教育的学校、教育者、受教育者及教育成果的情况。既纵向呈现高等职业学校教育发展变化的情况和趋势，也横向进行比较。

一、提供高等职业学校教育的机构

（一）提供高等职业学校教育的机构的基本情况

改革开放之后，中等职业教育迅速的恢复与发展推动了高等教育阶段短期职业大学的兴办，这成为高等职业教育兴起的先导。1985年《中共中央关于教育体制改革的决定》首次提出“积极发展高等

---

① 国家统计局：《教育和科技》，http://www.stats.gov.cn/tjsj/zbjs/201310/t20131029_449419.html，2018-04-30。

职业技术院校”。经过多年的讨论，在1996年的全国职教工作会议上，高等职业教育的架构正式确立，对高等专科学校、职业大学和独立设置的成人高校进行改革、改组和改制，并将部分符合条件的中专构建成高职院校。①

相比于中等职业教育，高等职业教育的起步较晚，但发展很快，发展情况比较稳定。参考表1-30和图1-23，1998—2016年，我国高等职业教育学校的数量始终保持稳定增长，1998—2008年，高等职业教育学校数量增长较快，2008年较1998年增长了约174.7%；2008—2016年，数量方面的增长趋于平稳，2016年较2008年增长了约14.8%。高等职业教育学校数占普通高等学校总数的比例从1998年的42%上升至2007年的61%，尽管2007年后这一比例有所回落，但是高等职业教育学校占普通高等学校的比例仍然超过50%，所以高等职业教育是我国高等教育的重要组成部分。

表1-30 1998—2016年高等职业教育学校数量情况

年份	高等职业教育学校数(所)	占普通高等学校数比例(%)	年份	高等职业教育学校数(所)	占普通高等学校数比例(%)
1998	431	42	2008	1 184	52
1999	474	42	2009	1 215	53
2000	442	44	2010	1 246	53
2001	628	51	2011	1 280	53
2002	767	55	2012	1 297	53
2003	908	59	2013	1 321	53
2004	1 047	60	2014	1 327	52
2005	1 091	61	2015	1 341	52
2006	1 147	61	2016	1 359	52
2007	1 168	61			

① 俞启定、和震：《中国职业教育发展史》，170～173页，北京，高等教育出版社，2012。

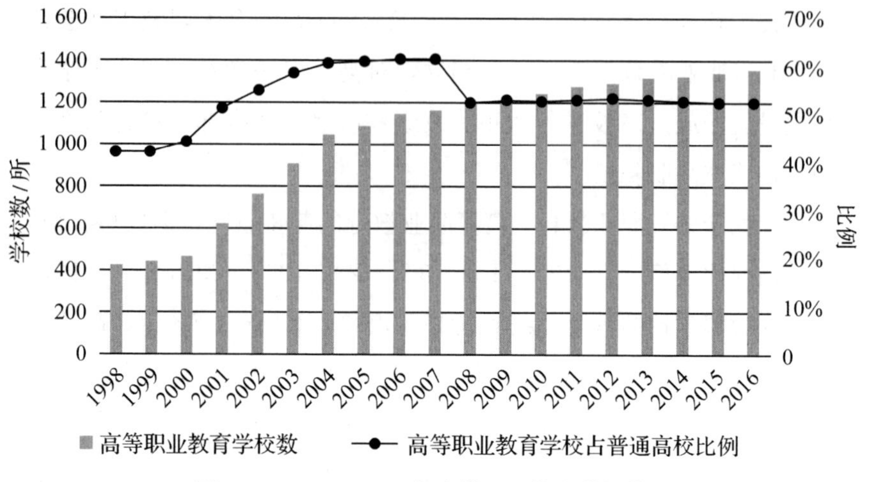

图 1-23 1998—2016 年高等职业教育学校情况

在办学主体方面，2016 年公办高等职业教育学校数为 317 所，占全部高等职业教育学校的 23.3%，公办学校构成了我国高等职业教育学校的主体部分。

(二)各地区高等职业教育学校情况

2016 年，全国各地区高等职业教育学校共计 1 359 所，各地区高等职业教育学校的数量之间也存在差异。江苏省共有高等职业教育学校 89 所，位居全国第一；而西藏仅拥有 3 所，位居全国末位。整体而言，高等职业教育学校在全国各地区的分布呈现出与中职学校相似的“东、中多，西少”的特点，高等职业教育学校在东部和中部地区的分布较为密集。

表 1-31 2016 年各地区高等职业教育学校数量情况

地区	高等职业教育学校（所）	地区	高等职业教育学校（所）	地区	高等职业教育学校（所）
		浙江	48	重庆	40
北京	25	安徽	74	四川	58

续表

地区	高等职业教育学校（所）	地区	高等职业教育学校（所）	地区	高等职业教育学校（所）
天津	25	福建	51	贵州	37
河北	59	江西	56	云南	41
山西	47	山东	77	西藏	3
内蒙古	36	河南	74	陕西	38
辽宁	51	湖北	60	甘肃	27
吉林	23	湖南	72	青海	8
黑龙江	43	广东	85	宁夏	10
上海	26	广西	37	新疆	28
江苏	89	海南	11		

2012 年，全国 1 297 所高等职业教育学校中，设置在地级市及以下地区的超过 630 所，近 200 所在县级行政单位办学，布局上比较适应区域经济社会尤其是三线城市和县域经济发展的需要。①

（三）高等职业教育学校专业设置情况②

为了适应经济发展新常态和产业结构调整的需求，加快发展现代职业教育，2015 年，教育部对 2004 年颁布的《普通高等学校高职高专教育指导性专业目录(试行)》进行了修订，调整后的专业目录共包括 19 个专业大类，专业类由原来的 78 个增加到 99 个，而专业总数由原来的 1 170 个减少到 748 个，对超过 60％的原有专业进行了更名、合并或淘汰，并新增了与产业结构调整相适应的专业。在结构上，新修订的目录还增加了“衔接中职专业举例”和“接续本科专业举例”等项目，体现出了现代职业教育体系中各层级教育之间衔接体

① 上海市教育科学研究院、麦可思研究院：《2013 中国高等职业教育人才培养质量年度报告》，12 页，北京，外语教学与研究出版社，2013。

② 由于教育部的教育统计数据中的部分数据并未区分专科院校与本科院校，所以未在此节呈现与专业设置、办学条件相关的历年详细数据。

制的完善。①

各高等职业教育学校也在专业设置方面主动适应经济社会发展需求的变化。2012年高等职业教育学校新增1 318个专业点以应对产业升级的需要，让学生能从事新型工业化、信息化、城镇化和农业现代化的建设。② 2014年，高等职业教育学校新增专业点数3 265个，主要集中在互联网经济新业态及服务民生的领域。③

（四）高等职业教育学校办学条件情况

高等职业教育学校办学条件主要是指开办高等职业教育学校所必需的各种物质资源，包括高等职业教育学校校舍与资产等条件。

2000年，教育部发布了《高等职业学校设置标准（暂行）》，提出了高等职业学校在办学条件方面的参考标准。在校舍面积方面，该文件要求"建校初期，生均教学、实验、行政用房建筑面积不得低于20平方米"。在学校资产方面，要求"适用的教学仪器设备的总值，在建校初期不能少于600万元；适用图书不能少于8万册"。该文件还提出了新建高等职业学校必须满足的基本要求，要求除位于边远地区的、民办的或特殊类别的高等职业学校可适当放宽要求外，其他高等职业学校必须达到规定的基本要求，其中包括"与专业设置相适应的教学仪器设备的总值不少于1 000万元，校舍建筑面积不低于6万平方米，适用图书不少于15万册"。

2016年，国务院教育督导委员会委托上海市教育科学研究院对全国高等职业教育学校适应社会需求的能力进行了评估，评估结果

① 教育部：《教育部职业教育与成人教育司负责人就新修订的〈普通高等学校高等职业教育（专科）专业目录（2015年）〉和〈普通高等学校高等职业教育（专科）专业设置管理办法〉答记者问》，http://www.moe.gov.cn/jyb_xwfb/s271/201511/t20151109_218248.html，2018-04-30。

② 上海市教育科学研究院、麦可思研究院：《2013中国高等职业教育人才培养质量年度报告》，12页，北京，外语教学与研究出版社，2013。

③ 上海市教育科学研究院、麦可思研究院：《2015中国高等职业教育人才培养质量年度报告》，15页，北京，外语教学与研究出版社，2015。

表明高等职业教育学校生均教学仪器设备值明显增加，近 400 所院校超过 1 万元。在教育信息化建设方面，带宽在 100Mbps 以上的院校比例为 93.5%。但是仍有个别地区 30%以上院校的生均教学、辅助及行政办公用房面积未达到教育部的最低标准。① 所以全国高等职业教育学校整体的基础办学能力提升，但是仍然存在地区差异。

（五）高等职业教育学校经费情况

如表 1-32、图 1-24 所示，2005—2014 年，我国高等职业教育学校生均财政预算内事业费支出呈上升趋势，相较于 2005 年，2014 年我国高等职业教育学校生均财政预算内事业费支出增长了约 266%。2005—2013 年，高等职业教育学校生均财政预算内公用部分教育经费支出也呈现上升趋势，增长了约 439%，但是 2014 年略有回落。

表 1-32　2005—2014 年全国高等职业教育学校教育经费情况

年份	高职高专学校生均预算内事业费支出（元）	高职高专学校生均预算内公用部分教育经费支出（元）
2005	2 681.96	838.17
2006	2 987.86	1 052.52
2009	4 987.90	1 897.97
2010	5 828.56	2 458.79
2011	7 568.35	3 546.23
2013	9 504.17	4 513.81
2014	9 824.39	4 351.62
2015	12 534.84	5 880.69
2016	12 909.49	5 731.81

① 教育部：《2016 年全国高等职业院校适应社会需求能力评估报告》，http://www.moe.gov.cn/jyb_xwfb/gzdt_gzdt/s5987/201712/t20171207_320819.html，2018-04-30。

续表

年份	生均预算内事业费支出(元)		生均财政预算内公用部分教育经费支出(元)	
	高专	高职	高专	高职
2007	4 847.66	3 762.43	2 048.15	1 255.33
2008	5 096.82	4 509.32	1 969.64	1 624.79

注：缺少2012年《中国教育经费统计年鉴》。2007和2008年的《中国教育经费统计年鉴》高职高专的数据是分开的，目前没有找到分别统计高职高专学生人数的数据，故而这两年的数据分为高职和高专并单列。

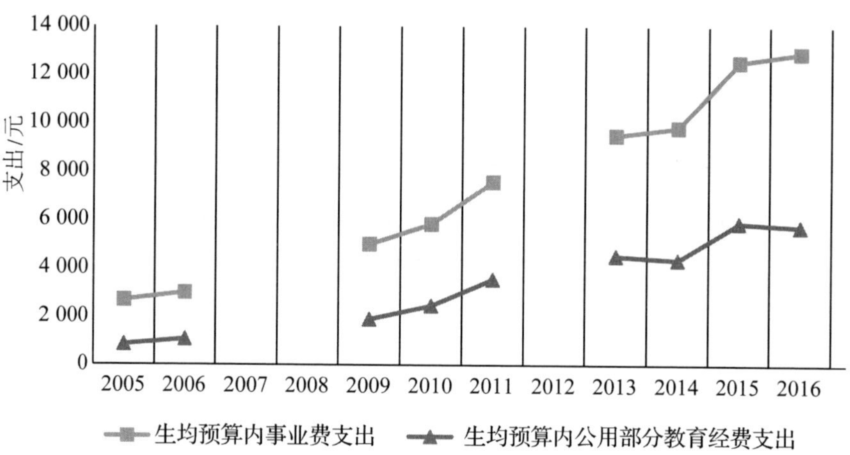

图1-24 2005—2016年全国高职高专学校教育经费情况

2014年，我国高等本科学校的生均公共财政预算内事业费支出为18 575.99元，是高等职业教育学校的约1.89倍；生均公共财政预算内公用部分教育经费支出为8 932.59元，是高等职业教育学校学生的2.05倍。所以，公共财政在高等职业教育学校和高等本科院校方面的投入差别较大。

2005—2016年，我国高职高专学校生均财政预算内事业费支出呈上升趋势，相较于2005年，2016年我国高职高专生均财政预算内事业费支出增长了约381%。2005—2016年，高职高专学校生均财政预算内公用部分教育经费支出也呈上升趋势，增长了约584%。

2016 年，我国本科学校的生均公共财政预算内事业费支出为 20 998.13元，是高职高专学校的约 1.63 倍；生均公共财政预算内公用部分教育经费支出为 8 967.53 元，是高职高专学生的 1.56 倍。所以，公共财政在高职高专学校和本科院校方面的投入存在差异。

（六）各地区高等职业教育学校经费情况

高等职业教育学校的教育经费在不同地区之间也有比较大的差异。2014 年，北京市高等职业教育学校生均预算内事业费支出为 45 671.50元，居全国第一，约为居全国末位的安徽的 7.8 倍（见表 1-33、图 1-25）。

表 1-33　2014 年各地区高等职业教育学校教育经费情况

地区	生均预算内事业费支出（元）	生均预算内公用部分教育经费支出（元）	地区	生均预算内事业费支出（元）	生均预算内公用部分教育经费支出（元）
北京	45 671.50	26 342.11	广东	9 894.81	3 689.77
天津	16 031.32	8 616.28	广西	9 282.78	4 585.81
河北	7 495.71	2 697.29	海南	11 454.00	5 915.43
山西	7 125.28	2 506.63	重庆	7 605.51	4 671.83
内蒙古	15 883.61	5 793.49	四川	9 383.81	4 881.10
辽宁	9 412.34	4 236.13	贵州	9 454.04	4 352.94
吉林	8 731.67	2 921.12	云南	8 992.97	3 806.55
黑龙江	10 600.05	3 851.86	西藏	23 325.40	8 924.12
上海	20 483.92	13 082.12	陕西	10 283.75	5 177.08
江苏	12 864.47	5 725.59	甘肃	7 642.18	3 646.11
浙江	11 918.65	5 304.08	青海	11 856.14	3 597.53
安徽	5 845.65	2 493.73	宁夏	11 445.08	4 228.83
福建	7 692.29	2 895.11	新疆	11 351.18	4 380.06

续表

地区	生均预算内事业费支出（元）	生均预算内公用部分教育经费支出（元）	地区	生均预算内事业费支出（元）	生均预算内公用部分教育经费支出（元）
江西	8 926.22	3 948.20	大连	11 060.68	5 293.99
山东	9 510.22	3 885.07	宁波	13 526.78	5 505.59
河南	6 211.01	2 621.03	厦门	16 563.97	6 761.53
湖北	7 325.40	2 943.56	青岛	14 613.82	4 329.61
湖南	9 409.10	4 419.43	深圳	18 496.19	4 432.78

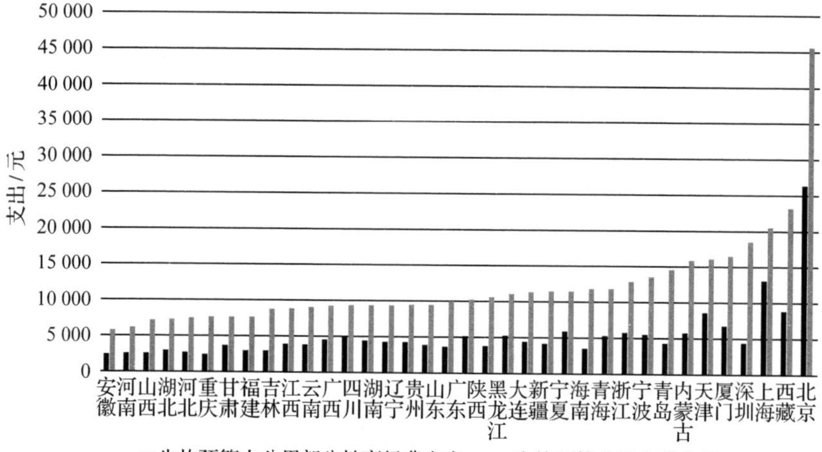

图 1-25　2014 年各地区高等职业教育学校教育经费情况

二、教育者

（一）高等职业教育专任教师情况

2006—2016 年，高等职业教育专任教师数逐渐增长，2016 年高等职业教育专任教师数为 47 万人，较 2004 年增长了约 95.8%，增长速度较快。同时，高等职业教育生师比在波动中小幅下降，2014 年，高等职业教育生师比为 24.82∶1，2016 年这一比例下降至约 23.04∶1。虽然高等职业教育专任教师的数量增长较快，但是仍无法完全满足高等职业教育快速发展的需求。

2016 年，民办高等职业教育专任教师数为 81 040 人，生师比为 27.96∶1，民办高等职业教育的教师资源相对紧缺(见表 1-34、图 1-26、图 1-27)。

表 1-34 2004—2016 年高等职业教育专任教师数

年份	高等职业教育专任教师数(万人)	生师比	年份	高等职业教育专任教师数(万人)	生师比
2004	24	24.82	2011	41	23.39
2005	27	26.41	2012	42	22.96
2006	32	24.86	2013	44	22.13
2007	35	24.59	2014	44	22.88
2008	38	24.13	2015	45	23.30
2009	40	24.12	2016	47	23.04
2010	40	24.15			

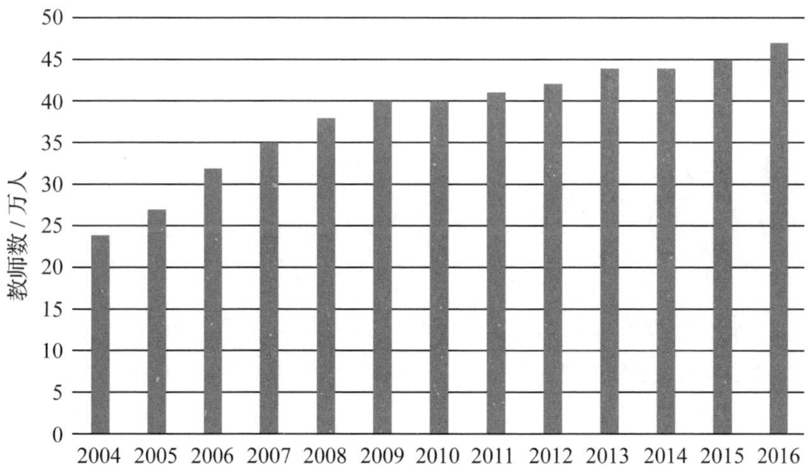

图 1-26 2004—2016 年高等职业教育专任教师数

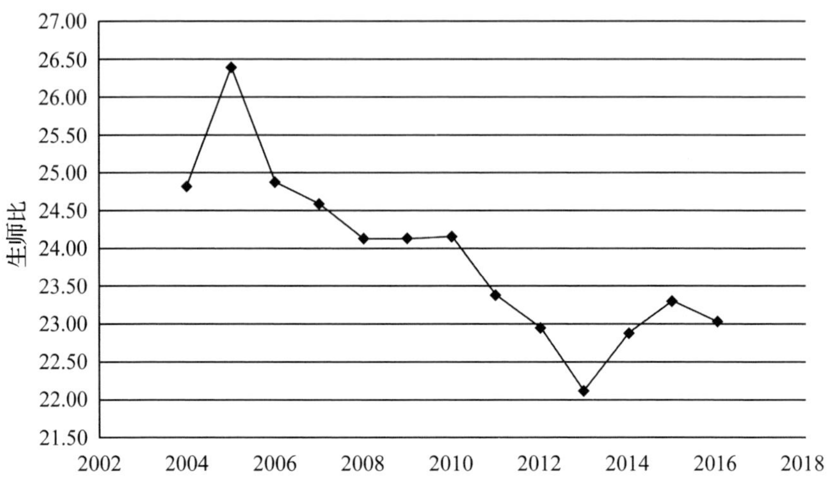

图 1-27　2004—2016 年高等职业教育生师比变化情况

（二）高等职业教育双师型教师情况

“双师型”教师是具有职业教育特色的教师类型，优质“双师型”教师队伍的建设也是提升职业教育质量的基础条件。《国家中长期教育改革和发展规划纲要（2010—2020 年）》也指出，应“加强‘双师型’教师队伍和实训基地建设，提升职业教育基础能力”。《高等职业学校设置标准（暂行）》中提出的参考标准为“每个专业至少配备副高级专业技术职务以上的专任教师 2 人，中级专业技术职务以上的本专业的‘双师型’专任教师 2 人”。

2004—2016 年，高等职业教育“双师型”教师的数量快速增长。2016 年，高等职业教育专任教师中“双师型”教师共有约 28.8 万人，较 2004 年增长了 302.7%；外聘教师中“双师型”教师共有约 9 万人，较 2004 年增长了约 248.3%。2004 年，“双师型”教师约占全部专任教师的 29.8%，2016 年这一比例上升至 61.3%，“双师型”教师队伍不断扩大，已构成高等职业教育专任教师的主体部分。且“双师型”教师数量的增长速度超过了高等职业教育学生数的增长速度，能够较好地满足高等职业教育人才培养的需要(见表 1-35、图 1-28、图 1-29、图 1-30)。

表 1-35　2004—2016 年高等职业教育“双师型”教师情况

年份	专任教师中“双师型”教师数(人)	外聘教师中“双师型”教师数(人)	“双师型”教师生师比
2004	71 489	26 057	61.06
2005	89 247	32 652	58.49
2006	116 858	39 355	50.92
2007	138 869	46 325	46.47
2008	149 888	51 628	45.50
2009	163 537	54 389	44.27
2010	176 753	57 982	41.16
2011	194 077	63 641	37.21
2012	206 950	69 416	34.89
2013	217 994	69 795	33.83
2014	239 987	74 820	31.98
2015	263 800	79 442	30.55
2016	287 908	90 758	28.60

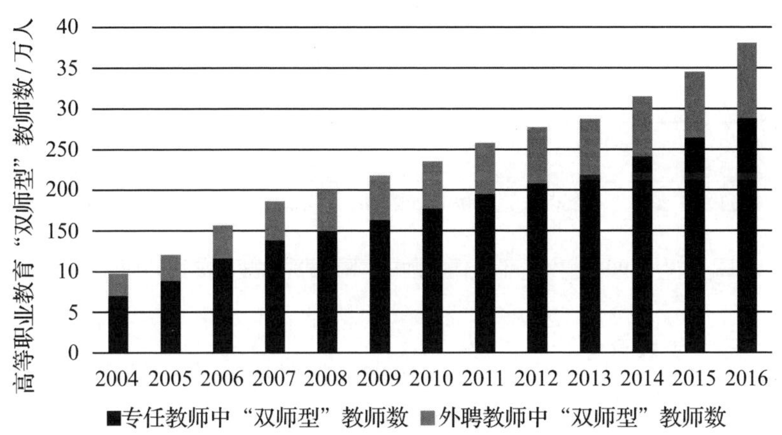

图 1-28　2004—2016 年高等职业教育“双师型”教师数

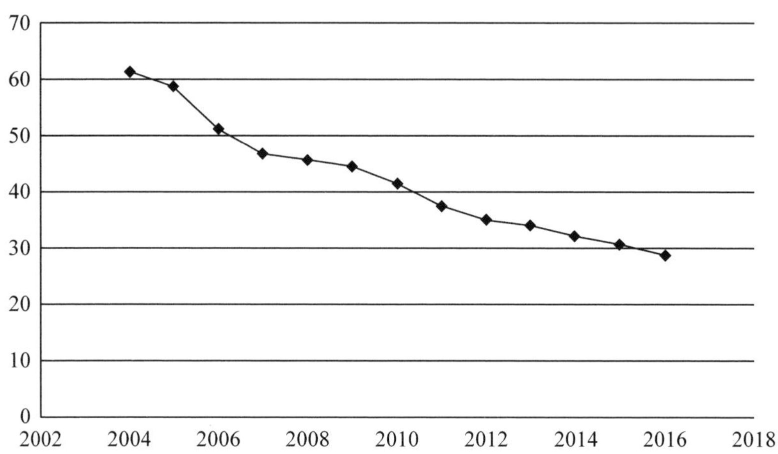

图 1-29　2004—2016 年高等职业教育“双师型”教师生师比变化情况

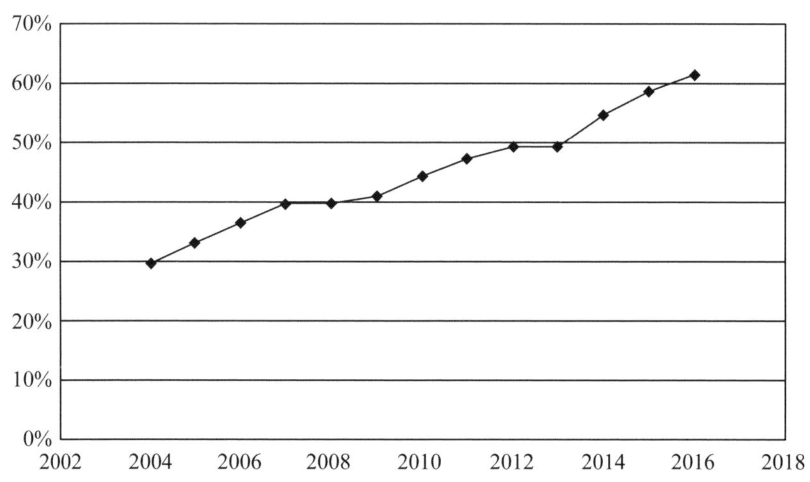

图 1-30　2004—2016 年专任教师中“双师型”教师占总比的变化情况

三、受教育者

（一）高等职业教育在校生与招生情况

1978—2016 年，高等职业教育的在校生数和招生数整体均呈上升趋势。1978—2002 年，高等职业教育在校生数与招生数增长的绝对量不大，但增长倍数较大。2002 年高等职业教育在校生数为 193.41 万人，较 1978 年增长了约 410%；招生数为 89.05 万人，较 1978 年增长了约 620%。增长倍数较大部分是因为 1978 年学生数的基数较小。2003—2016 年，高等职业教育规模扩大的速度加快，2016 年高等职业教育在校生数为 1 082.89 万人，增长为 1978 年的 28.5 倍；招生数为 343.21 万人，增长为 1978 年的 27.7 倍。总体而言，21 世纪之后高等职业教育进入快速发展时期，学生规模得到了迅速扩大(见表 1-36、图 1-31、图 1-32)。

虽然高等职业教育的规模自改革开放以来不断扩大，不过横向比较来看，高等职业教育招生数占普通本专科招生数的比例经历了比较剧烈的波动过程：1978 年，高等职业教育招生数仅占 31%，1979 年这一比例跌至 26%，随后高等职业教育招生数占比逐渐上升，至 1993 年升至 58%，达到历史峰值；随着高等教育的扩招，2000 年这一比例跌至谷底，仅为 22%；经过高等职业教育的调整和发展，2003 年这一比例迅速回升至 52%，此后变化的幅度相对较小。2003 年之后，普通本专科的规模基本大体相当，但是 2006—2016 年，高等职业教育的规模缓慢缩减。2016 年，高等职业教育招生数约占普通本专科招生数的 46%。

《国家中长期教育改革和发展规划纲要(2010—2020 年)》中提出了高等职业教育在校生 2015 年达到 1 390 万人，2020 年达到 1 480 万人的目标。虽然高等职业教育规模扩大的速度较快，但是 2015 年高等职业教育在校生数为 1 048.61 万人，没有达到目标，要达到 2020 年的目标也很困难。

表 1-36　1978—2016 年高等职业教育在校生数和招生数情况

年份	高等职业教育在校生数（万人）	高等职业教育在校生数与1978年数值的比（1978＝1）	高等职业教育招生数（万人）	高等职业教育招生数与1978年数值的比（1978＝1）
1978	37.96	1.00	12.37	1.00
1979	34.85	0.92	7.09	0.57
1980	28.18	0.74	7.71	0.62
1981	21.88	0.58	7.63	0.62
1982	22.51	0.59	8.44	0.68
1983	27.75	0.73	13.46	1.09
1984	38.79	1.02	19.07	1.54
1985	58.05	1.53	30.16	2.44
1986	67.53	1.78	25.99	2.10
1987	68.09	1.79	28.45	2.30
1988	73.07	1.92	32.87	2.66
1989	76.09	2.00	29.66	2.40
1990	74.26	1.96	29.17	2.36
1991	72.37	1.91	29.04	2.35
1992	85.49	2.25	40.43	3.27
1993	111.82	2.95	53.75	4.34
1994	128.18	3.38	49.02	3.96
1995	126.82	3.34	47.81	3.86
1996	122.64	3.23	46.05	3.72
1997	118.82	3.13	42.07	3.40
1998	117.41	3.09	43.05	3.48
1999	136.15	3.59	61.19	4.95
2000	100.87	2.66	48.69	3.94
2001	146.79	3.87	66.56	5.38
2002	193.41	5.10	89.05	7.20
2003	479.40	12.63	199.60	16.13

续表

年份	高等职业教育在校生数（万人）	高等职业教育在校生数与1978年数值的比（1978=1）	高等职业教育招生数（万人）	高等职业教育招生数与1978年数值的比（1978=1）
2004	595.65	15.69	237.40	19.19
2005	712.96	18.78	268.09	21.67
2006	795.50	20.96	292.97	23.68
2007	860.59	22.67	283.82	22.94
2008	916.80	24.15	310.60	25.11
2009	964.81	25.42	313.39	25.33
2010	966.18	25.45	310.50	25.10
2011	958.85	25.26	324.86	26.26
2012	964.23	25.40	314.78	25.44
2013	973.64	25.65	318.40	25.74
2014	1 006.64	26.52	337.98	27.32
2015	1 048.61	27.63	348.43	28.16
2016	1 082.89	28.53	343.21	27.74

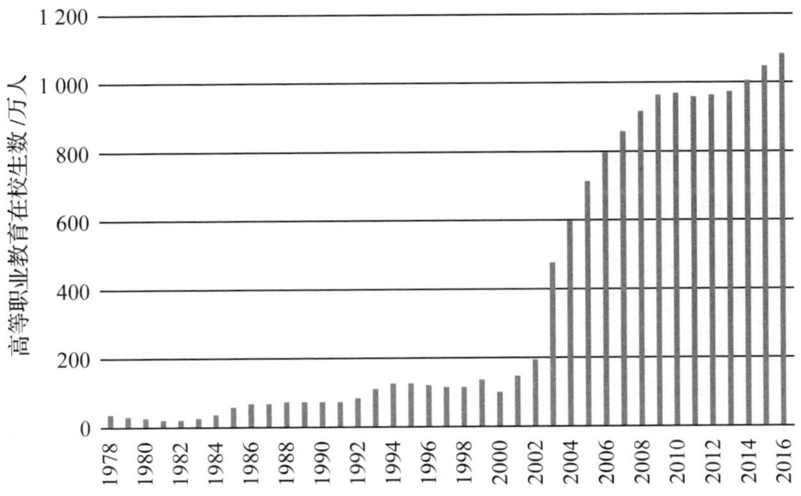

图 1-31 1978—2016 年高等职业教育在校生数

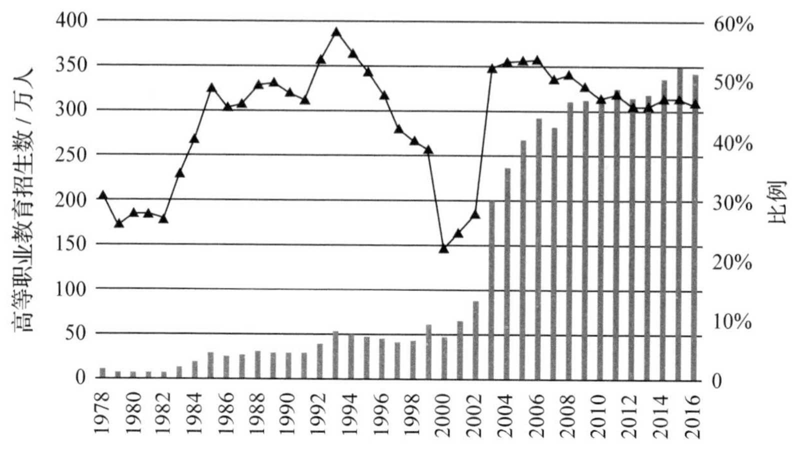

图 1-32　1978—2016 年高等职业教育招生情况

（二）高等职业教育各专业门类招生情况

高等职业教育各专业门类招生情况之间差异较大。2015 年财经大类招生数为 75.91 万人，约占高等职业教育招生总数的 21.8%，在所有专业大类中居第一，社会需求比较集中的制造大类、医药卫生大类、电子信息大类等专业招生数也较多(见表 1--37、图 1-33)。

表 1-37　2011—2015 年高等职业教育分专业门类招生数

专业门类	招生数(万人)				
	2015	2014	2013	2012	2011
师范	17.62	14.73	15.13	15.06	17.96
农林牧渔大类	5.90	5.53	5.56	5.62	5.71
交通运输大类	20.06	17.82	16.01	15.32	14.28
生化与药品大类	7.00	6.82	6.81	7.02	7.68
资源开发与测绘大类	3.40	4.13	4.52	5.00	4.95
材料与能源大类	4.02	4.01	3.94	4.14	4.57
土建大类	34.09	41.11	39.84	36.52	36.33

续表

专业门类	招生数(万人)				
	2015	2014	2013	2012	2011
水利大类	1.45	1.49	1.47	1.39	1.40
制造大类	45.84	44.53	40.33	40.55	42.24
电子信息大类	36.53	31.26	29.09	29.78	31.36
环保、气象与安全大类	1.52	1.51	1.48	1.46	1.55
轻纺食品大类	5.29	5.15	5.10	5.19	5.67
财经大类	75.91	72.90	67.65	69.18	68.95
医药卫生大类	38.62	36.54	32.48	29.85	31.14
旅游大类	11.40	11.11	10.71	11.02	10.84
公共事业大类	3.66	3.57	3.30	3.24	3.28
文化教育大类	32.49	30.04	29.73	29.79	34.33
艺术设计传媒大类	16.62	15.90	15.61	14.66	15.52
公安大类	1.05	1.14	1.13	1.15	1.11
法律大类	3.58	3.41	3.66	3.88	3.94

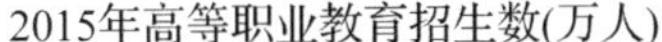

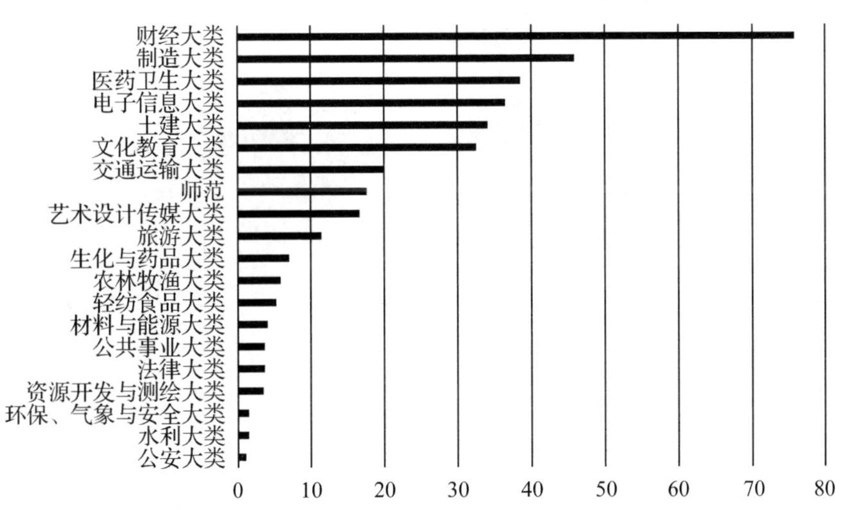

图 1-33　2015 年高等职业教育分专业门类招生数

(三)高等职业教育生源情况

如图1-34、图1-35、图1-36所示，2010届和2011届高等职业教育毕业生中来自贫困地区高中的分别为13.10%和12.70%；依据2009—2011届毕业生的数据，高等职业教育毕业生来自西部地区高中的占20%左右；2009届、2010届和2011届毕业生来自少数民族地区高中的分别占15.50%、12.90%和16.20%。高等职业教育的学生有相当一部分来自贫困地区、西部地区或少数民族地区，来自这三类地区的学生中有23%在本市入学，有83%在本省入学。①2009—2014届毕业生为家庭第一代大学毕业生的比例均超过85%，2014届毕业生中的这一比例达到91%(见图1-37)。这些数据表明，众多分布在地级与县级城市的高等职业教育学校为弱势群体提供了较多的入学机会，高等职业教育的发展有利于教育公平。

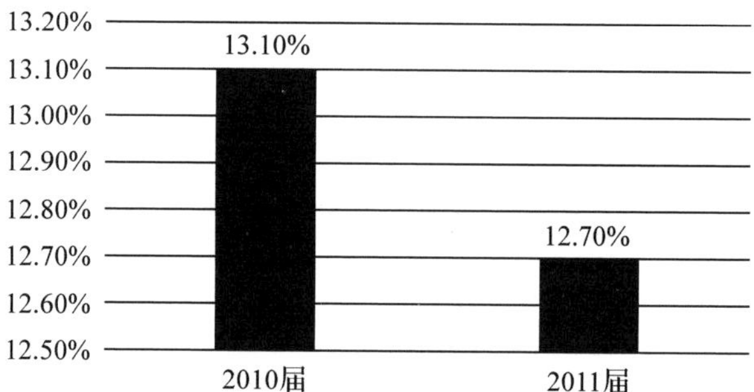

图1-34 高等职业教育毕业生来自贫困地区高中的比例

① 上海市教育科学研究院、麦可思研究院：《2012中国高等职业教育人才培养质量年度报告》，6页，北京，外语教学与研究出版社，2012。

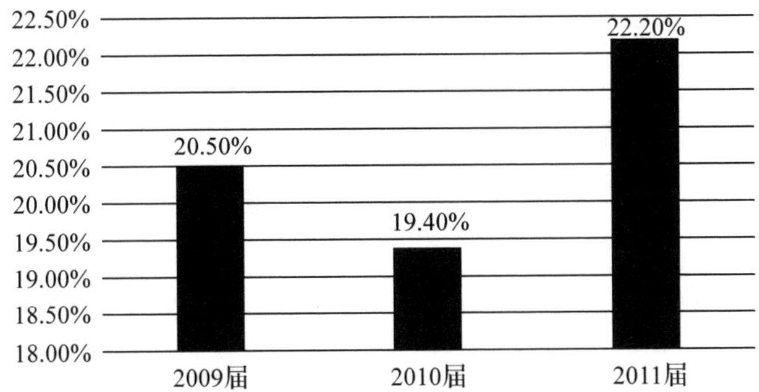

图 1-35　高等职业教育毕业生来自西部地区高中的比例

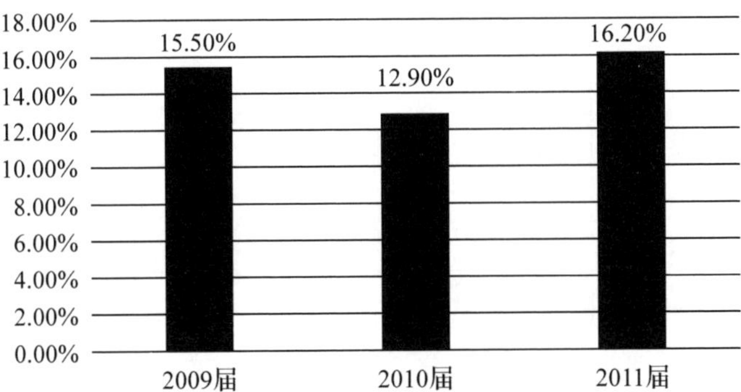

图 1-36　高等职业教育毕业生来自民族地区高中的比例

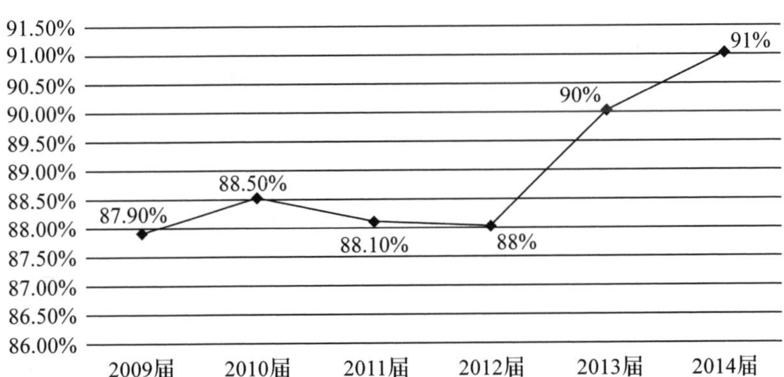

图 1-37　高等职业教育毕业生中为家庭第一代大学毕业生的比例

四、教育成果

1978—2016 年，高等职业教育毕业生规模不断扩大，高等职业教育发挥了为经济社会发展培养人才的作用，详见表 1-38。

表 1-38　1978—2016 年高等职业教育毕业生数

年份	高等职业教育毕业生数（万人）	高等职业教育毕业生数与 1978 年数值的比(1978=1)	年份	高等职业教育毕业生数（万人）	高等职业教育毕业生数与 1978 年数值的比(1978=1)
1978	0.78	1.00	1999	40.67	52.21
1981	13.95	17.91	2000	17.85	22.91
1982	8.90	11.43	2001	19.34	24.83
1983	8.28	10.63	2002	27.73	35.60
1984	8.27	10.61	2003	94.80	121.69
1985	14.45	18.55	2004	119.49	153.39
1986	16.50	21.18	2005	160.22	205.67
1987	27.90	35.81	2006	204.80	262.90
1988	27.37	35.13	2007	248.20	318.61
1989	26.73	34.31	2008	286.27	367.48
1990	30.57	39.25	2009	285.56	366.57
1991	29.08	37.33	2010	316.37	406.12
1992	27.21	34.93	2011	328.53	421.73
1993	27.18	34.89	2012	320.89	411.93
1994	32.71	41.99	2013	318.75	409.18
1995	47.99	61.61	2014	317.99	408.20
1996	49.14	63.09	2015	322.29	413.73
1997	44.74	57.44	2016	329.81	423.38
1998	42.52	54.58			

近年来，高等职业教育毕业生的去向主要分为三类。一是直接就业。据统计，2009—2014 届高等职业教育毕业生毕业半年后的就业率从 85.2%不断上升至 91.5%(见图 1-38)。2008—2014 届毕业生毕业半年后的月收入从 1 647 元上升至 3 200 元，毕业生的就业情况

和就业待遇不断改善；受调查的 2008—2011 届毕业生毕业 3 年后月收入平均可以翻一番(见图 1-39)。在受调查的 2009 届毕业生中，有 56％的毕业生 3 年内获得过职位晋升，略高于本科毕业生获得职位晋升的比例(52％)，有 28％的高职毕业生 3 年内晋升一次，有 28％的晋升两次及以上。69％的 2011 届高等职业教育毕业生毕业 3 年内职位有晋升。高等职业教育毕业生毕业 3 年后的工资增长和职位晋升表明高等职业教育毕业生在职业发展方面具有较大潜力。如图 1-40、图 1-41 所示，约 10.5％的毕业生在建筑业就业，在所有行业中居第一；约 13.6％的毕业生从事销售工作；约 10.5％的毕业生从事财务类工作。高等职业教育毕业生毕业后就业的行业和从事的职业相对比较集中。

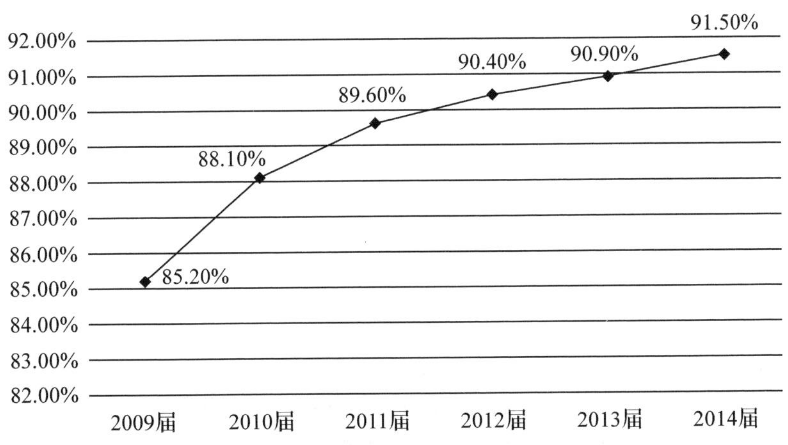

图 1-38　高等职业教育毕业生毕业半年后就业率

二是创业。据统计，2009—2014 届高等职业教育毕业生毕业半年后的创业率从 1.6％上升至 3.8％，创业率增长了 1 倍多。而且高等职业教育毕业生毕业 3 年后的创业率远高于毕业半年后的创业率，2011 届毕业生毕业 3 年后自主创业率为 7.7％，是毕业半年后创业率的 3.5 倍。调查发现，高等职业教育学生毕业时自主创业的主要动机是抓住机遇，而不是因为就业困难，其中机会型创业占毕业生创业的 85%，生存型创业的比例只有 7%，所以高等职业教育毕业生的自主创业意识较高。

三是专转本，2009 届、2010 届和 2011 届高等职业教育毕业生专转本的比例分别为 2.6%、2.6%和 3.7%，专转本的毕业生比例略有提高。

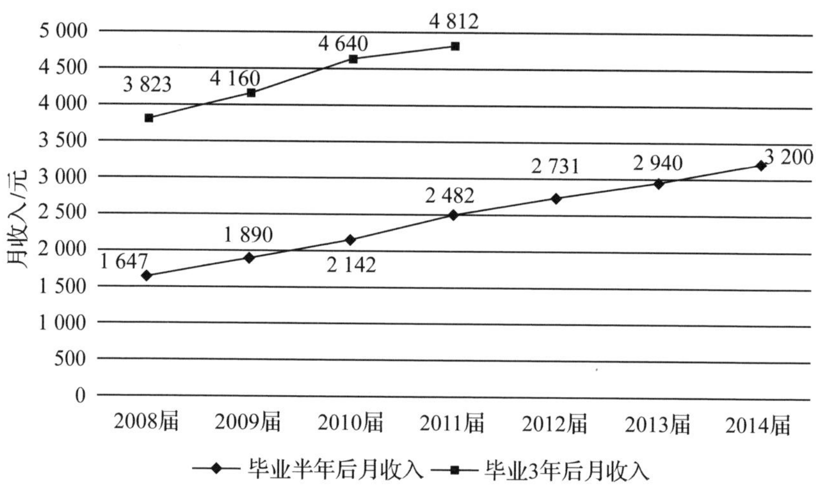

图 1-39　高等职业教育毕业生月收入情况

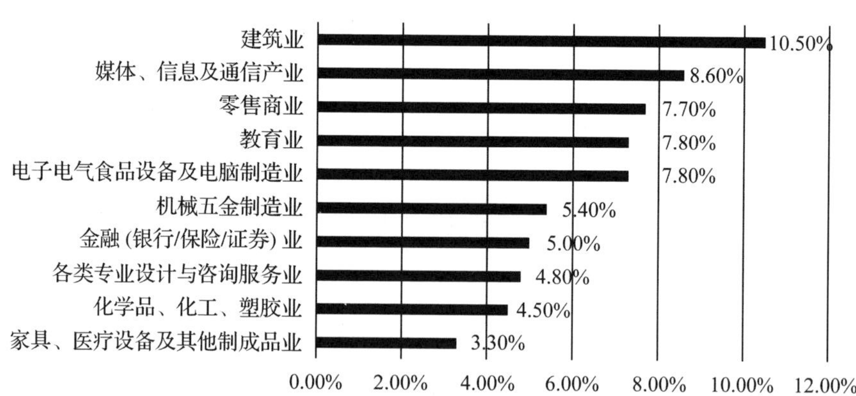

图 1-40　2011 届高等职业教育毕业生半年后就业行业占比前 10 位

综上所述，从统计数据来看，无论是就业、创业还是升学，高等职业教育毕业生不仅有多种去向选择，而且就业情况、就业质量以及创业和升学情况均日益改善。

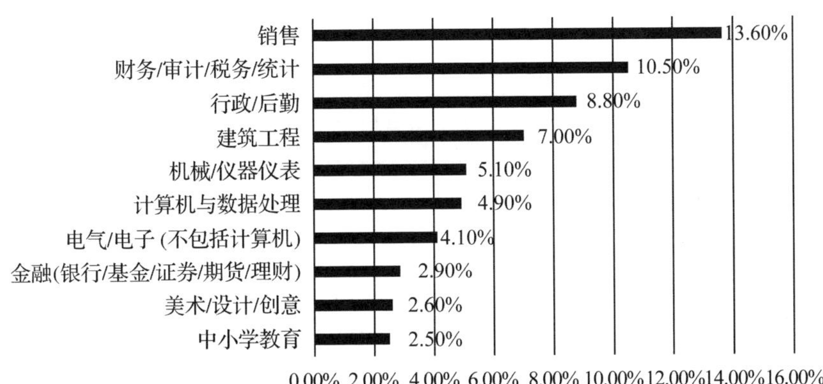

图 1-41　2011 届高等职业教育毕业生半年后从事职业占比前 10 位

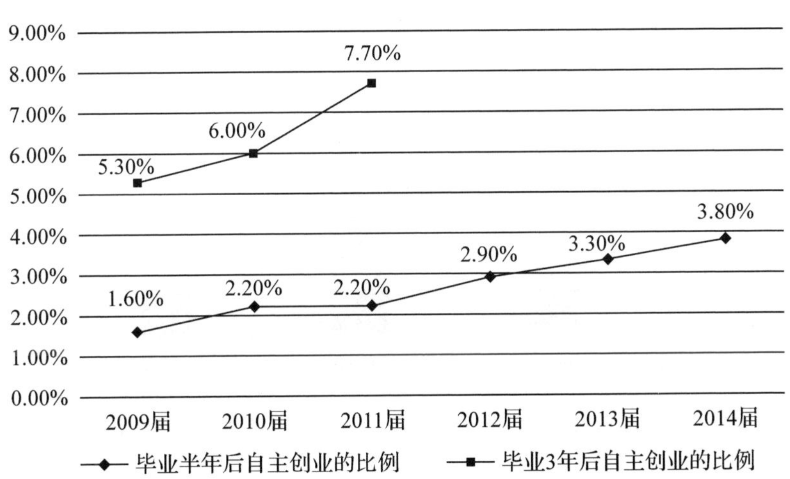

图 1-42　高等职业教育毕业生创业情况

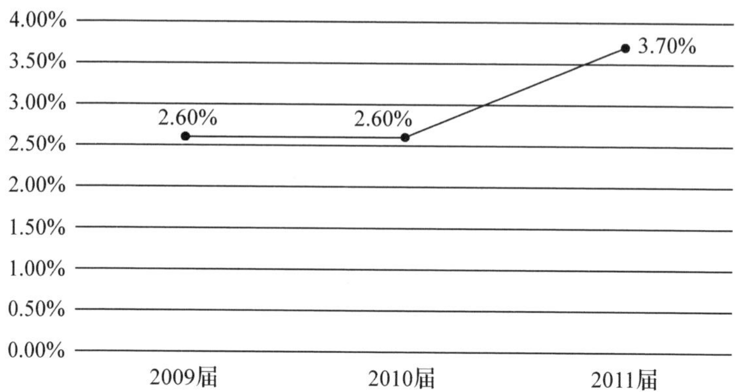

图 1-43　高等职业教育毕业生毕业半年后专转本比例

在高等职业教育毕业生就业地区方面，如图 1-44 所示，超过一半的 2009—2011 届毕业生在地级城市及以下就业，高等职业教育为我国的城镇化发展做出了贡献。

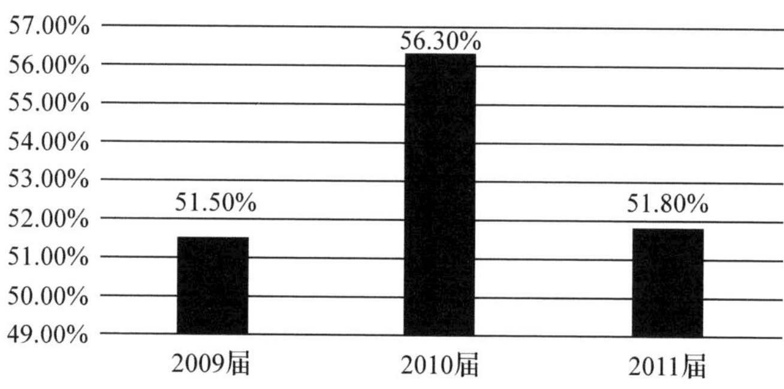

图 1-44　高等职业教育毕业生半年后在地级城市及以下就业的比例

2009—2011 届毕业生毕业半年后在西部地区就业的比例不超过 20%(见图 1-45)，对比 2009—2011 届毕业生来自西部高中的比例与毕业半年后在西部地区就业的比例，在来自西部地区的高等职业教育学生中存在向东部流动的趋势，且这一流动是单向的。同样，来自贫困地区和少数民族地区高中的高等职业教育学生也有向非贫困地区和非少数民族地区流动的趋势(见图 1-46、图 1-47)。

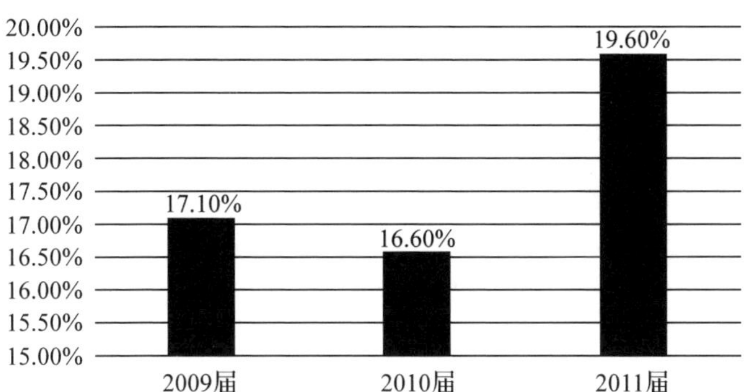

图 1-45　高等职业教育毕业生毕业半年后在西部地区就业的比例

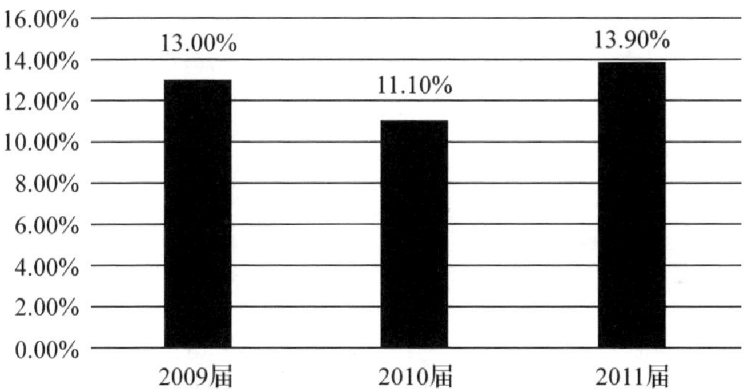

图 1-46　高等职业教育毕业生毕业半年后在少数民族地区就业的比例

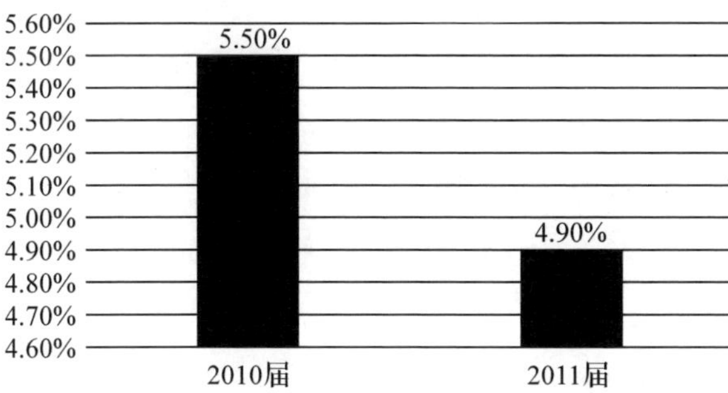

图 1-47　高等职业教育毕业生毕业半年后在贫困地区就业的比例

第四节　职业培训发展情况

1981年2月20日，中共中央、国务院发布《关于加强职工教育工作的决定》，强调了职工教育在现代化建设中的重要地位和作用，职工教育逐渐受到重视。1983年，劳动人事部在北京召开了全国培训工作会议，提出全面推行“先培训，后就业”的制度，1993年《中国教育改革和发展纲要》重申了这一制度，要求对未经培训的已就业职工进行岗前培训。1994年，《国务院关于〈中国教育改革和发展纲要〉的实施意见》不仅提出要认真实行“先培训、后就业”“先培训、后上岗”制度，而且提出在全社会实行学历文凭和职业资格证书并重的制度，并要求建立稳定的培训制度。同年通过的《中华人民共和国劳动法》在第八章专门对职业培训做出规定，确立了职业培训的法律地位。①

在确立职业培训法律地位的同时，1993年、1994年劳动部召开的两次全国培训工作会议提出了职业培训改革的思路，即以劳动力市场为导向，以职业分类和职业技能鉴定标准为依据，以灵活的职业培训和社会化管理的职业鉴定为重点，以职业竞赛为推动力，发展职业培训，提高劳动者的能力和素质。② 这一改革思路至今仍有重要意义。

根据《中华人民共和国职业教育法》，我国的职业教育体系是由职业学校教育和职业培训共同构成的，“职业培训分别由相应的职业培训机构、职业学校实施。其他学校或者教育机构可以根据办学能力，开展面向社会的、多种形式的职业培训”。本节将对我国的职业培训机构、教育者、受教育者的情况进行介绍。

---

① 杨金土：《30年重大变革——中国1979—2008年职业教育要事概录》下卷，837～842页，北京，教育科学出版社，2011。

② 毕结礼：《30年中国职业培训与资格证书制度建设》，载《职业技术教育》，2008(30)。

一、职业培训机构

(一)职业培训机构基本情况

根据教育部提供的年度统计数据，2010—2016 年，我国职业培训机构数不断下降，2016 年全国职业培训学校共约 9 万所，较 2010 年下降了约 27.9%。但是职业培训教学班(点)数总体保持稳定，虽然各年在数量上有波动，但基本维持在 50 万个左右(见表 1-39、图 1-48)。由此可见，开展职业培训的机构比较分散，不稳定性较强。

表 1-39　2010—2016 年职业培训机构数及教学班(点)数

年份	机构数(个)	教学班(点)数(个)
2010	129 447	532 983
2011	129 530	549 298
2012	123 766	506 604
2013	112 293	536 037
2014	105 055	489 731
2015	98 958	601 691
2016	93 358	483 478

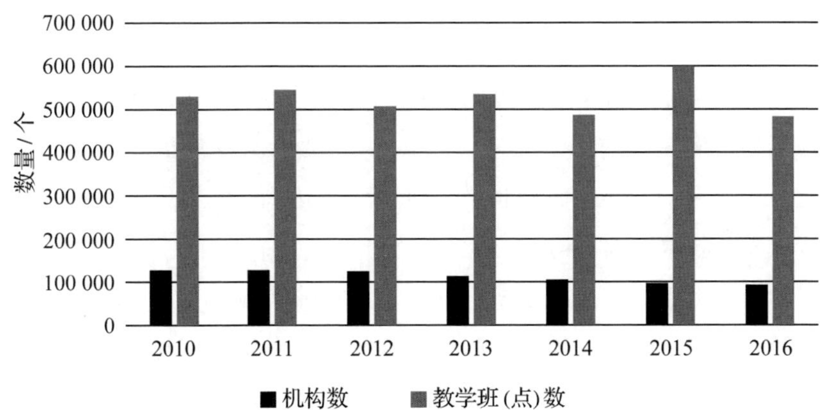

图 1-48　2010—2016 年职业培训机构数及教学班(点)数

(二)各类职业培训机构数变化情况

根据统计数据，职业培训机构包括职工技术培训机构、农村成人文化技术培训机构和其他培训机构(含社会培训机构)。在职业培训机构方面，农村成人文化技术培训机构在各类培训机构中占比最大，2010年这一比例为82.4%，2016年下降至75.4%。纵向来看，2010—2016年，其他培训机构数总体比较稳定。职工技术培训机构数先升后降，2011年职工技术培训机构达到3 049所，较2010年增加了506所，而2016年较2011年下降了约30.3%。相比之下，农村成人文化技术培训机构数持续减少，且减少的绝对值较大，2016年较2010年减少了35 707所，降低了约33.5%，在三类培训机构中降幅最大。

在教学班(点)数方面，职工技术培训教学班(点)数的变化在三类培训中算总体相对平稳的，但各年之间也有较大的差异，2011和2015年均超过4万个，但是在2016年又降至约3.1万个，2016年较2015年下降了约31.1%。农村成人文化技术培训教学班(点)的数量持续下降，2016年较2010年下降了约31%，降幅较大。其他培训机构教学班(点)数波动较大，但是呈增长趋势，2016年较2010年增长了约31.2%，增幅明显。横向比较，2010年农村成人文化技术培训教学班(点)在总数中占比最高，约占65.1%，比排名第二的其他培训机构高出约25.4个百分点。但是随着两者数量的波动和变化，2016年，其他培训机构教学班(点)数达23.49万个，超过农村成人文化技术培训机构。

2010年我国职业培训机构的主体为农村成人文化技术培训机构，但随着其规模的持续缩减，职业培训的主体发生了变化。包含社会培训机构的其他培训机构相对更加分散，波动性较大，但是总体呈现出规模扩大的趋势。

变化详情可参见表1-40、图1-49、图1-50。

表 1-40　2010—2016 年各类职业培训机构数及教学班(点)数

年份	职工技术培训机构		农村成人文化技术培训机构		其他培训机构(含社会培训机构)	
	机构数(个)	教学班(点)(个)	机构数(个)	教学班(点)(个)	机构数(个)	教学班(点)(个)
2010	2 543	39 315	106 689	314 563	20 215	179 105
2011	3 049	41 683	103 420	299 562	23 061	208 053
2012	2 768	34 414	100 009	280 040	20 989	192 150
2013	2 982	36 513	89 014	265 130	20 297	234 394
2014	2 684	38 035	82 167	237 649	20 204	214 047
2015	2 340	45 637	76 244	251 165	20 374	304 889
2016	2 124	31 458	70 982	217 120	20 252	234 900

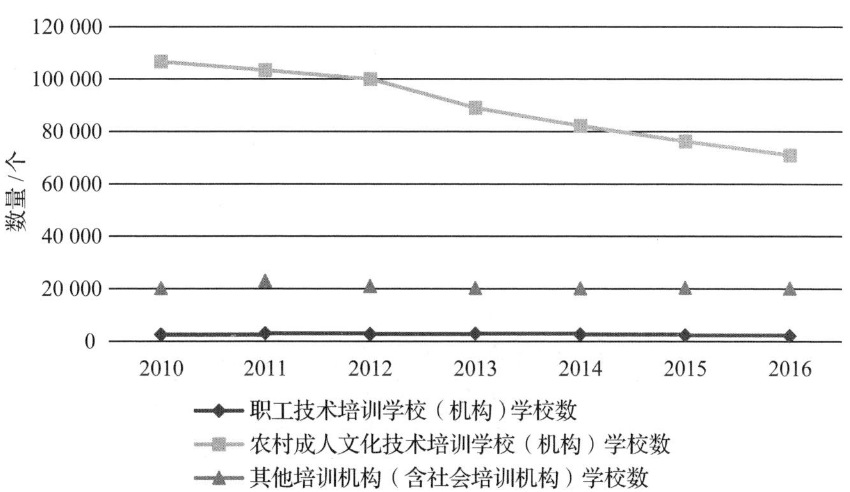

图 1-49　2010—2016 年各类职业培训机构数变化情况

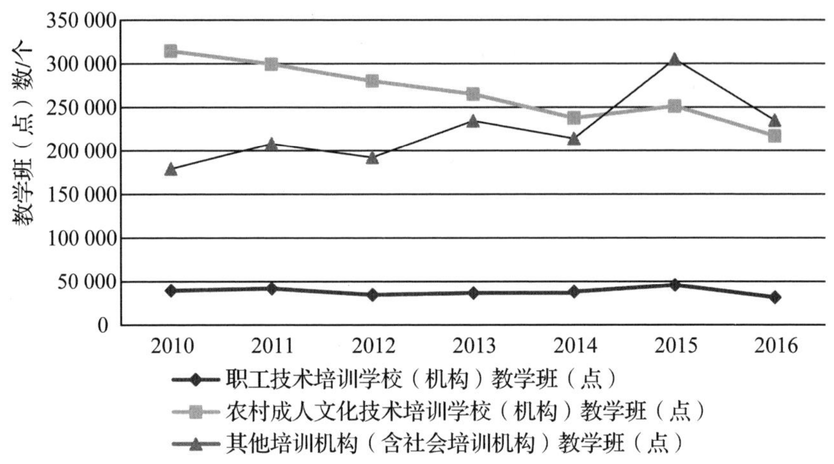

图 1-50 2010—2016 年各类职业培训机构教学班(点)数变化情况

二、教育者

(一)职业培训机构教师情况

2010—2016 年，职业培训机构专任教师数虽有波动，但总体保持稳定。校外教师数则持续减少，2016 年较 2010 年下降了约 25.7%。2010 年校外教师数超出专任教师数，多出约 33.4%，但是至 2016 年，随着校外教师数的不断降低，专任教师数超过校外教师数，专任教师人数比校外教师数多出约 9.8%，职业培训机构中专任教师的比例逐渐提高。

表 1-41 2010—2016 年职业培训机构教师情况

年份	专任教师数(人)	校外教师数(人)
2010	242 299	323 258
2011	298 332	318 448
2012	282 233	291 065
2013	274 311	272 832
2014	276 495	250 903
2015	284 217	245 606
2016	263 916	240 298

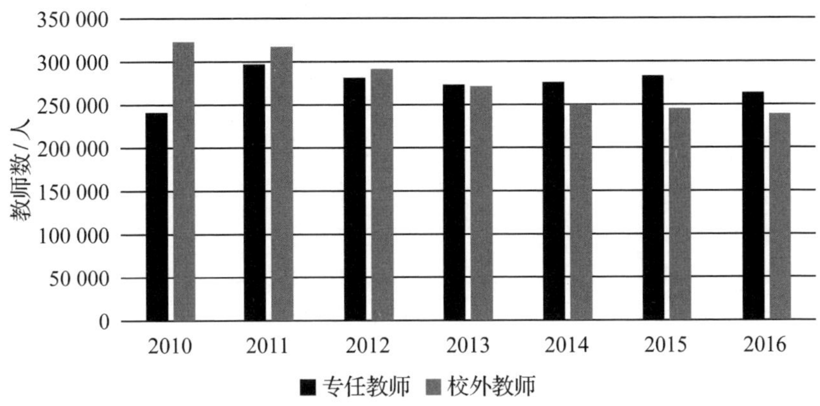

图 1-51 2010—2016 年职业培训机构教师情况

（二）各类职业培训机构教师情况

2010—2016 年，职工技术培训机构的专任教师数整体的变化情况比较稳定，个别年份波动较大。农村成人文化技术培训机构专任教师数持续减少，2016 年较 2010 年减少了约 15.6%。其他培训机构的专任教师数变化情况相对稳定，2011 年较 2010 年有较大幅度的增加，此后存在波动的情况。在聘请校外教师方面，三类机构校外教师的数量均有所下降。职工技术培训机构的专任教师数始终多于校外教师数；农村成人文化技术培训机构的校外教师数多于专任教师数，校外教师数占总数的比例降幅不明显。2010 年，其他培训机构的专任教师数与校外教师数比较接近，2016 年，校外教师数在总数中的占比明显下降，从约 47.8%降低至约 38%，这一现象可以从侧面反映包含社会培训机构的其他培训机构的发展。数据详见表 1-42。

表 1-42　2010—2016 年各类职业培训机构教师情况

年份	职工技术培训机构		农村成人文化技术培训机构		其他培训机构（含社会培训机构）	
	专任教师数	校外教师数	专任教师数	校外教师数	专任教师数	校外教师数
2010	30 896	16 898	91 966	196 711	119 437	109 649
2011	47 898	18 451	94 474	181 180	155 960	118 817
2012	43 114	17 214	87 761	167 771	151 358	106 080
2013	45 591	17 848	90 112	159 048	138 608	95 936
2014	48 348	17 029	84 372	144 558	143 775	89 316
2015	53 902	15 445	80 969	145 394	149 346	84 767
2016	45 871	13 995	75 796	140 866	142 249	85 437

三、受教育者

（一）职业培训机构学生情况

2016 年职业技术培训机构结业生数总计为 4 234.99 万人，较 2004 年降低了约 31.4%。2004—2016 年，职业技术培训机构的结业生数总体呈现出下降的趋势（见表 1-43、图 1-52）。

表 1-43　2004—2016 年职业技术培训机构结业生数情况

年份	职业技术培训机构结业生数（万人）	年份	职业技术培训机构结业生数（万人）
2004	6 176.99	2011	5 146.59
2005	5 934.19	2012	4 823.36
2006	5 733.62	2013	4 715.60
2007	6 003.18	2014	4 479.53
2008	5 721.00	2015	4 379.50
2009	5 430.51	2016	4 234.99
2010	5 252.29		

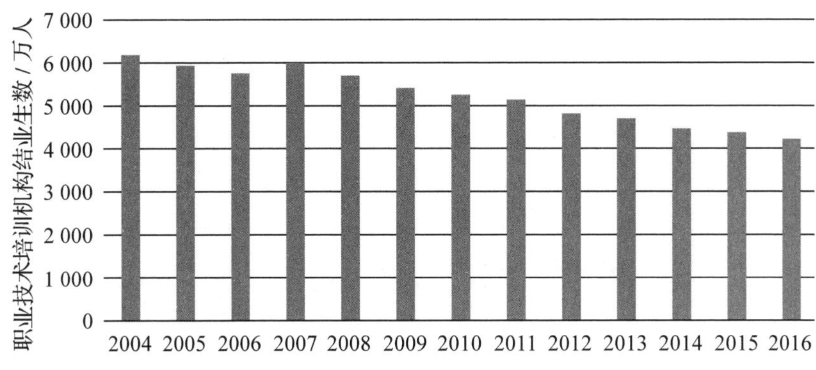

图 1-52 2004—2016 年职业技术培训机构结业生数情况

（二）各类职业培训机构学生情况

2010—2016 年，职工技术培训机构、农村成人文化技术培训机构和其他培训机构的结业生数均有所下降，2016 年相较于 2010 年的降幅分别约为 2.9%、21.9%和 15.4%，农村成人文化技术培训机构结业生数下降的幅度最大（见表 1-44、图 1-53）。

表 1-44 2010—2016 年各类职业培训机构结业生数

年份	职工技术培训机构结业生数（人）	农村成人文化技术培训机构结业生数（人）	其他培训机构（含社会培训机构）结业生数（人）
2010	3 067 011	38 130 624	11 325 286
2011	3 302 902	37 946 868	10 216 106
2012	2 946 075	35 631 908	9 655 622
2013	2 945 587	34 160 351	10 050 030
2014	2 955 875	32 077 200	9 762 218
2015	2 953 297	31 125 154	9 716 515
2016	2 976 878	29 787 579	9 585 403

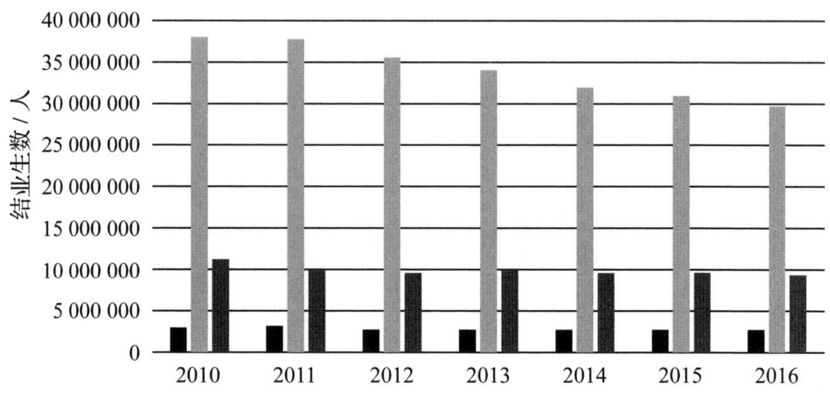

图 1-53　2010—2016 年各类职业培训机构结业生数情况

职业培训有两种证书类培训，分别为资格证书培训和岗位证书培训。2009—2016 年，这两类培训的结业人数均有上升的趋势，但是也存在波动(见表 1-45、图 1-54)。这两类职业培训的结业生数在全部职业培训的结业生数中所占的比例也有所上升，从 2009 年的 17.2%上升至 2016 年的 38.1%。

表 1-45　2009—2016 年证书类培训结业生数

年份	资格证书培训结业生数（万人）	岗位证书培训结业生数（万人）
2009	403.25	530.88
2010	370.40	506.36
2011	496.75	777.96
2012	594.75	1 018.39
2013	622.55	1 073.35
2014	579.30	996.31
2015	571.19	1 054.43
2016	507.30	1 106.13

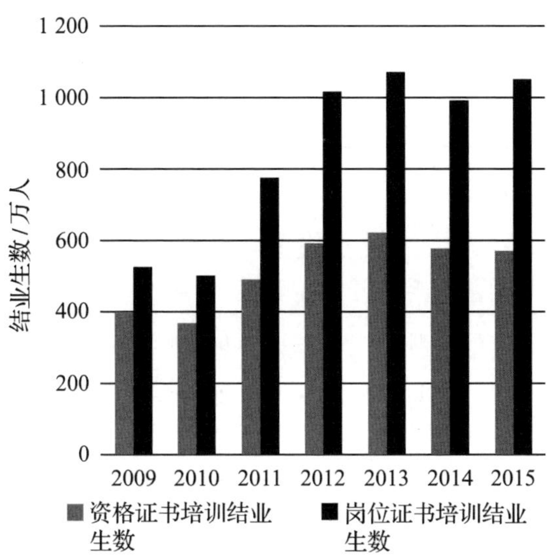

图 1-54　2009—2016 年证书类培训结业生数

按照产业结构进行划分，职业培训可划分为第一产业类培训、第二产业类培训和第三产业类培训，这三类培训结业生数的变化情况存在差异。如表 1-46、图 1-55 所示，2011—2016 年，第一产业类培训结业生数不断下降，从 2 275 万人下降至 1 653 万人，降幅达到 27.3%；第二产业和第三产业类培训结业生数也有不同程度的减少，降幅分别为 11.7%和 9.6%；第一产业类培训结业生数下降最快。2011 年第一产业类培训结业生数在三类中居第一，约占总数的 44.2%，第三产业类培训结业生数与第一产业类比较接近，第二产业类结业生数最少，约占总数的 14.7%；2013 年第三产业类培训结业生数超过第一产业类培训，至 2016 年，第三产业类培训结业生数约占结业生总数的 45.2%，比第一产业类占比高出约 6 个百分点；第二产业类培训结业生数约占结业生总数的 15.7%。各产业类培训结业生数的差异和变化情况反映出职业培训与产业结构的密切联系。

表 1-46　2011—2016 年按产业结构分各类培训结业生数

年份	第一产业类培训结业生数(人)	第二产业类培训结业生数(人)	第三产业类培训结业生数(人)
2011	22 746 647	7 543 339	21 175 890
2012	20 892 594	7 118 984	20 222 027
2013	19 442 773	7 317 079	20 396 116
2014	18 534 840	6 683 002	19 577 451
2015	17 340 114	7 609 598	18 845 254
2016	16 534 102	6 664 491	19 151 267

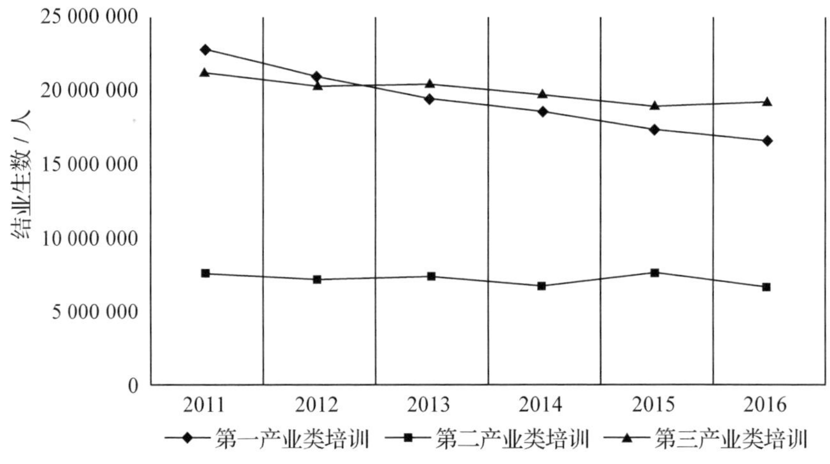

图 1-55　2011—2016 年按产业结构分各类培训结业生数情况

按照培训时长进行划分，2011—2016 年各类职业培训结业生数占总数的比例的变化不明显。以 2016 年为例，时长在 1 个月以内的培训的结业生数约为 2 660 万人，约占结业生总数的 62.8%；时长越长的培训，结业生数在结业生总数中的占比越小，时长为 12 个月及以上的培训结业生数仅占结业生总数的 2.3%(见表 1-47、图 1-56)。所以职业培训的主要形式是短期培训。

表 1-47 2011—2016 年培训按时长分各类培训结业生数

年份	不同时长培训的结业生数(人)				
	1 个月以内	1～3 个月	3～6 个月	6～12 个月	12 个月及以上
2011	33 392 698	8 413 334	4 631 949	3 863 116	1 164 779
2012	31 316 122	7 288 723	4 578 271	3 595 323	1 455 166
2013	29 686 597	7 272 658	4 392 090	4 847 142	957 481
2014	28 945 103	7 014 829	4 120 611	3 714 845	999 905
2015	27 681 819	7 325 567	3 914 220	3 972 603	900 757
2016	26 602 068	7 137 949	4 284 826	3 369 370	955 647

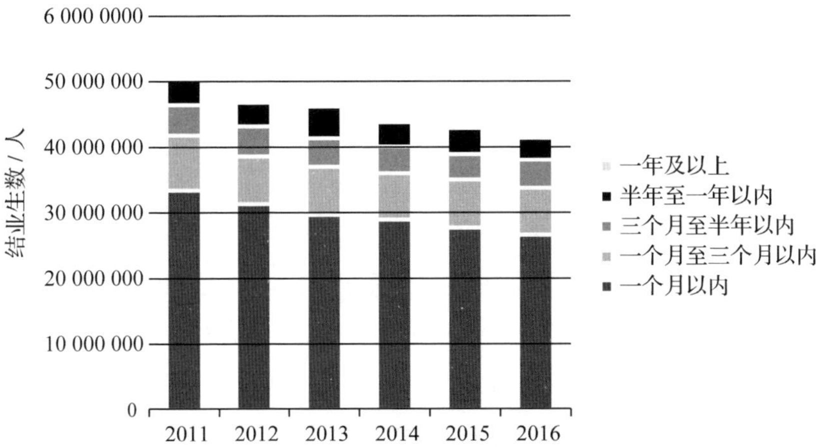

图 1-56 2011—2016 年按培训时长分各类培训结业生数比例

第二章

职业教育的立法与政策演变

第一节　职业教育的立法与政策回顾

一、20 世纪 80 年代初到 90 年代中期：职业教育的恢复与确立

这段历史时期是从 20 世纪 80 年代初到 90 年代中期《中华人民共和国职业教育法》颁布。这段时期又可具体分为两个阶段：从 20 世纪 80 年代初到 1985 年《中共中央关于教育体制改革的决定》颁布，标志着发展职业教育的提议由局部的、倡议性的政策话语转变为正式的、全面开展的政策规划；1985 年到 1996 年是职业教育迅速发展和多面改革的时期，1996 年《职业教育法》的通过标志着职业教育正式成为我国教育系统不可或缺的组成部分。该部分主要围绕该历史阶段职业教育政策改革的关键内容展开，主要分为四部分：调整中等教育结构、职业教育立法、办学体制的改革尝试、职业教育学生的优待政策。

（一）调整中等教育结构

恢复中等职业技术教育在教育系统里的重要地位是改革开放初期教育政策的主要关注点。这一改革提议在 1984 年中国共产党十二

届三中全会上被正式提出，并成为20世纪80年代中等教育改革的核心举措。1985年颁布的《中共中央关于教育体制改革的决定》明确提出“调整中等教育结构，大力发展职业技术教育”的方针。改革的目标在于实现中等职业技术教育和普通教育的比例均衡，从而改变中等教育结构不合理的教育现实，自此我国职业技术教育发展历史的新阶段开启。

20世纪80年代初期，随着改革开放的推进，半熟练工人、熟练工人和技术员等劳动力的短缺成为制约社会经济建设的关键因素。然而，受“文化大革命”的影响，中华人民共和国成立初期形成的职业技术教育体系几乎被完全破坏，原有的以普通教育为主导的教育系统难以提供经济发展所需的技术型劳动力。政策制定者认为职业技术教育能够有效地提供经济发展所需的技术工人，发展职业技术教育成为20世纪80年代初期教育改革的主要呼声，并在各大重要会议上被反复提出和强调。这一建议最早由邓小平在1978年的全国教育工作会议上提出，他要求扩大农业中学、中专和技校的比例。1980年国务院批转《关于中等教育结构改革的报告》，详细说明了中等教育结构改革的内容和途径。该报告还提出将原有的普通高中改办为职业中学的主张，从而形成了职业中学、中等专业学校、技工学校并存的中等职业技术学校结构。1983年第六届全国人民代表大会第一次会议提出“职业高中在校生数达到高中生总数的40%”的目标。这些政策建议最终促成了1985年《中共中央关于教育体制改革的决定》中发展中等职业技术教育的政策主张。发展中等职业技术教育的另一个原因是当时我国偏低的高等教育入学率。当时只有4%左右的高中毕业生能够升入大学，这意味着我国教育系统的层级过渡压力很大。通过将一半左右的初中毕业生分流到中等职业技术教育学校，促使他们在高中毕业后就进入劳动力市场，既填补了当时经济建设的劳动力缺口，又缓解了巨大的升学压力，特别是在当时九年义务教育推广、初中毕业生的人数不断增长的情况下。

在各项政策的刺激下，20世纪80年代中等职业技术教育得到了飞速发展。1980—1989年，全国中等职业学校学生的入学率增长了641%，技工学校的入学率增长了96%，中专学校的入学率增长了81%。

到了20世纪90年代，中等职业技术教育渐成规模，成为中等教育的重要组成部分。在此基础上，90年代初的职业技术教育政策关注继续扩大规模，促使职业技术教育成为中等教育的主体部分。1991年《国务院关于大力发展职业技术教育的决定》是国务院为职业技术教育发布的第一个专门文件。1994年《国务院关于〈中国教育改革和发展纲要〉的实施意见》对各阶段职业教育的就读比例做出了详细的规划：在九年义务教育尚未和一时难以普及的地区，进行小学后的分流，发展初等职业教育；大部分地区以初中后分流为主，大力发展中等职业教育，逐步做到50%～70%的初中毕业生进入中等职业学校或职业培训中心；到2000年各类中等职业学校年招生数和在校生数与高中阶段学生数的比例，全国平均保持在60%左右，普及高中阶段教育的城市可达到70%。这份文件对中等职业教育发展规模的规划基本代表了20世纪90年代初期我国政策制定者对职业技术教育的基本设想。但职业技术教育的过快发展也带来了负面的教育影响，并在20世纪90年代后期受到国际声音的批评，从而导致我国职业教育发展进入了迅速滑坡的历史阶段。

20世纪80年代初到90年代中期的中等职业技术教育改革对我国的教育产生了重大影响，它不仅造成了中等教育结构的重大变革，也引发了对高等教育的新理解，为后来高等职业教育的发展打下了基础。

(二)职业教育立法

在职业技术教育快速发展的同时，制定专门规范职业技术教育的法律势在必行。1985年河北省发布了我国第一部地方性职业技术教育法规《河北省发展职业技术教育暂行条例》，对发展职业技术教育的主要途径、职业技术学校的办学目标、毕业生的录用和待遇、教师、教材和学习场地等都做出了规定。地方性职业技术教育立法工作的推进，最终促使国家职业技术教育立法工作在1987年被提上了议程。我国国家职业教育立法经过了“职业教育条例—若干单项法—职业技术教育法”的制定过程。1996年，第八届全国人民代表大会常务委员会通过了《中华人民共和国职业教育法》，标志着中华人民共和国成立以来第一部关于职业教育的国家法律的诞生。

《职业教育法》总结了改革开放以来我国发展职业技术教育的有益探索和先进经验，其最重要的内容是明确规定政府在发展职业技术教育中的责任，并围绕职业教育的发展途径、利益相关者的权利与义务、职业学校的办学条件与管理等做了要求，使我国职业技术教育的发展有了法律依据和法律地位。但作为一项“宣言性”的立法①，该法存在一些不足。尤其是从现今的职业技术教育实践来看，1996年的《职业教育法》有很多漏洞，存在一些迫切需要解决的问题。其一，立法的价值取向值得讨论。《职业教育法》开篇指出制定该法的目的是“实施科教兴国战略，发展职业教育，提高劳动者素质，促进社会主义现代化建设”，具有明显的“工具本位价值取向”②，而不是“权利本位价值取向”。职业技术教育和培训应当被视为受教育权和工作权的一部分，职业教育的发展应当确立以人的发展为中心的范式，在注重职业教育的经济价值的同时关注人的发展诉求。如《中华人民共和国教育法》的立法宗旨就是基于儿童的基本受教育权利。其二，《职业教育法》对作为办学主体一方的企业在职业技术教育与

① 和震：《我国职业教育政策三十年回顾》，载《教育发展研究》，2009(3)。

② 陈鹏、薛寒：《〈职业教育法〉20年：成就、问题及展望》，载《陕西师范大学学报(哲学社会科学版)》，2016(6)。

培训中所承担的责任没有做出明确规定。在该法中，企业在职业教育中的责任仅为为员工提供职业教育的经费，企业作为校企合作一方的其他重要义务与权利都没有得到说明，这些义务与权利的缺失，使得当前企业的配合问题成为推进职业教育校企合作的关键障碍。其三，法律名称存在问题。1996 年的《职业教育法》采取了“职业教育”的名称，抛弃了“技术教育”，意味着职业教育和技术教育处于不同地位。对于两者的关系目前仍争论不断。从联合国教科文组织对此的称呼（Technical and Vocational Education and Training，TVET）来看，职业教育应当包括技术教育、职业教育和职业培训。

总的来说，1996 年的《职业教育法》奠定了我国职业技术教育发展的基本思路和基本途径，极大地促进了各方对职业技术教育的重视。与此同时，随着《职业教育法》在实践过程中越来越明显地暴露出不适应性，2007 年教育部提出了修改《职业教育法》的提议，并被纳入 2008 年的全国人大常委会的立法规划里，并在随后几年被各方不断呼吁和强调，我们期望能够早日看到修订后的《职业教育法》的出台。

（三）办学体制的改革尝试

这段时期职业技术教育改革的另一个主要特征是尝试多元主体办学，这一特点的形成与经济体制市场化改革的大背景密切相关。教育的市场化改革成为该时期教育改革的一大内容。在市场化的浪潮下，职业教育自一开始就处于探索市场化改革的行列。该时期市场化改革的主题是积极鼓励社会力量办学。

最早对职业教育多主体办学的探索是 1980 年的《中等教育结构改革的报告》。该报告提出职业（技术）学校除各行各业举办外，集体和个人也可以办。1985 年《中共中央关于教育体制改革的决定》不仅向社会开放了办学权，并且鼓励社会各方力量积极办学。这意味着在政策上，国家不仅允许而且希望能够扩大职业教育的市场化运行。

1987 年的《关于社会力量办学的若干暂行规定》正式强调了社会力量在教育领域的重要作用。该规定指出“社会力量办学是我国教育事业的组成部分，是国家办学的补充”。进入 20 世纪 90 年代，市场化办学越来越多地出现在政策话语里，如 1993 年《中国教育改革和发展纲要》和《中共中央关于建立社会主义市场经济体制若干问题的决定》，都要求形成多元主体办学的职业教育发展局面。1996 年通过的《职业教育法》明确提出“国家鼓励事业组织、社会团体、其他社会组织及公民个人按照国家有关规定举办职业学校、职业培训机构”，给予了职业教育市场化办学的法律依据。1997 年颁布的《社会力量办学条例》规定民办教育机构的教师和学生享有和公办教育机构教师和学生同等的法律地位，保护了民办教育机构师生的权利。市场化办学的教育政策迎合了我国改革开放初期对市场化的要求，同时也是为了解决当时我国教育机构数量难以满足社会需求的问题。20 世纪 80 年代初期我国教育领域百废待兴，尤其是职业教育处于萧条状态，仅靠国家难以快速、有效地开展职业教育的重建工作，迫切需要发挥各方的力量，共同推进职业教育的发展。

从 20 世纪 80 年代开始，多元主体办学就一直是我国职业教育发展的核心议题。从 20 世纪 80 年代主要强调的中等职业技术教育市场化办学到 20 世纪 90 年代后期逐渐兴起的高等职业技术教育市场化办学，社会力量为推进职业技术教育发展做出了巨大贡献。1999 年《中共中央国务院关于深化教育改革，全面推进素质教育的决定》进一步明确了市场化改革的方向。我国职业教育举办主体逐渐由以政府为主导、以社会力量为辅转向以主要依靠社会力量办学。①但总的来看，社会力量办学的主力集中在学校职业教育，对职业培训的关注较少。这也正是目前我国职业教育发展的短板，即职业培

---

① 和震：《我国职业教育政策三十年回顾》，载《教育发展研究》，2009(3)。

训与终身学习的环节十分薄弱。

（四）职业教育学生的优待政策

职业技术教育能够得到迅速发展的另一原因在于国家给予职业教育学生优厚的待遇，刺激了很多成绩优异的初中毕业生报考职业技术教育学校，尤其是农村贫困家庭的学生。在改革开放初期，国家就有意取消高中毕业生包分配政策，职业教育也是如此。1980年《进一步做好城镇劳动就业工作》提出：新举办的职业技术学校，毕业生不采取统一分配的办法，由劳动部门推荐，经用人单位审核择优录取，也可以自由择业。但职业学校的毕业生相比于普通高中的毕业生在就业上仍具有很大优势，因为他们享有被用人单位优先录用的待遇。1985年的《中共中央关于教育体制改革的决定》明确规定："今后各单位招工，必须首先从各种职业技术学校毕业生中择优录取。"中专和技校的毕业生享受的优待力度更大，这两种类型学校的毕业生享有和大学生同等的工作分配政策。1991年《国务院关于大力发展职业技术教育的决定》强调了中等专业学校和技工学校的毕业生分配制度"应按照国家分配、用人单位择优录取和个人自谋职业相结合的就业方针"。中等职业学校和技工学校的毕业生包分配政策一直到1996年取消大学生毕业包分配政策时才终止。

职业教育学生所享受的优待政策是鼓励广大青年选择职业教育的重要动力。正是在这些政策的刺激下，职业教育才能够在此时期吸引了无数优秀学子，极大地提高了职业教育的质量和社会声誉，但同时也存在一些问题。一是职业教育内部的待遇不公问题。中专和技校学生享有比职业高中学生更好的倾斜政策，导致的后果是大批优秀学生集中于中专和技校，这两者的发展态势要远远好于职业高中，造成了内部发展的不均衡。二是这种优待政策与职业教育的市场化改革倾向相背。即使是优待力度相对较小的职业高中毕业生，也享有被优先录取的"特权"，这在某种程度上带有计划经济时代的色彩。在这些优待政策下，职业教育虽然在规模和质量上都有了很大的提升，但随着这些政策的取消，当职业教育毕业生和普通教育毕业生在就业中平等竞争时，职业教育就很快衰落下去，并经历了一段很长的低谷期。这一结果表明 20 世纪 80 年代初到 90 年代中期职业教育的繁荣发展是由外在因素刺激而产生的，而不是职业教育内生性发展的结果。这也是一直困扰我国职业教育发展的问题：如何通过职业教育自身质量的提升来吸引生源和提高职业教育社会地位?

二、20 世纪 90 年代中期到 21 世纪初：职业教育的衰落期

20 世纪 90 年代中期到 21 世纪初是改革开放以来我国职业教育发展史上变化最剧烈的一段时期。由于这段时期是经济体制的转型期，职业教育原本的倾斜政策逐渐被取消，加上普通教育的不断扩张，职业教育的吸引力迅速下降，职业教育在 20 世纪 90 年代后期经历了极大的滑坡，直至 2002 年国家重新提出大力支持职业教育的发展，职业教育才开始慢慢走上重振的轨道，并开始转变 20 世纪单纯注重教育规模的政策取向，越来越强调质量本位的职业教育发展思路。20 世纪 90 年代中期到 21 世纪初既是我国职业教育遭受重创的时期，也是我国反思职业教育发展的关键期。

(一)中等职业教育的滑坡与重振

从 1997 年开始，我国中等职业教育占高中招生的比例不断下降，招生数出现负增长。改革开放以来职业教育所建立起来的社会声誉也逐渐丧失，职业教育被打上低质量的标签。这跟该时期我国采取的新的教育政策有关。

一是职业教育优待政策的取消。从 20 世纪 80 年代恢复职业教育以来，职业教育的生存和发展很大程度上依赖于政府的大力扶持。对学生来说，中专、技校的吸引力主要在于减免学费和享受助学金、获得干部身份、国家统一分配工作等倾斜政策。随着市场经济体制

改革力度的加大，国家逐步取消了中等职业教育学生所享受的优惠政策。从 1995 年开始，中专学校的学生逐渐要自筹学费、自主择业。市场经济体制改革带来的另一个影响是经济结构调整后中职毕业生的就业岗位大幅减少，中职毕业生开始面临就业困难的问题。中等职业教育不明朗的就业前景和高收费、不包工作分配的政策，极大削减了 20 世纪 80 年代以来中等职业教育所具有的优势，中等职业教育开始处于劣势状态。高等职业教育一方面也实施高收费、不包分配的政策，另一方面高职的招生逐渐向普通高中毕业生倾斜。1985 年《中共中央国务院关于教育体制改革的决定》规定高等职业教育要优先向中职毕业生招生。但到了 1999 年，在《中共中央国务院关于深化教育改革，全面推进素质教育的决定》中，高职的招生开始向普通高中毕业生倾斜。中职毕业生的对口升学路径被限制，从而阻碍了他们通过高等教育进一步实现社会流动的可能。

二是高等教育的扩张。在经济发展和就业的压力下，1999 年，以《面向 21 世纪教育振兴行动计划》为起始点，我国开始实行高等教育扩招政策。教育部提出，到 2010 年我国高等教育入学率要达到 15％。高校扩招政策的出台，进一步刺激了普通高中规模的扩大，相对削弱了中等职业教育的吸引力。在职业教育领域，为了促进高等职业教育规模的扩大，一方面，改革、改组和改制已有的高等专科学校、职业大学和独立设置的成人高校，另一方面，将部分办学质量较高的中专学校升格为高等职业技术学院(简称“三改一补”)。将优秀的中等职业学校改办成高等职业教育院校，同时将部分办学质量较差的普通高中转为中等职业学校，这些做法使得中等职业教育质量迅速下滑。高等教育改革的另一倾向为向普通教育倾斜。20 世纪末，我国在普通高等教育领域先后实行“211 工程”“985 工程”，重视普通高等教育的快速发展和质量提升。在扩招政策和发展项目的共同作用下，普通高等教育实现了质量和数量的同步提升，毕业生的市场认可度提高。但在高等职业教育领域，由于社会对学历的偏好和职业教育毕业生在人文素养方面的不足，高等职业教育毕业生的社会认可度迅速下降。① 高等教育结构和质量的这些变化，意味着对中等教育学生来说读普通高中比读中等职业学校更有优势。

1994 年国务院提出，到 2000 年，我国中等职业教育的学生数应占到高中阶段学生数的 60%。但事实上从 1997 年开始，中等职业教育的招生数持续下滑。到了 2001 年，中等职业教育的招生数仅占到整个高中的 35%左右。②这种局面的形成是国家教育政策转向和中等职业教育自身质量低下共同作用的结果。职业教育未能适应劳动力市场需求的改变，没能及时调整自身的培养模式，在外部政策优势丧失的情况下，迅速衰落便成为难以避免的悲惨命运。

面对职业教育所显现的颓势，21 世纪初国家又开始重视职业教育的发展。2002 年《国务院关于大力推进职业教育改革与发展的决定》提出："十五"期间中等职业教育要与普通高中教育规模相当，扩大高等职业教育规模。和以往政策不同的是，21 世纪初的职业教育政策开始注重职业教育的质量，未像 20 世纪 80 年代初那样给予职业教育巨大的外部优惠政策，而是采取了鼓励和支持职业教育的内部质量提升以使其重获吸引力的政策思路。

（二）高等职业教育的兴起

和中等职业教育的发展路径不同，高等职业教育是自下而上发展起来的，先有地方主动探索的基础，继而国家鼓励和支持发展。20 世纪 90 年代以后我国才开始逐步出台高等职业教育相关的政策文件。1990 年随着《中共中央关于制定国民经济和社会发展十年规划和"八五"计划的建议》的出台，职业教育开始走上探索以高中毕业文化

---

①② 周正：《我国职业教育兴衰的制度原因探析》，载《教育理论与实践》，2008(21)。

程度为起点的高等职业教育之路。[①] 1996年施行的《中华人民共和国职业教育法》和1999年施行的《中华人民共和国高等教育法》相继确立了高等职业教育作为我国职业教育、高等教育重要组成部分的法律地位，高等职业教育正式合法化和制度化。

高等职业教育的发展始于地方性职业大学的发展。1994年全国教育工作会议提出推进职业大学的办学模式改革。1995年，以《关于推进职业大学改革与建设的几点意见》为标志，职业大学正式成为我国高等职业教育的一种办学形式。1996年我国开始试点15所示范性职业大学的建设，开启了高等职业教育质量化办学的新纪元。随后，1997年的《关于高等职业学校设置问题的几点意见》和1999年《试行按新的管理模式和运行机制举办高等职业技术教育的实施意见》对高等职业院校运行的基本程序和管理模式做出了规定，从而规范了高等职业教育的发展。

20世纪90年代后期高等职业教育虽然在政策上获得了巨大的关注，并被视为高等教育发展的重点领域，但和中等职业教育一样，高等职业教育面临着办学模式落后、教学质量低下、毕业生就业难等问题。因此，提升职业教育的整体质量而不是单纯注重规模效应成为21世纪职业教育发展的主要关注点。

（三）尝试建立终身教育体系

终身教育在我国从一个发展理念发展为基本教育政策的标志是1995年颁布的《中华人民共和国教育法》。《教育法》第十一条提出“健全和完善终身教育体系”。到了20世纪90年代后期，我国政策对终身教育的理念有了新的理解，开始用“终身学习”代替“终身教育”，这标志着我国开始转向建立学习型社会。如《面向21世纪教育振兴

① 曾家：《我国高等职业教育政策的演进、问题与调适》，载《现代教育管理》，2016(3)。

行动计划》提出，到 2010 年我国基本建立起终身学习体系。1999 年《中共中央国务院关于深化教育改革，全面推进素质教育的决定》也使用了“终身学习”一词。2000 年，建立终身教育体系成为我国国民经济和社会发展计划的目标之一。

完善职业教育体系是建立健全终身学习体系的重要一环。在 20 世纪 90 年代后期，我国逐步确立了通过发展职业教育体系来推动终身学习的政策思路，并在 21 世纪全面实行。首先，提倡大力发展职业培训。如 1999 年朱镕基在政府工作报告中强调要“积极发展各种形式的职业教育和成人教育”“加强多种形式的职业培训”。其次，结合成人教育和职业教育。成人教育是终身教育体系的重要组成部分，而职业教育是成人教育的重要内容，打通两者能够推进成人的自主学习与终身学习。但该时期对职业教育和终身学习体系关系的论述，基本还是以国家领导人指示的形式，并未以政策文本的形式确立下来。此外，由于我国学校职业教育和职业培训分属不同的行政部门管理，两者难以实现真正的协调发展，阻碍了职业教育体系的成熟与完善。至今职业培训体系的薄弱仍是我国职业教育体系迫切需要解决的一大问题。

三、质量与规模并重：21 世纪初至 2010 年职业教育政策的主导思想

在 20 世纪 90 年代中后期职业教育出现滑坡后，21 世纪初国家重新开始通过行政手段大力扶持职业教育的发展，既包括增加职业教育学生数在整个教育系统中所占的比例，也包括调整职业教育的培养模式以提升职业教育的办学质量。

（一）重振职业教育

2002—2005 年，国务院先后召开三次全国职业教育会议，讨论职业教育的发展规划，并颁布了《国务院关于大力推进职业教育改革与发展的决定》(2002)、《教育部等七部门关于进一步加强职业教育

工作的若干意见》(2004)、《国务院关于大力发展职业教育的决定》(2005)。这三个文件对我国"十五"期间职业教育的改革与发展目标、管理体制和办学体制、职业教育经费、教育教学改革都做出了明确要求。这三个文件基本奠定了我国"十五期间"职业教育发展的基本思路，主要包括以下四点。

(1)在发展规模上，实现中等职业教育与普通高中教育比例相当，高等职业教育规模占高等教育规模一半以上。

(2)在办学主体上，形成政府主导、依靠企业、充分发挥行业作用、社会力量积极参与的多元办学格局。

(3)在培养模式上，以就业为导向，深化教育教学改革，推动计划培养向市场驱动的转变。

(4)在就业上，实行就业准入制度和职业资格证书制度。

为了实现这些目标，该阶段国家采取了一系列的措施。一是增加职业教育的入学机会。我国先后于2005年、2006年和2007年每年扩招100万中职学生，逐渐实现了中职、高职在校生分别占中等教育阶段和高等教育阶段在校生的一半。二是继续积极鼓励社会力量参与职业教育办学。从1980年《关于中等教育结构改革的报告》，到2002年《国务院关于大力推进职业教育改革与发展的决定》，再到《民办教育促进法》的正式颁布，社会力量成为我国发展职业教育的重要力量，并涌现出诸多优秀案例。三是职业教育逐渐确立"以就业为导向，以服务为宗旨"的办学理念，并在2005年后变得更为明确。这一办学理念强调我国职业教育的教学要坚持满足劳动力市场的需求，增强学生的就业能力，对职业院校摆脱"学科教育"的传统模式起到积极作用。但在实践过程中也出现了"以就业为中心"的片面理解，忽视学生发展的其他重要维度。四是继续完善就业准入制度和职业资格证书制度，推行"双证书制度"，要求职业院校的毕业生同时获得毕业证书和职业资格证书。这些措施的出台反映了改革开放以来我国职业教育政策发展的基本取向——市场化。① 职业教育发展选择市场化道路的一大原因是要满足我国社会主义市场经济改革的需要。

(二)注重职业教育的质量提升

随着职业教育规模的扩大、职业教育办学理念的转变，21 世纪初职业教育服务社会经济的功能有了明显提升，但职业教育还存在许多问题，如培养质量参差不齐、职业教育经费投入不足、职业教育的吸引力较弱等。此阶段国家对职业教育质量的重视体现在以下三方面。

一是示范性职业院校的建设。2005 年《国务院关于大力发展职业教育的决定》提出实施职业教育示范性院校建设计划，重点建设高水平的培养高素质技能型人才的1 000所示范性中等职业学校和 100 所示范性高等职业院校，正式开启了我国职业教育的示范校建设。在高等职业教育领域，《教育部财政部关于实施国家示范性高等职业院校建设计划加快高等职业教育改革与发展的意见》(2006)明确了国家示范性高等职业院校的办学目标和主要内容。2010 年《教育部财政部关于进一步推进"国家示范性高等职业院校建设计划"实施工作的通知》再次强调了建设示范性高职院校的重要性。在中等职业教育领域，示范性院校建设的步伐要慢于高等职业教育，到 2010 年国家才出台了建设示范性中等职业学校的政策文件《教育部、人力资源和社会保障部、财政部关于实施国家中等职业教育改革发展示范学校建设计划的意见》，2011 年第一批示范性中等职业学校建设项目启动。示范性职业院校计划推动了我国一批高质量职业院校的诞生，提升了我国职业教育的质量，并为其他职业院校的发展提供了经验和借

① 覃壮才：《市场化及其危机——20 年来我国职业教育政策发展的基本取向分析》，载《比较教育研究》，2003(11)。

鉴。但在该政策下，职业教育经费投入向少数学校倾斜，扩大了院校间的不均衡，影响了职业教育的整体质量。

二是规范教学质量。从2002年到2010年，我国相继颁布了众多与职业院校教学质量相关的政策文件，涉及课程建设、质量保障、学生实训实习等(见表2-1)。这些政策文件为职业教育教学工作设定了统一的标准，并为职业院校的教学改革工作指明了原则性方向。

表2-1 2002—2010年我国职业教育教学质量的主要相关政策文件

教育类型	政策文件
高等职业教育	《教育部关于以就业为导向深化高等职业教育改革的若干意见》(2004) 《教育部关于全面提高高等职业教育教学质量的若干意见》(2006) 《高等职业院校人才培养工作评估方案》(2008)
中等职业教育	《关于进一步加强对中等职业教育教材管理工作的通知》(2006) 《教育部关于进一步深化中等职业教育教学改革的若干意见》(2008) 《教育部关于制定中等职业学校教学计划的原则意见》(2009) 《教育部关于成立全国中等职业教育教学改革创新指导委员会的通知》(2010)

三是教师队伍的专业化。教师素质的提高是提升职业教育质量的关键，这一点已被许多国家和国际组织认同。打造一支“双师型”结构、专兼结合的教师队伍是我国职业教育师资建设的目标。21世纪以来，我国不断鼓励和支持职业教育教师的专业化发展，要求各级部门和学校积极组织教师的专业培训和到企实践，提升自己的专业化水平。2002年《教育部办公厅关于加强高等职业(高专)院校师资队伍建设的意见》要求到2005年，获得研究生学历或硕士以上学位的教师应基本达到专任教师队伍总数的35%，鼓励聘请高级技术人员和能工巧匠担任兼职教师。2005年《国务院关于大力发展职业教育

的决定》强调“要继续支持职业教育师资培训基地建设和师资培训工作”。2006 年《教育部财政部关于实施中等职业学校教师素质提高计划的意见》细致规划了中等职业教育教师专业化发展的路径与支持项目，包括专业骨干国家级和省级培训项目、重点专业师资培养培训方案、紧缺专业特聘兼职教师资助计划等。在这些政策和项目的推动下，教师的实践教学能力和职业教育教学理论水平有了很大的提升，专业化水平得到发展。但职业教育教师的培养还存在一些问题，如教师的专业化发展主要依靠职后培训与自我学习，职前教师教育体系不健全，教师培训重理论学习而轻职业实践，兼职教师管理不完善且难以真正融入学校教育，等等。

（三）确立工学结合、校企合作的培养模式

工学结合是我国职业教育人才培养模式的重要特征。它强调在培养学生职业能力的过程中，通过校企合作，整合学校教育和校外工作经历，以使学生获得劳动力市场所需的职业能力。这一概念最早出现在 1991 年《国务院关于大力发展职业技术教育的决定》中。这一概念的提出表明我国职业教育试图突破传统的以课堂教学为主的学校教育模式，转向基于工作的学习。但由于 20 世纪 90 年代职业教育面临体制改革与发展困境，“工学结合”未受到足够的重视。

21 世纪初职业教育“重理论、轻实践”的培养模式困境和“以就业为导向”理念的提出，使得校企合作、工学结合成为职业教育人才培养模式改革的重点。如 2000 年《教育部关于加强高职高专教育人才培养工作的意见》强调了实践性教学的重要性。2005 年《国务院关于大力发展职业教育的决定》明确“大力推行工学结合、校企合作的培养模式”。2006 年教育部正式将工学结合确立为我国职业教育人才培养模式的基本特征。自此，工学结合成为我国职业教育人才培养模式改革的基本思路。

然而尽管政府文件多次提出工学结合的概念，但并未对这一概念下过明晰的定义，学界对这一概念的解释也众说纷纭。[①] 工学结合与校企合作、产学结合等概念既有联系又有微妙的区别。总的来说，工学结合最重要的意义在于它明确了实际工作经历在职业教育人才培养过程中的重要作用，为后来我国探索以工作为本的职业教育奠定了基础。在工学结合思想的影响下，我国陆续探索出多种校企共同参与的人才培养模式。如2006年《教育部关于全面提高高等职业教育教学质量的若干意见》提出了“生产性实训”的概念，改变了职业教育校内实训的理论与实践。生产性实训是学校提供场地和管理，企业提供设备、技术和师资支持，校企合作联合设计并系统组织实训教学的实践教学模式。高等职业教育领域“订单班培养模式”的兴起，很好地锻炼了学生的实际工作能力，并为学生从学校到工作的过渡打下了基础。

（四）发展中等职业教育学生资助体系

我国职业教育的学习者大都是农村家庭子女，尤其是在中等职业教育阶段。这一教育现象使得学生资助政策在支持职业教育学生发展中具有重要作用。20世纪90年代末职业教育取消优待政策，实行高收费政策，个人与家庭在职业教育中承担的教育成本越来越高，很多学生因为无力承担较高的学杂费而放弃入学。尽管1996年的《职业教育法》提出了设立奖助学金，奖励优秀学生或资助经济困难学生，但中等职业教育学生资助体系一直未建立起来。

进入21世纪，随着对教育公平问题的讨论，政府开始出台一系列资助政策。2003年教育部和财政部拿出2 000万元用于中等职业学校贫困学生的助学工作。[②] 我国在2005年的《国务院关于大力发展职业教育的决定》中明确提出要建立中等职业教育学生资助体系，2006

① 徐涵：《工学结合概念内涵及其历史发展》，载《职业技术教育》，2008(7)。

② “中等职业教育家庭经济困难学生资助体系研究”课题组：《中职学生资助：新世纪我国济国济民的一大政策举措(节选一)》，载《中国职业技术教育》，2012(30)。

年国家出台了《财政部 教育部关于完善中等职业教育贫困家庭学生资助体系的若干意见》和《中等职业教育国家助学金管理暂行办法》两个文件，初步规划了我国中等职业教育学生资助体系的基本框架。这时候的资助对象是部分家庭经济困难的中职生，资助形式以奖助学金为主。

随后，由于职业教育的学生有90%以上是农村和城市低收入家庭的孩子，加上社会对职业教育公益性理解的加深，对所有中职学生实行免学费政策成为我国中等职业教育学生资助体系的另一个议题。但这一提议并未得到广泛认同，反对者认为职业教育是教人工作的教育，学生不应该获得国家资助。这一争议一直持续到2009年，国家决定对部分中等职业教育家庭贫困学生和涉农专业学生实行免学费政策，在国家政策层面对免学费问题有所定论，但在学界这一争议从未停止。

接下来的几年，政府不断扩大中等职业教育免学费的对象。我国基本形成了以国家助学金、免学费政策为主，学校奖学金、减免学费为辅的学生资助体系。此外，随着资助理念的不断发展，中等职业教育学生资助工作开始由"基本保障型"资助向"发展型"资助转变，在保障学生入学机会的基础上，更加关注为学生提供充分的发展机会，促进个体能力的提升，从而支持学生的教育成功、充分就业和社会融合。

四、2010年至今：致力于发展现代职业教育

从2010年开始，我国职业教育的发展进入一个全新的时期，最根本的变化在于建设现代职业教育体系成为我国职业教育的发展目标。这和新时期我国社会经济背景有着很大的关系。

一是优化产业结构、发展现代经济的背景。随着我国社会经济发展逐渐进入增速下降、结构优化的深度转型期，产业结构迫切需要向精益化、服务化和集聚化的方向发展。产业结构的调整升级和

技术的飞速进步对技能型人才的规模与质量要求不断提升，迫切需要职业教育提供充足的技能人才。但我国的职业教育还存在吸引力弱、结构失衡和质量较低等问题，难以满足劳动力市场的最新需求。

二是职业教育理念的革新。随着终身学习、以人为中心等教育理念在职业教育领域的兴起，职业教育的发展理念逐渐由“以就业为导向”转变为“人的全面发展”。现代职业教育的目的是关注人的生存、生长与生成①；现代职业教育的价值取向是提供高质量人力资源；满足个体全面的、可持续的发展需求，促进社会公平正义，服务于终身学习与学习化社会等成为当前我国职业教育的新理念②。作为我国现代职业教育发展的重要指导文件《国务院关于加快发展现代职业教育的决定》，“以促进就业为导向”代替了“以就业为导向”，显示出宏观政策对职业教育的新理解。

（一）发展现代职业教育体系

以往的政策文件一般强调“加快发展职业教育”，但2010年后政府的政策文件开始用“加快发展现代职业教育”。“现代职业教育”的首次提出是在2010年《国家中长期教育改革和发展规划纲要(2010—2020年)》中。该文件对我国教育事业的发展做了基本规划，提出到2020年，基本实现教育现代化，基本形成学习型社会，进入人力资源强国的行列。在职业教育领域，该文件提出：“到2020年，形成适应经济发展方式转变和产业结构调整要求、体现终身教育理念、中等和高等职业教育协调发展的现代职业教育体系，满足人民群众接受职业教育的需求，满足经济社会对高素质劳动者和技能型人才的需要。”

2012年党的十八大再次强调要发展现代职业教育。2014年《国

① 张弛：《关注人的生存、生长与生成：现代职业教育目的解析》，载《中国职业技术教育》，2012(36)。

② 关晶：《现代职业教育体系的“现代性”辨析》，载《中国高教研究》，2014(11)。

务院关于加快发展现代职业教育的决定》和《现代职业教育体系建设规划(2014—2020年)》颁布，提出我国职业教育的发展目标与核心内容。《国务院关于加快发展现代职业教育的决定》提出："到2020年，形成适应发展需求、产教深度融合、中职高职衔接、职业教育与普通教育相互沟通，体现终身教育理念，具有中国特色、世界水平的现代职业教育体系。"与以往的概念相比，现代职业教育的"现代性"强调职业教育的终身性、融通性和开放性。终身性体现在学历职业教育层次的丰富性，学历职业教育与职业培训、终身教育的衔接；融通性体现在职业教育与普通教育的融合；开放性体现在职业教育面向人人，对所有社会群体开放。现代职业教育的功能主要体现在四个方面：为产业转型升级提供高质量的人力资源；满足个体全面的、可持续的发展需求；促进社会公平正义；服务终身学习与学习型社会。[①] 从《现代职业教育体系建设规划(2014—2020年)》的表述来看，我国现代职业教育体系的基本规划是："按照终身教育的理念，形成服务需求、开放融合、纵向流动、双向沟通的现代职业教育的体系框架和总体布局。"

目前对构建现代职业教育体系讨论较多的是如何打通职业教育与本科教育乃至更高层次教育间的通道。我国职业教育在某种程度上是一种"终结性教育"。一方面，中等职业教育中只有少数毕业生能够升入高等职业教育学校；另一方面，我国没有本科层次的高等职业教育类型，大专层次的高等职业教育又缺少学位制度，这使得高等职业教育内部层次结构不完整、难以衔接。现代职业教育体系要实现从中等教育层次到研究生层次的贯通衔接，首先就需要突破学位制度的限制。为此，2014年我国开始实施600多所地方本科高校向应用技术大学转型的政策，要求有条件和愿意转型的地方本科

① 关晶：《现代职业教育体系的"现代性"辨析》，载《中国高教研究》，2014(11)。

院校改变原有的学术型发展道路，向应用技术大学转变，发展本科层次的职业教育。

另一个关注点是中等职业教育和高等职业教育之间的贯通衔接。产业转型升级的社会经济现实激发了对高技术技能人才的广泛需求，但无论是中等职业教育还是高等职业教育，较短的学制决定了其难以独立培养这类人才，沟通中高职是在一个较长时期内培养专业人才的必要选择。在实践中，我国已发展出五年制高职、“3＋2”中高职衔接等模式。

（二）倡导基于工作的学习模式

职业教育人才培养过程中的一个典型问题是理论学习和实践学习之间的转换问题。我国学校教育长期以来囿于传统的课堂教学模式，相对忽视学生的实践学习经验。2006年教育部将“工学结合”确立为我国职业教育的基本培养模式后，职业教育越来越重视学生与工作相关的学习经验。我国职业教育需深化校企合作，实现校企深度融合。尽管进入21世纪后我国职业教育的政策制定和办学实践在通过产教合作、校企结合培养企业需要的技能人才这一方面取得了诸多成果，但企业不愿参与职业教育的情况依旧普遍。加上《职业教育法》对企业在职业教育中的责任没有明确规定，校企合作一直处于学校“剃头挑子一头热”的状态。由于情境学习理论、工作场所学习等学习理论在我国职业教育领域的兴起，教和学的组织不能脱离社会和文化现实成为职业教育教学的基本认识。增加校企合作的广度和深度，增加学生基于工作的学习经验，从而提升学生的职业能力，成为职业教育培养模式改革的基本方向。总的来说，目前我国在政策上主要采取了两大举措，一是促进校企合作，二是试点现代学徒制。

校企合作是当今世界职业教育培养模式的基本特征。我国虽然多年强调校企合作的重要性，但一直未能从政策层面激励企业参与职业教育，推进校企合作。随着校企合作重要性的日益凸显，我国不少地区开始出台地方性的政策法规，推进本地区的校企合作。2013 年《广州市人民政府办公厅关于促进我市职业教育校企合作工作的意见》出台，率先通过优惠政策鼓励企业参与职业教育，如加大财政支持力度，给予企业税费优惠政策，等等。2016 年宁波市颁布了《宁波市职业教育校企合作促进条例》，对学校、企业、行业在校企合作中应承担的责任做出明确规定，并设立校企合作发展专项资金。随着地方校企合作实践探索的展开，2017 年《国务院办公厅关于深化产教融合的若干意见》详细说明了企业在实施职业教育中的重要主体作用。2018 年教育部等六部门颁布了《职业学校校企合作促进办法》，这是我国推行校企合作以来第一个以校企合作为对象的政策文件。该文件提出要实行“校企主导、政府推动、行业指导、学校企业双主体实施的合作机制”，规范了校企合作可以开展的合作形式，并给予学校、教师、企业和地方政府相应的政策支持以促进校企合作的开展，对学生在企业学习的基本权益和安全问题也提出了明确的要求。

现代学徒制是从英国引进的概念，指将传统的学徒训练与现代学校教育相结合的一种企业与学校合作的职业教育制度。① 现代学徒制与传统学徒制相比，主要具有五个特征：教育目的从重生产性到重教育性，教育性质从狭隘到广泛，制度规范从行会层面上升到国家层面，利益相关者机制从简单到复杂，教学组织从非结构化到结构化。② 和以往的校企合作形式相比，现代学徒制真正做到将企业实践学习经历融入课程设计，使得职业教育由传统的基于学校的教育向基于工作的教育转变。教育部 2012 年到 2014 年连续三年将现代学徒制列为年度工作要点。2014 年《国务院关于加快发展现代职业教育的决定》将现代学徒制列为人才培养模式改革的重要举措。随

---

① 赵志群：《职业教育的工学结合与现代学徒制》，载《职教论坛》，2009(36)。

② 关晶、石伟平：《现代学徒制之“现代性”辨析》，载《教育研究》，2014(10)。

后 2014 年 8 月《教育部关于开展现代学徒制试点工作的意见》制订并启动了试点的工作方案。2015 年教育部遴选了 165 所职业院校作为首批现代学徒制试点单位和行业试点牵头单位。2017 年教育部遴选了第二批现代学徒制试点单位，共有 203 所学校参与。尽管从数量上看现代学徒制改革取得一定的成效，但制约现代学徒制发展的体制机制因素依旧没有得到改善，如招生与招工一体化的招生方式难以落实，企业师傅制度的空白，国家专业教学标准与认证体系的薄弱，学徒升学路径不畅，等等。①

（三）融合职业教育、普通教育和终身学习体系

普职融通、建立终身教育体系是我国发展现代职业教育的重要内容。2014 年《国务院关于加快发展现代职业教育体系的决定》对此提出了明确的要求，并将“建立学习型社会”作为目标之一。

在处理中高职关系时，面对社会对中等职业教育存在的必要性的质疑，2014 年《国务院关于加快发展现代职业教育的决定》强调要“发挥中等职业教育在发展现代职业教育中的基础性作用”。《中共中央关于制定国民经济和社会发展第十三个五年规划的建议》提出要“普及高中阶段教育，逐步分类推进中等职业教育免除学杂费”。为了推动教育公平和职业教育的现代化建设，我国应当首先实现普及免费中等职业教育。

尽管当前我国尚未出台与普职融通相关的具体政策，但在地方、学校层面已开展了各类试验。普职融通的主要形式是中等职业学校向普通中小学校提供生涯教育课程。以北京市为例，随着北京市中等职业教育生源数量的下降，中职院校转向为基础教育学生提供职业体验活动，推动自身的转型发展。密云区、丰台区、朝阳区、东

① 徐国庆：《我国职业教育现代学徒制构建中的关键问题》，载《华东师范大学学报（教育科学版）》，2017(1)。

城区等多个行政区的中等职业院校都推出了丰富的职业体验课程，向全市中小学生免费开放，开发的课程涉及茶艺、中医、信息技术、珠宝工艺、电气等多个专业。职业院校向广大中小学生开放，这意味着中等职业教育的功能逐渐由单一地培养职业人才，转向培养职业人才与为普通教育提供广泛的职业预备教育相结合。中等教育阶段普职融通是推进青少年成长为全面发展的公民的有效手段。正如杜威在《民主与教育》中谈到的，任何教育都带有职业的一面。职业教育不仅是培养技术技能人才以服务区域经济发展的专门教育，也是为个体做好职业预备以促进个体全面发展的通识教育。

在推动终身学习方面，职业教育应与社会教育相结合，为社区居民提供生活技能、文化艺术修养、职业培训与再培训等方面的课程，增加人们的生活趣味并加深社会参与。当前我国社区教育的大部分是由职业院校承接的。学校职业教育与社区教育的沟通，是建立学习型城市和构建终身学习体系的需要，同时也是拓展职业教育的社会服务功能、提升社区教育质量和丰富社区教育内容的途径。2016 年《教育部关于办好开放大学的意见》发布，提出开放大学要“坚持面向基层、面向行业、面向社区、面向农村，广泛开展职工教育、社区教育、老年教育、新型农民教育和各类培训”。同年，教育部宣布在全国范围内举办“全民终身学习周”，提高人们终身学习的意识和能力。

有学者提出，体现终身教育理念的职业教育应当为职前教育的学习者提供学历与证书教育，为在职职工提供技术提升、转岗就业等方面的继续教育和证书教育，为弱势群体提供必要的谋生教育，也为人们的高质量生活提供教育和培训。① 从实践层面看，职业教育与终身教育的融合颇有成效，但相应的制度、政策还不完善，如

---

① 霍丽娟：《终身教育理念下现代职业教育体系构建的思考》，载《中国职业技术教育》，2015(15)。

学习认证问题、职业学校的权责划分等都需要政策法规给予明确的规定。

第二节 我国职业教育立法与政策的成就

一、确立政府在发展职业教育中的重要地位

我国职业教育发展的明显特征是政府在发展职业教育中扮演着重要角色。相较于普通教育，发展职业教育需要投入更多的人力、财力和物力，更需要政府的大力扶持。我国职业教育发展的历史说明，单靠市场机制难以解决我国职业教育发展的问题，如20世纪90年代后期我国在职业教育领域大力推行市场化，导致的结果却是职业教育的巨大滑坡。职业教育自身的经营能力有限，在没有政府资助的情况下，市场机制无法支持职业教育的持续发展，也无法有效地配置公共资源。

职业教育需要政府积极介入的主要原因是职业教育所具有的两个特性。其一，在我国，职业教育的社会认可度不高，职业教育常被视为次等的选择。在教育筛选机制的作用下，就读职业院校的学生大多数来自处境不利群体。他们不仅面临着经济贫困问题，还面临着机会贫困的问题，需要以政府为主导的资助体系给予支持。其二，职业教育的发展离不开企业，健全职业教育校企合作机制是我国职业教育发展的目标和努力方向，但迄今为止，校企合作机制尚不完善。从世界各国职业教育校企合作的成功案例来看，政府在刺激行业和企业参与职业教育、明确校企双方的权责方面发挥着重要作用。企业的参与积极性低是我国职业教育校企合作制度难以落实完善的重要原因。这要求政府从政策法律层面刺激企业参与职业教育，加大企业的参与力度，并保障校企合作的有效运行，维护利益相关者的权益。

因此，以 1996 年《职业教育法》的颁布为标志，我国确立政府在发展职业教育中的重要地位。《职业教育法》要求各级政府将职业教育纳入国民经济和社会发展规划，并支持农村职业教育、处境不利群体的职业教育。进入 21 世纪后，政府颁布若干加快发展职业教育的政策文件，逐步建立起职业教育资助体系，并推动校企合作的开展。政府越来越多地参与职业教育的顶层设计，为职业教育提供外部制度保障和激励，支持职业教育学习者的全面发展，致力于增强职业教育的吸引力。这一政策基调一直延续至今，取得的成效得到公认。

二、初步建成职业教育体系格局

改革开放 40 年以来，我国职业教育取得了明显的发展成效：形成了职业教育与培训相协调，职业教育与社区教育、终身学习相互贯通的人才成长体系，建立了校企合作、工学结合的人才培养体系，完善了职业教育资助体系。

学校职业教育成为我国教育体系的重要组成部分。从发展规模来看，目前我国中等职业教育学生数基本占到整个中等教育学生数的一半，高等职业教育的发展规模与中等职业教育类似。学校职业教育的发展扩大了我国青少年的受教育机会，为他们提供了通过职业教育获得体面工作和充分参与社会的可能。学校职业教育的发展也为我国社会经济建设输送了一大批技术技能人才，较好地应对了我国劳动力数量和结构性短缺的问题。

劳动者培训体系是促进就业、改善民生的重要途径，也是推动产业升级、企业转型的有效措施。[①] 从促进社会流动和公平的角度看，职业培训是处境不利群体发展和更新技术技能，实现自我成功

---

① 侯小雨、闫志利：《劳动者终身职业培训体系：框架设计与建设策略》，载《职业技术教育》，2017(28)。

的重要手段。它体现了联合国教科文组织在《教育2030行动框架》所提出的“全纳、公平、质量”的教育理念。改革开放以来，我国职业教育的发展重点关注农村劳动力、失业人群和在职人员的职业培训与再培训，使他们获得技术更新和职业发展所需的职业知识、技能和能力，以期所有人能够平等地获得实现可持续发展所需的知识和技能。

终身学习是人们应对现代社会发展不确定性的重要途径，成为当前教育与培训的核心议题。职业教育作为面向人人、贯穿一生的教育类型，对于终身学习具有独特意义。从20世纪90年代我国引入终身教育思潮以来，职业教育的发展一直注重终身学习的理念。进入21世纪以来，我国逐步发展社区教育、开放大学、老年大学，建设学习型城市、学习型社会，发挥职业教育在终身学习体系中的作用。

随着《国家中长期教育改革和发展规划纲要（2010—2020年）》和《国务院关于加快发展现代职业教育的决定》的颁布，我国职业教育体系逐渐转向建设现代职业教育体系，推动建立高质量的、面向人人的、面向终身的职业教育体系。

三、确立校企合作的职业教育人才培养模式

我国在探索职业教育人才培养模式的过程中，通过积极学习和借鉴国外先进的培养经验，在本土探索多种人才培养路径，逐渐明确职业教育校企合作的人才培养模式，并不断巩固和完善这一基本模式。

21世纪以来，政府逐步通过政策法规推进职业教育校企合作，采取措施打破行政管理部门之间的壁垒，加强协调联动，积极探索并建立促进职业教育校企合作的长效机制，尝试推进行业协会参与职业教育，使通过校企合作培养技能型人才成为我国职业教育发展与改革的共识。从实践层面看，自2006年教育部确立工学结合为职

业教育的基本培养模式后，我国逐渐探索并形成了订单式培养、校中厂、厂中校、工学交替等不同的人才培养模式；行业、企业在职业教育中的参与度不断加深，企业不仅提供实训的设备与场地，还派一线实践人员到学校担任兼职教师、与学校合作研发并生产产品等。2010 年后，现代学徒制等基于工作的学习模式逐渐兴起，成为校企合作的改革方向，这意味着校企合作的深度不断增加。2017 年《国务院办公厅关于深化产教融合的若干意见》为推进校企合作指明了方向，提出了改革意见。该文件中对企业在职业教育中的责任与权利进行了规定，为职业教育推进学校与企业的合作提供了依据。

校企合作培养人才是发展职业教育有效路径的共识。20 世纪末我国职业教育以学校为单一主体的培养模式在市场经济的冲击下被证明失效后，在新时期我国逐渐摸索并最终确立了校企合作的人才培养模式，从而使职业教育的发展走上了适应社会经济要求的道路。

第三节 我国职业教育立法与政策的问题

一、政策价值的冲突

任何教育政策的制定都面临着价值的选择，如效率与公平。在职业教育政策的制定上，长期以来我国偏重于职业教育对发展社会经济的作用，即注重效率，而相对忽视了教育公平问题以及人的多元化发展诉求。20 世纪末 21 世纪初，针对职业学校脱离实际需求的学科化教学弊端，国家提出“以就业为导向，以服务为宗旨”的职业教育政策理念，强调“职业教育为产业发展服务”的改革方向。在这一政策理念下，职业教育的经济功能被放大，育人功能则相对被忽视。就业导向导致职业教育的目的限于就业，学校教育将就业作为课程开发的唯一依据，缺失教育理论的介入和融合，这样的职业教育更多的是为了满足企业对劳动力的要求，而忽视了学校教育的整体追求。职业院校人才培养的目标不应只是就业，不能只关注职业发展，面向即将步入社会的青年的学校教育还应关注公民生活、个性自由等方面的启蒙和发展。

当我们在教育理念的选择和发展上把经济效益作为首要甚至唯一的追求目标，便会产生这样的认知：职业教育的所有价值和所有最终目的，都与一定的经济效益紧密联系在一起。经济效益和就业等个体幸福生活的手段变为最终目的，也就是说目标为手段所取代。而教育的真正意义不断地退后并最终被遗忘。在效率至上政策思路的刺激下，职业教育最易被消解的价值，在个人层面，是教育关怀的视角从“人”转移到“企业”，这种转换导致人在教育中的失声和被“物化”；在社会层面，是整体性的社会效益之满足掩盖了分层下的矛盾与冲突。

近些年来，由于新职业主义的影响和重要国际组织职业教育理念的转变，我国职业教育政策选择越来越多地关注学习者的个人发展诉求和社会公平问题，追求效率与公平的统一。职业教育既需要为经济发展服务，也需要为所有群体提供自我实现的机会。

二、学校职业教育与培训的相对分离

在我国职业教育体系发展的过程中，出现了学校职业教育体系与职业培训体系的发展步调不一致的问题。党的十九大报告提出要完善职业教育和培训体系，但在实践中学校职业教育与职业培训依旧存在两张皮现象。学校职业教育与职业培训相对分离，导致劳动力的教育和培训需求难以得到及时和多元的满足，进而影响了社会经济的发展。学校职业教育与职业培训发展不协调的问题主要表现在两方面：一是管理权属的分离，二是发展质量的不均衡。

管理权属的分离指学校职业教育和职业培训分属不同的行政部门管理。改革开放以来，我国确立了学校职业教育由教育行政部门管理，职业培训由人力资源和社会保障部门管理的行政管理制度。

如在中等职业教育领域，目前我国存在三种类型的职业学校：由教育行政部门主管的职业高中，由人力资源和社会保障部门主管的技工学校、中等专业学校。这种现象使得职业教育难以实现统筹规划发展。而在职业培训上，尽管学校职业教育和职业培训是相互联系、互相衔接的关系，但行政管理上的不统一使得两者的对接和融合颇为困难。随着终身学习的发展，要实现对非正式学习和非正规学习的认证，就需要教育行政部门认同通过职业培训等形式而获得的职业知识与资格，并给予教育认证，这就要求学校职业教育与职业培训顺畅结合。显然，当前学校职业教育与职业培训在管理权上的分离使得这一目标难以实现。

发展质量上的不均衡指学校职业教育的发展现状要显著优于职业培训。改革开放 40 年，我国学校职业教育体系基本建成，学校职业教育在规模和质量上都有了很大的提升。但在职业培训上，虽然不少政策都强调发展职业培训的重要性，但职业培训体系尚未建立起来，职业培训的规模和质量远不如学校职业教育。导致的结果是大量的待业劳动力缺少接受培训与再培训的机会，难以获得再次走上工作岗位的机会，影响了这个群体的生存与发展。

三、政策目标与手段的不一致

在政策制定问题上，我国职业教育政策多次出现目标与手段不一致的情况。如 20 世纪 90 年代我国出台了发展高等职业教育的政策，目的之一是促进中等职业教育的进一步发展。然而，国家在这一时期取消了中等职业教育享有的优惠政策，实行上学缴费，大大地降低了中等职业教育的吸引力。① 政策目标和手段的不一致，使得职业教育的发展规划和现实进展之间出现了巨大的差距。政策手段难以实现目标的根本原因在于职业教育资源投入相对不足，实现

---

① 和震：《我国职业教育政策三十年回顾》，载《教育发展研究》，2009(3)。

政策目标的能力弱化。

四、政策工具不充足

职业教育政策工具不充足，造成职业教育政策执行失效、不完善等问题。政策工具可分为自愿型工具、强制性工具和混合型工具。以1985年《中共中央关于教育体制改革的决定》、1996年《职业教育法》、2002年《国务院关于大力推进职业教育改革与发展的决定》、2005年《国务院关于大力发展职业教育的决定》和2014年《国务院关于加快发展现代职业教育的决定》这五个重要政策文本为例，可以发现当前我国职业教育使用的政策工具较为单一。

从政策工具的作用对象来看，主要涉及政府机构、学校和学生，以学校为主。从我国职业教育所使用的政策工具的种类来看，主要以强制型工具和混合型工具为主，自愿型工具相对较少。

在强制型工具上，主要借助规制、命令性和权威性工具，规范改革内容和试点项目的开展，并直接提供工具，提供财政支持和组织服务。强制性工具虽然操作性强、效率高，但过多的使用限制了改革项目的灵活度和参与主体的能动性，也会导致对各区差异考虑不充分或忽视不同情境。

混合型工具运用形式较多，但数量较少。信息与劝诫的运用最为频繁，具体表现为鼓励号召；补贴工具中主要运用了直接补助和财政奖励两种形式；诱因型工具主要是通过权力下放和社会声誉的形式。混合型工具使用较少意味着行动主体缺乏动力。

自愿型工具相对短缺表明我国职业教育的改革与发展尚未充分发挥家庭、社区和市场等主体的作用，一定程度上限制了职业教育改革的范围。

从政策工具的作用对象来看，主要问题在于没有主动发挥企业、行业的作用。职业教育改革需要政府、行业、企业和学校的合力协作，但当前职业教育改革基本只考虑到学校和政府的角色，尤其是在推进校企合作和课程开发方面，依旧将主要责任交给学校，而没有发挥企业和行业这两个极为关键的角色的作用。

第四节　对我国职业教育政策的建议

一、建立以人为中心的发展范式

当前我国职业教育政策基本仍属于工具价值取向，这可从我国改革开放以来颁布的重要政策的政策依据中看出来(见表 2-2)。职业教育被视为促进社会经济发展的重要手段，但职业教育是人们享有的基本权利这一点却没有得到强调。联合国教科文组织将教育视为一项基本人权，强调职业教育和普通教育一样是整个教育的有机组成部分。[①] 将职业教育仅当作促进社会经济发展的推动器，容易忽视人的发展需要。正如杜威所说："以职业为中心的教育，不是仅仅属于金钱的性质，就是具有狭隘的实用性质。"[②]现代职业教育体系功能的价值取向是提供高质量人力资源，满足个体全面的、可持续的发展需求，促进社会公平正义，服务于终身学习与学习化社会。[③]因此，在建设现代职业教育体系的背景下，我国职业教育迫切需要确立一个以人为中心的发展范式，避免职业教育中狭隘主义和工具主义的泛滥，更加关注学生的教育成功、体面就业、社会参与和可持续发展。职业教育的发展应当更加关注人的发展诉求，从"职业"转向"人"，从"单一经济价值"转向"多重社会效益"，如社会公平、自由发展、民主参与等。正如 2014 年习近平总书记在对加快发展职业教育做出的批示中指出的那样，职业教育不仅要肩负培养多样化

---

① 和震：《联合国教科文组织的职业教育政策研究》，载《中国职业技术教育》，2012(6)。

② [美]杜威：《民主主义与教育》，371 页，北京，人民教育出版社，2001。

③ 关晶：《现代职业教育体系的"现代性"辨析》，载《中国高教研究》，2014(11)。

人才、传承技术技能、促进就业创业的重要职责，也应该努力让每个人有人生出彩的机会。

表 2-2　改革开放以来我国重要的职业教育政策法规及其政策依据

年份	政策法规文件	政策依据
1985 年	《中共中央关于教育体制改革的决定》	社会主义现代化建设……迫切需要千百万受过良好职业技术教育的中、初级技术人员、管理人员、技工和其他受过良好职业培训的城乡劳动者。
1996 年	《中华人民共和国职业教育法》	为了实施科教兴国战略，发展职业教育，提高劳动者素质，促进社会主义现代化建设。
2002 年	《国务院关于大力推进职业教育改革与发展的决定》	实施科教兴国战略，大力推进职业教育的改革与发展。
2005 年	《国务院关于大力发展职业教育的决定》	适应全面建设小康社会对高素质劳动者和技能型人才的迫切要求，促进社会主义和谐社会建设。
2010 年	《国家中长期教育改革和发展规划纲要（2010—2020 年）》	发展职业教育是推动经济发展、促进就业、改善民生，解决“三农”问题的重要途径，是缓解劳动力供求结构矛盾的关键环节。
2014 年	《国务院关于加快发展现代职业教育的决定》	对于深入实施创新驱动发展战略，创造更大人才红利，加快转方式、调结构、促升级具有十分重要的意义。

二、以终身学习为原则来设计职业教育的结构与范围

一般来说，职业能力主要体现在两方面：职业在当下所要求的技术与能力，适应该职业发展变化的能力。前者是让受教育者具有当下从事某职业所要具备的基本技能，以较快较好地进入该职业领域；而后者则是让受教育者在离开职业院校后，在缺乏系统指导的情况下，仍能获得所需要的新技术与新能力，因为其从事的行业随时要求从业者迅速地适应新的要求并掌握新的技能。前者可以在较

短时间内掌握，后者则要求培养学生适应新技能的能力，使人在工作中学会学习。当前的难题在于，职业不再是确定的、单一性质的，而是变化的、宽领域的。因此针对当下特定职业所进行的教育无法使学生掌握足够的知识和技能，如何应对职业发展的这一趋势，给予学生更合理的指导，就成了目前职业教育主要关注的问题。

终身教育的理念自 20 世纪 60 年代兴起，已成为世界教育的新思潮。社会习俗的变迁、生活方式的嬗变、科技发展的迅猛等使得人们不断遇到并处理新的问题，持续不断地接受教育成为一种必然。① 在这种趋势下，按照终身学习的理念设计个体的学习生涯成为教育系统必须考量的内容。终身学习的目的在于个体通过不断自主学习和自我更新来追求人的完满性。然而目前我国职业教育属于“终结性”的教育：中等职业教育的升学通道被限制；高等职业教育难以和本科及以上层次的教育沟通；职业培训体系尚未充分发展。当前职业教育体系不是非可持续发展的。这样的教育只能应付一时一地之需，难以满足学习者的学习需要和发展诉求。这也是为何当前我国提出要建立现代职业教育体系的重要原因，现代职业教育应当是以终身学习为设计原则的，使所有潜在的学习者获得生存和发展所需的知识、技能和能力。

现代职业教育体系构建了从中等教育到高等教育再到职后培训的教育过程，初步体现了终身学习的设计理念。职业教育是面向人人的教育。从终身学习的角度来看，职业教育应当贯穿个体发展的始终。在教育层次方面，从初等教育到高等教育都应包含职业教育的内容。从受教育群体来看，所有社会、经济和文化背景的个体都应享有接受职业教育的机会。

① 朱敏、高志敏：《终身教育、终身学习与学习型社会的全球发展回溯与未来思考》，载《开放教育研究》，2014(1)。

三、注重为处境不利群体提供更多的教育与培训机会

2016年联合国教科文组织在《关于职业技术教育与培训(TVET)的建议书》中倡导："职业技术教育与培训是包容的，不容任何形式的歧视。"①职业教育被视为普遍受教育权和工作权的一部分，人人都应当享有接受职业教育的机会，职业教育是有包容性的。对于处境不利的群体来说，职业教育是他们获取经济保障、实现人生价值、参与社会活动的重要途径。目前我国职业教育政策虽开始关注下岗失业人群、农村居民等群体的职业教育，帮助他们掌握工作所需的技术技能，重新走上工作岗位。但政府对这些群体的职业教育的重视力度依旧不够，相关的支持政策还不完善。未来我国职业教育应当更加注重处境不利群体接受教育与培训的权利，提供多元化、个性化的支持政策，保障这些群体通过职业教育获取或更新自身的技术技能。阿马蒂亚·森指出，发展的目的在于增进人们的实质自由，让人们拥有过自己愿意过的那种生活的可行能力，自由同时也是促进发展的手段。对于处境不利群体来说，拥有接受职业教育的机会，就拥有了发展的机会，继而也就拥有了实质自由的机会。

关注处境不利群体的教育与培训机会也是维护社会公平、推动社会融合的需要。职业教育有双重环境性价值：低位价值——维护教育公平的底线，让没有条件的寒门子弟和被基础教育淘汰的人能够继续接受他们所需要的教育，获得必要的谋生手段；高位价值——实现社会阶层的流动和跃升，在实现前一个价值的基础上，即在让底层人民具有谋生手段的基础上，让他们不断打磨更新自己的技术，依靠技术，实现多劳多得，逐步积累财富，进而脱离底层，

① 联合国教科文组织：《关于职业技术教育与培训(TVET)的建议书》，载《职业技术教育》，2016(12)。

达到社会阶层流动的目的。职业教育的初衷是改善这些群体的处境，使他们在接受教育与培训后能够拥有谋生能力，获得和其他群体公平竞争的机会。只有所有处境不利群体都能够获得充分发展的机会，他们才能真正融入社会，社会公平的实现才有可能。

第三章

我国职业教育管理体制与办学体制改革

改革开放以来，我国经济体制、政治体制改革不断推进。经济体制由计划经济向社会主义市场经济转轨，形成社会主义市场经济体制。在特有的社会文化背景和国情下，我国职业教育形成了双轨并行而不互通、政府主导、自上而下、学校本位、企业缺位的发展模式，可以概括为“政府主导、学校本位”发展模式。职业教育具有“职业性”和“教育性”，职业教育的“职业性”决定了职业教育与经济的密切联系，在新的经济社会形势下，职业教育亟须改革，以培养产业结构转型升级需要的技术技能型人才，适应并引领产业结构升级转型。

我国职业教育管理体制、办学体制改革呈现出我国经济社会发展的特点。本章在分析我国宏观经济社会时代背景的基础上，梳理我国职业教育管理体制、办学体制改革的发展历程和政策变迁，分析我国职业教育管理体制和办学体制的结构，深入探究我国职业教育管理体制、办学体制存在的问题，并提出建设性的对策建议，具有重要的理论和实践意义。

第一节　社会经济发展的时代背景

一、政治、经济体制改革下的职业教育发展

回顾我国教育改革与发展历程，教育改革在处理各种重大关系和解决紧迫问题时，多选择从体制改革入手。而整个中国教育体制改革的主要进展是以适应经济体制改革为主要目标的。在国民教育体系中，与经济社会联系最直接、最密切的教育类型即职业教育。无论是 20 世纪八九十年代职业教育的大力发展，还是 2006 年以来职业教育的内涵式发展，都受到政治、经济等多方面的影响。我国的职业教育体制改革是政府驱动的“看得见的手”和市场驱动的“看不见的手”二者不断作用的结果。职业教育体制是支撑职业教育发展的组织结构、运转机制和基本制度体系的总称。通过对我国职业教育体制改革的历史进行梳理，可以发现我国的职业教育体制改革与我国的政治体制、经济体制保持着一贯性和协调性，呈现出渐进性、持续性、发展性的特点。我国职业教育体制改革经历了从政府主导阶段到适应社会主义市场经济阶段，逐步实现教育现代化。

(一)政府主导阶段(1978—1992 年)

改革开放后，随着我国经济实力的大幅度提升，党中央领导高度重视职业教育工作，这使得职业教育的发展有了历史性的突破。随着我国改革开放的推进、经济的大力发展以及对技术技能型人才需求的不断增长，职业教育体制改革拉开序幕。

1982 年，党的十二大提出以计划经济为主、市场调节为辅的改革思想。继《中共中央关于经济体制改革的决定》和《中共中央关于科学技术体制改革的决定》之后，1985 年中国改革开放大业的第三个重要文件《中共中央关于教育体制改革的决定》发布，该文件拉开了中国教育体制改革的大幕。这一时期的改革是自上而下进行的，其特

点是由中央决策设计、规划和推行制度变革，是一种强制性的制度变迁，核心就是“简政放权”。简政放权，就是在加强宏观管理的同时，下放一定的权力，扩大学校的办学自主权。当时简政放权主要包括两方面内容：一方面是中央政府向地方政府的简政放权；另一方面是政府向学校的简政放权。①

《中共中央关于教育体制改革的决定》提出：“社会主义现代化建设不但需要高级科学技术专家，而且迫切需要千百万受过良好职业技术教育的中、初级技术人员、管理人员、技工和其他受过良好职业培训的城乡劳动者。没有这样一支劳动技术大军，先进的科学技术和先进的设备就不能成为现实的社会生产力。”可以看出，该文件明确了职业教育在社会主义现代化建设中的重要作用，这一时期的职业教育仍处于政府主导阶段，呈现出明显的计划性、指令性特点。

（二）适应经济体制改革阶段（1993—1998年）

1992年邓小平在武昌、深圳、珠海、上海等地发表重要讲话，对中国20世纪90年代的经济改革起到关键的推动作用，党的十四大确立了我国经济体制改革的目标是建立社会主义市场经济体制。社会主义市场经济体制的建立，为教育体制的改革提供了有利的条件，教育体制改革的目标是加强地方办学的决策权和自主权。②

职业教育要建立与社会主义市场经济体制相适应的教育体制。1993年，随着我国经济体制改革，教育体制改革被提上日程，中共中央、国务院出台《中国教育改革和发展纲要》，对职业教育办学体制进行规定，指出：“职业技术教育是现代教育的重要组成部分，是工业化和生产社会化、现代化的重要支柱。各级政府要高度重视，统筹规划，贯彻积极发展的方针，充分调动各部门、企事业单位和

---

① 孟凡华、李瑶、岳金凤：《教育体制改革的破冰之路》，载《职业技术教育》，2015(18)。

② 顾明远：《正确认识市场经济和教育改革的关系》，载《人民教育》，1993(5)。

社会各界的积极性，形成全社会兴办多种形式、多层次职业技术教育的局面。”1993 年，《中共中央关于建立社会主义市场经济体制若干问题的决定》提出：“进一步改革科技体制和教育体制……职业教育、成人教育以及各种社会教育要更多地面向市场需求，发挥社会各方面的作用。高等教育要改革办学体制，改变条块分割的状况，除特殊行业外，区别不同情况分步过渡到中央和地方两级管理的体制，扩大地方和院校的办学自主权。高等院校要在招生、专业设置、教材内容、教学方法以及毕业生就业等环节进一步改革。各类学校都要加强教师队伍建设，改善德育教育。”

1996 年的《中华人民共和国职业教育法》明确规定：“国务院教育行政部门负责职业教育工作的统筹规划、综合协调、宏观管理……县级以上地方各级人民政府应当加强对本行政区域内职业教育工作的领导、统筹协调和督导评估。”这一阐述在 1998 年颁发的《关于实施〈职业教育法〉加快发展职业教育的若干意见》中得到进一步明确：“县级以上地方各级政府对所辖行政区域内职业教育的发展负有主要领导责任。”随着原有部属的职业院校由中央划归到地方，职业教育办学的重心下移，我国职业教育的管理责任也逐渐下放到地方政府手中。中央政府对职业教育的办学体制和学制等问题进行了调整。

(三)基本实现现代化阶段(1999 年至今)

随着我国经济体制改革的不断推进，经济发展的不平衡日益凸显，造成城市和农村教育资源不均衡，严重影响教育质量，教育不公平的现象日益凸显。为了解决这些问题，2003 年，《国务院关于进一步加强农村教育工作的决定》发布，要求明确农村教育在全面建设小康社会中的重要地位，把农村教育作为教育工作的重中之重；坚持为“三农”服务的方向，大力发展职业教育和成人教育，深化农村教育改革；落实农村义务教育以县为主管理体制的要求，加大投入，完善经费保障机制；建立健全资助家庭经济困难学生就学制度，保障农村适龄少年儿童接受义务教育的权利。这些改革措施体现了党和国家在解决教育公平、缩小教育差距方面的决心。

党的十六大报告指出："加强职业教育和培训，发展继续教育，构建终身教育体系。加大对教育的投入和对农村教育的支持，鼓励社会力量办学。"对社会力量办学进行重申。2003年《中共中央关于完善社会主义市场经济体制若干问题的决定》提出："深化教育体制改革。构建现代国民教育体系和终身教育体系，建设学习型社会，全面推进素质教育，增强国民的就业能力、创新能力、创业能力，努力把人口压力转变为人力资源优势。推进教育创新，优化教育结构，改革培养模式，提高教育质量，形成同经济社会发展要求相适应的教育体制。巩固和完善以县级政府管理为主的农村义务教育管理体制。实施全员聘用和教师资格准入制度。完善和规范以政府投入为主、多渠道筹措经费的教育投入体制，形成公办学校和民办学校共同发展的格局。"

2010年，指导全国教育发展的纲领性文件《国家中长期教育改革和发展规划纲要(2010—2020年)》发布。该文件提出："到2020年，基本实现教育现代化，基本形成学习型社会，进入人力资源强国行列"的战略目标。在这一阶段，以改革推动发展、以改革提高质量、以改革增强活力成为共识。以"基本实现教育现代化"为目标指向，体制改革集中在人才培养体制、考试招生制度、现代学校制度、办学体制、管理体制等几方面。

2013年，十八届三中全会提出要深化教育领域综合改革；推进考试招生制度改革，探索招生和考试相对分离、学生考试多次选择、学校依法自主招生、专业机构组织实施、政府宏观管理、社会参与监督的运行机制；深入推进管办评分离，扩大省级政府教育统筹权和学校办学自主权，完善学校内部治理结构。

此后，中国教育体制改革向纵深发展。办学体制改革激发出新的生机与活力。这一阶段，国家着力推进落实高等学校办学自主权，改革职业教育办学模式，改善民办教育发展环境，提高中外合作办学水平。通过国家的顶层设计与鼓励试点相结合，整体推进与重点突破相结合，公办学校的办学活力和办学水平得到进一步提升，民办教育的发展环境和支持政策得到进一步优化，民办教育发展成效显著。教育投入机制改革促进了公平。“不让一个学生因家庭经济困难而失学”，这是我国政府的郑重承诺。国家不断加大财政投入力度，2012 年，国家财政性教育经费支出占国内生产总值的比重达到 4%，这一目标早在 1993 年《中国教育改革和发展纲要》中就已被提出，到 2012 年才首次实现。在这期间职业教育被视为教育投入的重点倾斜领域，国家对接受职业教育的家庭困难学生进行资助。2013 年，全国财政性职业教育经费达到 2 543 亿元，与“十一五”初期相比，年均增长 25.3%；其中，中央财政投入 233 亿元，年均增长 43.6%。

2014 年，《国务院关于加快发展现代职业教育的决定》指出发展职业教育的必要性：“当前职业教育还不能完全适应经济社会发展的需要，结构不尽合理，质量有待提高，办学条件薄弱，体制机制不畅。加快发展现代职业教育，是党中央、国务院做出的重大战略部署，对于深入实施创新驱动发展战略，创造更大人才红利，加快转方式、调结构、促升级具有十分重要的意义。”

二、产业结构升级对职业教育的人才需求

改革开放以来，尤其是我国经济体制改革以来，我国产业结构不断升级转型。职业教育是直接为产业培养技术技能型人才的教育类型，产业结构升级必然会推动职业教育改革，职业教育作为技术技能型人才的培养基地，其人才培养类型、规模、质量等与区域内产业结构相互影响，产业的发展变化带动社会对专业性人才需求的变化，职业教育须做出相应调整使人才供给与人才需求尽量保持平

衡；同时，职业教育通过不断进行体制改革，反过来促进产业结构升级转型。

（一）我国的产业结构升级

经济体制改革以来，我国社会主义市场经济体制逐步形成，经济发展步入新常态，我国已经深度融入全球价值链，正在逐步促进全球价值链升级，具体体现在中国出口贸易的国内增加值不断上升，且服务业吸引外资发展十分迅速。与此同时，我国就业人口的产业分布、行业分布、职业分布均发生了明显的变化。这些变化反映了我国产业结构优化升级的事实，具体表现在以下两方面。

一是第二、第三产业所占比例不断提升，尤其是第三产业。我国产业结构不断优化升级，具体表现为各行业从业人员所占比例的变化。从行业分布来看，从事第一产业的人员逐渐减少，从事第二、第三产业的人员逐渐增加。尤其是从事第三产业中商业或服务业的人员、生产运输设备操作人员及有关人员的比例不断增加。例如，从2014年我国就业人口分布的情况来看，我国就业人口主要分布在第三产业，所占比例为40%，并呈现出逐年上升的趋势，其次是第二产业和第一产业，所占比例为30%。① 从我国就业人口的历史变迁来看，2002年之前，第一产业就业人口比例在50%左右，第二产业就业人口比例为22%～24%，第三产业就业人口为25%～29%。2002年以后，各产业就业人口比例发生显著变化，第一产业就业人口由50%左右下降到2014年的30%左右；第二产业就业人口比例从2002年的22%左右上升到2014年的30%左右；第三产业就业人口比例从2002年的29%左右上升到2014年的40%左右。

二是第三产业中服务业发展迅速，并呈不断上升趋势。随着经

① 清华大学、复旦大学、摩根大通：《中国劳动力市场技能缺口研究》，中国劳动力市场技能供需研讨会，北京，2016。

济社会的发展，行业分类不断增多，不断有新的职业产生、旧的职业消亡，就业人口的行业分布发生了巨大的变化，最明显的变化就是服务业吸纳的就业人口不断攀升。这体现出随着经济的发展，产业结构调整升级，服务业发展加速。虽然农林牧渔业一直是吸纳就业人口最多的行业，但随着经济结构升级，农林牧渔业就业人口的比重直线下降。

随着我国深度融入产业价值链，产业结构升级转型也不断被推动。结合经济增长率看就业人口的职业构成及变化趋势可以发现，在劳动力需求方面，在经济复苏和繁荣期，劳动力需求增加；在经济衰退和萧条期，劳动力需求逐渐减少。在产业结构、行业领域方面，在经济平稳发展的情况下，从事第一产业的人口不断减少，从事第二、第三产业的人员逐渐增加，尤其是第三产业中商业或服务业人员、生产运输设备操作人员及有关人员的比例会不断攀升。

（二）产业结构升级对职业教育提出新的人才需求

产业结构升级调整对技术技能型人才的需求的类型、层次不断发生变化。产业结构调整使人才需求的类型发生变化，产业结构升级使对低技能劳动者的需求下降，对于高技能劳动者的需求上升。职业教育作为技术技能型人才的供给方，面临新的机遇和挑战。

第一，人才需求的类型发生变化，职业教育专业结构亟须调整。随着我国产业结构所占比例不断发生变化，人才需求的类型也不断发生变化。一方面，随着我国第一、第二、第三产业所占比例发生变化，对于第二、第三产业技术技能型人才的需求不断提升，对于第一产业人才的需求不断下降，人才需求类型发生变化；另一方面，随着产业结构升级转型，新的行业产生，旧的行业消亡，职业教育专业结构亟须做出调整。职业教育专业结构不仅应满足区域经济发展的需求，而且还要适当超越区域经济发展的需求，引领产业结构升级转型。

第二，人才需求的层次发生变化，职业教育体制亟须提升完善。在全球化竞争中，国际贸易和外商直接投资对中国高技能劳动力的需求的影响仍将持续。考虑到现阶段工业化过程中资本深化与高技能工人就业之间的互补关系，对中国高技能劳动力需求的增加势必更加明显。参与全球价值链将会增加高技能工人的就业比例，特别是在当前价值链不断升级的态势下，这种增长趋势将会更加明显。另外，随着中国经济转型和经济增长，产业结构调整已经实现了以制造业为主的工业化格局，近年来服务业发展迅速，其增长速度超过了制造业。然而，我国仍处于工业化进程中，与发达国家相比还有较大差距，未来我国制造业和服务业的发展必将经历技术水平的迅速升级，这也将使我国对于高层次技术技能型人才的需求不断增加。一直以来，我国职业教育存在体系不健全且层次不高的现象，主要以专科层次职业教育为主，缺乏对高层次技术技能型人才的培养。因此，职业教育体系亟须开展研究生层次、博士层次职业教育，通过提升职业教育层次，培养产业结构升级转型所需的高层次技术技能型人才。

第三，多元化人才需求亟须改革职业教育体制。产业结构升级转型对于多元化人才的需求，尤其是新兴产业、新技术的兴起产生的对职业教育的需求，急需职业教育体制改革。一方面，改革职业教育管理体制，下放职业教育管理权，让高职院校拥有更大的办学自主权，根据区域经济发展需求进行专业设置、课程建设等；另一方面，创新职业教育办学模式，通过集团化办学等办学模式让企业、行业作为重要办学主体，从而确保技术技能型人才的供需平衡，更好推动职业教育适应并引领产业结构升级转型。

三、中国劳动力人口变化的影响

(一)我国劳动力人口变化

1. 劳动参与率下降

劳动参与率是指劳动年龄内已经参加劳动和要求参加劳动的社会总劳动人口占劳动资源总数的比例。由于国民经济的发展和科学技术在生产中的广泛应用，对劳动者的文化知识和技术水平的要求更高，劳动者接受教育的时间延长，劳动资源中受教育的人数比例上升，劳动参与率有逐渐下降的趋势。改革开放以来，我国劳动参与率明显下降。从1995—2010年的数据来看，我国劳动力人口规模从1995年的7.14亿人持续增长到2005年的峰值7.8亿人，随后5年稳定在7.8亿人左右。同时期的劳动参与率从88%下降到79%，几乎下降了10个百分点。① 随着生育率下降和出生人口减少，自2012年劳动力供给总体减少，这导致我国劳动人口规模开始逐渐减小。

2. 适龄劳动力不足

过去40年，我国劳动年龄人口一直保持着相对较为年轻的结构，人口抚养比一直处于相对较低的水平，为国家经济的飞速发展创造了有利的人口条件。然而，从劳动年龄人口的平均年龄及结构来看，我国劳动年龄人口的年龄结构在逐渐老化，并且近年来有加速趋势。我国劳动年龄人口的平均年龄从1978年的34岁下降到1986年的33.5岁，然后逐渐提高到2010年的38岁。②我国劳动年龄人口结构的变化加重了劳动技能人才的缺口，虽然我国在不断推进新型城镇化的步伐，大量的农民工进城务工，并且实施全面二孩政策，但是短时间内我国劳动力缩减和劳动力老龄化的趋势不会缓

---

①② 清华大学、复旦大学、摩根大通：《中国劳动力市场技能缺口研究》，中国劳动力市场技能供需研讨会，北京，2016。

解。另外，我国农村劳动力也呈现逐年递减的趋势，预测显示，农村劳动力人口规模将从2010年的3.94亿人持续减少到2020年的2.85亿人和2030年的1.69亿人。①

（二）我国劳动人口变化对职业教育的新需求

遵循经济发展的一般规律，在人口红利消失之后，我国必须经历产业结构和技术结构的迅速升级。然而，未来我国劳动力规模快速缩小和年龄结构快速老化的基本发展趋势，导致劳动力成本上升，使得劳动密集型产业所占比重减少，知识密集型产业所占比重增加，促进产业结构升级，同样也使得劳动力市场的技能缺口问题更加严峻。我国劳动力存在以下问题：劳动力参与率下降，适龄劳动力不足，人口老龄化严重，农村适龄劳动力减少。这些问题严重制约产业结构升级转型，亟须通过职业教育以增加劳动力的技术技能，来解决劳动技能缺口问题。

劳动力年龄结构老化使得树立终身学习理念刻不容缓。由于我国尚未形成终身学习的社会风尚，大部分人一生的教育和知识积累主要发生在青少年时代，后期知识改善和文化程度提高的机会和可能性很有限。在职业培训跟不上生产技术升级换代速度的情况下，劳动力年龄结构老化将扩大技能缺口的规模。况且中老年人接受新知识和新技能的能力较差，因而亟须树立终身学习理念，不断通过接受职业教育、职业培训提升技术技能，满足产业结构升级转型的需求。

为解决适龄劳动力不足问题则需要创新多元办学体制，满足人们多样化的受教育需求，随着产业结构升级转型速度加快，人们需要随时随地进行知识更新和技术技能更新，已有的学校层面的职业

① 清华大学、复旦大学、摩根大通：《中国劳动力市场技能缺口研究》，中国劳动力市场技能供需研讨会，北京，2016。

教育难以满足人们的受教育需求，需要通过创新多元办学体制，形成全社会办学的新格局，以实现办学满足区域经济社会发展的需求，并解决职业教育办学资源、资金不足的现状，增加适龄劳动力的技术技能水平，让人人都可以受到所需的技术技能培训，从而促进产业结构升级转型。

第二节　职业教育管理体制改革

职业教育管理体制是指职业教育的领导管理系统与机构设置。① 职业教育管理体制是职业教育各级各类行政机构和学校内部管理机构运用教育规范来维持教育机构正常运转的制度。建立一个高效、精干的，能加强宏观管理的，便于统筹协调的，能调动各业务部门积极性的，有利于微观管理的，使办学单位有较大自主权的管理体制，是职业教育政府管理和学校内部管理两大体系形成和发展的方向。

一、改革历程

(一)管理权高度集中(1978—1992 年)

“文化大革命”结束后，我国的职业教育管理体制几近崩溃，也没有和当时的经济体制、行政管理体制相匹配的改革。1978 年党的十一届三中全会召开，党和国家明确了在社会主义现代化建设全局中优先发展教育、科教兴国。在这一政策背景下，我国教育行政机构、职业教育管理机构都得以恢复。教育部、劳动人事部、财政部与国家计委在 1983 年联合颁布了职业教育的发展政策文件——《关于改革城市中等教育结构、发展职业教育的意见》。该意见要求地方政府须集中领导各部门进行责权分明的协作。教育部在成立职业教

---

① 张念宏：《中国教育百科全书》，88 页，北京，海洋出版社，1991。

育机构的同时还要联合计委、劳动人事部对职业教育进行规划，会同有关部门制定专业目录，并制定职业教育政策与相关规章制度。计划部门则在国民经济发展中包含职业教育。劳动人事部门的劳动力资源包含职中、职业技术学校毕业生，根据就业政策合理安排，开展技工学校、就业培训班管理工作。财政部门主要联合别的责任部门划拨职业教育经费。1985年，在教育体制改革中我国要求地方办好中职教育，中央部门办学时地方应全面配合。

随着改革开放的推进和国家工作重心的转移，我国管理体制改革拉开了序幕，1991年《国务院关于大力发展职业技术教育的决定》提出“各级政府及中央与地方的各有关部门要对职业技术教育分工负责”，宏观管理由国家教委负责，并明确指出“发展职业技术教育主要责任在地方，关键在市、县”。这实际确立了地市级政府在职业教育管理体系中的中心地位，提出了在中央统一方针指导下建立地市统筹的职业教育管理体制。

在这一时期，国家对职业教育的发展做出了具体的部署、规定，由各级政府执行，同时还具体规定了各部门的职责。虽然也提出了国家简政放权的政策，也释放出中央向地方放权的信号，但总体来看，在提出简政放权的同时也提出要在党和国家的领导下成立国家教育委员会，并加强教育立法，以便规范各责任主体在职业教育发展中的职责与行为。

（二）管理权逐渐下移（1993—2002年）

社会主义市场经济体制的建立为中国经济的快速发展带来了希望，各类非公有制经济迅速成长，对合格劳动力的需求迅速增加，职业教育规模化发展势在必行。随着我国各项体制改革的深入，到20世纪90年代末，我国职业教育管理体制初步形成，省市级政府负责本地区的职业教育工作有序开展，做好协调安排、监督评估工作。1993年，国家要求地方政府须在中央政策方针范围内对中职及以下教育进行统筹管理。市级以下的政府应该在社会经济规划中纳入教育事业，对各类教育进行分级、统筹管理，使之符合社会经济发展形势。1993年，国务院制定了《中国教育改革和发展纲要》，要求做好中职及中职以下职业教育、成人教育管理体制改革。职业教育和成人教育必须由中央、地方两级教育行政部门全面统筹管理。1996年，我国正式出台《职业教育法》，该法要求国务院教育行政部门全权负责职业教育工作，并和劳动行政部门与别的职责部门在职业教育工作中各司其职。县级以上地方各级人民政府必须确保本地区的职业教育工作有序开展，做好协调安排、监督评估工作。1999年，我国又通过素质教育改革对职业教育进行了规范，规定省政府要加强对高职、高专教育管理。2000年开始，国家把高职的有关管理权限下放到省(直辖市、自治区)政府。在这一阶段发生了对职业教育管理影响较大的两件大事，一是《职业教育法》颁布；二是教育并轨，大中专学生统招统分制度被打破，学生在非义务教育阶段需支付一定学费。前者无疑为改善职业教育管理带来了新的契机，而后者则使政府面临职业教育管理的新课题。

在这一时期，我国的行政管理体制改革正加速进行，改革目标及理念在不断变化，由相对单一的“精简、统一、效能”变为“重点转变职能、提升能效、整合结构、理清关系”。国家也越发重视改革的决策、执行和监督关系。另外，不再只是对政府机构进行单一的调整，而是扩大到法律法规及制度等方面。① 国家不仅规定了各级部门在职业教育发展上的管理责任，并对各部门的职责做了相应安排，同时还指出市和县要切实负起职业教育发展的责任，并在中央部门的指导下，因地制宜制定职业教育的相关发展措施。

① 牟晖、杨挺：《我国职业教育管理体制改革研究综述》，载《教育与职业》，2009(27)。

（三）国家宏观领导与简政放权并行（2003年至今）

2005年，国家明确提出把大力发展职业教育，特别是发展中等职业教育作为当前和今后一个时期教育工作的战略重点。同年，国务院印发《国务院关于大力发展职业教育的决定》，明确了职业教育改革发展的目标，并召开全国职业教育工作会议，部署贯彻《国务院关于大力发展职业教育的决定》，加强对职业教育工作的领导和管理，职业教育得到快速发展，管理体制改革逐渐变成全面而综合的改革。2010年，《国家中长期教育改革和发展规划纲要（2010—2020年）》有针对性地提出健全统筹有力、权责明确的教育管理体制，以转变政府职能和简政放权为重点，深化教育管理体制改革，提高公共教育服务水平。2014年，国务院颁发《国务院关于加快发展现代职业教育的决定》，进一步明确了我国职业教育管理体制，指出完善分级管理、地方为主、政府统筹、社会参与的管理体制。2015年，《教育部关于深化职业教育教学改革全面提高人才培养质量的若干意见》提出强化教学管理，对微观职业教育管理体制进行规范。2017年中共中央办公厅、国务院办公厅印发《关于深化教育体制机制改革的意见》，坚持放、管、服相结合，深化简政放权、放管结合、优化服务改革，把该放的权力坚决放下去，把该管的事项切实管住、管好，加强事中、事后监管，构建政府、学校、社会之间的新型关系。深化教育体制机制改革的主要目标是："到2020年，教育基础性制度体系基本建立，形成充满活力、富有效率、更加开放、有利于科学发展的教育体制机制，人民群众关心的教育热点难点问题进一步缓解，政府依法宏观管理、学校依法自主办学、社会有序参与、各方合力推进的格局更加完善，为发展具有中国特色、世界水平的现代教育提供制度支撑。"

在这一时期，中央与地方都对职业教育管理体制改革进行了积极探索，国家明确提出要改革职业教育管理体制，建立并逐步完善在国务院领导下，分级管理、地方为主、政府统筹、社会参与的职业教育管理体制。① 目前，我国职业教育呈现出教育部门办学、人力资源和社会保障部门办学、系统办学、企业办学、教育部门与有关部门联合办学等多种形式办学的局面，不同类型学校隶属于不同的主管部门，因而形成了谁办学、谁管理，哪级办学、哪级管理的多元化管理体制。

二、主要特征

教育管理体制是整个教育体制构成和运行的保障。教育管理体制包括行政管理体制和学校管理体制。我国现行职业教育管理体制基本形成了中央统一领导下的分级管理制度，随着我国教育管理体制改革的不断推进，各级地方政府分担的职业教育管理权力的比重呈现逐步增大的趋势，条块分割、部门分割的格局仍然存在。②

（一）我国职业教育管理体制结构特征

职业教育管理机构包括两个子系统：教育行政机构与一定的规范相结合，形成了各级各类教育行政管理体制，即宏观教育管理体制；学校内的管理机构与一定的规范相结合，形成了各级各类学校管理体制，即微观教育管理体制。

1. 宏观教育管理体制：行政管理体制

我国职业教育管理的宏观决策权集中在中央，工作方针、政策、法规、制度、规划、计划等的决策权集中于国家教育部门、人力资源和社会保障部门、财政部门等。从中央到地方的各级教育部门、人力资源和社会保障部门、其他业务部门都设有不同级别的职业教育专门管理机构，每个管理层次又以不同类型的职业学校为管理对

---

① 祁占勇、王佳昕、安莹莹：《我国职业教育政策的变迁逻辑和未来走向》，载《华东师范大学学报(教育科学版)》，2018(1)。

② 马永祥：《职业教育管理体制创新的出发点、着力点和落脚点》，载《江苏教育》，2015(24)。

象。我国基本形成了职业教育的“三级多元管理体制”，即分为“中央—省—地市”三个层级，每个层级又有多个相关主体参与的职业教育管理制度。

第一级：中央政府。中央政府的主要职责为制定改革和促进我国职业教育发展的方针、政策并实施关于职业教育的法律、法规、条例、规章、制度。国务院教育行政管理部门统一领导全国的职业教育工作，国务院人力资源和社会保障部门负责完成自己应承担的职业教育职责。中央政府有关部门包括教育部及人力资源和社会保障部。

在我国，教育部代表国家行使教育的宏观管理职能，并对各个层次、类型的教育具有调节职能。教育部高教司的高职高专处对高等职业院校进行统筹管理，制定高职人才培养的指导性文件，指导高职教学和改革，并对高职教育进行评估。教育部的职成教司对中等职业学校(技工学校除外)进行宏观管理，统筹管理中等职业学历教育、成人文化技术教育，编制中等职业教育的专业目录和教学指导文件，并对教学进行评估，对社会力量举办的各类中等职业教育机构进行管理。教育部对职业教育进行宏观管理，对人力资源和社会保障部以及其他部门所办的技工学校和中高职院校的管理，主要体现在办学审批、招生计划审批及办学水平评估等方面。另外，教育部还通过各地教育部门对各级各类职业学校进行间接管理。

人力资源和社会保障部是国家管理职业教育的又一重要职能部门，它的职能主要包括：对技工学校进行管理；对企业职工的在职培训和再就业培训进行管理；对各种职业技能进行鉴定。其他部委对本行业内部的职业学校和职业培训进行管理。

第二级：省级教育管理部门。它的主要职责是行使职业教育领导的省域决策权，制定并实施职业教育的省级法律法规，把职业教育纳入省级经济和社会发展规划。省级教育行政主管部门负责对该省域内职业教育及成人教育的统一管理，省级人力资源和社会保障行政主管部门负责对省技工学校教育及职业培训的统一管理。省级的职业教育管理机构包括教育厅的高教处、职成教处，省人力资源和社会保障厅的职业技能培训处。这一层次的职业教育管理机构有两种职能：一是对直属职业学校进行实体性管理，其中教育厅的高教处负责高等职业院校的管理，教育厅的职成教处负责中等职业学校的管理，人力资源和社会保障厅职业技能培训处负责技工学校和职业培训机构；二是对地市及以下的职业学校或技工学校、职业培训机构进行指导。

第三级：地市级教育管理部门。它的主要职责是制定并实施职业教育的三级条例、规章与制度，行使职业教育在地市级行政区范围内的直接管理权，将职业教育与该地市级行政区经济发展密切结合。地市级教育行政主管部门负责对本区域职业教育及成人教育的统一管理，地市级人力资源和社会保障主管部门负责对本区域技工学校教育及职业培训的统一管理，积极推进农、科、教结合和“三教”统筹，促进职业教育不断发展。地市级教育局的职成教处与人力资源和社会保障局的职业技能培训处承担地市级职业教育管理。近年来，我国职业教育管理体制改革一直在强调增大地市级的管理职能，但是地市级统筹管理多数仅限于地市级教育部门所管的职业中学，对其他类型的职业教育尚未实现统筹管理，因而并没有从根本上打破条块分割的管理体制，没有真正实现地市级统筹。

2. 微观教育管理体制：学校管理体制

学校管理体制包括公办职业院校的学校管理体制和民办职业院校的学校管理体制。

在公办职业院校的学校管理体制中，高等职业教育实行院校两级管理制度，高等职业院校的教务管理是学校教学管理的重要工作，在院校两级管理体制下，教学管理的主要执行者可分为：一级管理，学院教务处教务管理人员负责全院的教学常规管理工作；二级管理，系、部教学秘书负责系部二级管理工作和一线的教学管理、服务。

关于民办职业院校学校管理体制，《中华人民共和国民办教育促进法》第一章第七条指出："国务院教育行政部门负责全国民办教育工作的统筹规划、综合协调和宏观管理。"第八条指出："县级以上地方各级人民政府教育行政部门主管本行政区域内的民办教育工作。"可见，我国管理民办高等职业教育的部门是教育行政部门，并未单独设立管理民办教育的机构。2008年，教育部设立了民办教育管理处，负责全国民办教育的综合协调和宏观管理工作。我国民办高等教育发展速度较快、发展势头较好的陕西、上海、重庆、天津、江西等地，都在教育厅设立了独立的社会力量办学管理办公室或民办教育管理处，编制为3～5人。其他省级政府相应的管理机构与发展规划处、法规处或职成教处合署办公，形成两块牌子、一套人马的管理模式。① 董事会制度是民办高等职业教育在治理过程中采用的主要形式，也是区别于公办院校的特点，但是由于我国民办高职院校发展晚、起点低、投资少，包括董事会制度在内的内部法人治理结构并不成熟，与人才培养息息相关的课程建设、师资队伍等问题成为制约民办高职院校发展的主要问题。

（二）我国职业教育管理体制改革呈现的特征

我国职业教育管理体制改革呈现出以下特征。

第一，由松散向统一转移。职业教育管理组织体系逐步完善并走向统一。一方面，在中央层面设立职业教育主管部门，负责职业教育大方针的制定、重要政策与措施的发布，协调职业教育部门、人力资源和社会保障部门、计划部门、财政部门的职责和关系等；并且改变职业教育管理体制中"谁办学，谁管理"的现状，界定各类学校的办学定位，使同一类型的职业教育由统一的管理机构来管理，

---

① 陈金秀：《民办高等职业教育管理体制》，博士学位论文，山东师范大学，2014。

减少职能交叉，明确各自的权力和职责。另一方面，给予学校充分的办学自主权，在政府和学校的关系上，政府扮演宏观管理和监督的角色，给学校的发展以方向引导，并在财政和就业等方面给予支持；在招生制度、课程安排、教学等方面给予学校自主管理权，由学校自主管理内部事务。

第二，从高重心向低重心转变。我国职业教育管理体制改革的重心呈现下移的特征，即中央政府和中央教育行政管理部门通过权力下放，给予地方政府和学校更多的管理权和自主权，这种倾向调动了地方各级政府和学校发展职业教育与办学的积极性，地方政府可以通过实行各种各样的政策，吸引行业、企业参与职业教育，扩大和增强整个社会对教育的投入，使职业教育产生更大的社会效益。

第三，从体制内向体制外转移。我国逐步建立社会各界共同办学的体制，这种转移调动了更多的社会资源参与和支持办学。我国职业教育管理体制改革逐渐由体制内向体制外转变。

第四，职业教育供给与需求由基本重合向相对分离转变。随着我国经济步入新常态，供给侧改革不断深入，职业教育领域也由需求侧改革向供给侧改革转变。职业学校作为职业教育的供给侧、技术技能的供给侧，不断依据各个地区、部门以及个人在利益驱动下的不同需求，提供高质量的职业教育，培养产业结构升级转型所需的人才，从供给侧推动职业教育发展。另外，在职业教育需求侧，行业、企业及个人依据自身需求选择接受不同类型、不同层次的职业教育，提高了职业教育供给的质量。

三、存在的主要问题

在宏观层面上，职业教育的管理体制缺乏与教育外部关系的统筹协调，在政府干预系统中突出表现为缺少能够协调各部门的统筹机构和统一领导。在中观层面上，在教育系统内职业教育的管理也是多头的，同样缺乏教育内部的沟通与平衡发展，职业教育被边缘化的现象在很多地方的教育部门中客观存在。在微观层面上，各级职教行政部门尚未完全摆脱政府主导干预的模式，难以代替学校或其他业务服务部门管理具体工作，客观上不可避免地束缚了学校自主办学的行为。具体表现在以下几个方面。

（一）“多头”管理

当前，我国职业教育院校中除了有 100 多所是由中央部门和相关单位创办的外，很多都是由地方创办的。除教育部门外，很多其他部门也在举办各类职业教育。职业教育的举办主体过多，导致职业教育的管理主体过多，而且管理标准不统一。具体体现为：宏观层面，职业学校的专业及地域设置重复的问题突出，导致职业教育与普通教育的比例失衡，职业教育发展难以满足区域经济社会发展对技术技能型人才的需求；微观层面，“多头”管理使得资金支持不够、师资力量分散、教学设施设备不全、规模小，导致职业教育质量低下、吸引力不足等问题。因此，以政府为主体的科层管理体制难以适应职业教育开放办学的发展趋势，建立多元合作的职业教育管理体制成为当务之急。

（二）“无力”管理

我国职业教育管理存在“无力”管理的现象，尤其是行业性特征比较强的职业学校，必须依靠行业部门管理，教育主管部门“无力”管理。例如人社部门举办的各类技工学校、卫生部门举办的各类卫生院校等，这些部门举办的职业院校数量庞大，管理机构庞杂，职能不清。尽管管理部门有了较为明确的分工，以教育部门为主，人社、财政等部门积极配合，可因为这些部门之间是平行关系，所以要综合协调各自的工作非常有难度，无法在制度、政策制定上达成一致。各部门各自为政，使得运行很不通畅。教育行政部门内部也存在高教与职教系统缺乏协调的问题，未能以完整、统一的眼光看待职业教育，因而管理运行难度很大。职业教育系统要健康运行，就需要相关部门各司其职，共同协调运转。①

（三）“分段”管理

从人才培养的链条看，不同部门在管理上各有分工。教育部门侧重负责新增劳动力的职业教育学历教育，职工的就业前培训、下岗职工的再就业培训、返乡农民工的再就业培训主要由人力资源和社会保障部门负责，退役士兵的学历及技能培训等由民政部门牵头，城乡妇女的各种职业培训则由妇联负责，等等。最突出的表现就是职前教育管理与职后培训管理相分离。学校职业教育与职业培训之间以及各类职业学校之间尚未相互沟通。职前教育主要为职业学校的正规教育，由教育部门统一管理；企业培训、社会培训等职后教育与培训主要由人社部和其他相关部委承担。两类职业教育的管理基本上处于互不沟通、互不合作的状态。并且，无论是职前教育管理还是职后培训管理，都很少充分考虑学习者和行业的需求，而是围绕各自的利益追求和目标维持原有的利益格局。② 这种相互疏离的管理模式带来的是各自无法解决的困境：一方面，学校职业教育远离甚至脱离了行业和劳动力市场，闭门造车；另一方面，职后培训市场以获取利益为目的，很少注重学习者的职业精神和职业素养教育，培养出的学生难以得到学校、企业和社会的认可。

（四）“有失公平”管理

“多头”管理的现象导致高等职业院校、技工学校等职业院校各自为政。高等职业教育的课程设置、人才培养目标由教育部门主管；而技工学校的课程设置、人才培养目标由人力资源和社会保障部门主管。技工学校培养的技术技能型人才紧密联系行业、企业需求，

---

① 王志强：《对我国职业教育管理体制改革与创新简要分析》，载《课程教育研究》，2013(11)。

② 周雪梅、周红利：《职业教育分级制度及其管理体制变革》，载《中国成人教育》，2014(8)。

适应产业发展的需求，而政府主管部门却不认可其身份，没有把技工学校纳入高等职业教育的范畴，这种做法有失教育公平。①

“多头管理，政出多门”导致我国职业教育管理体制混乱，各管理部门之间的职能难以协调，导致职业教育发展受阻，人才培养与市场需求脱节。

第三节　我国职业教育办学体制改革

职业教育办学体制是指职业教育办学主体的确立，办学机构的设置，办学活动中各当事人责、权、利的划分，以及相应的运行机制等制度的总称。② 改革开放以来，以适应社会主义经济体制改革、提高民族素质和满足人民群众日益增长的教育需求为指向的教育体制改革推动中国教育事业取得巨大成功。我国逐步形成了以政府为主导、社会多元主体参与的职业教育办学体制。

一、职业教育办学体制改革历程

(一)酝酿阶段(1978—1984 年)

1978 年，邓小平同志提出教育优先发展，他在全国科学大会开幕式上的讲话和全国教育工作会议上的讲话中要求大力兴办教育事业，扩大农业中学、各种中等专业学校、技工学校的比例。同年 12 月，党的十一届三中全会召开，标志着我国步入改革开放和社会主义现代化建设的新时期。党中央要求各级党委重视发展职业教育，为社会经济建设培养技术人员。该阶段政府关于职业教育办学体制改革的政策文件主要包括《关于中等教育结构改革的报告》《关于加强

① 张晓芳：《浅谈我国高等职业教育管理体制改革》，载《教育理论与实践》，2012(18)。

② 朱新生、唐以志：《关于职业教育办学体制的理论思考》，载《教育发展研究》，1999(9)。

职工教育工作的决定》等。这些文件的目的是加快恢复发展职业教育，鼓励教育部门、业务部门、集体和个人举办中等职业学校，在全国确定100多所重点中专，鼓励大中城市和大企业举办高等专科学校和技术大学，鼓励社会各界举办职工教育、厂校联合办学。

(二)起步阶段(1985—1990年)

职业教育领域的办学体制改革始于1985年，与整个教育体制改革同向同行，以《中共中央关于教育体制改革的决定》颁布为标志，目标是建立健全政府主导、行业指导、企业参与的办学体制。《中共中央关于教育体制改革的决定》要求在全国范围内大力发展职业教育，并鼓励各类企业、事业单位、各级业务部门、集体、个人和其他社会力量举办职业教育，各办学主体可以自办、联办或合办各种职业技术学校，这些要求和倡议的提出标志着职业教育办学体制改革正式拉开帷幕。

同年，为解决全国各行业的专业技术人员严重短缺问题，国家教委在原国家地震学校、上海机电技术学校和西安航空工业学校进行五年制高职教育办学试验。1986年7月，中华人民共和国成立后的第一次全国职业教育工作会议在北京召开，关于此次会议情况的报告要求调动各方举办职业技术教育的积极性，首次提出发展企业间、学校和企业间联合办学。1987年2月，《国家教育委员会关于改革和发展成人教育的决定》指出，职工大学、职工业余大学和管理干部学院应利用与同行业、企业的紧密关系，根据需要举办高等职业技术教育。1989年开始，浙江大学等八所大学先后建立作为二级学院的职业技术教育学院。

(三)探索阶段(1991—1995年)

社会主义市场经济体制的建立逐步改变了以往统包统配的就业制度，开始逐步改革劳动制度，建立劳动力市场。以往国家“包分配”的制度不利于企业自主招工和个人自主择业，人们接受技能培训和教育的积极性受到抑制。为顺应社会需要，职业教育采取多元主体办学，有效扩大了职业学校的数量和办学规模，同时也开始关注质量和效益，以发展高中阶段的职业教育为重点，逐步建立多层次、多种形式的职业教育体系。

1991年1月，第二次全国职业教育工作会议在北京召开。同年10月，《国务院关于大力发展职业技术教育的决定》明确我国职业教育采取“大家来办”的方针，在各级政府的统筹下，鼓励行业、企事业单位、民主党派、社会团体和个人办学，以及各方联合办学。1992年10月，党的十四大召开，提出建立社会主义市场经济体制，要求积极发展职业教育，改变国家包办教育的做法，多渠道、多形式地利用社会和民间力量集资办学。1993年，《中国教育改革和发展纲要》要求各级政府重视调动业务部门、企事业单位和社会力量举办职业教育的积极性，形成多形式和多层次的办学局面。此外，国家教委还先后发布了《关于改革和发展成人中等专业教育的意见》和《关于普通中等专业教育(不含中师)改革和发展的意见》，鼓励和支持社会力量办学。

1994年，全国教育工作会议明确提出，通过现有的职业大学、部分高等专科学校和独立设置的成人高校改革办学模式，调整培养目标，来发展高等职业教育。仍不满足时，经批准利用少数具备条件的重点中等专业学校改制或举办高职班等方式作为补充来发展高等职业教育(简称“三改一补”)。

(四)法制化阶段(1996—2001年)

1996年，《中华人民共和国职业教育法》的颁布和实施标志着我国职业教育进入法治轨道。《职业教育法》明确了职业教育的办学主体，包括各级政府部门、企业、事业单位、社会组织以及个人等。同年6月，第三次全国职业教育工作会议在北京召开，部署政策落实工作。1997年，《社会力量办学条例》将职业教育作为社会力量办学的重点之一。1998年，《中华人民共和国高等教育法》颁布，为社会力量举办高等职业学校提供了政策指引与法律保障。“高等学校是指大学、独立设置的学院和高等专科学校，其中包括高等职业学校和成人高等学校。”这明确了高等职业教育的定位，首先在类型上属于职业教育，其次在层次上属于高等教育，是职业教育的高级阶段。

1998年《面向21世纪教育振兴行动计划》中提出部分本科院校可以设立高等职业技术学院。1999年，教育部和国家计委颁发《试行按新的管理模式和运行机制举办高等职业技术教育的实施意见》，提出探索发展高等职业技术教育的多形式、多途径和多机制。该文件明确提出高等职业教育由以下机构承担：短期职业大学、短期技术学院、具有高等学历教育资格的民办高校、普通高等专科学校、本科院校内设立的高等职业教育机构(二级学院)、经教育部批准的极少数国家级重点中等专业学校、办学条件达到国家规定合格标准的成人高校。虽然这几类教育机构作为高等职业教育的办学主体，在当时极大地促进了高等职业教育的发展，但弊端也很突出。本科院校、民办高校和成人高校等在办学模式、教学组织、师资队伍等方面都与高等职业教育有明显差异，在人才培养模式上难免出现偏差，这在一定程度上影响了高等职业教育的人才培养质量。

(五)完善阶段(2002—2009年)

2002年，第四次全国职业教育工作会议在北京召开，首次由国务院组织，统筹推进办学体制等职业教育领域的改革措施。同年8月，《国务院关于大力推进职业教育改革与发展的决定》要求深化职业教育办学体制改革，形成政府、行业企业和社会力量多元参与的职业教育办学格局。2003年，《2003—2007年教育振兴行动计划》决定实施“职业教育与培训创新工程”，提出要转变职业教育办学模式。2004年，第五次全国职业教育工作会议召开，会后《教育部等七部门关于进一步加强职业教育工作的若干意见》出台，提出要推动多元办学格局的形成。2005年，《教育部关于加快发展中等职业教育的意见》鼓励中职探索集团化和多元化的办学模式。同年国务院召开第六次全国职业教育工作会议，推进职业教育改革发展。2009年，《教育部关于加快推进职业教育集团化办学的若干意见》提出探索集团化办学，建立和完善政府、学校和社会共同举办职业教育的办学体制。

（六）全面深化阶段（2010年至今）

2010年，《国家中长期教育改革和发展规划纲要（2010—2020年）》提出健全政府主导、行业指导、企业参与的职业教育办学机制，鼓励行业企业举办职业教育。2012年，《国家教育事业发展第十二个五年规划》要求通过制度创新鼓励教育家办学，在办学机制方面，继续坚持政府主导作用，依靠行业指导，鼓励企业积极参与。同年党的十八大召开，提出“深化教育领域综合改革”。2013年，《中共中央关于全面深化改革若干重大问题的决定》提出深化产教融合、校企合作，深入推进管办评分离。2014年，《国务院关于加快发展现代职业教育的决定》首次提出企业要发挥“重要办学主体作用”，“企业开展职业教育的情况纳入企业社会责任报告”，并且政府将以购买服务或税收优惠等方式给予支持，鼓励企业和学校合作办学、责权对等。同年国务院召开第七次全国职业教育工作会议，习近平总书记做出重要批示，提出到2020年要建成具有中国特色的现代职业教育体系。根据此次会议的精神，教育部等六部门印发《现代职业教育体系建设规划（2014—2020年）》，提出实现政府、企业和社会力量多元参与，共同发挥主体作用，公办和民办共同发展，继续加强职业教育集团的发展。[①] 2015年教育部发布了《教育部关于深入推进职业教育集团化办学的意见》，鼓励多元主体组建职业教育集团，深化职业

① 高明：《我国职业教育办学体制改革的回顾与展望》，载《教育与职业》，2015(15)。

教育办学体制机制改革，推进现代职业教育体系建设。

二、我国职业教育的办学现状

(一)职业教育办学体系层次结构

职业教育办学体系层次结构是指我国职业教育办学主体的层次，层次结构的完整性直接关系到我国职业教育体系的完善程度及与经济、社会发展的互动程度。我国职业教育办学体系的层次结构分为：初等职业教育、中等职业教育、高等职业教育。

1. 初等职业教育

我国初等职业教育不但层次低，而且办学类型单一，主要由职业初中承担。随着经济社会的不断发展，我国职业教育需要培养的人才的层次不断提升，职业教育层次结构不断优化，初等职业教育规模不断缩减。目前，我国初等职业教育主要在普通初中学校进行，统计数据表明，2000 年，我国有职业初中 1 194 所，在校生 88.64 万人；到 2016 年，我国有职业初中 16 所，在校生 3 473 人。

2. 中等职业教育

我国中等职业教育在整个现代职业教育体系中有基础地位。我国能实施中等职业教育的机构主要有四类，分别是普通中专、成人中专、职业高中及技工学校。

中等职业教育的规模呈缩减趋势。根据全国教育事业发展统计公报，2016 年全国中等职业教育共有学校 1.09 万所，比上年减少 309 所。其中，普通中等专业学校有 3 398 所，比上年减少 58 所；职业高中有 3 726 所，比上年减少 181 所；技工学校有 2 526 所，比上年减少 19 所；成人中等专业学校有 1 243 所，比上年减少 51 所。中等职业教育毕业生有 533.62 万人，比上年减少 34.26 万人。其中，普通中专毕业生有 229.02 万人，比上年减少 7.72 万人；职业高中毕业生有 141.87 万人，比上年减少 14.14 万人；技工学校毕业生有93.07万人，比上年减少1.55万人；成人中专毕业生有69.66万人，比上年减少10.85万人。

随着我国高等教育大众化、高中阶段教育普及的推进以及产业机构升级转型速度加快，对于高层次技术技能型人才的需求不断增加，中等职业教育发展遭遇瓶颈，质疑中等职业教育的声音不断出现。

3. 高等职业教育

改革开放以来，我国现代高等职业教育快速发展，尤其是随着市场经济的不断发展，民办高等职业教育崛起，为高等职业教育发展注入了新鲜血液，高等职业教育办学主体呈多元发展的趋势。我国实施高等职业教育的院校和机构在类型上比较多样，主要有独立设置的高等职业院校、各行各业的高等专科学校、成人高校、独立学院、大学下设的职业学院和成教学院以及一些民办的其他高等职业教育机构。其中，独立设置的高等职业院校和高等专科学校是我国高等职业教育的主体。根据全国教育事业发展统计公报，2016年我国共有高等职业教育院校1 359所，比上年增加18所，高等职业教育院校学生共有6 528人。

我国产业结构升级转型速度加快，对高层次技术技能型人才的需求也不断提升。但是我国职业教育办学层次不完善，本科层次的职业院校较少，缺乏研究生层次的职业教育院校。职业院校主要以初级、中级和相当于专科层次的高职院校为主，整体办学层次低，造成职业院校的社会吸引力不足。

(二)职业教育办学类型体系

对职业教育办学类型体系进行划分，可以分为公办职业教育和民办职业教育两类，另外，随着我国职业教育国际化进程的加快，中外合作办学繁荣发展，推动了我国职业教育办学体制改革的创新发展。

1. 公办职业教育的发展

公办职业学校是公办职业教育的办学主体，是以国家财政性经费投入为主要资金来源的学校，学校经营者在经营过程中可形成一定的自我“造血”能力，不断改善办学条件，但学校的所有资产归国家所有。由于依托国家财政投资办学，这类学校大多教学设施设备较齐全，办学规模较大，师资力量较强，社会声誉较好，是我国职业教育的主力军，在我国职业教育中起着骨干和示范作用。

一直以来公办职业教育作为我国职业教育发展的主体，在职业教育的发展中居于基础地位，公办职业院校的数量和规模远远超过民办职业院校。随着我国职业教育办学体制改革的推进，形成了公办职业院校与民办职业院校共同发展的格局。全国教育事业统计公报显示，全国公办中等职业教育学校共有 9.88 万所，招生数为 593.34 万人，在校生有 1 599.01 万人，公办高等职业教育院校有 1 359所。

公办职业院校的优势是国家可以根据社会经济的发展、人才的需要，通过政策手段从宏观上调控专业设置、招生人数以及人才数量和层次。近年来，随着职业教育的不断发展壮大，一些优质公立职业教育院校因资源短缺难以满足社会的需求，因此尝试利用市场机制筹集办学中所需的各类资源。目前，公立职业院校中市场化运作的主要环节是后勤管理、校办产业、实习基地和校企合作等，这种改革就是利用社会力量来改善办学条件，既扩大职业院校的资源，同时使职业院校的有限资金集中用于教学投入。公立学校的这种市场化运作只是局部运用市场组织提供产品和服务，并没有从根本上改变公立学校的公益性特征及其运行体制。

2. 民办职业教育的发展

民办职业学校是民办职业教育的主体，是国家机构以外的社会组织或者个人利用非财政性经费通过单独或者联合等方式举办的职业学校。1982年12月颁布的《中华人民共和国宪法》规定："国家鼓励集体经济组织、国家企事业组织和其他社会力量依照法律规定举办各种教育事业。"1997年颁布了《社会力量办学条例》，2002年颁布了《民办教育促进法》，2004年颁布了《中华人民共和国民办教育促进法实施条例》，这一系列法律法规有效地促进了我国民办职业学校的发展。新修订的《民办教育促进法》于2016年通过，该法案指出非营利性办学可以得到政府的财政补贴、税收优惠、使用土地优惠等扶持，校方可以把更多的精力、财力投入办学中，提高办学品质，实现民办教育举办者和办学者的教育梦，培育我国的教育慈善家。开放举办营利性的民办学校之后，有更多资本进入民办教育领域，这有利于丰富教育资源，尤其是在职业教育领域。

随着我国办学体制改革的推进，我国民办职业教育呈现新的发展趋势。全国教育事业统计公报显示，2016年民办中等职业学校有2 115所，招生数为73.64万人，在校生为184.14万人，另有非学历教育学生22.06万人；民办高校有742所(含独立学院266所)，其中高等职业教育在校生为242.46万人；另有自考助学班学生、预科生、进修及培训学生35.45万人。

在实践中，我国民办高校都依法登记为"民办非企业单位"，民办职业的办学主体和投资主体具有多元化的办学自主权，特别是在专业设置、招生规模、教师聘用、学校变更等方面有较大的自主性；办学过程中政府干预较少，贴近市场，机制灵活，经营效率高。此类学校面对的困难是不易筹集雄厚的资金来建造或租借校舍，购买必要的实验、实习设备。此类学校主要以营利为目的。职业教育的办学形式也日趋多样化，但民办职业教育在各种层次上都还显得比较弱小甚至缺失。

3. 近10年公私格局的变化

自2006年以来，我国普通高等职业教育的发展规模处于平稳增长中。教育部的统计数据显示(见图 3-1)，2006—2014 年，我国普通高等职业教育的院校数从 1 147 所增加到 1 327 所，8 年之间增加了 180 所。同时，高等职业教育在校生人数从 795.5 万人增加到 805.9 万人，并在 2010 年前后达到顶峰，2012 年后下降。

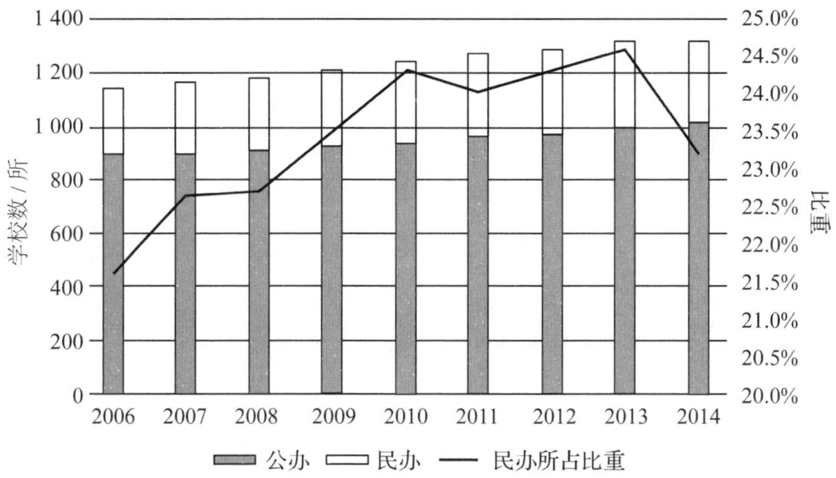

图 3-1　不同性质的高等职业教育学校数

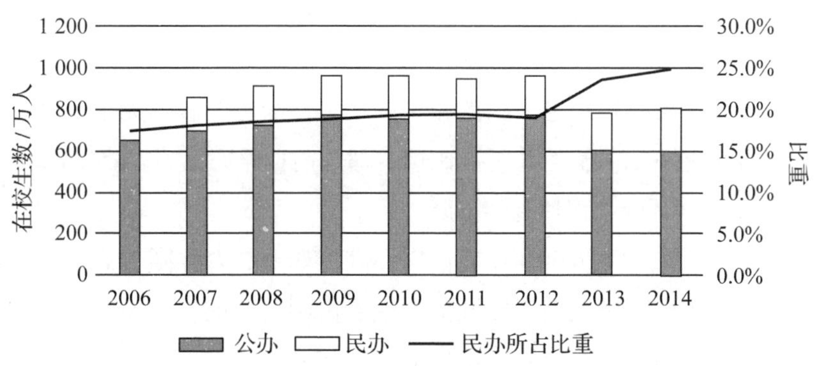

图 3-2　不同性质的高等职业教育在校生数

从公私属性来看，民办高等职业教育的发展规模在这8年间处于上升趋势。具体而言，2006—2014年，民办院校数量从247所增加到307所，占全部院校总数的比重从21.5%增加到23.1%。民办院校的高等职业教育在校生数从138.2万人增加到200.7万人，占总高等职业教育在校生人数的比重从17.4%增加到24.9%。截至2014年，民办高等职业教育在校生数约占到高等职业教育总体的1/4。

在中等职业教育方面，总体上其发展规模呈下降趋势。据官方数据统计，2006—2014年，四类中职机构的学校从14 693所下降到11 878所，减少了2 815所，且呈逐年下降趋势。全日制在校生人数从2006年的1 781.2万先增加到2009年的2 125.1万，而后逐年下降，到2014年为1 595.3万，5年间减少了528.7万人。

从公私属性来看，我国民办中等职业教育的发展规模总体处于下降趋势。具体而言，民办中职学校数从2006年的2 559所下降到2014年的2 343所，减少了216所。但民办中职学校占学校总数的比重从17.4%上升到19.7%，说明公办中职学校数的缩减幅度大于民办中职学校。民办中职学校的在校生总数从201.6万人下降到173.1万人，减少了28.5万人，所占比重从11.3%下降到10.9%，说明民办学校的在校生人数的减少幅度大于公办学校。无论是学校数所占比重还是在校生数所占比重，都是前期略有上升，在2009—2010年达到顶峰，而后逐年下降。

总之，2006—2014年，我国民办高等职业教育伴随着高等职业教育总体规模的发展而不断壮大，最后占到总体的1/4左右。而我国民办中等职业教育则随着中等职业教育总规模的萎缩而缩减，这一趋势主要表现在2009—2014年。2014年，民办中职学校在校生数仅占到全部中职在校生总数的1/10左右。

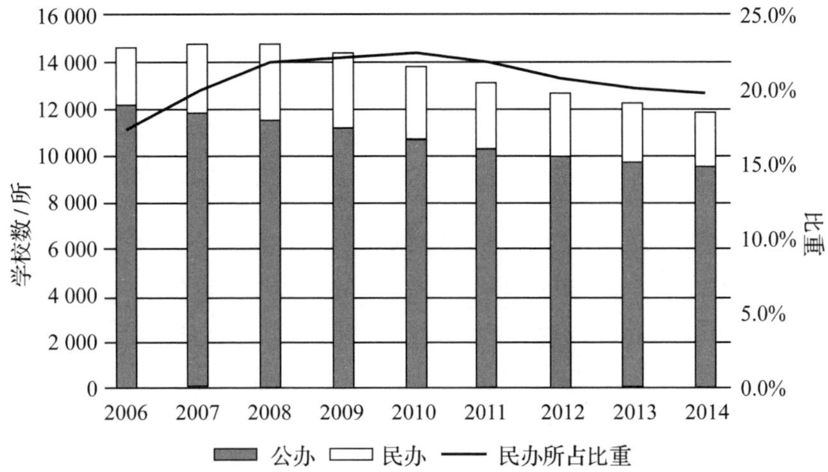

图 3-3　不同性质的中等职业学校数

注：此处中等职业学校包括普通中专、成人中专、职业高中和技工学校四类机构。

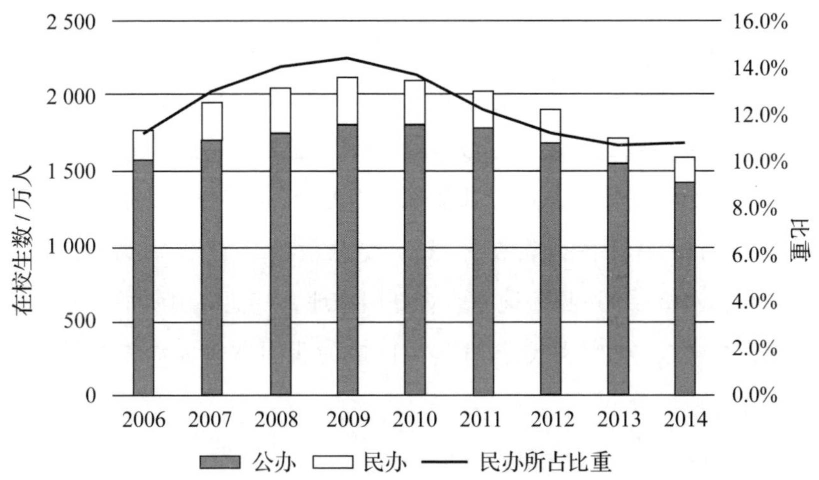

图 3-4　不同性质的中等职业学校在校生数

注：此处中等职业学校包括普通中专、成人中专、职业高中和技工学校四类机构；在校生为全日制在校学生数。

4. 多元主体参与

在我国，职业教育的举办主体呈现“多层、多元”的格局，不仅有公私之分，隶属不同的层级政府，而且即使在同一级政府层面，还有教育部门、非教育部门（一般多为行业部门）和地方国有企业的不同。

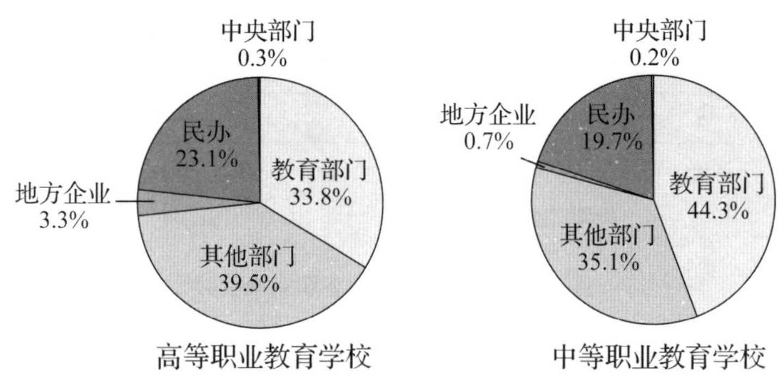

图 3-5　2014 年高等和中等职业教育学校分举办主体的比例结构

如图 3-5 所示，2014 年在地方政府所举办的高职高专学校中，教育部门、其他部门和地方企业所属高校三者占高等职业教育学校总数的比重分别为 33.8%、39.5%和 3.3%。类似地，地方教育部门所举办的中职学校、地方其他部门所举办的中职学校和地方企业所举办的中职学校占全部中职学校总数的比重分别为 44.3%、35.1%和 0.7%。可见，地方教育部门和地方其他部门所举办的高等职业教育学校和中等职业教育学校已成为我国高职教育和中职教育的主要组成部分。

5. 中外合作办学现状

近年来，中外合作办学规模日渐扩大。尤其是高等职业教育中外合作办学项目分布广泛，在项目数、参与的中外机构和招生数等方面都形成了一定的规模。中外合作办学包括走进来、走出去两部分。一方面，走进来，通过合作办学的形式引进国外职业教育的先进模式；另一方面，走出去，通过合作办学的形式输出我国的职业教育，在国外举办职业教育。

走进来方面，教育部中外合作办学监管工作信息平台公布的项目显示，从2010年开始到2016年6月，经地方依法批准设立和举办并报教育部备案的实施高等职业教育的中外合作办学项目加上与港澳台合作的办学项目共计484项，累计招生120 609人，参与的省(自治区、直辖市)有26个，合作的外方国家有19个，开设的专业涵盖19个大类，共153个。[①] 在我国的31个省(自治区、直辖市)中，有26个省(自治区、直辖市)开展高等职业教育中外合作办学，只有西藏、宁夏、青海、甘肃和黑龙江没有中外合作项目。高等职业教育中外合作办学事业的开展，使得办学者接触和了解国外先进的办学理念，结合国外的教学课程、学制等快速培养适应国内外发展的国际化职业人才。

走出去方面，中国特色高职模式受到发展中国家的欢迎。专科层次高等职业教育是中国教育改革发展的创新，是融合高等教育和职业教育的新模式。截至2016年，我国有100多所高职院校开发了境外认可的行业或专业教学标准，实现了我国高等职业教育走出国门，为发展中国家的经济社会发展培养技术技能型人才。江苏、浙江、山东、广东、云南等地区的高职院校国际影响水平排名靠前。江苏省有14所院校进入50强院校榜单，省内高职院校与本科高校享有同等国际化政策与资源支持，全面实行学历教育留学生生均拨款，推动了高职院校国际影响力的提升。全省教育部批准和备案的高职中外合作办学机构(项目)加上与港澳台的合作办学项目共计199个，占全国总量的1/5。2016年全省高职院校招收以“一带一路”沿线国家、东盟国家为主的留学生2 669人，“高职留学”正在成为“留

---

① 张超、杨延：《高等职业教育中外合作办学现状及分析——基于教育部中外合作办学监管工作信息平台数据的统计分析》，载《天津市教科院学报》，2017(4)。

学江苏”的新亮点。[①]

三、职教集团的创新发展

职业教育集团是政府机构、职业院校、行业组织、企事业单位、研究机构和社会组织等采用签订契约、投入资产等方式密切彼此的合作关系，以共同制定的集团章程来约束彼此的行为，以服务经济社会发展、提高职业院校人才培养质量为目标和任务的合作办学组织，是实现资源共享和优势互补的办学形式。[②] 职教集团融合了政府部门、行业组织、企事业单位、高职中职院校、科研机构及其他社会组织六类主体，有利于多元主体参与职业教育办学，为全社会支持职业教育发展创造了条件。

（一）职教集团的发展过程

1. 政策层面：从政策引领到骨干建设

改革开放以后，我国政府一直重视行业参与职业教育办学，陆续出台了一系列政策建议，加快推动职教集团化办学。我国职教集团发端于20世纪90年代，1992年成立的北京旅游职业教育集团开创先河。2005年，《国务院关于大力发展职业教育的决定》提出“走规模化、集团化、连锁化办学的路子”；同年，《教育部关于加快发展中等职业教育的意见》出台，明确提出发展职业教育集团的办学模式。

2014年5月，《国务院关于加快发展现代职业教育的决定》在发挥行业作用方面也有重要表述，提出通过授权委托、购买服务等方式，把适宜行业组织承担的职责交给行业组织。行业组织要履行好定期发布人才需求和就业状况、推动校企合作、参与指导教育教学

---

① 张超、杨延：《高等职业教育中外合作办学现状及分析——基于教育部中外合作办学监管工作信息平台数据的统计分析》，载《天津市教科院学报》，2017(4)。

② 许跃、郭静：《我国职业教育集团化办学的回顾与思考》，载《中国职业技术教育》，2017(3)。

以及开展质量评价等方面的职责。通过行业加强职业教育的办学与相关领域的紧密联系，不仅解决了原有政策停留于一般号召而无法落地的尴尬局面，而且开创了政府引导行业组织发挥作用的现代治理局面，有利于提升行业协会的组织能力。

2015 年，教育部发布的《教育部关于深入推进职业教育集团化办学的意见》指出，要全面提升职业教育集团的综合服务能力，包括服务发展方式转变的能力、服务区域协调发展的能力、服务促进就业创业的能力、服务现代职教体系建设的能力。这一政策明确提出："到 2020 年，职业院校集团化办学参与率进一步提高，规模以上企业参与集团化办学达到一定比例，初步建成 300 个具有示范引领作用的骨干职业教育集团，建设一批中央企业、行业龙头企业牵头组建的职业教育集团，教育链与产业链融合的局面基本形成。"

2. 实践层面：从规模扩张到内涵建设

我国职教集团经历了由规模扩张向内涵建设的阶段。

一方面，我国职教集团数量不断增加，特别是近 10 年来，职教集团的数量大幅度增长，成为我国职业教育改革建设的重要方向。《中国职业教育集团化办学发展报告(2017)》数据显示，截至 2016 年年底，全国已成立职业教育集团 1 406 个，共 35 945 个成员，其中行业企业占比近 73%；参与集团的高职院校数量为 1 236 所，占高职院校总数的 91%。湖北、陕西、河南、福建等地印发了推进集团化办学的文件；辽宁启动了示范性职教集团建设项目；陕西省财政每年投入 300 万元对集团化办学予以支持。

另一方面，在职教集团的数量和规模与日俱增的同时，职业教育集团已从最初的规模扩张不断向内涵提升阶段迈进。这主要表现在中高职院校的衔接进一步深入，服务能力进一步提升，城乡联动进一步优化，国际市场进一步开拓。

具体而言，第一，中高职院校的衔接进一步深入。职业教育集团内部的中高职院校可以充分利用组织优势、资源共享和长期合作的业务联系，在人才培养计划制订、专业和课程衔接方面进一步深入。如上海电子信息职业教育集团成立中高职贯通联合教研室和教学管理工作小组，制定相关教学管理文件，通过教学标准衔接、同层次同专业课程学分互认、实训基地和师资队伍统筹规划等方式实现人才培养一体化。

第二，服务能力进一步提升。职业院校与区域内行业、企业、政府的关系更为紧密，从而能够瞄准当地经济社会发展的新增长点，在人才培养计划制订、专业课程设置等方面密切结合行业企业需求，为区域经济社会发展提供有力的人才支持。

第三，城乡联动进一步优化。职业教育集团的组建促进了我国城乡二元体制下职业院校办学资源与办学条件的充分利用，缩小了城乡教育差距，形成以城带乡、以强带弱、资源共享、城乡联动的良好局面，也发挥了职业教育推动区域城镇化进程、促进区域经济发展的功能。职业教育集团的"河南模式"就是城乡联动发挥集团功能的典型代表。

第四，借助"一带一路"的良好契机，职业院校与企业"集团化"走出去，在海外设置职业院校，进行人才和技术输出。如无锡商业职业技术学院借助无锡商贸职教集团成员红豆集团在柬埔寨西哈努克港建立工业园区、急需管理和操作技术人才的契机，在西港特区联合建立西哈努克大学，开展普通高等学历教育职业技术培训。

（二）职教集团办学模式分析

根据当前的具体实践，我国职教集团的办学模式主要可以概括为以下三种。

1. 校企一体模式

在计划经济体制向社会主义市场经济体制转变的过程中，一些国有企业遇到了困境，导致其举办的学校举步维艰，相继关停并转；

但国企改制也给校企产权重组提供了机遇，使校企一体职教集团的诞生成为可能。校企一体职教集团具有产权重组形成的核心层、契约关系形成的紧密层、利益相关的松散层，是一种多元化的主体结构。集团核心层各成员单位的所有权不变，但使用权由牵头学校行使，实现校企教学人员与生产人员一体化，教育教学与企业生产全面融合。①

2. 以城带乡模式

在破解城市职业教育生源不足和农村职业教育学生就业难的发展难题时，一些职业学校组成职教集团，充分利用集团的优势和纽带作用，以城带乡、城乡联动、合作办学、一体发展，促进校企合作与资源共享，实现职教集团成员间的互利共赢，有效地增强了职业教育的吸引力，促进了职业教育的规模发展。

3. 多中心治理模式

多中心治理理论的核心观点是通过重新建构政府、社会和市场等主体之间的关系，建立新的权力架构和治理模式来承担一国范围内公共管理与公共服务的职责。职业教育集团“多中心治理模式”的主导权是多主体的，建立扁平化的、多元的、网络式的，政府、院校、市场、社会共同参与的，相互调适、协同治理的治理模式，明确各主体在职业教育集团中的权责划分，设立决策机构、协调机构、服务机构、监督机构，以保证职业教育集团高效运转。②

(三)职教集团发展存在的问题

我国职教集团发展存在一系列问题，主要集中以下几个方面。

---

① 高鸿、高红梅、赵昕：《算不算集团化办学怎样来判定》，载《中国教育报》，2013-02-27。

② 吉利、何超萍、谭林锋：《多中心治理理论视角下的职业教育集团平台重构》，载《科教文汇(下旬刊)》，2017(10)。

1. 政府的重视不足，且未充分发挥主导作用

一方面，政府未成立专门的机构指导督促集团化办学工作，未配套专门的资金支持集团化办学发展；另一方面，法律法规和政策体系不健全，且落实不到位。我国关于职业教育办学体制的政策文本多出自教育部门，然而，职业教育作为一种跨界教育，其外延至社会的各个领域，若仅仅依靠教育部门出台相关政策法规，则缺乏系统设计，可操作性不强。另外，虽然国家鼓励行业、企业参与职业教育办学，但是各级政府出台的促进企业、行业举办职业教育的政策多为指导意见，缺乏可操作性，对于行业、企业参与办学的责、权、利等问题尚未明确规定，而且缺乏配套政策和实施办法，导致政策落实不到位。

2. 行业组织不完善且功能不到位

我国行业组织还很不完善。许多行业组织的前身或基础是已裁撤的国家行业性行政机关。这些行业组织往往依靠历史上的行政隶属关系统领行业、企业与职业院校，其专业化水平有限，难以提供组织内成员所需的服务，对组织内成员的影响力及社会影响力均十分有限，行业组织的规范监督功能没有得到充分发挥。另外，行业其他企业和科研机构在集团化办学中很难找到自己的利益点，所以参与合作的动力不大，有挂名充数的应付心态。

3. 企业参与不足且参与深度不够

企业追求的是使自身利益最大化。企业对职教集团关注的方面主要有两个：集团内学校是否能培养出高素质的毕业生；企业是否能在集团活动中不断宣传自己的文化及理念，扩大自己的影响，进而获利。而集团在实际的运行及开展的活动中，并不能使企业获得合理的利益，所以企业参与职教集团活动的积极性并没有被调动起来。据调查，职教集团中利益各方采用合作招生模式的仅有5.7%，

采用合作育人模式的有 31.4%，采用合作就业模式的约有 10%，合作培养师资的有 21.4%；行业企业参与制定人才培养方案的有 22.9%，参与专业设置的有 11.4%，合作改革课程及课程体系的有 11.4%，共同编写教材的有 7.1%，共建评价体系和质量保障体系的有 8.6%。①

4. 职教集团忽视内涵建设，内部管理松散

我国职教集团在数量上已经形成规模，但是很多职教集团成立之后的工作停滞不前，或者并没有开展实质性的工作，有些甚至只是挂个名、充个数。职教集团注重数量发展，却忽视了内涵建设。

职教集团内部组织结构松散，利益基础不牢。多数职教集团都是在政府的驱动下建立的，合作的目标不一致，利益基础不牢，大多数职教集团主体地位不明确，缺乏独立的经费支持，直接导致职教集团连接松散，影响职教集团的发展。另外，职教集团缺乏强有力的管理制度，已成立的职教集团中虽然多数都制定了章程，但章程并不完善，缺乏针对性，难以统领职教集团的内部管理。

（四）对策建议

第一，树立新的合作理念，增强服务能力。树立资源共建共享的合作理念，不论是企业还是学校，都要找准自身定位。学校要树立为企业提供技术技能型人才支持的理念，加强为企业发展、产业结构升级转型服务的能力；企业要树立为学校提供资源、资金支持的理念，增强企业为学校发展服务、为促进学校提升教学质量服务的能力；最终实现企业、行业、职业院校、科研机构优质资源的共建共享，增强职教集团的服务能力，促进区域经济发展，推动产业结构升级转型。

---

① 董克林：《职教集团利益共同体的形成还缺点儿“资源”》，载《中国教育报》，2017-09-26。

第二，充分发挥政府在职教集团中的主导作用。首先，成立政府专门日常管理机构，如“校企合作管理办公室”等，联合教育、经济、人力资源和社会保障、财政、工商等部门，发挥政府的主导地位和统筹优势，真正推进校企合作发展。其次，出台相关政策法规，完善法律制度保障。尽快出台有利于促进校企合作的法律法规，明确校企合作各利益主体的责、权、利，为职教集团发展提供法制保障。最后，政府在校企合作制度法规建设中应当加强激励机制建设。可通过减免税收等一系列政策，增加企业参与职教集团的积极性。

第三，充分发挥行业在职教集团中的规范作用。最重要的制约产教融合、校企合作的因素之一是行业组织。① 自2006年以来，在教育部的推动下各行业教学指导委员会组建起来，尽管各行业教学指导委员会的功能、职责和组织还不够完善，但已在许多方面发挥了重要作用。这些行业组织要充分发挥其专业化水平，提供组织内成员所需的服务，通过其社会影响力对组织内成员的发展产生影响，并更好地发挥其对职业教育的规范引导作用。

第四，推进企业作为重要的办学主体，搭建动态合作平台，实现行业、企业、职业院校、科研机构多交叉、广泛的联合。建议由国家教育主管部门牵头，建立全国职教集团动态合作平台，愿意参与校企合作的职业院校、企业、科研机构将基本机构介绍与校企合作的利益需求公布于平台，通过信息的收集与比对，由多方互相选择，决定是否合作。可以以行业系统、职业院校为主体组建职教集团，也可以以院校专业为主体组建职教集团，还可以以企业岗位需求为主体组建职教集团，多元化组建职教平台。

第五，创新职教集团办学模式，组建区域职教集团。创新职教集团办学模式，在建设和评价时应避免过于宏大的目标，分解大集

---

① 韩冰：《从职教集团活动现状看其发展和建设要求》，载《中国职业技术教育》，2017(8)。

团，组建小集团，在政府的推动和保障下，建立区域行业性职业教育促进组织或区域行业性职教集团，这样可以更好地发挥信息采集和信息交流的作用，形成具体而微的多边网状的校企合作关系，使得信息更加完善、综合和丰富，在安排学生实习、推进学徒制等方面就可以按就近原则，对不同院校相近专业学生的实习岗位进行调剂，促进区域经济发展。

四、职业教育 PPP 实践探索

（一）职业教育 PPP 模式简介

1. 概念界定

PPP 模式是英文 public-private partnerships 的缩写，国内以前翻译为“公私合作伙伴关系”，也翻译为“政府和社会资本合作模式”。PPP 模式一般被定义为“公私部门行动主体之间的合作性制度安排”，或“公私行动主体之间具有某种持久性的合作，双方共同开发产品和服务，共享与产品有关的资源，共同承担与产品有关的风险和费用”。[①] PPP 模式多用于基础设施领域，具有融资功能和管理功能。融资功能是 PPP 模式的直接功能，因为 PPP 模式在诞生之初就是为了解决政府财政投入资金不足的问题，用于促进政府和市场合作，引入市场资本。管理功能是 PPP 模式的间接功能，是从 PPP 模式的实践中延伸出来的，有利于推广政府和社会资本合作，促进政府职能转变。PPP 模式的融资功能和管理功能为改革职业教育办学体制提供可能。

职业教育具有教育性和职业性双重特性，职业教育的职业性决定了职业教育有政府、学校、企业、行业等多主体的参与，这就为

---

① HODGE G，“ Introduction：the PPP phenomenon and its evaluation，”in *International Handbook on Public-Private Partnerships*. Cheltenham，Edward Elgar，2010，pp. 3—16.

引入 PPP 模式提供了可能性。随着我国职业教育办学体制改革的推进，社会力量参与办学的呼声越来越高，职业教育办学主体呈现出多元化的趋势，建立公办和社会力量举办的职业院校相互委托管理的机制、构建股份制、建立混合所有制职业院校被提上日程，PPP 模式被逐步运用到职业教育领域。职业教育 PPP 模式的核心是政府、公立职业院校等公共部门与民办职业院校、企业等私人部门通过合作的方式共同提供职业教育、职业培训服务。职业教育 PPP 模式有利于提升国家职业教育供给水平、供给效率，是职业教育供给侧改革的重要形式，有助于促进职业教育办学多元化，实现职业教育可持续发展，满足人们多样化的教育需求和经济社会发展的需求。

2. PPP 模式对职业教育的适用性

一方面，PPP 模式有助于促进职业教育融资。从职业教育的培养模式来看，职业教育的职业性决定了实习基地建设、进行实践教学及“双师型”教师配备的必要性，因此相比于普通教育，职业教育需要更多的资金投入。然而，我国经济步入新常态，经济处于调结构、促发展的关键时期，财政收入下降，财政支出却不断增长，政府对职业教育的投入不足。引入 PPP 模式，即通过引入社会资本促进职业教育发展，有利于缓解政府财政支出的压力，增加教育投资，促进企业作为重要的职业教育办学主体发挥更强的实际意义。

另一方面，PPP 模式有助于促进职业教育办学体制改革。我国职业教育经过长期发展，形成了政府主导的办学体制。然而，我们必须看到职业教育的职业性决定了职业教育亟须根据市场需求培养人才，这样才能凸显职业教育的优势，促进产业结构升级转型。政府“包得过多，统得过死”导致职业教育对市场反应不佳，难以准确供给技术技能型人才，也导致教育质量不高、吸引力不足。在此情况下，需改革职业教育办学体制，由政府办学向企业、行业等多主体参与办学转变，通过 PPP 模式将社会资本引入职业教育领域，推动政府、企业在职业教育领域的共同治理，创新职业教育办学模式，从而提高运营管理效率，发挥企业在职业教育领域的优势，将人才培养和市场更紧密地结合起来，满足各方的发展需求。

(二)国内职业教育 PPP 办学模式实践探索

目前，职业学校 PPP 办学模式多种多样，可以大致分为涉及产权和不涉及产权两大类。不涉及产权的职业教育 PPP 模式包括简单的专业层面的外包，即公办学校与企业、民办学校之间的初步合作，也包括公办学校托管，以及双元制、多方管理的创新。涉及产权的 PPP 模式包括对二级学院的混合所有制建设、以产业为导向建立投资基金、公办学校逐步退出以及完全民营化等，体现了不同层次和不同复杂程度的混合所有制形式。

1. 不涉及产权的 PPP 模式

一般而言，公办学校向私人部门购买服务是一种不涉及产权的 PPP 模式，也是最早发展和兴起的 PPP 模式，类似于学校后勤服务外包、场地租用、课程设计与教师培训购买等，都是应用广泛但也比较初级的 PPP 模式。随着与私人部门合作的逐步深入，近年来也出现了越来越多样的合作模式，主要有专业外包、下挂学院、整体管理委托等。

(1)专业外包

专业外包指的是公办职业学校提供基本的办学条件，通识文化课、专业基础课和学生管理由公办职业院校承担，私人部门的职能是提供专业的师资和课程、购买实训设备等。专业外包常见于欠发达地区，以河南嵩县和固始县为例，这两个地区分别采用了两种不同的专业外包模式。

嵩县中等职业学校几乎为每一个就业导向的专业都寻找了至少一个社会合作者，合作办学班级的学生占所有学生的一半以上。以摄影专业为例，其社会合作者负责专业办学的各方面，提供专业课师资和设备，负责每周三天的实训课。学校提供文化课教学和场地，由本校教师为学生传授每周两天的文化课。

固始县职教中心则是与民办学校合作，可以称为公民办职业学校共生式PPP。例如汽修专业，职教中心和民办学校共同投入购买实训设备，职教中心也提供场地、负责文化和基础课程，民办学校则负责招生、招聘培训专业教师，并承担实训耗材费用。①

(2)下挂学院

下挂学院指的是公办职业学院与企业或民办学校合作共建下属学院，一般不涉及产权。宁波工程学院下辖的杭州湾汽车学院就是一个中外合作二级学院，宁波工程学院联合了埃斯林根应用技术大学、布伦瑞克工业大学以及同济大学，以中外合作的模式联合办学。

(3)整体管理委托

整体管理委托指的是公办学校的所有运营都交给社会合作者，包含了教学、教辅和后勤的各个环节，是整体的"公办民营"。例如作为国家级重点中等职业学校的浙江省温州市永嘉第二职业学校于2015年9月起委托给翔宇教育集团管理。

(4)双元合作办学

类似于德国的职业教育，我国也有部分职业学校开展了双元的合作模式。例如沈阳市装备制造工程学校与华晨宝马汽车有限公司的合作。校企双方在招生选拔、培养目标、教育资源、教育过程、考核评价等各方面进行了全方位的融合与对接。校内培训与企业培养采用"0.5+0.5+1"的形式，建成了以"公共课程+核心课程+实训项目"为主要内容的专业课程体系。在权责关系上，学校为宝马项目班提供专门教学场地，改善教学环境，采购课程项目所需的设备、工具，专门设立宝马项目管理办公室，为企业教学管理人员提供在

---

① 刘明兴、田志磊：《职业教育公私伙伴关系的实践与反思——基于河南省县域职业教育改革的案例分析》，载《职教论坛》，2017(16)。

校期间的办公场所，组织教学团队进厂调研，对教学内容及方法进行改革和创新。企业专门建设培训中心、购买设备、聘请专家，为学员提供在企期间的专业技能培训，为学员提供工具、工装、德国原版教材及课程辅导。

(5)多方合作治理模式

德国有面向中小企业的跨企业培训中心，这是一种具有更强PPP色彩的多方合作治理模式，在江苏省太仓市也有类似的实践。太仓德资企业专业工人培训中心(DAWT)是一家民办非企业单位，由克恩-里伯斯、慕贝尔及太仓开发区政府三方共同出资。在培训方案设计、培训内容实施以及校企合作方面，将德国培训条例进行一定程度的本土化改造，并与学校合作开展为期三年左右的培训，最后的培训结果需要经过德国海外工商会上海代表处等机构主持的考核。与双元制的不同之处在于，培训中心采用董事会管理制度，董事会由企业、学校、政府有关人员组成，下设培训委员会和考试委员会，培训中心负责日常运行工作。校企共同制定课程方案和标准，学校先招生，企业后招工，企业负责实践教学的场所、设备及原材料、课程实施、培训师及其工资等，学校负责学生管理、学籍管理、基础课程和专业理论课程、教师及其工资等，政府给予专项经费与项目支持。

(6)政府投资基金

贵州省政府颁发的《省人民政府关于支持清镇职教城加快发展的若干意见》明确提出："支持探索组建清镇职教城建设发展基金，发挥政府资金引导作用，撬动各类社会资本投资职教城建设。支持金融机构积极与职教城相关学校合作，加强金融创新，通过资本市场拓宽融资渠道，通过债券融资、股权融资、资产证券化等方式为职教城建设提供金融支持。支持各类社会资本投资职教城项目，积极推广运用PPP模式开展项目合作。支持各类创业投资基金、天使投资基金落户职教城，推动高校学生创业创新。”

2. 涉及产权的PPP模式

国内涉及产权的PPP模式实践相对较少，且集中在固定资产和二级学院层次的混合所有制上。

(1)固定资产层面的混合所有制

广东省中山市火炬职业技术学院是一所经济开发区下辖的公办高职院校。在高新区政府的主导下，火炬职院成立学院董事会，区管委会主任担任董事长，董事成员由高新区国有大型企业、行业协会负责人和学院领导组成。在董事会制度的推动下，成功构建以多形式参股共建生产性实训基地的“院园融合”模式。多形式参股体现在三方面：一为物业和场地入股共建，二为资金和设备入股共建，三为红利股权共建。同时形成了生产性实训校区运行机制、实训校区企业的准入与退出机制与校企合作质量保障机制。

专栏3-1　中山火炬职业技术学院通过PPP模式建设实训基地

中山火炬职业技术学院推行股份合作机制，逐步变财政投入为企业参股，创新了生产性实训基地的建设模式。在推进试点工作的过程中，学院不断深化与董事会成员单位的合作，并以股份制的方式合作共建生产性实训校区(中心)，创造了多形式参股共建实训基地的模式。

一是国有企业以物业和场地入股共建。开发区工业总公司以200亩的工业用地、超过12万平方米的物业用地(其中厂房逾8万平方米，职工宿舍等生活用房逾4万平方米)与学院合作，联合共建第一生产性实训校区。学院投入启动资金和管理，双方通过招商选资共同引进与学院专业对口的企业。成立由区管委会、工业开发总公司、学院三方代表组成的校区管理委员会，建设融生产、教学、研发、实训、培训和技能鉴定于一体的生产性实训基地，以较小投入引入了大量社会资源(设备、资金、场地)，建成具有实际生产能力的新校区。借鉴这一模式，学院又与中炬高新(上市公司)合作建设近 3 万平方米的第二生产性实训校区，进一步提高这种合作共建模式的效益。

二是私营企业以场地和设备入股共建。中山市骏建集团以逾 1.6 万平方米的场地和近 1 000 万元的设备入股，学院以重点专业——包装印刷技术专业的技术和人才入股，共建“骏建生产性实训中心”，并由学院专业教师负责生产组织与技术研发，既及时盘活了该企业的闲置设备，又有效锻炼了师资队伍，还为大批学生提供了生产实训岗位。

三是对口企业以资金和设备入股共建。目前，实训校区已引入 20 余家与专业对口的企业，进驻企业投入资金、设备和技术，学院提供场地、水电等优惠条件，双方签署合作协议。企业按年度缴纳租金或占产值比例 6‰的管理费用(不同企业采取不同的交纳方式或提成比例)，为学院相关专业学生提供实习实训平台，并派技术人员任该专业的兼职教师，共同组建技术研发团队，学院承担企业人员的业务进修与培训任务。

同样在固始县职教中心，在数控专业上，职教中心购买数控专业实训设备，建设实训大厅，合作的民办学校则以教学楼的产权进行合作，10 年后双方合资建设的教学楼、数控专业的实训大厅和实训设备产权也将全部归职教中心所有。可见，即便是同一所公办职业学校，针对不同的需要会产生不同的 PPP 合作方式。

(2)二级学院的混合所有制

目前，二级学院的混合所有制形式并不多见，全国仅有若干学校有类似的探索。沈阳职业技术学院引入民营企业投资 6 500 万元，共建国家示范性软件学院。此外，在 2016 年，沈阳职业技术学院欲与德国陶特洛夫职业培训学院开展合作，共建“(沈阳)中德高端装备制造技术学院”，但此项目仍未落地。在江苏省无锡市，江苏信息职业技术学院与联想集团采用了混合投入的方式共建联想 IT 学院实训基地，包含移动互联实训室、云计算实训室和移动互联创新工作室，制定目标及校企双方在人才培养、科研开发、创新创业、社会服务等方面开展全方位合作的投入比例，实现利益共享。目前，这一项目已经入选江苏省教育改革创新典型案例，向江苏全省推广。

(3)国有资本逐步退出

苏州工业园区职业技术学院从 1997 年发展至今，先后经历了公办股份制、民营化和混合所有制三个阶段。在这个过程中，苏州工业园区管理委员会遵循“小政府、大社会”的原则，提出“凡是民间资本愿意进入的，政府就坚决退出”，于是公办的持股比例不断减少，让渡给社会资本。目前形成了国有、民资、管理团队三方共持股份的学院治理结构，所持股份比例分别为 2%、89%和 9%。

(4)完全民营化

完全民营化是指公办学校彻底转制为民办。在较发达地区和欠发达地区都有这样的案例。2015 年 8 月，浙江电大永嘉学院与上海翔宇实业投资集团有限公司签约，标志着浙江电大永嘉学院从公办学校转为民办。另外，河南省宜阳县职教中心的成立和运营就是以酒店人力资源集成提供商主导的改制。中心所有投资产权全部归社会合作者所有，县财政也会予以一定的补贴和支持，包括以项目形式下发的建设经费、奖励经费，中职学生补助，家庭困难学生生活费补贴等。①

公私合作关系由于各方面因素的影响不同，需要解决的问题也不同，各地的职业教育 PPP 模式灵活多样，即便是属于同一种合作

① 刘明兴、田志磊：《职业教育公私伙伴关系的实践与反思——基于河南省县域职业教育改革的案例分析》，载《职教论坛》，2017(16)。

模式，也会因具体的合作内容而存在很大差异。但普遍来看，因相关的法律政策缺失，顶层制度设计不完善，实践者所面临的政策风险较大，职业教育 PPP 模式真正上升到产权层次的深度合作并不多见。

（三）PPP 模式的特点

我国职业教育 PPP 模式在应用过程中呈现出以下几个特点。

第一，多元筹资渠道。职业教育作为一种公益性事业，以往主要依靠政府资金支持，导致我国职业教育资金不足，直接影响职业教育的质量。随着职业教育 PPP 模式的应用，引入企业、行业等社会资本参与到职业教育办学、实习实训中来，不仅减轻了国家和地方政府的财政负担，从社会资本投资运作及风险管理的角度来看，还有助于建立公正、独立和高效的职业教育资金监管体制。

第二，职业教育 PPP 模式有利于转变政府职能，使市场和政府在职业教育领域形成合力。在当前政府主导的职业教育办学体制下，社会资本被引入，并通过与政府合作的形式，提升了企业、行业参与职业教育办学的积极性。通过政府和企业、行业合作，制定制度、法规和评估标准，指导职业教育发展，引导政府由管理型政府向服务型政府转变，促进职业教育供给效率和质量的提升，推动职业教育领域去行政化的机制体制改革，政府与市场的作用形成合力。

第三，多元办学主体。职业教育 PPP 模式一个最显著的特点就是多元办学主体，在项目的基础上，公共部门和社会资本合作并形成伙伴关系，在某个具体项目上，以最少的资源产生最多的产品或服务。职业教育多元办学主体可以实现资源最大化利用和利益共享，在政府的宏观调控下，通过制度、规章等方式实现多元主体合作办学，可以为职业院校提供资源、资金支持，企业可以获得发展需要的技术技能型人才，实现收益最大化，也可以促进行业发展、区域经济社会发展，实现多方互利共赢。

(四)政策建议

中国职业教育PPP模式尚未形成一个稳定发展的方向。结合我国职业教育PPP的发展特点，可给出如下政策建议。

第一，以目标为导向，探索适合区域经济发展的职业教育PPP模式。要对项目双方的利益诉求，尤其是公共部门的职业教育发展需求进行精准地评估。在共赢的机制设计下，公私双方对PPP项目的预期结果可以达成一致意见。在此基础上，结合各地区经济发展现状、产业特点和职业教育的存量，建立灵活的、差异化的职业教育PPP模式。不妨在产业欠发达、职业教育供给不足的地区加强引入合作培训基金、“建设—经营—转让”等模式，弥补职业教育经费投入的不足；在产业较发达、职业教育发展较为成熟的区域，重点采用政府购买、竞争性专项补贴、税收优惠等激励措施，提高资金使用效率，优化教育质量。

第二，厘清体制机制的障碍，强化对PPP项目的监管。在多种形式的PPP实践探索方面，政府的政策应当及时跟进：一方面，从宏观角度把握PPP发展的大方向；另一方面，清理阻碍职业教育PPP发展的政策束缚。要明确的是，PPP模式并不等同于完全私有化。在公私合作伙伴关系中，公共部门始终发挥着重要的作用，政府对各类项目拥有基本的监管、问责的权力，这也是政府的职责所在。对已经开展的PPP实践项目，政府既要给予发展的空间，允许创新探索，也要保证后期持续的监测和问责工作。在技术层面上，可以考虑采用建立严谨的监测流程、制定科学的项目绩效评估标准等手段，尽量规避公私合作过程中私营企业的趋利性所导致的“市场失灵”问题。

第三，设立为PPP模式实践服务的公开、透明的政策信息平台，梳理各级政府的职业教育发展政策与法规，引导并支持各级地方政府及各职业教育院校进行PPP项目备案，建立统一的职业教育

PPP 信息平台，并提供理论与实践指导。借鉴其他阶段和类型的教育 PPP 的实践经验，结合职业教育的发展特点，建立 PPP 模式的工具箱系统，为中国不同 PPP 模式的实践提供翔实且可执行的操作方案。该平台的建立将有助于各地制定职业教育 PPP 模式发展的支持政策，并为进一步发展和监管 PPP 项目提供数据支持。

第四，鼓励和支持私营部门采用前沿的教育技术手段提供职业教育服务，提高职教资源的配置效率。一方面，突破传统的学校办学思路，允许并支持职业学校将并不具备规模效应和成本优势的计算机、英语等非专业基础课程以及可以通过虚拟网络技术实现的部分实训环节推向市场，创新办学模式。另一方面，鼓励和引导先进的互联网科技企业进军职业教育市场，为职业学校提供线上课程服务，以降低职业教育培养成本，提高人才培养效率。

五、办学体制存在的主要问题

40 年来，我国职业教育办学体制改革伴随着经济体制改革、政治体制改革不断推进。职业教育办学体制改革在各级政府的大力支持下，在实践中不断探索，逐步走上了以政府办学为主体、社会力量共同参与、公办学校和民办学校相辅相成的多元化发展道路，取得了一系列成就。但是，在新形势下，随着产业结构升级转型速度加快，新型城镇化、中国制造 2025 及“一带一路”等被提出，我国职业教育办学体制面对新的发展问题，难以适应经济社会发展的需求，影响职业教育的可持续发展，问题凸显为以下三点。

（一）政府职责不到位

首先，政策不配套，落实不到位。一方面，法律法规不完善。我国现行的职业教育法律法规对各级政府及教育行政部门的职责多表述为“统筹协调”“统筹规划”“宏观管理”“督导评估”等，不够具体和明确，同时也缺乏对法律执行的保障。关于行业、企业职责的表述同样模糊不清，未明确规范行业、企业参与职业教育的权利和义务，缺乏鼓励企事业单位举办职业教育的具体措施。政府对职业教育办学主体的调控力度不够，缺乏必要的制度，职业学校办学主体的随意性较大，各自为政，学校布局不合理，教育资源浪费严重。另一方面，国家要求地方政府发展职业教育，各级政府虽然出台了多项政策促进行业、企业参与和举办职业教育，但多为指导性意见，缺少可操作性，政策落实不到位。此外，在资金支持方面，目前执行的减税政策程序复杂，对企业的吸引力不大。

其次，投资体制直接影响了职业教育多元化办学体制的改革。在投资体制上，我国目前职业学校实行中央—省—地市三级办学体制，由于我国财政实行分级体制，越到下级财政越困难，因而不同职业学校的经费投入差别明显。尤其是经济欠发达地区，经费的短缺已经明显影响到职业教育办学体制的改革。

最后，我国尚未形成政策评价机制，不仅缺少政策评价理论和实践主体，也缺乏科学的政策评价标准和技术方法。

（二）行业指导作用不够

一是权利责任不明确。法律和政策文件的相关内容主要是原则性规定，未明确行业的权利与责任，也未构建行业参与职业教育的体制和机制，导致行业参与职业教育的政策无法落实。从行业组织的发展来看，随着改革开放和体制改革，行业不再具有行政职能，原属行业的大中专院校多被划归地方政府，再加上行业自身存在组织不健全、定位不准确、缺少统筹规划和行业规范等问题，对职业院校与所属企业间的协调作用有限。

二是引导作用不充分。行业很少独立设置管理职业教育的部门，大多是由教育培训或人力资源开发部门的专人负责的，行业对企业举办职业教育的引导力度不够，在校企合作中的作用不明显。同时，行业组织在引导企业举办职业院校时，未能充分根据行业现实和潜在需求来调整培养目标和方案、专业设置和课程体系。

（三）企业办学动力不足

一是企业举办职业教育的动力不足。目前我国企业举办的职业院校面临着身份和资金的双重问题。从身份上来说，企业办学属于社会力量办学，法律地位得不到认可，学校性质难以界定，既不能享受国家财政资金，也不能采用民办教育的收费政策。从资金上来说，一方面，企业用于职业教育的投入并不能带来直接的经济回报，而培养的学生并不全部留在企业，这降低了企业出资的积极性；另一方面，企业举办的职业院校不具备独立法人资格，而是属于企业的二级单位，不但不能通过融资等方式争取投资，还要缴纳多种税款，加重了企业的负担。

二是企业参与职业教育的程度较低。从企业的角度来看，虽然国家政策鼓励企业参与职业教育，但未明确规定企业参与举办职业教育的义务和具体的奖惩措施。企业参与举办职业教育对自身生产经营的作用不明显，创办职业学校不是其必要工作。这就造成了虽然企业向职业院校的学生提供实习岗位，但对学生的指导不足，学生的实践能力提升有限。从学校的角度来看，职业院校的同质化不利于企业参与。职业院校为了解决办学经费问题，一味追求招生规模，设置热门专业，造成职业院校间的专业雷同，脱离企业需求，与企业的专项生产经营和有限资源不匹配。目前的校企合作仍以职业学校为主导，企业主要负责实习实训，很难全程参与职业院校技术技能型人才的培养。

第四章

职业教育
财政改革与资助体系

1996的《中华人民共和国职业教育法》提出“通过多种渠道依法筹集发展职业教育的资金”，在政府投入方面，规定：“省、自治区、直辖市人民政府应当制定本地区职业学校学生人数平均经费标准……职业学校举办者应当按照学生人数平均经费标准足额拨付职业教育经费。各级人民政府、国务院有关部门用于举办职业学校和职业培训机构的财政性经费应当逐步增长。”

随后，1998年国家教委等印发《关于实施〈职业教育法〉加快发展职业教育的若干意见》进一步提出：“职业教育经费应通过各级政府财政拨款，行业组织、企事业组织及其他用人单位合理承担，举办者自筹，受教育者缴费等多渠道筹集。各级政府和有关业务主管部门应保证用于举办职业教育的财政拨款逐年增长。各级政府每年可安排一定数额的职业教育专款，专项用于支持职业教育的发展。”这进一步明确了要多渠道筹措职业教育经费以及政府的财政投入责任。同时，该文件提出：“职业学校和职业培训机构可按生均培养成本的一定比例，对接受中等以上职业学校教育和接受职业培训的学生收取学费。收取项目、标准和管理办法由省、自治区、直辖市政府制定。”鼓励职业学校兴办校办产业创收，鼓励企业和社会捐资助学，兴办职业教育。

政府财政预算内教育经费、学杂费收入、各级政府征收的教育附加税和校办产业收入等是我国职业教育经费的几大主要来源。总体而言，经过多年的探索和实践，我国逐步建立和完善了以政府投入为主、受教育者合理分担、其他多种渠道筹措经费的成本分担机制。

第一节　公共财政保障力度增强

一、政府逐步成为职教经费投入的主体

在相当长的一段时期内，我国公共财政对职业教育的投入有限。但随着国民财富的增加、政府财政收入的稳步提升，公共财政对职业教育的投入有了大幅增加。在 2006 年之后，这一趋势更为明显。

在高等职业教育领域，如表 4-1 所示，2006 年，我国高职高专院校经费收入为 489.1 亿元，其中国家财政性教育经费为 157.6 亿元，来自学生和家庭的学杂费收入为 189.4 亿元，二者分别占总经费收入的 32.2%和 38.7%。到 2015 年，我国高职高专院校经费收入达到 1 726.3 亿元，10 年间增长了 2.5 倍。其中国家财政性教育经费为 1 089.1 亿元，学杂费收入为 463.4 亿元，分别占总经费收入的 63.1%和 26.8%。公共财政和学杂费收入成为高职高专经费收入的主体。

在中等职业教育领域，如表 4-2 所示，2006 年，中等职业教育经费收入为 651.8 亿元，其中国家财政性教育经费为 367.4 亿元，学杂费收入为 175.0 亿元，分别占总经费收入的 56.4%和 26.8%。到 2015 年，中等职业教育经费收入达到 2 137.8 亿元，增加了 2 倍多。其中国家财政性教育经费收入为 1 860.7 亿元，学杂费收入为 113.6 亿元，分别占总经费收入的 87.0%和 5.3%。公共财政投入占比远超学杂费收入占比，成为我国中等职业教育经费收入的主体。

这一趋势是伴随着我国中职免学费政策的实施逐步形成的。

表 4-1　高职高专学校教育经费总收入及来源

年份	总经费收入(千元)	国家财政性教育经费			民办学校中举办者投入(千元)	社会捐赠经费(千元)	学杂费(千元)
		国家财政性教育总经费(千元)	其中公共财政预算教育经费(千元)	其中企业办学中的企业拨款(千元)			
2006	48 909 364	15 758 793	14 478 628			92 084	18 944 368
2007	63 157 675	23 238 705	21 701 278	580 539	847 607	259 507	30 202 374
2008	80 278 973	33 498 921	30 281 813	940 064	1 264 338	265 442	36 222 801
2009	92 111 827	39 697 137	36 303 993	1 004 903	1 766 755	293 307	40 218 125
2010	105 148 913	49 162 573	44 255 302	1 327 081	1 456 820	293 170	43 590 653
2011	125 078 924	67 482 471	61 044 580	1 573 440	1 409 508	267 258	44 508 004
2013	145 239 472	82 366 948	75 524 600	1 272 594	1 983 020	395 761	46 548 717
2014	151 776 704	90 957 868	85 760 568	1 081 881	884 064	186 757	45 398 523
2015	172 625 920	108 908 927	106 112 839	1 053 068	1 082 507	276 963	46 344 641

表 4-2　中等职业学校教育经费总收入及来源

年份	总经费收入(千元)	国家财政性教育经费			民办学校中举办者投入(千元)	社会捐赠经费(千元)	学杂费(千元)
		国家财政性教育总经费(千元)	其中公共财政预算教育经费(千元)	其中企业办学中的企业拨款(千元)			
2006	65 176 086	36 742 611	31 604 264			213 267	17 501 699
2007	85 179 826	51 219 569	44 087 521	649 756	735 634	289 087	24 010 105
2008	104 924 351	68 227 144	58 554 921	723 895	947 535	305 978	26 236 444
2009	119 886 746	81 418 480	70 861 849	654 009	1 278 707	389 497	27 781 559
2010	135 730 990	96 828 258	83 251 935	650 725	1 290 231	255 148	27 655 768
2011	163 850 301	125 906 437	103 792 627	637 181	1 286 876	247 650	26 683 838
2013	199 786 913	171 900 418	139 862 065	827 939	887 614	424 840	15 288 247
2014	190 651 999	164 733 251	154 070 730	323 444	542 443	207 246	12 368 344
2015	213 780 101	186 068 412	183 921 931	317 351	840 017	274 052	11 362 551

注：中职学校包括中等专业学校、技工学校、职业高中和成人中专四类。

目前，政府对职业教育的经费投入力度逐年加大，形成公共财政投入为主的成本分担格局。

二、中央财政专项的“项目”化支持

在以地方财政投入为主的格局之下，中央政府主要通过以各种项目的形式下达的财政专项资金对地方职业教育经费进行补贴，以引导地方职业教育的发展方向，落实中央在全国职业教育方面的政策实施和管理职责。据统计，2004—2013 年，中央财政共投入各类专项资金 1 113 亿元，主要支持了职业院校基础能力建设、示范引领、学生资助、综合奖补四大类项目。[①] 职业院校基础能力建设项目主要包括职业教育实训基地建设计划、职业院校教师素质提高计划、高等职业学校提升专业服务产业能力建设项目以及高等职业教育专业教学资源库建设项目。示范引领项目主要包括中等职业教育改革发展示范学校建设计划和国家示范性高等职业院校建设计划。学生资助项目主要包括中职国家助学金、中职免学费补助资金及高等职业学校的高等教育学生资助项目。综合奖补政策主要是指 2013 年中央财政用于各地建立完善职业教育生均制度的“以奖代补”专项资金。中央财政设立的职业教育专项资金通常都要求地方政府、行业企业部门及职业院校为这些项目落实配套资金，并根据地方政府所处地区的不同经济发展水平，分项目、按比例进行分担，如国家助学金、中职免学费补助资金等。

① 教育部：《十年 1.2 万亿：助推职业教育健康发展——教育部财务司有关负责人就职业教育财政投入答记者问》，http://old.moe.gov.cn/publicfiles/business/htmlfiles/moe/s271/201406/170903.html，2014-06-30。

专栏4-1 职业教育实训基地建设计划

为引导和支持各地职业教育实训基地建设，从2004年开始，中央财政设立专项资金，对符合条件的各级各类职业院校实训基地提供扶持。中央财政专项资金打破了行业和所有制的界限，使办学方向正确，能以就业为导向培养大量社会紧缺的技能型人才，使毕业生就业率提高。在深化职业教育教学改革、推进学校管理体制和用人机制改革、加强校企合作等方面都有所突破和创新。对在社会培训、下岗职工再就业培训、农村劳动力转移培训等方面做出突出贡献的职业院校，给予奖励性经费支持。

《教育部财政部关于推进职业教育若干工作的意见》提出，2004年重点向数控技术实训基地建设倾斜，以加快培养数控技术人才，满足我国制造业快速发展的需要。中央财政对数控技术、汽车维修技术、计算机应用与软件技术、电工电子技术、建筑技术五大专业领域的实训基地建设给予扶持。中央财政专项资金对各地不同的职业教育实训基地建设采用不同的支持方式：对东部等经济发达地区，在奖励方式上以贴息为主；对中西部地区以补助为主。中央财政专项资金主要用于实训基地的设备更新和购置。

2005年，《中央财政支持的职业教育实训基地建设项目支持奖励评审试行标准》提出，在2004年9个试点省市职业教育实训基地建设工作经验的基础上，中央财政进一步加大专项资金的投入力度，继续支持和引导各地职业教育实训基地建设工作。计划经过5年左右的努力，在全国引导性奖励、支持建设一批能够资源共享，集教学、培训、职业技能鉴定和技术服务为一体的职业教育实训基地。通过发挥这些基地的骨干作用和带动作用，进而全面推动各职业院校加强职业教育实训基地建设，为培养、培训高质量技能型紧缺人才提供条件保障。

中央财政专项资金支持的职业教育实训基地建设采取两种模式。第一种是区域综合性实训基地(建设型大模式)。按照国家五大经济带分布，与国家各大发展战略的要求相配合，通过几年的逐步投入，在职业院校相对集中的中心城市，建设若干投资额度较大、设备配备较全的区域综合性实训基地。这种基地以地方政府为主进行统筹规划和建设。地方政府为基地建设的日常维护运行建立保障机制。教育部、财政部只对即将建成的或已建成并符合标准的基地给予奖励、支持。第二种是专业性实训基地(建设型小模式)。选择在当地某一专业领域能起骨干示范和辐射作用的职业院校，通过一次性投资，支持建设以服务本校为主，也能与周边职业院校共享的专业性实训基地。

专栏 4-2　国家示范性高等职业学校建设计划

为提高职业院校的办学水平和质量，2005 年，《国务院关于大力发展职业教育的决定》提出“实施职业教育示范性院校建设计划”，在整合资源、深化改革、创新机制的基础上，重点建设 100 所示范性高等职业院校，使其在深化改革、创新体制和机制方面发挥相应的示范作用。

国家示范性高等职业院校建设计划于 2006 年由教育部、财政部联合启动。根据《教育部财政部关于实施国家示范性高等职业院校建设计划加快高等职业教育改革与发展的意见》，项目采取地方部门推荐、专家评审立项、年度绩效考核、分期安排经费的方式，按照申报预审、评审立项、验收挂牌的操作程序，分年度、分步骤实施。中央财政对入选的示范院校一次确定经费并 3 年到位，逐年考核项目，适时调整。项目在 2006—2010 年重点支持 100 所高等职业院校，使之成为发展、改革、管理的模范。该项目的资金投入原则是以地方投入为主，积极吸纳社会、企业的资金，中央财政发挥引导和推广的作用。中央专项共投入约25.5亿元，引导地方财政投入逾60亿元，行业企业投入15亿元。中央财政安排的专项资金主要用于支持示范院校改善教学试验实训条件，兼顾专业带头人和骨干教师培养、课程体系改革、共享型专业教学资源库建设等。地方专项资金主要用于项目院校的教学实训基础设施建设、师资队伍建设、课程建设等，并逐年提高示范院校的生均经费标准。

为创新高等职业教育办学体制机制，深化教育教学改革，提高人才培养质量和办学水平，全面提升服务经济社会发展的能力，2010年，根据《教育部财政部关于进一步推进“国家示范性高等职业院校建设计划”实施工作的通知》，在已建设100所国家示范性高等职业院校的基础上，教育部和财政部决定新增100所左右骨干高职院校，以此继续推进“国家示范性高等职业院校建设计划”。要求各地要将骨干高职院校建设纳入本地区经济社会发展规划，优化发展环境，加大对骨干高职院校的支持力度，加强基础能力建设，保证办学经费足额到位。项目时期为2010—2012年，投入约20.5亿元。从项目实施的要求来看，骨干高职院校建设按照地方推荐、评审立项、年度考核、动态管理、分期安排经费的方式，分年度、分步骤实施。2010年遴选了40所左右高职院校，2011年、2012年又分别了遴选30所左右，2015年完成全部项目的验收工作。

2015年，教职成司报送了《高等职业教育创新发展行动计划(2015—2018年)》实施方案，指出《高等职业教育创新发展行动计划(2015—2018年)》是高等职业教育面向“十三五”的持续深入而推进改革发展的行动指南。该文件规定的任务(项目)涉及教育、发展改革、财政、人力资源与社会保障、农业、扶贫等相关部门，要求各地教育行政部门要主动发挥统筹规划、综合协调作用，积极争取相关部门支持，主动承担更多建设任务(项目)。

2016 年，财政部、教育部修订了《现代职业教育质量提升计划专项资金管理办法》，该文件指出专项资金管理要遵循“中央引导、省级统筹，科学规划、合理安排，责任清晰、规范管理，专款专用、注重实效”的原则。专项资金由财政部、教育部根据党中央、国务院有关决策部署和职业教育改革发展工作重点确定支持内容。

2014 年，《教育部关于开展现代学徒制试点工作的意见》决定稳步推进现代学徒制的试点工作，通过财政资助、政府购买等奖励保障措施，引导企业和职业院校积极开展现代学徒制试点。2017 年，《教育部办公厅关于做好 2017 年度现代学徒制试点工作的通知》发布，决定进一步开展第二批现代学徒制试点工作，并制定了相应的工作方案，进一步完善试点内容、试点形式与保障措施等方面的相关规定。

三、地方财政投入的增加与不平衡

在公共财政预算内教育经费收入中，长期以来地方政府是职业教育投入的绝对主体，尽管中央政府的财政投入近年来略有增加，但占比变化不大。这是由我国职业教育“地方政府负责”的管理体制决定的，与我国职业教育地方办学为主的格局是一致的。

中国教育经费统计年鉴的数据显示(见表 4-3)，2006 年中央教育部门和其他部门的高职高专财政预算内教育经费投入约为 0.3 亿元，而地方教育部门和其他部门的高职高专财政预算内教育经费投入约为 134 亿元。到 2015 年，中央教育部门和其他部门的高职高专财政预算内投入约为 7 亿元，地方教育部门和其他部门的高职高专财政预算内投入约为1 020.7 亿元。地方政府的财政预算内教育经费投入始终占投入总额的 98%以上。2006 年，中央教育和其他部门的中职财政预算内教育经费投入约为 1.1 亿元，而地方教育和其他部门的中职财政预算内教育经费投入约为 299.3 亿元。到 2015 年，中央教育和其他部门的中职财政预算内投入约为1.3亿元，地方教育和其他部门的中职财政预算内投入约为1 778.6亿元。地方政府的财政预算内教育经费投入始终占99%以上。

表4-3 中央、地方教育部门和其他部门的财政预算内教育经费投入

年份	高职高专		中职	
	中央部门经费投入(亿元)	地方部门经费投入(亿元)	中央部门经费投入(亿元)	地方部门经费投入(亿元)
2006	0.3	134.0	1.1	299.3
2007	1.8	211.6	0.9	428.6
2008	2.6	291.5	0.9	552.0
2009	3.0	349.0	0.9	673.5
2010	5.0	419.7	0.9	795.6
2011	4.8	566.1	1.4	996.6
2013	5.8	716.6	1.8	1 349.1
2014	3.3	824.5	1.2	1 492.3
2015	7.0	1 020.7	1.3	1 778.6

注：中职学校包括成人中专；地方部门的经费投入中包括中央政府通过各类专项资金划拨的转移支付资金。

从全国范围来看，各地的职业教育财政投入并不均衡。中国教育经费统计年鉴的数据显示(见表4-4)，2015年各地区地方普通高职高专学校的财政投入呈现出较大的不均衡。从公共财政预算安排的教育经费来看，青海预算内教育经费投入最低，约为3.95亿元；江苏预算内教育经费投入最高，约为95.08亿元，约是青海省的24.07倍；第二高的是广东，约为85.80亿元，是青海的21.7倍。从生均财政预算内教育支出来看，山西最低，为8 091.42元；北京最高，为57 388.92元，约为山西的7.09倍；第二高的是西藏，为33 698.60元，约是山西的4.16倍。

表 4-4　2015 年各地区地方普通高职高专学校财政投入情况

地区	公共财政预算安排的教育经费(千元)	生均财政预算内教育支出(元)	地区	公共财政预算安排的教育经费(千元)	生均财政预算内教育支出(元)
北京	3 413 742	57 388.92	湖北	4 777 424	12 575.25
天津	3 305 196	19 554.52	湖南	4 691 080	8 938.51
河北	3 149 279	10 154.62	广东	8 580 059	13 532.50
山西	2 412 353	8 091.42	广西	2 942 301	12 835.53
内蒙古	3 375 228	19 088.84	海南	602 520	15 641.26
辽宁	2 696 163	10 464.51	重庆	2 553 895	10 637.27
吉林	1 707 564	14 053.37	四川	3 680 593	12 190.27
黑龙江	2 306 800	13 382.50	贵州	2 511 221	10 284.44
上海	2 528 823	24 990.08	云南	1 849 239	12 821.91
江苏	9 508 283	14 823.07	西藏	555 371	33 698.60
浙江	5 634 413	14 444.36	陕西	3 285 179	11 705.93
安徽	4 415 745	9 706.40	甘肃	2 663 893	19 475.91
福建	3 771 421	11 545.28	青海	395 208	15 357.58
江西	3 176 735	11 959.29	宁夏	744 008	20 155.06
山东	5 678 882	10 246.79	新疆	2 485 929	18 436.90
河南	5 684 423	9 742.11			

中国教育经费统计年鉴的数据显示(见表 4-5)，2015 年各地区地方中等职业学校的财政投入也呈现出较大的不均衡。从公共财政预算安排的教育经费来看，西藏预算内教育经费投入最低，约为 6.54 亿元；广东预算内教育经费投入最高，约为 186.78 亿元，约为西藏的 28.56 倍；第二高的是山东，约为 157.29 亿元，约为西藏的 24.05 倍。从生均财政预算内教育支出来看，河南最低，为6 901.60 元；西藏最高，为 39 519.48 元，约为河南的 5.7 倍；第二高的是北京，为 35 571.34 元，是河南的 5.2 倍。

表 4-5　2015 年各地区地方中等职业学校财政投入情况

地区	公共财政预算安排的教育经费(千元)	生均财政预算内教育支出(元)	地区	公共财政预算安排的教育经费(千元)	生均财政预算内教育支出(元)
北京	6 762 925	35 571.34	湖北	5 133 921	13 229.19
天津	2 772 726	26 480.96	湖南	5 905 159	8 609.31
河北	7 958 915	12 096.56	广东	18 677 923	10 539.24
山西	5 048 196	11 673.51	广西	5 947 505	9 700.34
内蒙古	4 210 588	16 603.40	海南	1 851 895	12 954.00
辽宁	5 094 359	11 401.84	重庆	4 648 426	9 652.59
吉林	3 504 375	18 684.38	四川	7 692 688	9 143.17
黑龙江	3 801 657	13 656.18	贵州	4 629 053	7 090.72
上海	5 951 298	27 224.38	云南	5 674 469	9 878.05
江苏	14 987 012	12 598.00	西藏	654 132	39 519.48
浙江	10 794 938	16 320.28	陕西	3 281 429	8 677.34
安徽	6 297 579	8 533.52	甘肃	3 264 541	12 129.96
福建	5 335 392	11 964.74	青海	972 822	11 023.95
江西	3 888 632	7 384.28	宁夏	935 688	10 516.09
山东	15 729 467	12 454.04	新疆	3 123 351	12 881.86
河南	8 827 871	6 901.60			

四、生均经费保障制度的建立

在经费投入方面，中央政府陆续出台一系列政策，目的是在全国范围内建立并完善职业教育生均经费保障制度。《职业教育法》第二十七条规定："省、自治区、直辖市人民政府应当制定本地区职业学校学生人数平均经费标准。"《国家中长期教育改革和发展规划纲要(2010—2020 年)》也明确要求省级政府制定和实施职业院校生均经费政策。教育部、财政部在近年印发的文件中再三要求各地建立职业院校生均拨款制度。2006年《教育部财政部关于实施国家示范性高等职业院校建设计划加快高等职业教育改革与发展的意见》指出："到'十一五'末，保证示范院校的生均预算内拨款标准达到本地区同等类型普通本科院校的生均预算内经费标准。"2011年《教育部关于推进中等和高等职业教育协调发展的指导意见》把这一要求扩展至所有高等职业学校，即"高等职业学校逐步实现生均预算内拨款标准达到本地区同等类型普通本科院校的生均预算内经费标准。中等职业学校按编制足额拨付经费"。

2014年6月，教育部等部门印发《现代职业教育体系建设规划(2014—2020年)》明确要求，2015年年底前，各地依法出台职业院校生均经费标准或公用经费标准。2014年，《财政部教育部关于建立完善以改革和绩效为导向的生均拨款制度加快发展现代高等职业教育的意见》发布，中央财政通过"以奖代补"机制，在全国建立以改革和绩效为导向的生均拨款制度，要求各地"因地制宜、科学合理地确定高职院校生均拨款标准(综合定额标准或公用经费定额标准)，并逐步形成生均拨款标准动态调整机制"，"2017年各地高职院校年生均财政拨款水平应当不低于12 000元"。这一文件的出台使我国高职院校办学经费首次有了国家制度保障。2014年，中央财政下拨奖补资金64亿元，以激励各地实施这一拨款制度。截至2014年5月，全国有15个省级行政区出台了中等职业教育生均拨款标准，20个省级行政区出台了高等职业教育生均拨款标准，但部分地区的职业教育经费投入还未建立制度保障体系。①

根据2016年的统计数据，各省级行政单位公办高职院校生均财政拨款水平如表4-6所示(不含港澳台)。

① 练玉春：《一点二三万亿为职业教育带来哪些变化？——教育部财务司负责人答记者问》，载《光明日报》，2014-07-01。

表 4-6 2016 年各省级行政单位公办高职院校年生均财政拨款水平区间分布情况

省级行政单位	学校数（个）	生均拨款中位数（元）	<3 000 元学校数（个）	3 000～6 000 元学校数（个）	6 000～9 000 元学校数（个）	>9000 元学校数（个）
北京市	15	48 888	0	0	0	15
上海市	11	26 730	1	0	1	9
西藏自治区	2	21 228	0	0	0	2
内蒙古自治区	26	16 167	2	0	3	21
吉林省	17	14 900	0	1	3	13
青海省	6	14 664	0	1	0	5
新疆维吾尔自治区	14	14 625	0	0	2	12
江苏省	63	14 347	2	2	1	58
海南省	4	14 270	1	0	0	3
宁夏回族自治区	9	13 732	1	2	1	5
天津市	24	13 674	4	1	0	19
浙江省	40	13 668	2	1	6	31
新疆生产建设兵团	2	13 526	0	1	0	1
广东省	53	13 215	3	5	9	36
甘肃省	20	11 959	1	0	3	16
陕西省	27	11 841	0	2	3	22
福建省	33	11 706	2	4	4	23
黑龙江省	36	11 243	2	3	6	25
四川省	44	11 166	5	0	3	36
辽宁省	36	10 917	2	0	9	25
安徽省	58	10 800	7	1	6	44
重庆市	24	10 566	1	1	2	20
云南省	27	10 339	4	0	0	23
山东省	60	10 192	5	0	15	40
湖北省	45	9 728	5	8	6	26
广西壮族自治区	26	9 559	1	2	4	19
河南省	52	9 416	5	5	13	29
山西省	41	9 100	4	4	12	21
贵州省	26	9 062	3	4	6	13
湖南省	59	8 989	5	3	22	29
江西省	44	8 938	3	3	17	21
河北省	49	8 900	7	5	14	23

根据各高职院校上报的质量年报，2016 年，有 14 个省级行政单位的生均财政拨款中位数超过了 12 000 元，但还有 18 个省级行政单位低于 12 000 元。各地的高职生均财政拨款水平差异悬殊，中位数最高的为北京市(48 888 元)，最低的是河北省(8 900 元)，前者约为后者的 5.5 倍。

与此同时，中等职业教育的生均拨款制度政策也有进展。2015《关于建立完善中等职业学校生均拨款制度的指导意见》下发，从责任划分来看，地方是建立完善中职学校生均拨款制度的责任主体，中央财政通过“以奖代补”方式，引导各地建立完善的中职学校生均拨款制度。在经费投入上，坚持以政府投入为主，积极引导社会资本投入，建立健全政府、行业、企业及其他社会力量依法筹集经费的多元投入机制。该文件制定的目标为：到 2016 年底，各地应当建立完善的中职学校生均拨款制度，不断提高生均拨款水平，逐步建立生均拨款标准动态调整机制；到 2020 年，建立起与社会主义市场经济体制相适应、基本满足事业发展需要的中职教育多元经费投入体系，形成以政府投入为主，行业、企业及其他社会力量共同支持的经费投入长效机制。从政策施行的范围来看，各地建立完善中职学校生均拨款制度，力求覆盖全部公办中职学校(包括普通中专、成人中专、职业高中、技工学校)和高等职业学院附属中专班。各地要根据本地区经济社会发展水平、职业教育发展规划、专业办学成本差异、财力状况等因素，因地制宜、科学合理地确定中职学校生均拨款标准。

五、不断提高城市教育费附加用于职业教育的比重

2002 年《国务院关于大力推进职业教育改革与发展的决定》规定：“城市教育费附加安排用于职业教育的比例不低于 15%，已经普及九年义务教育的地区不低于 20%，主要用于职业学校实验实习设备的更新和办学条件的改善。”2005 年 10 月，《国务院关于大力发展职业

教育的决定》将城市教育费附加用于职业教育的比例提高，要求："从2006年起，城市教育费附加安排用于职业教育的比例，一般地区不低于20%，已经普及九年义务教育的地区不低于30%。"2014年《国务院关于加快发展现代职业教育的决定》进一步提出，地方教育附加费用于职业教育的比例不低于30%。

六、明确企业投入责任，提高质量，保障水平

企业应足额提取职业教育培训经费，履行企业社会责任。2002年8月，《国务院关于大力推进职业教育改革与发展的决定》明确提出："一般企业按照职工工资总额的1.5%足额提取教育培训经费，从业人员技术素质要求高、培训任务重、经济效益较好的企业可按2.5%提取，列入成本开支。"2005年《国务院关于大力发展职业教育的决定》要求企业认真落实上述规定，足额提取教育培训经费，主要用于企业职工特别是一线职工的教育和培训。2014年《国务院关于加快发展现代职业教育的决定》要求，企业提取的教育培训经费"用于一线职工教育培训的比例不低于60%。除国务院财政、税务主管部门另有规定外，企业发生的职工教育经费支出，不超过工资薪金总额2.5%的部分，准予扣除；超过部分，准予在以后纳税年度结转扣除"。

专栏4-3 地方职业教育财政投入创新实践

2008年5月，辽宁省出台《辽宁省中等职业学校生均经费标准指导意见》，决定实行分类型、分专业、分地区的中等职业学校生均经费标准，并规定2009—2010年省及各市所属中等职业学校生均经费应以不低于10%的幅度增长。这标志着辽宁省中等职业教育经费投入保障的长效机制开始建立。① 2011年11月青海省教育厅出台《关于

① 高红梅、赵昕、王瑛：《辽宁省中等职业教育质量保障体系建设情况调研报告》，载《现代教育管理》，2009(10)。

推动全省中等职业教育又好又快发展的若干意见》指出：健全多渠道投入机制，逐年增加政府的投入，认真落实城市教育费附加安排用于职业教育的比例不低于30%的规定。

2014年，《中共湖南省委省人民政府关于加快发展现代职业教育的决定》也做出了类似的规定，鼓励企事业单位、社会团体和公民个人对职业院校进行资助和捐赠，其资助和捐赠按照税收法律法规的有关规定享受税收优惠政策。同时还指出，企业要依法履行职工教育和足额提取培训经费的责任，一般企业按照职工工资总额的1.5%足额提取教育培训经费，从业人员技能要求高、实训耗材多、培训任务重、经济效益较好的企业可按2.5%提取，其中用于一线职工教育培训的比例不低于60%。除国务院财政、税务主管部门另有规定外，企业发生的职业教育经费支出，不超过工资薪金总额2.5%的部分，准予扣除；超过部分，准予在以后纳税年度结转扣除。企业技术改造和项目引进时，应按规定比例安排资金用于职业教育培训。对不按规定提取和使用教育培训经费并拒不改正的企业，由县级以上人民政府依法收取企业应当承担的职业教育经费，统筹用于本地区的职业教育。

2014年《长沙市人民政府关于促进高等职业教育改革和发展的意见》提出要完善高等职业教育发展经费保障机制，逐步加大对高职教育的经费投入力度，每年按照全市常住人口人均2元的标准设立职业教育专项经费，支持高等职业教育师资培训、示范性骨干职业学校建设、重点专业建设以及高职教育综合改革试点工作。

2015年《内蒙古自治区人民政府关于加快发展现代职业教育的意见》提出："逐步提高财政性教育经费用于职业教育的比例，足额落实各项配套资金。落实国家关于职业院校生均经费标准政策。逐步建立职业院校助学金覆盖面和补助标准动态调整机制。落实地方教育附加费用于职业教育的比例不低于30%的政策。"此外，"充分利用社会资源发展现代职业教育。加强对企业落实职工教育培训经费政策的监督和检查……鼓励企事业单位、社会团体和公民个人对职业教育捐资助学。对于企业单位、社会团体和公民个人通过非营利的社会团体、国家机关对我区职业教育的捐赠，其捐赠按照现行税收法律规定在税前扣除”。

2010年，《浙江省中长期教育改革和发展规划纲要(2010—2020年)》指出，中等职业教育实行政府、行业、企业及其他社会力量依法筹集经费的分担机制。高等教育实行以举办者投入为主，受教育者合理分担培养成本，学校设立基金接受社会捐赠筹措经费的机制，并推行基本支出拨款与专项经费拨款相配合的制度。2015年《浙江省人民政府关于加快发展现代职业教育的实施意见》中指出了各项政策的保障措施，其中便明确规定了建立健全财政投入稳定增长机制。该文件提出，到2017年，浙江省公办高职院校生均财政拨款达到本科院校水平；浙江省建立中职教育生均经费最低标准制度，到2018年，全省公办中职学校全面落实中等职业教育生均公用经费达到普通高中1.5倍以上的规定；加强对职业教育经费的使用管理，改革经费保障和分配机制，强化推动学校内涵发展的激励作用，切实提高教育经费的使用效益。

七、面临的主要问题与挑战

我国的职业教育在财政投入方面还存在以下问题。

第一，职业教育经费投入与其发展规模不协调。尽管随着职业教育规模的扩大，各级各类职业教育经费投入持续增长，但这与实际需求相比还有很大差距，职业教育仍是各类教育中的“短板”，与其培养规模、应有地位和作用不匹配。2013年，中等和高等职业学校在校生数分别占高中教育阶段、普通高等教育阶段在校生总数的44%和39%，而与之相对应，中职和高职的教育经费分别占到普通高中教育总经费和普通高等教育总经费的38.2%和18.2%。各级职业院校生均经费偏低，2013 年，中职学校生均公共财政预算教育经费仅比普通高中学校多 52.4 元；2013 年，地方高职学校生均公共财政预算教育经费仅相当于普通本科学生的 53%。

第二，职业教育经费来源渠道比较单一，主要呈现“两元”主体结构，一是财政投入，二是学费收入。2013 年，职业教育经费总投入中，财政性经费所占比例为 74%，比 2005 年提高了 29 个百分点。职业教育多渠道筹资能力不强。以高职高专为例，2013 年，高职高专的财政性教育经费与学杂费收入之和占总经费收入的 88.7%；而民办学校中举办者投入与社会捐赠经费分别占总经费收入的 1.4%和 0.3%，比重较低。

第三，不同区域、不同举办主体的院校间的投入失衡加剧。在“分级管理、地方为主”的管理原则下，职业教育以地方为主的办学格局以及中央层面长期缺乏的统一协调的职业教育投入机制，导致职业教育投入呈地域分化。例如，2015 年北京市高职院校生均财政性经费投入最高，超过 3 万元；而中部省份高职院校生均财政性经费投入仅为 2 000 元左右。从地区分布来看，东、中、西部间经费投入差异很大，中西部地区生均公共财政预算经费偏低，生均校舍面积等指标大部分未达标，甚至呈现出严重的“中部塌陷”现象。另外，职业教育多层、多元的拨款机制在客观上已经造成不同举办主体的职业院校在汲取财政资源方面存在明显差异。实证研究表明，在控制地区经济发展水平和财政实力的条件下，不同院校获取财政资源的能力由强到弱依次为：省级非教育部门和省级教育部门所办院校、地市级政府所办院校、地方国有企业所办院校、民办院校。①

第四，在财政资金的使用方面，存在绩效激励不足、问责不足等低效率问题。长期以来，职业教育的拨款机制与教师编制数目、

① 刘云波、郭建如：《不同举办主体的高职院校资源汲取差异分析》，载《教育发展研究》，2015(19)。

学生规模等办学投入要素挂钩，而对衡量职业教育质量的绩效因素考虑不足，财政资金激励出现偏差，不利于职业教育的政策目标的实现。并且在各种职业教育项目建设的过程中，多有重分配、轻评估、轻问责现象。大量职业教育财政专项资金的使用效益并未得到足够的重视。

第二节　对民办职业教育的财政支持加强

截至 2015 年，我国有民办中职学校 2 225 所，占中职学校总数的 19.9%，在校生约 183 万人，约占中职在校生总数的 11%；截至 2016 年，我国有民办高等职业院校 317 所，占全国高职院校总数的 23.3%，民办高等职业院校在校生约 227 万人，约占总数的 21%。尽管近年来民办职业教育在职业教育体系中所占比重略有降低，但民办职业教育仍然是我国职业教育体系的重要组成部分。

一、最新的支持政策

2014 年，国务院出台了《国务院关于加快发展现代职业教育的决定》，规定："引导支持社会力量兴办职业教育。创新民办职业教育办学模式，积极支持各类办学主体通过独资、合资、合作等多种形式举办民办职业教育……探索公办和社会力量举办的职业院校相互委托管理和购买服务的机制。"

同年，在教育部等六部委发布的《现代职业教育体系建设规划(2014—2020 年)》提出，要加快民办职业教育发展步伐，通过一系列措施放宽民办职业教育的政策束缚，鼓励民办职业教育积极创新办学模式，为民办职业教育发展创造有利环境。

专栏 4-4 《现代职业教育体系建设规划(2014—2020 年)》节选

完善鼓励社会力量办学的政策环境。充分发挥社会力量举办职业教育对加快建立现代职业教育体系、激发职业教育发展活力的重要作用。完善各类职业院校设置标准，建立公开透明规范的民办职业教育准入、审批制度，稳步扩大优质民办教育规模。鼓励企业举办或参与举办职业院校，到 2020 年，大中型企业参与职业教育办学的比例达到 80%以上。各地要把社会力量举办的职业院校纳入教育发展规划，推动民办职业院校分类管理试点，健全政府补贴、购买服务、助学贷款、基金奖励、捐资激励等制度，鼓励社会力量参与职业教育办学。对办学规范、管理严格的民办职业院校，逐步实行在核定办学规模内自主确定招生范围和年度招生计划的制度。

创新民办职业教育办学模式。支持发展一批品牌化、连锁化和中高职衔接的民办职业教育集团。积极支持各类办学主体通过独资、合资、合作等多种形式举办民办职业教育，探索发展股份制、混合所有制职业院校。开展社会力量参与公办职业院校改革建立混合所有制职业院校试点，允许社会力量通过购买、承租、委托管理等方式改造办学活力不足的公办职业院校。鼓励民间资本与公办优质教育资源嫁接合作在经济欠发达地区扩大优质职业教育资源。鼓励企业和公办职业院校合作举办混合所有制性质的二级学院。允许社会力量以资本、知识、技术、管理等要素参与办学并享有相应权利，探索在民办职业院校实行职工持股。鼓励专业技术人才、高技能人才在职业院校建设股份合作制的工作室。

2016 年，《国务院关于鼓励社会力量兴办教育促进民办教育健康发展的若干意见》提出创新民办学校体制机制和完善扶持制度的一些相关措施，如“建立分类管理制度。对民办学校(含其他民办教育机构)实行非营利性和营利性分类管理”，以及“落实税费优惠等激励政策。民办学校按照国家有关规定享受相关税收优惠政策”。

2017 年，《国务院办公厅关于深化产教融合的若干意见》第二十五条要求落实财税用地等政策，“落实社会力量举办教育有关财税政策，积极支持职业教育发展和企业参与办学。企业投资或与政府合作建设职业学校、高等学校的建设用地，按科教用地管理，符合《划拨用地目录》的，可通过划拨方式供地，鼓励企业自愿以出让、租赁方式取得土地。”

二、地方政府的实践探索

为支持民办职业教育的发展，积极创新民办职教的办学模式，地方政府主要采取直接投入或补助补贴等方式支持各类民间办学主体扩大办学规模，提升办学质量。据目前各地的实践，财政支持民办职业教育的措施大致可归纳为人（干部任命和教师编制）、财（财政专项、经常性拨款和融资担保）、物（实训基地建设和教学设施建设）三大类，下面分别具体展开。

一是人事制度方面，政府直接选派人员参与民办高职院校的领导和管理，或给予民办高校一定数量的教师编制，“定编不定人”，帮助民办院校稳定教师队伍，这种情况在浙江较为普遍。重庆市教委职成办也出台文件，使重庆正大软件职业技术学院等 5 所民办高校获得中级职称评审权；同等条件下，对民办高校教师申报高级职称给予过关率保障。湖南为减轻民办职校负担，保障教职员工社保医疗待遇，参照浙江、江苏、云南等地的做法，从 2014 年 7 月 1 日起，对民办职业教育学校教师的社会养老保险和医疗保险等，财政对学校应负担的 50％部分给予了全额补助，2015 年财政预算安排了专项补助资金 300 万元。

二是经费方面，目前各地比较普遍的做法是设立民办职业教育扶持和引导专项资金，每所院校均有机会获得，数额在几十万到几百万元之间。此外，除学生奖助学金以外，民办院校还可以与公办院校一同竞争央财、省财关于实训基地建设、示范校建设等专项资金，但获得的机会较少。以北京为例，北京市教委专门为民办教育设立了民办教育引导资金和扶持资金，各高职院校可以竞争申请获得。北京培黎职业学院2012年和2013年共获得了470多万元的民办教育促进项目资金；北京汇佳职业学院被评为北京市示范性高等职业院校，2012年获得352万元的专项资金；北大方正软件技术学院被评为北京市示范性高等职业院校，2014年获得民办项目引导资金(400万元)以及央财的实训基地项目(360万元，其中北京市政府财政配套180万元)。除此之外，北京市教委也有一些覆盖民办高职院校的奖助补贴、党建经费等，民政局有退役士兵培训的补贴，但这些专项资金金额通常较小。

值得强调的是，目前，国内个别地区已经开始实行民办高职院校生均公用经费拨款。上海市利用财政专项引导民办高职发展，扶优、扶强、扶特。到2015年全市11所民办高职院校均有财政专项拨款经费，其中10所院校生均财政专项拨款经费超过1 000元，3所超过6 000元，最高达8 150元。[①] 从2012年起，重庆市政府对民办高职院校按照生均2 000元的标准提供生均公用经费补助，补助标准兼顾办学层次、专业类型等因素。其中，市财政承担80%，区财政承担20%。在补助的同时，明确要求民办高校原有公用经费不退出、不减少，提高了民办高校正常运转保障的水平。对举办方的投入也有所要求，2012—2013年增加举办方投入7.66亿元。同时，为解决民办学校融资难的问题，重庆市政府创新教育担保机制，为民办教育担保贷款。2008年，市政府同意设立教育担保公司，通过采取学校收费权和办学权质押等方式，担保公司为民办教育担保贷款90笔，累计发放12.3亿元贷款，同时学校可享受20%～25%的优

① 刘红：《我国高等职业教育年度报告制度形成历程与发展状况——〈2016年中国高等职业教育质量年度报告〉发布》，载《中国职业技术教育》，2016(22)。

惠担保费率。

三是基础设施建设方面，地方政府一般通过与民办院校合作共建区域性职业教育实训基地来支持民办职业教育的发展。2012年广东岭南职业技术学院与广州开发区高技能人才公共实训基地管理服务中心就合作共建“广州开发区广东岭南职业技术学院实训基地(东校区)”成功签订了10年合约，2013年3月起正式运作。广州开发区高技能人才公共实训基地管理服务中心的设备投资为1.56亿元，已建立数控加工、汽车维修、食品以及食品安全等15个实训中心，实训室52个。学校与基地开展多形式的合作，有1 584名学生实行跨专业公共实训，74名教师参与师资培训，95名企业员工参与职工培训，共建面向学生、企业员工和中高职师资的培训包42个。另外，个别地方对民办职业院校的校园基础设施建设进行补贴，提升其办学的硬件条件，适应升本需求。例如，为扶持湖南同德职业技术学院的专升本工作，长沙市财政在争取到1 000万元专项资金的同时，积极筹措建设资金4 098万元，引导带动学校投入建设资金1.5亿元，先后支持建立实习实训大楼、图书馆和学术交流中心等大型教育教学基础设施，助其成功升格为湖南应用技术学院。

专栏4-5　江苏《省政府关于鼓励社会力量兴办教育促进民办教育健康发展的实施意见》(节选)

对民办学校实行非营利性和营利性分类管理，非营利性民办学校举办者不取得办学收益，办学结余全部用于办学；营利性民办学校举办者可以取得办学收益，办学结余依据国家有关规定进行分配……对2017年9月1日前经批准设立的民办学校，可自主选择为非营利性或者营利性民办学校，原则上在2020年12月31日前完成分类登记，如有需要可延期至2022年12月31日。

建立差别化政策体系。积极鼓励和大力支持社会力量举办非营利性民办学校，各地在政府补贴、购买服务、基金奖励、捐资激励、土地划拨、税收减免等方面对非营利性民办学校给予扶持。对营利性民办学校，可通过购买服务、税收优惠、优先保障供地等方式给予支持。

探索多元主体合作办学。各地要重新梳理民办学校准入条件和程序，进一步简政放权，吸引更多的社会资源进入教育领域。鼓励公办学校与民办学校相互购买管理服务、教学资源、科研成果。推广政府和社会资本合作模式，探索举办混合所有制职业院校。拓宽办学筹资渠道，鼓励组建教育融资担保公司，为民办学校提供贷款担保等服务，对产权明晰、办学行为规范、诚信度高的民办学校发放信用贷款。

注重财政资金引导。鼓励各地设立民办教育发展专项资金，用于发展非营利性民办学校。省财政继续安排民办高等教育发展专项资金，并根据民办高校办学绩效等给予综合奖补。建立健全民办教育政府补贴制度，完善政府购买服务的标准和程序，健全向民办学校购买就读学位、课程教材、政策咨询等教育服务的政策。

落实税收优惠等激励政策。非营利性民办学校按规定享受与公办学校同等税收优惠政策。非营利性民办学校按照税法规定进行免税资格认定后，其符合条件的收入免征企业所得税。对取得社会力量办学许可证的非营利性民办学校承受土地、房屋权属用于教学的，免征契税。对企业办的各类学校、幼儿园自用的房产、土地，免征房产税、城镇土地使用税。对企业支持教育事业的公益性捐赠支出，在年度利润总额12%以内的部分，准予在计算应纳税所得额时扣除；超过年度利润总额12%的部分，准予结转以后3年内在计算应纳税所得额时扣除。从事学历教育的民办学校，对经有关部门审核批准收取的学费、住宿费等免征增值税。民办学校中的一般纳税人，提供非学历教育服务，可选择适用简易计税方法按照3%征收率计算缴纳增值税。对财

> 产所有人将财产赠给学校所立的书据，免征印花税。对从事学历教育的营利性民办学校提供的教育服务免征增值税。
>
> 保障民办学校及其师生合法权益。民办学校在教学改革、专业建设、课题申报、科学研究、评优评先、教研成果奖励、科技平台建设、人才培养工程等方面与公办学校享有同等机会和待遇。高校招生计划增量部分应向办学条件好、管理规范的民办高校倾斜，对社会声誉好、教学质量高、就业有保障的民办高校，可在核定的办学规模内自主确定招生范围和年度招生计划……民办学校应按规定为教职工建立补充养老保险。

三、财政支持民办职业教育发展所面临的问题和挑战

当前财政支持民办职业院校发展所面临的问题和挑战主要有以下几点。

（一）产权不明晰，面临诸多法律和政策上的限制

第一，民办院校的法人属性被界定为民办非企业法人，既非“企业”，也非“事业”。而在现实中，民办院校既要履行企业法人的一系列义务，也享受不了事业法人的优惠政策。而且出资者不能转让，资本不能随法人财产权的扩大而扩大。法律和政策上的矛盾使得民办院校无所适从。第二，当前的《民办教育促进法》对民办院校的收费标准的规定因缺乏操作办法而难以落实。第三，民办院校缺少在税收、土地、融资等方面的相关政策支持，难以享受与公办院校同等的法律地位。以税收为例，由于民办院校的法人属性和相关部门税收优惠政策支持的缺乏，民办院校享受不到与公办学校同等的税费优惠待遇。第四，土地和学校资产不能抵押，民办院校缺乏融资担保服务平台。这些问题都影响了民营资本进入职业教育的积极性。

（二）民办院校教师的社会保险和养老保险相对较低，亟待提高

由于民办院校未被纳入事业单位保险体系，教职工社会保险缴

纳按和退休后的养老金都按企业标准进行，远远低于公办院校教职工的养老金待遇(前者约为后者的25%～45%)。民办院校的教师在福利保障方面难以实现与公办院校教师的同等待遇，导致师资队伍流动性大，出现了很多骨干教师“评上职称就跳槽”的现象。师资队伍的稳定性差已经成为阻碍民办职业院校发展的主要障碍之一，师资队伍的建设会直接影响到职业教育的内涵建设。

(三)在竞争财政专项资金方面，民办院校所获得的机会较少

由于自身基础相对薄弱，民办院校在参与政府部门组织的各种专项项目申请时，比如教师培训、出国学习、横向委托的科研项目等，往往竞争不过公办院校，民办院校能够获得的专项项目较少。并且，在有些地方，民办院校即使成功申请到了专项建设项目，也无法获得应有的财政支持，往往“有名无实”(有称号无资金)，需要自筹资金。这些都影响了民办院校参与财政专项项目的积极性。

(四)PPP模式下对政府监管、项目问责的需求

在政府资助民办职业教育发展(PPP)模式的背景下，已经有越来越多的地区(部分)采用了绩效拨款方式，以项目的产出表现作为经费拨付的标准。在各种模式的财政资助项目中，人们逐步意识到项目的监管问题、资金的使用效益问题以及建设问责机制的重要性，并期望对这些项目进行专业测评，以论证财政资助项目的安全性、合理性与优越性，并应对预算的审核压力。

第三节　中高职学生资助体系逐步确立

改革开放以后，随着社会政治、经济、文化和教育事业的不断发展，我国的中高职学生资助政策发生了很大的变化，由原来单一的人民助学金逐步向多种形式发展。经过了40年的努力，我国已经建立起了以助学贷款为主体，奖学金、助学金、勤工助学、绿色通

道等方式为补充的比较完备的高职学生资助体系。进入21世纪后，随着国家对民生问题重视程度的不断提高，我国中等职业教育也逐步形成了以国家助学金与免学费相结合的学生资助体系。一系列政策的出台对于促进教育公平、推动高职和中职教育的发展发挥了重要的作用。

一、高职学生资助体系

（一）高职奖助学金

改革开放初期，我国在高等职业教育学生资助上一直沿用人民助学金制度。《关于普通高等学校、中等专业学校和技工学校学生实行人民助学金制度的办法》规定，高等师范、体育（含体育专业）和民族学院学生，以及中等专业学校中的师范、护士、助产、艺术、体育和采煤等专业学生的人民助学金，享受面按百分之百计算。其他学生的人民助学金享受面按75%计算。[①]随着社会主义各项事业的兴盛，人民助学金的弊端日益显现出来，如国家财政压力过大、管理混乱等，难以适应高等教育发展的需求。于是在1983年，教育部、财政部联合发布了《普通高等学校本、专科学生人民助学金暂行办法》和《普通高等学校本、专科学生人民奖学金试行办法》两个文件，主要内容为下调了人民助学金的发放比例，实行人民助学金与人民奖学金并行的办法。文件规定师范、体育（含体育专业）、农林和民族院校学生100%享受人民助学金，煤炭、矿业、地质、石油院校（含单设专业）按学生人数的80%、其他各类院校按学生人数的60%编列预算；规定享受人民奖学金学生的人数暂按本、专科学生总人数10%～15%评定，可分为几个等级，每个等级的金额应有高低之别，最高金额每年以不超过150元为宜。这两项办法虽然在某种程度上沿袭了人

① 刘英杰：《中国教育大事典（1949—1990）》，103页，杭州，浙江教育出版社，1993。

民助学金制度，但是缩小了人民助学金的资助范围，并且增加了人民奖学金，这是我国高校学生资助制度改革的一个重要里程碑。①

1986年，国务院批准了《关于改革现行普通高等学校人民助学金制度的报告》，决定试点实行奖学金和学生贷款制度，逐步取消人民助学金制度。1987年，国家教委、财政部发布了《普通高等学校本、专科学生实行奖学金制度的办法》，文件将奖学金分为三种，分别是优秀学生奖学金、专业奖学金和定向奖学金。优秀奖学金用于鼓励德、智、体全面发展的优秀学生，分为三个等级：一等奖学金，每生每年350元，按本、专科学生人数的5%评定；二等奖学金，每生每年250元，按本、专科学生人数的10%评定；三等奖学金，每生每年150元，按本、专科学生人数的10%评定。专业奖学金用于鼓励报考师范、农林、体育、民族、航海等专业的学生，分为三个等级：一等奖学金，每生每年400元，按学生人数的5%评定；二等奖学金，每生每年350元，按学生人数的10%评定；三等奖学金一律按原助学金的标准发给，占学生人数的85%。定向奖学金是为立志毕业后到边疆地区、经济贫困地区和自愿从事煤炭、矿业、石油、地质、水利等艰苦行业的学生设立的，也分为三个等级：一等奖学金，每生每年500元；二等奖学金，每生每年450元；三等奖学金，每生每年400元。三类奖学金的资助对象、资助标准及评定比例存在较大的差异。这次的奖学金制度改革主要是对学习成绩优良的学生进行鼓励，引导学生选择某些专业，以及满足一些行业和地区对高校毕业生的需求。②

20世纪80年代后期至20世纪90年代中后期的这一阶段，高等学校的奖学金政策进入了发展停滞期，但高职学生资助政策仍是以

---

① 朱海艳：《改革开放以来我国大学生资助政策的内容分析》，硕士学位论文，西北师范大学，2010。

② 张建奇：《1983年以来我国大学生资助的演变》，载《现代大学教育》，2003(1)。

奖学金为主，这一时期也出台了一些辅助资助政策，如贷款、勤工助学等。

2002年，财政部、教育部联合印发了《国家奖学金管理办法》，对国家奖学金的资助标准做出了规定：国家奖学金的资助对象为全国普通高等学校的家庭经济困难、品学兼优的全日制本、专科学生，包括当年考入普通高校的全日制本、专科生以及在校全日制本、专科生；国家奖学金分为两个等级，一等国家奖学金的资助额度为每生每年6 000元，每年资助1 000人，二等国家奖学金的资助额度为每人每年4 000元，每年资助35 000人；国家奖学金获得者，其所在学校减免当年的全部学费。这是我国现行国家奖学金制度的基础，也是国家政策首次将家庭经济困难作为奖学金的评定标准之一。

为进一步做好资助高校贫困家庭学生工作，2005年《国家助学奖学金管理办法》发布，对国家助学金的资助标准进行了调整，并提出在高校设立国家助学金。国家奖学金的资助对象为高校中家庭经济困难、品学兼优的全日制本、专科学生，资助额度调整为每人每年4 000元，资助人数为每年5万人；国家助学金的资助对象为高校中家庭经济特别困难的全日制本、专科学生，标准为每生每月150元，每年按10个月发放，每年约资助53.3万名学生。

为了激励普通本科高校、高等职业学校学生勤奋学习、努力进取，在德、智、体、美等方面得到全面发展，2007年6月，根据《国务院关于建立健全普通本科高校高等职业学校和中等职业学校家庭经济困难学生资助政策体系的意见》的相关要求，财政部、教育部相继发布了《普通本科高校、高等职业学校国家奖学金管理暂行办法》《普通本科高校、高等职业学校国家励志奖学金管理暂行办法》《普通本科高校、高等职业学校国家助学金管理暂行办法》三个文件，对国家奖助学金的管理办法做出了新的调整。国家奖学金的资助对象调整为高校全日制本、专科（含高职、第二学士学位）学生中特别优秀的学生，资助标准调整为每人每年 8 000 元；国家励志奖学金用于奖励高校全日制本、专科(含高职、第二学士学位)学生中品学兼优的家庭经济困难学生，奖励标准为每人每年 5 000 元；国家助学金用于资助高校全日制本、专科(含高职、第二学士学位)在校生中的家庭经济困难学生，平均资助标准为每生每年 2 000 元，具体标准在每生每年1 000～3 000元范围内确定，可以分为 2～3 档。

从 2002 年国家奖学金制度的出台，到 2007 年国家新的奖助学金制度的发布，可以看出奖学金与助学金的资助额度有了较大幅度的提升，在作用上也有了较为明确的区分，国家奖学金主要用来“奖优”，而国家助学金主要用于“助困”。此后我国高职奖助学金基本上沿用 2007 年制定的标准，只是在此基础上对先前的政策做了一些修改和补充。如 2010 年，温家宝主持召开国务院常务会议，决定将普通高等学校国家助学金平均资助标准从原来的年生均 2 000 元提高到 3 000 元，惠及 430 万名家庭经济困难学生，占在校生总数的 20%。

(二)高职助学贷款

1987 年 7 月，国家教委、财政部发布了《普通高等学校本、专科学生实行贷款制度的办法》，决定在普通高等学校本、专科学生中实行无息贷款制度，对实行贷款制度的具体办法做出了规定。贷款的申请对象为家庭确有经济困难，不能支付学习期间全部或部分生活费用的学生。每生每年申请贷款额最高不得超过 300 元，贷款的比例应从严控制在本、专科学生人数的 30%以内；特殊情况最高不得超过 35%。针对贷款的偿还，做出了五项规定：学生毕业前，一次或分次还清；学生毕业后，由其所在的工作单位将全部贷款一次垫还给发放贷款的部门；毕业生见习期满后，在 2～5 年内由所在单位从其工资中逐月扣还；毕业生所在的工作单位，可视其工作表现，决定减免垫还的贷款；对于贷款的学生，因触犯国家法律、校纪，而被学校开除学籍勒令退学和学生自动退学的，应由学生家长负责归还全部贷款。从当时的政策来看，虽然新的学生无息贷款政策能够帮助一些经济困难学生获得较为稳定的学费来源，缓解入学压力，但是受到贷款限额和控制比例的影响，仍有相当一部分学生难以获得助学贷款。

1999年，国家助学贷款开始在全国范围内施行，以《关于国家助学贷款管理规定(试行)》的颁布为标志。此文件对贷款发放的期限、利率和贴息以及贷款回收等方面做出了明确的要求：由经办银行根据学生申请，具体确定每笔贷款的期限；国家助学贷款的利率按中国人民银行公布的法定贷款利率和国家有关利率政策执行；学生所借贷款利息的50%由财政贴息，其余50%由学生个人负担；学生所借贷款本息必须在毕业后4年内还清，对于特困生贷款到期无法收回的部分，由提出建议的学校和学生贷款管理中心共同负责偿还(其中学校偿还60%，学生贷款管理中心偿还40%)。此外，文件中还要求学生在申请国家助学贷款时必须具有经办银行认可的担保，并与经办银行签订担保合同。这就导致很多学校为了规避风险，缺乏贷款办理的积极性，使得经济困难学生被阻挡在贷款口外，这些因素的存在导致国家的助学贷款政策发展十分缓慢。①

2004年，国务院办公厅转发了教育部、财政部、人民银行、银监会《关于进一步完善国家助学贷款工作若干意见的通知》，对国家助学贷款政策做出了一些新的调整：借款学生在校期间的贷款利息全部由财政补贴，毕业后全部自付；延长了贷款学生的还贷年限，实行借款学生毕业后视具体就业情况选择在1～2年后开始还贷、6年内还清的做法；实行由政府按隶属关系委托全国和省级国家助学贷款管理中心通过招投标方式确定国家助学贷款经办银行的办法；规定普通高校对借款总额实行包干制度和管理体制，根据不同学历

① 胡珊：《我国大学生助学贷款政策执行过程中存在的问题及对策研究》，硕士学位论文，广西大学，2012。

层次的在校生占总数的比例以及每人每年 6 000 元的标准，计算高校及学生合适的贷款额度。这一政策很好地考虑到了学生的实际情况，并提出了风险防范的措施，标志着国家助学贷款的发展进入了新的阶段。

2006 年，财政部、教育部联合发布了《高等学校毕业生国家助学贷款代偿资助暂行办法》，财政部、教育部决定自 2006 年起，自愿到西部地区和艰苦边远地区县级人民政府驻地以下地区(不含县级人民政府)基层单位工作，服务期达到 3 年以上(含 3 年)的高校毕业生(含高职)，其在校学习期间的国家助学贷款本金及其全部偿还之前产生的利息由中央财政代为偿还。这一政策在一定程度上能够为西部地区和艰苦边远地区吸纳建设人才，又能够帮助减轻家庭经济困难学生的还款负担。

2007 年《国务院关于建立健全普通本科高校高等职业学校和中等职业学校家庭经济困难学生资助政策体系的意见》将生源地信用贷款纳入了国家助学贷款的范畴，使其享有与国家助学贷款同等的优惠政策。同年财政部、教育部、国家开发银行印发《关于在部分地区开展生源地信用助学贷款试点的通知》，决定在江苏、湖北、重庆、陕西、甘肃 5 省市开展生源地信用助学贷款试点工作。[①] 2009 年，财政部、教育部联合发布了《高等学校毕业生学费和国家助学贷款代偿暂行办法》，对 2006 年的助学贷款代偿政策进行了补充调整，扩大了毕业生就业的中西部的地域范围。

2015 年，教育部、财政部联合发布了《关于完善国家助学贷款政策的若干意见》，为进一步提升国家助学贷款政策的实施效果，教育部、财政部决定从利息补贴、贷款最长期限、还本宽限、还款救助机制等方面采取措施，切实减轻借款学生经济负担。具体包括以下

① 《国家学生资助政策十年大事记》，载《人民日报》，2017-02-21。

几点：学生在读期间贷款利息全部由财政补贴，借款学生毕业后，在还款期内继续攻读学位的，可申请继续贴息；贷款最长期限从14年延长至20年，原校园地国家助学贷款期限为学制加6年、最长不超过10年，原生源地信用助学贷款期限为学制加10年、最长不超过14年，现统一调整为学制加13年、最长不超过20年；还本宽限期由原来的2年延长至3年整，还本宽限期从还款计划确认开始，计算至借款学生毕业后第36个月的月底，在还款期内继续攻读学位的借款学生再读学位毕业后，仍可享受36个月的还本宽限期；建立还款救助机制，对因病丧失劳动能力、家庭遭遇重大自然灾害、家庭成员患有重大疾病以及经济收入特别低的毕业借款学生，如确实无法按期偿还贷款，可向经办机构提出救助申请并提供相关书面证明，经办机构核实后，可启动救助机制为其代偿应还本息。作为高校学生资助体系的重要组成部分，国家助学贷款经过多年探索和完善，逐步形成了符合中国国情和高校特点的发展模式，取得了显著成效，为确保高校家庭经济困难学生顺利完成学业发挥了重要作用。

（三）高职其他资助：绿色通道、勤工助学等

除了奖助学金、助学贷款，勤工助学和绿色通道也是高职学生资助体系中的重要组成部分。1990年，国家教委在《普通高等学校学生管理规定》中提出，学校提倡和支持学生开展勤工俭学活动，依法保护学生以诚实劳动和服务获得的收入，并对勤工助学的内容、范围等做出了相应的要求。根据1993年发布的《关于进一步做好高等学校勤工助学工作意见的通知》的文件精神，为使高等学校勤工助学活动具有稳定、可靠的经费来源，使勤工助学活动逐步走向经常化、规范化，使家庭经济困难的学生，尤其是特困生得到有效资助，国家教委、财政部于1994年颁发了《关于在普通高等学校设立勤工助学基金的通知》，决定在普通高等学校设立勤工助学基金，同时对基金的经费来源、经费使用等方面做出了说明。勤工助学基金主要有

四个来源：在教育事业费中，根据国家任务学生数，按每生每月 3～5 元标准提取的经费；从学杂费收入中划出 5%的经费；从学校预算外收入中划出一定比例的经费；基金增值。经费专门用于在校内勤工助学活动中支付给学生劳动报酬，要求各校必须优先安排家庭经济困难的特困生参加勤工助学。对通过勤工助学方式进行资助仍难以完成学业的学生，学校可按国家任务学生 5%的比例、平均每生每月 50 元的标准从该基金中统筹一部分经费，根据特困生困难程度划分层次，进行不定期困难资助。勤工助学基金需专项管理、集中使用，不得挤占和挪用，且不得平均发放。至此，高校学生勤工助学活动有了稳定可靠的经费保障，能在一定程度上改善经济困难学生的生活，通过勤工助学，也能引导学生热爱劳动，培养学生独立自强的精神，起到育人的作用。

2005 年 4 月，共青团中央、教育部联合发布了《关于进一步做好大学生勤工助学工作的意见》，明确指出大学生勤工助学工作的内容包括“挖掘校内勤工助学岗位”和“拓展校外勤工助学资源”两方面，同时要求各高校要设立专门的勤工助学服务中心作为服务学生勤工助学活动的专职机构，原则上学生每周勤工助学的时间不能超过 8 小时，每小时劳动报酬不低于 8 元。

为规范管理高等学校学生勤工助学工作，促进勤工助学活动健康、有序开展，保障学生的合法权益，教育部、财政部于 2007 年联合印发了《高等学校勤工助学管理办法》，对校内勤工助学岗位的设置、勤工助学酬金标准及支付、法律责任等方面做出了明确的规定。具体内容包括以下三点。一是校内勤工助学岗位设置以工时定岗位，按每个家庭经济困难学生月平均上岗工时不低于 20 小时为标准，分固定岗位和临时岗位；学生参加勤工助学的时间原则上每周不超过 8 小时，每月不超过 40 小时。二是从薪酬标准及其支付来看，校内固定岗位按月计酬，原则上不低于当地政府或有关部门制定的最低工资标准；校内临时岗位按小时计酬，原则上不低于每小时8元。三是开展勤工助学活动时必须签署具有法律效力的协议书，协议书必须明确各方的权利和义务，若出现协议纠纷或学生意外伤害事故，协议各方应按照签订的协议协商解决。这一政策的出台使得学生在勤工助学活动中的劳动报酬能够得到保证，明确了各方的法律责任，保障学生的人身安全与合法权益。

此外，为切实保证贫困家庭学生顺利入学，2000年，教育部、财政部、国家发改委规定各高校必须建立“绿色通道”制度，对被录取的经济困难的新生，一律先办理入学手续，然后再根据核实后的情况，分别采取不同的资助措施。[①] 2007年7月，教育部、财政部又发布了《关于认真做好2007年高等学校新生入学“绿色通道”和贯彻落实新资助政策有关工作的通知》，对“绿色通道”工作的开展进行了部署，并通过加大宣传力度、向新生发放《高等学校学生资助政策简介》、加强监督检查、开通热线电话等途径确保新资助政策的有关工作得到落实。

二、中职学生资助体系

（一）中职助学金

1977—1986年，中职学校在学生资助上实行人民助学金制度。1977年教育部、财政部联合印发的《关于普通高等学校、中等专业学校和技工学校学生实行人民助学金制度的办法》根据工资地区类别对中等专业学校和技工学校学生享受的人民助学金标准做出了相应的规定，如表4-7所示。

① 余秀兰：《60年的探索：建国以来我国大学生资助政策探析》，载《北京大学教育评论》，2010(1)。

表 4-7　1977 年中等专业学校和技工学校学生人民助学金标准

助学金标准	工资地区类别								
	3	4	5	6	7	8	9	10	11
中等专业学校、技工学生助学金金额（元）	15	16	16.5	17	18	19	20	21	22
其中伙食费的金额（元）	12	13	13.5	14	15	16	17	18	19

其中的伙食费一律拨给食堂，不直接发给学生本人。1977 年的资助政策是对以往人民助学金制度的一种恢复，它不可避免地带有平均主义的弊端，并且给国家造成了沉重的财政压力，随着政治、经济体制改革的进行，对中职学生资助体制的改革也成为必然。

1986 年人民助学金制度完全退出了历史的舞台，20 世纪 90 年代到 21 世纪初，随着一系列收费政策、助学贷款政策的出台，中等职业教育学生资助开始转向了奖学金、贷学金与收费相结合的模式，这一时期的中职助学金政策走向了停滞。进入 21 世纪，随着国家对民生问题的重视程度不断提高，中等职业教育逐步形成了以国家助学金与免学费相结合的学生资助体系。

2007 年国务院发布了《国务院关于建立健全普通本科高校高等职业学校和中等职业学校家庭经济困难学生资助政策体系的意见》，将中等职业教育纳入了国家助学金制度的范畴，规定中等职业教育国家助学金的资助对象为所有全日制在校农村学生和城市家庭经济困难学生；资助标准为每生每年 1 500 元；在资助年限上，采取国家资助两年，第三年实行学生工学结合、顶岗实习的办法。同年 6 月，教育部和财政部又发布了《中等职业学校国家助学金管理暂行办法》这一配套文件，这是我国中等职业教育国家助学金政策正式开始实行的标志。

针对中职国家助学金发放过程中存在的一些问题，如个别地区和学校违纪违法，虚报学生人数套取国家助学金，2010年，中国人民银行、财政部、教育部、人力资源和社会保障部发出《关于全面推行中职学生资助卡加强中职国家助学金发放监管工作的通知》，要求国家助学金统一通过中职卡发放，不得以任何形式抵顶或扣减国家助学金，加强了助学金发放过程中的监管工作。

2016年12月，财政部、教育部与人力资源和社会保障部修订并印发了《中等职业学校国家助学金管理办法》，对中等职业学校国家助学金管理办法进行了调整。具体内容包括：政策的适用范围为实施全日制中等学历教育的各类职业学校，包括公办和民办的普通中专、成人中专、职业高中、技工学校和高等院校附属的中专部、中等职业学校等；中等职业学校国家助学金的资助对象为具有中等职业学校全日制学历教育正式学籍的一、二年级在校涉农专业学生和非涉农专业家庭经济困难学生；国家助学金按学期申请和评定，新生和二年级学生在新学年开学一周内向就读学校提出申请，并递交相关证明材料；实行每生每年2 000元的资助标准，由中央和地方政府共同出资；国家助学金通过学生资助卡按月发放给受助学生。

2016年，全国有249.21万中等职业学校学生享受国家助学金政策。其中，西部地区120.46万人，占享受国家助学金总人数的48.34%；中部地区87.05万人，占34.93%；东部地区41.70万人，占16.73%。全国各级财政共投入中等职业学校国家助学金资助资金49.84亿元，占中职学校资助总额的15.01%。其中，中央财政资金32.01亿元，占助学金资助资金总额的64.23%；地方财政资金17.83亿元，占35.77%。①

① 教育部：《新闻发布会散发材料——2016年中国学生资助发展报告》，http://www.moe.edu.cn/jyb_xwfb/xw_fbh/moe_2069/xwfbh_2017n/xwfb_170228/170228_sfcl/201702/t20170228_297543.html，2018-03-20。

（二）中职免学费政策

2009 年，《关于中等职业学校农村家庭经济困难学生和涉农专业学生免学费工作的意见》出台，确定从 2009 年秋季学期起，对中等职业学校农村家庭经济困难学生和涉农专业学生实行免学费，中等职业教育免学费工作正式启动。这是中职领域继 2007 年实施国家助学金制度以来又一项重大举措。政策同时规定：对免学费导致学校收入减少的部分，第一、第二学年由中央财政统一按照每生每年平均 2 000 元标准，与地方财政按比例分担，第三学年学校因免除学费导致的运转经费缺口，原则上由学校通过校企合作和顶岗实习等方式获取的收入予以弥补；对在正规的民办中等职业学校就读的一、二年级符合免学费政策条件的学生，按照当地同类型同专业公办中等职业学校免除学费的标准给予补助。

为进一步增强中等职业教育的吸引力，促进教育公平，从 2010 年秋季起，免学费政策的对象扩大到城市家庭经济困难学生。到 2012 年，中职免学费政策的受惠对象进一步扩大，公办中等职业学校全日制正式学籍一、二、三年级在校生中所有农村（含县镇）学生、城市涉农专业学生和家庭经济困难学生免除学费（艺术类相关表演专业学生除外）。并且对第三学年由财政不资助转变为原则上由学校通过校企合作和顶岗实习等方式获取的收入予以弥补，不足部分由财政按照不高于三年级享受免学费政策学生人数 50％的比例和免学费标准，适当补助学校。至此，中职免学费政策全面铺开。

为规范和加强中等职业教育免学费补助资金的管理，提高资金使用效益，2016 年财政部、教育部、人力资源和社会保障部共同印发了《中等职业学校免学费补助资金管理办法》的通知，就加强免学费补助资金的监督检查和绩效管理做出了更为细致的规定。

2016 年，全国有 1 000.53 万名中等职业学校学生享受免学费政策，其中，西部地区308.73万人，占享受免学费资助学生总数的30.86%；中部地区323.35万人，占32.32%；东部地区368.45万人，占36.83%。全国各级财政共投入中等职业学校免学费补助资金200.11亿元。其中，中央财政资金为107.30亿元，占免学费补助资金总额的53.62%；地方财政资金为92.81亿元，占46.38%。①

① 教育部：《新闻发布会散发材料——2016年中国学生资助发展报告》，http://www.moe.edu.cn/jyb_xwfb/xw_fbh/moe_2069/xwfbh_2017n/xwfb_170228/170228_sfcl/201702/t20170228_297543.html，2018-03-20。

第五章

职业教育与培训体系建设

第一节　建立现代职业教育体系

现代职业教育体系最初是作为我国的一个教育政策性概念出现在国家的政策文件中的，随着社会的发展，其内涵也在不断演变。1985 年，《中共中央关于教育体制改革的决定》就提出“职业技术教育体系”，具体内容为：“逐步建立起一个从初级到高级、行业配套、结构合理又能与普通教育相互沟通的职业技术教育体系。”随后，1996 年《中华人民共和国职业教育法》第十二条提出：“国家根据不同地区的经济发展水平和教育普及程度，实施以初中后为重点的不同阶段的教育分流，建立、健全职业学校教育与职业培训并举，并与其他教育相互沟通、协调发展的职业教育体系。”

2002 年，在《国务院关于大力推进职业教育改革与发展的决定》中，国家首次提出“现代职业教育体系”一词，并要求：“初步建立起适应社会主义市场经济体制，与市场需求和劳动就业紧密结合，结构合理、灵活开放、特色鲜明、自主发展的现代职业教育体系。”自此，现代职业教育体系不断出现在国家的政策文件中。

国家在职业教育发展的相关政策文件中不断提出要进一步完善

我国现代职业教育体系。2005年《国务院关于大力发展职业教育的决定》提出："进一步建立和完善适应社会主义市场经济体制. 满足人民群众终身学习需要，与市场需求和劳动就业紧密结合，校企合作、工学结合，结构合理、形式多样，灵活开放、自主发展，有中国特色的现代职业教育体系。"2010年，《国家中长期教育改革和发展规划纲要(2010—2020年)》提出："到2020年，形成适应经济发展方式转变和产业结构调整要求、体现终身教育理念、中等和高等职业教育协调发展的现代职业教育体系，满足人民群众接受职业教育的需求，满足经济社会对高素质劳动者和技能型人才的需要。"2014年，《国务院关于加快发展现代职业教育的决定》再次提到："到2020年，形成适应发展需求、产教深度融合、中职高职衔接、职业教育与普通教育相互沟通，体现终身教育理念，具有中国特色、世界水平的现代职业教育体系。"国家政策文件对现代职业教育体系的内涵不断从发展性、衔接性、沟通性、终身性、中国特色等角度进行丰富和加深。

2014年6月，《现代职业教育体系建设规划(2014—2020年)》发布。该文件明确提出了职业教育发展的总体目标是："牢固确立职业教育在国家人才培养体系中的重要位置，到2020年，形成适应发展需求、产教深度融合、中职高职衔接、职业教育与普通教育相互沟通，体现终身教育理念，具有中国特色、世界水平的现代职业教育体系，建立人才培养立交桥，形成合理教育结构，推动现代教育体系基本建立、教育现代化基本实现。"建设现代化职业教育体系的规划进一步详细和完善，建设现代职业教育体系的政策目标正式确立。

《现代职业教育体系建设规划(2014—2020年)》按照终身教育的理念，在国家层面对职业教育的层次结构、终身学习体系、办学类型和贯通体系进行顶层设计，明确了现代职业教育的体系框架和总体布局，如图5-1所示。

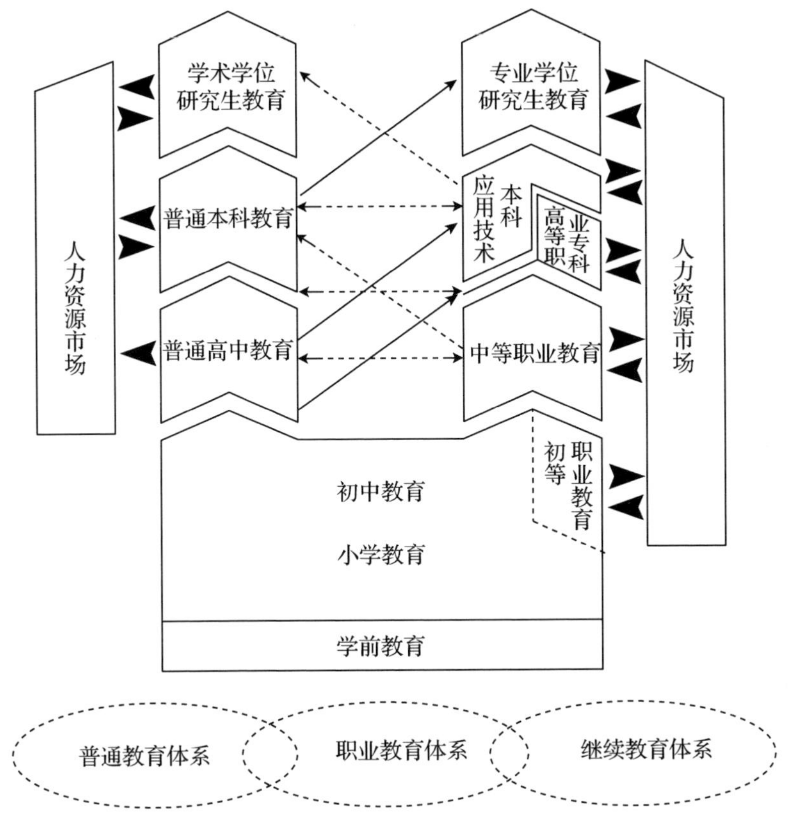

图 5-1 教育体系基本框架示意图

在层次结构上，初等职业教育定位于使学习者获得基本的工作和生活技能；中等职业教育则定位于为初高中毕业生开展基础性的知识、技术和技能教育，在现代职业教育体系中具有基础作用，是职业教育发展的重点；在办好专科层次高等职业学校的基础上，发展应用技术类型高校，培养本科层次职业人才。应用技术类型高等学校是高等教育体系的重要组成部分，与其他普通本科学校处于平等地位，并且将符合条件的技师学院纳入高等学校序列。在规模上，普通高中和中等职业学校招生规模大体相当，现有高等职业教育规模占高等教育的一半以上，本科层次职业教育达到一定规模。

在终身学习方面，一是强调开展职业辅导教育。普通教育学校为在校生和未升学毕业生提供多种形式职业发展辅导；普通高中根据需要适当增加职业技术教育内容；职业院校和普通教育学校开展各类形式的就业教育和服务。二是推行职业继续教育。各类职业院校通过多种教育形式为所有劳动者提供终身学习的机会；企事业单位举办职工教育，建立制度化的岗位培训体系；社会培训机构开展职业培训、承接政府组织的职业培训。三是倡导劳动者终身学习。增强职业教育体系的开放性和多样性，使劳动者能够在职业发展的不同阶段通过多次选择、多种方式灵活接受职业教育和培训。

在办学类型方面，可以分别从办学主体、就读形式和有无学历证书等维度划分不同类型的职业教育。一是分为政府办学、企业办学和社会办学。建立政府、企业和其他社会力量共同发挥办学主体作用，公办和民办职业院校共同发展的职业教育办学体制。政府实行统一的准入制度，办好骨干职业院校，支持社会力量办学。二是分为全日制职业教育与非全日制职业教育。增加非全日制职业教育在职业教育中的比重，发展工学交替、双元制、学徒制、半工半读、远程教育等各种灵活学习方式的职业教育。通过改革学制、学籍和学分管理制度，实现全日制职业教育和非全日制职业教育的统筹管理。三是分为学历职业教育与非学历职业教育。职业院校同时开展学历职业教育和非学历职业教育，满足行业、企业和社区的多样化需求。职业院校和职业培训机构开展的非学历职业教育可以通过质量认证体系、学分积累和转换制度、学分银行和职业资格考试进行学历认证。

在体系贯通方面，首先，在职业教育体系内部实现纵向贯通。系统构建从中职、专科、本科到专业学位研究生的培养体系，满足各层次技术技能人才的教育需求，服务一线劳动者的职业成长。拓宽高等职业学校招收中等职业学校毕业生、应用技术类型高等学校招收职业院校毕业生的通道，打开职业院校学生的成长空间。在某些急需人才的职业领域，实行中职、专科、本科贯通培养。其次，横向沟通职业教育与普通教育。普通学校和职业院校可以开展课程和学分互认。学习者可以通过考试在普通学校和职业院校之间转学、升学。普通高等学校可以招收职业院校毕业生，并与职业院校联合培养高层次应用型人才。最后，密切职业教育与人力资源市场的联系。职业院校按照经济社会发展的需求确定人才培养的规格层次、专业体系、培养方式和质量标准。使一线劳动者继续学习深造的路径畅通，增加有工作经验的技术技能人才在职业院校学生中的比重，建立在职人员“学习—就业—再学习”的通道，实现优秀人才在职业领域与教育领域的顺畅转换。

第二节　职业教育体系的纵向贯通

一、职业教育体系纵向贯通的发展脉络

（一）现代职业教育体系的雏形阶段（1978—1997 年）

这一时期，职业教育体系初步恢复和建立，以大力发展中等职业教育和初步提出中高职衔接为主要特征，是现代职业教育体系的雏形阶段。

在改革开放之前，我国的职业教育发展有着曲折的历史。“文化大革命”期间大批中等专业学校和技工学校被迫停办，造成中等教育结构单一化、与国民经济的发展需要严重脱节的情况。普通高中毕业生中，除少数升入大学外，每年有数百万人需要劳动就业，但他们又没有任何专业知识和技能。同时，各行各业急需技术力量，但对招来的新工人还得进行两三年的学徒培训，影响劳动生产率的提高。1979 年，我国高中阶段教育的毕业生中，普通高中毕业生有 726.5 万人，而在职业教育领域仅有中专毕业生 18.1 万人、技工学

校毕业生12万人，约占该年高中阶段毕业生的4%。由于那时我国高等学校招生规模较小，造成千军万马过独木桥的局面，普通高中毕业生升学率仅有3.8%，绝大多数普通高中毕业生既不能升学又没有就业技能。①

1980年国务院批转教育部、国家劳动总局《关于中等教育结构改革的报告》，同样指出我国中等职业技术教育的基础十分薄弱的问题，提出中等教育结构改革势在必行的现实需求。该文件提出："可适当将一部分普通高中改办为职业(技术)学校、职业中学、农业中学。经过调整改革，要使各类职业(技术)学校的在校学生数在整个高级中等教育中的比重大大增长。"另外提出："职业(技术)学校、职业中学、农业中学的毕业生，可以报考高等院校。报考对口专业的考生，考试成绩在同一分数段内，优先录取。"由此，我国开始加大力度发展中等职业技术教育，考虑中等职业学校与高等院校的衔接问题。

1985年《中共中央关于教育体制改革的决定》提出："要充分发掘现有中等专业学校和技工学校的潜力，扩大招生，并且有计划地将一批普通高中改为职业高中，或者增设职业班，加上新办的这类学校，力争在5年左右，使大多数地区的各类高中阶段的职业技术学校招生数相当于普通高中的招生数，扭转目前中等教育结构不合理的状况。"另外提出："发展职业技术教育要以中等职业技术教育为重点，发挥中等专业学校的骨干作用，同时积极发展高等职业技术院校，优先对口招收中等职业技术学校毕业生以及有本专业实践经验、成绩合格的在职人员入学，逐步建立起一个从初级到高级、行业配套、结构合理又能与普通教育相互沟通的职业技术教育体系。"可以看出，该文件重点强调了大力发展中等职业教育以及中高职衔

① 李蔺田：《中国职业技术教育简史》，78页，北京，高等教育出版社，1994。

接的问题，目的是要构建起从初级到高级、行业配套、结构合理、与普通教育相互沟通的职业技术教育体系。这一文件中高职衔接制定了“破冰式”的规定，积极推动了我国高等职业教育的发展，也首次提出建立“职业教育体系”。

随后，1991 年 10 月《国务院关于大力发展职业技术教育的决定》再次提出：“初步建立起有中国特色的，从初级到高级、行业配套、结构合理、形式多样，又能与其他教育相互沟通、协调发展的职业技术教育体系的基本框架。”相比 1985 年的文件，此文件增加了“中国特色”与“形式多样”两个内涵，并且开始强调要建立体系的基本框架，这意味着要将建立职业教育体系的工作落到实处。此文件还明确了职业技术教育的主要任务：要挖掘现有学校的潜力，扩大招生规模，特别是扩大中等职业技术学校的招生规模，使全国高中阶段职业技术学校的在校生人数超过普通高中的在校生人数。1993 年 2 月，国务院颁发的《中国教育改革和发展纲要》继续提出“高中阶段职业技术学校在校学生人数有较大幅度的增加”的目标，除此之外还提出“大力加强和发展地区性的专科教育”。

1994 年，《国务院关于〈中国教育改革和发展纲要〉的实施意见》再次强调职业教育中的相互衔接问题：“有计划地实行小学后、初中后、高中后三级分流，大力发展职业教育，逐步形成初等、中等、高等职业教育和普通教育共同发展、相互衔接、比例合理的教育系列。”

1996 年《中华人民共和国职业教育法》中再次提出“职业教育体系”，第十二条明确规定：“国家根据不同地区的经济发展水平和教育普及程度，实施以初中后为重点的不同阶段的教育分流，建立、健全职业学校教育与职业培训并举，并与其他教育相互沟通、协调发展的职业教育体系。”

（二）现代职业教育体系建设初期（1998—2005 年）

这一时期，高职教育得到加速发展，中高职衔接进一步发展和优化，“专升本”初见雏形，现代职业教育体系建设开始明确。

1998年12月，《面向21世纪教育振兴行动计划》提出要加快发展高等职业教育的步伐，探索多种招生方法，中等职业学校毕业生中有一定比例(3%左右)可进入高等职业学校学习。另外，要逐步研究建立普通高等教育与职业技术教育之间的立交桥，允许职业技术院校的毕业生经过考试接受高一级学历教育。“专升本”这一教育形式正是对落实党中央、国务院与教育部文件的有益尝试，为优秀高职毕业生经过选拔进入普通高校学习提供了有力的支持。①

1999年《试行按新的管理模式和运行机制举办高等职业技术教育的实施意见》继续提出中职与高职的衔接问题：“招生对象主要面向当年参加全国普通高等学校统一招生考试的考生，也可招收少量的中等职业学校应届毕业生。”该文件是我国高职教育发展进程中具有里程碑意义的文件。它一方面顺应了日益增长的高教大众化国民需求，缓解了应届高中毕业生的升学压力，另一方面也推动了我国现代职教体系的建设。自此，“新高职”概念迅速传播，出现了全国中职教育快速向高职教育发展，改制、重组、新建的高职学院迅猛发展的局势。与此同时，我国五年制中高职衔接教育的规模也实现了快速、长足的大发展。② 到2002年，全国已有355所独立设置的高职院校在举办五年制高职，在校生达25万人。

2002年《国务院关于大力推进职业教育改革与发展的决定》中提出：“初步建立起适应社会主义市场经济体制，与市场需求和劳动就业紧密结合，结构合理、灵活开放、特色鲜明、自主发展的现代职业教育体系。”这是国家首次提出建立“现代职业教育体系”。另外，该文件再次强调要以中等职业教育为重点，保持中等职业教育与普通高中教育的比例大体相当，扩大高等职业教育的规模。该文件提

① 张瑶：《专升本衔接研究及对策》，载《东方企业文化》，2013(23)。

② 李全奎：《中高职衔接问题的研究》，载《天津职业院校联合学报》，2011(3)。

出，“十五”期间，职业教育要为社会输送 2 200 多万名中等职业学校毕业生，800 多万名高等职业学校毕业生。“扩大中等职业学校毕业生进入高等学校尤其是进入高等职业学校继续学习的比例，适当增加高等职业教育专科毕业生接受本科教育的比例。适度发展初中后五年制高等职业教育”，并且“高等职业学校可单独组织对口招生考试，优先招收中等职业学校的优秀毕业生”。

2005 年《国务院关于大力发展职业教育的决定》中提出：“进一步建立和完善适应社会主义市场经济体制. 满足人民群众终身学习需要，与市场需求和劳动就业紧密结合，校企合作、工学结合，结构合理、形式多样，灵活开放、自主发展，有中国特色的现代职业教育体系。”

(三)现代职业教育体系建设的发展时期(2006—2014 年)

在这一时期，政府一方面严格控制中高职衔接和专升本衔接的规模，另一方面尝试突破将职业教育定位于专科层次的体制束缚。

21 世纪初，国家在职业教育发展相关文件中提出，不断完善我国职业教育体系，建设具有符合中国国情和现代特色的职业教育体系，建设目标和内容在《国家中长期教育改革和发展规划纲要(2010—2020 年)》中得到进一步明确。①

2006 年《教育部国家发展和改革委员会关于编报 2006 年普通高等教育分学校分专业招生计划的通知》提出，鉴于目前普通本科院校基本办学条件趋于紧张的实际情况，各地、各部门在安排 2006 年计划时要从严控制，逐步压缩本科院校的高职(专科)招生规模，以保证本科院校各项办学条件得以改善。各地要加强对试办的普通高等教育专科层次起点本科教育(简称“普通专升本”)的管理，从 2006 年

① 谭强：《基于现代职业教育体系的中高职课程衔接研究——以四川省德阳市 12 所中高职院校为例》，博士学位论文，西南大学，2016。

起，严格招生计划、收费标准和选拔录取程序。各地普通专升本教育的招生规模要严格控制在当年省属高校高职（专科）应届毕业生的5％以内，并纳入国家下达的普通本科总规模内。文件规定："各地安排高职院校对口招收中等职业教育应届毕业生的规模不得超过当年本省（区、市）中等职业学校应届毕业生的5％……各省（区、市）五年制高职招收初中毕业生的招生规模不得超过当年本省（区、市）高职（专科）招生计划的5％。五年制高职教育进入高等教育阶段（第四年）的学生规模应纳入国家确定的各省（区、市）当年高职（专科）招生计划内。"国家对中职升高职，专升本的规模开始实施控制。

2010年《国家中长期教育改革和发展规划纲要（2010—2020年）》、2011年《教育部关于"十二五"期间高等学校设置工作的意见》、2014年《国务院关于加快发展现代职业教育的决定》中都不断提到并丰富现代职业教育体系的内涵，特别是在《国务院关于加快发展现代职业教育的决定》中提出："到2020年，形成适应发展需求、产教深度融合、中职高职衔接、职业教育与普通教育相互沟通，体现终身教育理念，具有中国特色、世界水平的现代职业教育体系。"并对加快构建现代职业教育体系提出了"巩固提高中等职业教育发展水平""创新发展高等职业教育"等具体要求。该文件还特别提出："原则上中等职业学校不升格为或并入高等职业院校，专科高等职业院校不升格为或并入本科高等学校，形成定位清晰、科学合理的职业教育层次结构。"2014年，《教育部关于学习贯彻习近平总书记重要指示和全国职业教育工作会议精神的通知》提出："抓紧制定配套政策，努力在中高职衔接、职普沟通、学生'双证书'、部分本科高校转型等制度建设，以及考试招生制度、办学体制机制、教育模式改革等关键环节上率先取得突破。"

2014年，《现代职业教育体系建设规划（2014—2020年）》颁布，明确了现代化职业教育体系的基本构架、重点任务、制度保障和机制创新。文件提出，“中等职业教育是职业教育发展的重点，今后一个时期总体保持普通高中和中等职业学校招生规模大体相当”，并且“在办好现有专科层次高等职业(专科)学校的基础上，发展应用技术类型高校，培养本科层次职业人才。应用技术类型高等学校是高等教育体系的重要组成部分，与其他普通本科学校具有平等地位。高等职业教育规模占高等教育的一半以上，本科层次职业教育达到一定规模。建立以提升职业能力为导向的专业学位研究生培养模式。根据高等学校设置制度规定，将符合条件的技师学院纳入高等学校序列”。

(四)现代职业教育体系建设的稳步前进时期(2015 年至今)

在这一时期，总体上现代职业教育体系建设坚持顶层设计与支持地方先行先试相结合的原则，稳步推进中高职人才培养衔接等机制的改革。

2015 年《教育部关于深化职业教育教学改革全面提高人才培养质量的若干意见》提出，积极稳妥推进中高职人才培养衔接，“要在坚持中高职各自办学定位的基础上，形成适应发展需求、产教深度融合，中高职优势互补、衔接贯通的培养体系”。

2015 年 11 月，《高等职业教育创新发展行动计划(2015—2018 年)》坚持顶层设计与支持地方先行先试相结合的原则，加强现代职业教育国家制度建设，深化重要领域和关键环节改革；鼓励和支持有条件的地区率先开展试点，积极探索现代职业教育体系建设的实现路径和制度创新，完善现代职业教育的国家标准、国家机制和国家政策。在该文件的附件《高等职业教育创新发展行动计划任务、项目一览表》的第 14 条明确了 2016 年年底前发布实施“关于引导部分地方普通本科高校向应用型转变的指导意见”，探索本科层次职业教育实现形式和培养模式的任务。随后，为了推动普通本科高校转型发展，教育部、国家发展改革委、财政部出台《关于引导部分地方普通本科高校向应用型转变的指导意见》，指出引导部分地方普通本科高校向应用型转变的重要意义、指导思想和基本思路、转型发展的主要任务、配套政策和推进机制。在主要任务中特别提出："促进与中职、专科层次高职有机衔接。建立与普通高中教育、中等职业教育和专科层次高等职业教育的衔接机制。"

2015年11月，时任教育部副部长的鲁昕在全国高职高专校长联席会议上的讲话中指出国家制度顶层设计已具雏形。具体来说，国家制度方面，出台了《国务院关于加快发展现代职业教育的决定》《现代职业教育体系建设规划(2014—2020年)》《关于引导部分地方普通本科高校向应用型转变的指导意见》，设立了职业教育活动周。内涵培养方面，出台了《高等职业教育创新发展行动计划(2015—2018年)》《教育部关于深化职业教育教学改革全面提高人才培养质量的若干意见》《中等职业学校德育大纲(2014年修订)》《教育部办公厅关于建立职业院校教学工作诊断与改进制度的通知》。产教融合方面，出台了《教育部关于深入推进职业教育集团化办学的意见》《教育部关于开展现代学徒制试点工作的意见》，组建了新一届行业教学指导委员会，修订了高职、中职专业目录。学校管理方面，出台了《职业院校管理水平提升行动计划(2015—2018年)》《职业院校数字校园建设规范》。终身学习方面，出台了《教育部人力资源社会保障部关于推进职业院校服务经济转型升级面向行业企业开展职工继续教育的意见》《教育部等七部门关于推进学习型城市建设的意见》《老年教育发展规划(2016—2020年)》。① 在现代职业教育办学层次上，鲁昕强调多层次多类型教育模式创新，强化高职教育承上启下的功能，完善中职、专科高职、本科高职和专业学位研究生四个培养层次，努力实现技

① 《教育部副部长鲁昕参加全国高职高专校长联席会议2015年年会并作主旨报告》，http://www.moe.gov.cn/s78/A07/zcs_ztzl/ztzl_zcs1518/zcs1518_yw/201512/t20151203_22264.html，2018-03-12。

术技能人才培养的系统化。

2017 年 6 月教育部、人力资源和社会保障部、工业和信息化部共同编制了《制造业人才发展规划指南》，其中强调贯通制造业人才系统培养渠道，并提出加快现代职业教育体系建设，建立健全高校分类管理制度，按照试点一批、带动一片的要求，确定一批有条件、有意愿的制造业相关试点高校率先探索应用技术型发展模式，大规模培养本科层次的应用型人才，把制造业相关高等学校打造成“工程师的摇篮”。

国家统计局数据显示，到 2016 年，中等教育阶段招生人数共计 1 396.26 万人，其中中职招生人数为 593.34 万人，普通高中招生人数为 802.92 万人，中职与普通高中的招生人数比约为 1∶1.35。高等教育阶段招生人数共计 748.61 万人，其中普通专科为 343.21 万人，普通本科为 405.40 万人，普通专科与普通本科的招生人数比约为1∶1.18。我国职业教育的招生规模偏低于普通教育，尤其在中等教育层次，初中毕业生源向普通高中聚集。以目前的发展趋势推测，要实现为建设现代职业教育体系所规划的 2020 年在校生规模目标具有相当大的难度。

二、典型地区的现代职业教育内部衔接措施

为贯彻中央政府提出的建设现代职业教育体系的精神，各地方政府根据本地区职业教育的发展情况，采取了灵活多样的内部衔接改革措施。在此以职业教育较发达的江苏省和北京市为例进行简要介绍。

（一）江苏省的改革实践

从 2010 年开始，江苏省通过改革招生制度、实施各类试点改革来积极推进现代职业教育体系建设。主要的改革举措如下。

1. 实施注册入学制度，放宽“专升本”渠道

为突出教育公平，增强职教升学制度的包容性，江苏省将往届

中职毕业生和来苏就读的外省学生纳入高校招生范围。2011年江苏省进一步扩大高等院校办学自主权，首次在省内高职(专科)院校中试行面向中等职业学校毕业生的注册入学制度。

江苏省在原有高职毕业生"专升本"招生考试机制的基础上，对技能优异的学生实行加分政策，全国技能大赛获奖选手可免试入学；推动公办本科参与招收高职毕业生；组织高职学生参加"专接本"自学考试，鼓励在籍专科学生接受自学考试本科教育和高职学生"专升本"成人继续教育；不断拓展"专升本"的渠道。

2014年，江苏省发布了《江苏省政府关于加快推进现代职业教育体系建设的实施意见》，提出要完善具有职业教育特色的考试招生制度；把职业教育考试招生纳入高校考试招生制度改革的整体计划中去，健全"文化素质＋职业技能"、对口招生、自主招生、综合评价招生、技能拔尖人才免试等考试招生办法，扩大职业院校的招生自主权；逐步扩大招收比例，不断拓宽在职人员再学习渠道。

2. 试点中职学校向上贯通办学

江苏省结合学生的成长需要和社会需求，实行中职、高职分段合作培养、贯通一体办学试点。学生在中等职业学校学习3年，经过资格考核，进入高等院校学习2年或3年。2013年，江苏省下达了《关于继续做好江苏省现代职业教育体系建设试点工作的通知》，通知对试点内容和工作重点做出了明确要求，对中高等职业教育"3＋3"分段培养做出说明。这项工作由省级高水平示范性职业学校与高职院校合作开展。

实行中职与应用型本科联合招生、合作培养，实行7年分段一贯办学。学生完成中职3年的学习后，经高等学校选拔，进入本科专业继续学习4年。学校双方共同制定招生标准和人才培养方案。2013年，江苏省又将中职教育的合作对象扩展到普通本科，由国家中等职业教育改革发展示范校与应用型本科院校合作开展试点。

3. 试点高职与应用本科分段培养和联合培养

2013 年，江苏省确立高职与普通本科“3＋2”或五年制高职与普通本科“5＋2”分段培养的方案。由国家示范（骨干）高职院校、2008 年前立项建设的省示范高职院校及国家中等职业教育改革发展示范校的五年制高职学校与应用型本科院校合作开展试点。实行高职院校与应用型本科联合招生、分段培养，实行五年一贯办学。学生完成高职学习 3 年后，经本科院校选拔，进入本科专业继续学习 2 年。实行高职院校与应用型本科院校合作办学、联合培养，由本科院校与高职院校联合制定专业理论知识和实践技能课程体系，培养四年制本科层次应用型人才。

在以上这些措施的基础上，2014 年江苏省发布了《江苏省政府关于加快推进现代职业教育体系建设的实施意见》，提出建立职业教育与普通教育互通发展机制。一方面，普通高中适当增加职业技术教育内容；另一方面，职业院校向普通中小学和社区教育机构开放实训基地。鼓励本科高校与职业院校联合培养高层次应用型技能人才，实行职业教育体系内部贯通培养，推进中职、高职、应用技术型本科教育分级培养或联合培养，完善中职高职“3＋3”、中职本科“3＋4”、高职本科“3＋2”等培养模式。试点院校可以自主选择合作院校、确定衔接专业并实施衔接课程。预计到 2020 年，本科院校招收中高职毕业生比例达 30％左右，高职院校招收中职毕业生比例达 50％左右。

（二）北京市的改革实践

在大力倡导终身教育、构建学习型社会的理念指导下，《北京市中长期教育改革和发展规划纲要（2010—2020 年）》明确提出要服务于首都优化经济结构的需求，构建灵活开放的现代职业教育体系，培养适应首都现代化建设需求的高素质劳动者和高技能人才。为积极推进现代职业教育体系的建设，北京市深化中高职学制改革，于

2012年开展了“3+2”中高职衔接试点改革，于2015年开始实施“5+2”贯通试点改革。

1. “3+2”中高职衔接试点改革

“3+2”中高职衔接模式即学生在完成3年中职教育后再接受2年高职教育，毕业后取得相应中高职教育学历证书及相关职业等级(资格)证书。在试验班就读的学生，前3年纳入中职校学籍管理，学生完成3年中职课程可获中职毕业证书。后2年(或3年)纳入高职校学籍管理，毕业时获得国家承认的高职(大专)毕业证书。

目前北京市在“3+2”中高职衔接方面的试点工作已经取得了一定的成绩，参加试点的院校数目、专业数和学生数逐年增加。2015年北京市报批了76个试点项目，招生计划达到3 281人；2016年新增的“3+2”中高职衔接办学改革试点项目为70个；2017年，北京市继续开展“3+2”中高职衔接办学改革试验，通过中考招收学生，新增67个专业，包括建筑工程施工、给排水工程施工与运行、铁道运输管理等。在未来学龄人口下降和北京市严控户籍人口的条件下，可以预计“3+2”中高职衔接模式的学生将在高职院校在校生中占越来越大的比重。

2. “5+2”贯通试点改革

从2015年开始，北京市支持部分职业院校与示范高中、本科院校、国内外大企业合作，选择对接产业发展的优势专业招收初中毕业生，完成高中阶段基础文化课学习后，接受高等职业教育和本科专业教育。

根据招生主体，贯通培养试验可以分为“高职院校招生”和“中职学校招生”两种培养模式。高职院校招生模式为前2年在高等职业院校接受基础文化课程教育(由示范高中协作培养)，中间3年在高等职业院校接受专业课程及职业技能教育，后2年对接市属高校接受本科专业教育。中职学校招生模式为前3年在中等专业学校接受基础文化课程和专业基础课程教育，中间2年在市属高校接受高等职业教育(其中护理专业为3年)，后2年接受本科专业教育。在“5＋2”贯通培养模式下，学生可以通过专升本转段录取接受本科教育。贯通培养的方式分为内培班和外培班。统招考生进入内培班，最后2年对接国内本科高校。提招考生进入外培班，最后2年主要对接国外高校。

贯通培养项目的优势主要在于整个贯通式培养改革方案集中优质教育元素，更注重培养学生的综合素质；在结束高职阶段的学习后，所有贯通培养班的学生都可以参加专升本考试；此外，贯通培养试验班的专升本考试和录取政策是单独制定的，计划单列。

三、对本科职业教育的尝试

(一)中央层面的相关政策

2010年《国家中长期教育改革和发展规划纲要(2010—2020年)》提出要“重点扩大应用型、复合型、技能型人才培养规模”。在职业教育专科层次向本科层次延伸方面，中央采取抑制高职升本，重点发展高等学校转型的策略。

2011年《教育部关于“十二五”期间高等学校设置工作的意见》中明确规定：“高等职业学校原则上不升格为本科学校，不与本科学校进行合并，也不更名为高等专科学校……公办普通专科层次学校升格为本科学校必须从严掌握。”2014年6月《现代职业教育体系建设规划(2014—2020年)》再次提出：“原则上现有专科高等职业学校不升格为或并入普通高等学校。”

引导一批普通本科高等学校向应用技术类型高等学校转型、重点举办本科职业教育是党中央和国务院做出的重大决策，是未来若干年内高等教育改革发展的重点。2014年5月，《国务院关于加快发展现代职业教育的决定》提出引导普通本科高等学校转型发展。具体要求是：采取试点推动、示范引领等方式，引导一批普通本科高等学校向应用技术类型高等学校转型，重点举办本科职业教育；独立学院转设为独立设置高等学校时，鼓励其定位为应用技术类型高等学校；建立高等学校分类体系，实行分类管理，加快建立分类设置、评价、指导、拨款制度；招生、投入等政策措施向应用技术类型高等学校倾斜。

《现代职业教育体系建设规划(2014—2020年)》对职业教育向本科层次的探索做了进一步详细的规划，在高等职业教育的地位和招生规模方面，提出以办好现有专科层次高等职业(专科)学校为基础，应用技术类型高等学校是高等教育体系的重要组成部分，与其他普通本科学校具有平等地位。高等职业教育规模占高等教育的一半以上，本科层次职业教育达到一定规模。在优化高等职业教育结构方面提出，鼓励举办应用技术类型高校，将其建设成为直接服务区域经济社会发展，以举办本科职业教育为重点，融职业教育、高等教育和继续教育于一体的新型大学。要引导一批本科高等学校转型发展。具体措施是："支持定位于服务行业和地方经济社会发展的本科高等学校实行综合改革，向应用技术类型高校转型发展。鼓励独立学院转设为独立设置的学校时定位为应用技术类型高校。鼓励本科高等学校与示范性高等职业学校通过合作办学、联合培养等方式培养高层次应用技术人才。应用技术类型高校同时招收在职优秀技术技能人才、职业院校优秀毕业生和普通高中、综合高中毕业生。各地采取计划、财政、评估等综合性调控政策引导地方本科高等学校转型发展。"在财政经费支持方面，文件也做出相关规定，要求："构建适应现代职业教育体系的投入机制……积极推进以部分地方本科高等学校为重点的转型发展试点，支持一批本科高等学校转型发展为应用技术类型高等学校，形成一批支持产业转型升级、加速先进技术转化应用、对区域发展有重大支撑作用的高水平应用技术人才培养专业集群。地方政府、相关行业部门和大型企业要切实加强所办职业院校基础能力建设，支持一批职业院校争创国际先进水平。”

2015年11月，《高等职业教育创新发展行动计划(2015—2018年)》再次提出：“持续缩减本科高校举办的就业率(不含升学)低的专科高等职业教育规模，推动部分地方普通本科高等学校转型发展，引导一批独立学院发展成为应用技术类型高校，重点举办本科层次职业教育。”随后，为了推动普通本科高校转型发展，教育部、国家发展改革委、财政部出台了《关于引导部分地方普通本科高校向应用型转变的指导意见》，明确了引导部分地方普通本科高校向应用型转变的重要意义、指导思想和基本思路、转型发展的主要任务、配套政策和推进机制。

(二)地方层面的改革探索

2014年，江苏省发布的《江苏省政府关于加快推进现代职业教育体系建设的实施意见》提出，推进中职、高职、应用技术型本科教育分级培养或联合培养，完善中职高职“3＋3”、中职本科“3＋4”、高职本科“3＋2”等培养模式，由试点院校自主选择合作院校，自主确定衔接专业，自主实施衔接课程。

2015年《内蒙古自治区人民政府关于加快发展现代职业教育的意见》指出：积极推进职业教育人才培养模式创新，继续实施五年一贯制高等职业教育、“3＋2”分段高等职业教育、“3＋2”高职加应用技术本科教育；开展“3＋4”中职加应用技术本科教育办学试点，开展示范高职院校与本科院校联合举办应用技术本科教育试点，开展本科院校专业转型发展试点。2015年，上海市、浙江省和河北省也做出了改革探索。上海市也在开展“中等职业教育—应用本科教育”贯通培养模式试点。在试点的专业设置方面，政策规定贯通培养的试点专业必须是行业岗位技术含量较高、技术技能训练周期较长、熟练程度要求较高、社会需求量较大且较为稳定、适合中职本科培养目标相互衔接贯通的专业。浙江省决定推动职业教育与普通教育的贯通工作，全面促进普通教育和职业教育的“互联互通”，创新育人模式，提高育人质量，增强学校人才培养与社会人才需求和使用的契合度；全面建立普通教育学校与职业教育学校间学生互转、课程互通、学分互认等制度。河北省在职业教育升学考试方面指出：要进一步健全和完善符合职业教育特点的升学考试制度。积极稳妥地推进职业教育同普通教育、成人教育的相互沟通，加快构建人才成长的“立交桥”。

2015年浙江省部分高校试点加强应用型建设，效果初显。高校进行了提高应用型专业比例、增加实践教学、人才培养对接行业需求的探索，同时也提出了不少教师重理论轻实践、校企协同育人机制待完善等难处。

2016年4月，上海市发布文件提出，要提升理工类院校服务战略新兴产业的人才培养能力，引导一批地方本科院校向应用技术型大学转型；对接需求、多途径提升文史哲教类人才培养的层次和水平，加强高校文史哲优势学科建设，发挥其在上海国际文化大都市建设中的引领、支撑作用。

2018年2月，福建省发出通知，福建工程学院等8所院校成为福建省示范性应用型本科高校，福州大学地矿类应用型人才培养专业群等35个专业群为示范性应用型专业群。这8所院校为福建工程学院、厦门理工学院、武夷学院、泉州师范学院、莆田学院、福建江夏学院、三明学院、龙岩学院。

2018年3月国家督学、江苏教育现代化研究院理事长沈健发文《强化教育督导评估，推进省域教育现代化》，提出：“推进职业教育创新发展，深化产教融合、校企合作，构建现代职业教育体系，开展中高职、本专科衔接贯通的技术技能型人才系统培养改革试点，中职、高职双双实现全国职业院校技能大赛‘六连冠’。”

（三）相关研究和争议

对于高职升本的做法，学者们有不同的观点。孙云志认为，应将高职升为本科并出台相关政策，这样的做法是利大于弊的。该判断主要基于以下两点：其一，高职院校升本政策的出台，不仅可以满足我国社会经济转型与产业升级对高素质高技能人才的需求，同时也打通了高职学生深造的通道，必将大大提升高职教育的吸引力；其二，对于高职院校升本政策议题设置的不足，应该增强政策设置模式与决策体制的透明度，尽量减少政府、升本支持者与反对者在政策议题设置上的误解，实现在保障政府政策决策主导权的同时，让高职院校、普通高校、行业、企业、学生、家长等平等参与。① 还有学者进行了高职升本的策略研究。② 也有学者认为我国高职本科教育仍然处于困境。如汪亚明和王珏认为目前在我国高职本科教育存在三大瓶颈，包括缺乏法律支撑、相对独立的高职教育体系、清晰的发展路径和目标定位。对此应采取的对策是：修订完善相关法律和体制机制，构建切实可行的高等职业教育体系，厘清高职本科教育的发展路径和目标定位。③ 另外，也有学者认为高职院校强烈要求升格为本科属于冲动行为，而面对这一冲动，必须对现有职业教育体系进行怀疑、反思、重新建构，来把握教育分流、职业教育体系、经济社会需求等问题。④

随着应用型技术大学在国内的兴办，许多学者也纷纷展开了对国内应用型技术大学的研究与探讨。不少研究者提出向应用型大学

---

① 孙云志：《高职院校升本议题的“政策博弈”》，载《教育与职业》，2013(32)。

② 王艳君：《新形势下民办高职转型升格的策略研究》，硕士学位论文，广东技术师范学院，2015。

③ 汪亚明、王珏：《我国高职本科教育的现状、困境和对策研究》，载《中国高教研究》，2014(3)。

④ 孙平：《高职院校“升本”冲动的反身性研究》，载《深圳大学学报(人文社会科学版)》，2014 (4)。

转型的必要性，支持国内发展应用型技术大学这一形式，并在此基础上探讨了如何构建应用型技术大学及其定位等问题。[①] 胡天佑认为“应用型本科”是我国高等教育理论研究和办学实践中的一个重要议题。[②] 侯长林等学者也提出，应用型大学是高等教育大众化的产物，是区别于研究型大学的一种新的大学类型。[③]

在本科、硕士层次的职业教育探索方面，研究者强调了职业教育向高一级教育层次发展的必要性，也有学者对本科层次和研究生层次的探索进行论述。王明伦认为，高职教育的层次结构主要由专科层次的高职教育、本科层次的高职教育、研究生层次的高职教育构成，根据我国目前的基本国情和经济发展水平对技术应用型人才的实际需求，要以发展专科层次的高职教育为主，以本科层次的高职教育、研究生层次的高职教育为辅；但我国经济发展是极不平衡的，发展高等职业教育不能划一，高职教育层次结构的调整与提升应与区域经济发展水平和生产力发展水平相适应。[④] 梁燕认为高等职业教育(专科、本科和研究生)层次都是以培养经济建设一线高级应用型人才为目标的，都具有应用性、职业性特征，共同构成高等职业教育多层次体系。[⑤]

---

① 付八军：《学以致用：应用型大学的灵魂》，载《教育发展研究》，2016 (19)；时伟：《应用型大学的文化定位与建构路径》，载《中国高教研究》，2016(9)；刘向兵、姚荣：《应用型大学内部治理结构变革的法理依据与模型建构》，载《中国高教研究》，2016(6)；夏建国、周太军：《中国制造2025和应用型大学发展》，载《中国高等教育》，2015(9)。

② 胡天佑：《建设“应用型大学”的逻辑与问题》，载《中国高教研究》，2013(5)。

③ 侯长林、罗静、叶丹：《应用型大学视域下新建本科院校办学定位选择》，载《教育研究》，2015 (4)。

④ 王明伦：《高等职业教育结构及其优化》，载《职业技术教育》，2001(34)。

⑤ 梁燕：《高等职业教育体系建立的现实基础》，载《现代教育管理》，2009(4)。

专栏 5-1　天津中德应用技术大学

天津中德应用技术大学是经中华人民共和国教育部批准建立的全日制综合性普通本科院校。学校坐落在天津海河教育园区，隶属于天津市政府，归天津市工业和信息化委员会管理。1985 年，天津中德现代工业技术培训中心与天津企业管理培训中心合并组建天津中德培训中心。2001 年，在天津中德培训中心的天津职工工业技术学院和天津市职工现代企业管理学院的基础上，组建新的天津中德职业技术学院。2007 年 10 月，该校被教育部确定为“国家示范性高职院校”建设立项单位。2015 年 11 月，通过整合天津海河教育园区图书馆教育资源，教育部同意在天津中德职业技术学院的基础上建立天津中德应用技术大学。

设立天津中德应用技术大学，旨在发挥天津国家职业教育改革创新示范区的优势，先行先试，重点探索中职、高职、本科职业教育的人才培养通道，构建并完善现代职业教育体系。天津中德应用技术大学是国内第一所教育部批准成立的应用技术大学，新建的天津中德应用技术大学系本科层次的普通高校，学校的定位为应用技术类型高等学校，主要培养区域经济社会发展所需要的应用型、技术技能型人才。学校既实施本科层次应用技术教育，也实施专科层次高等职业教育，根据办学条件和社会需求，稳步调整办学层次结构，每年稳妥安排增加本科学生。

天津中德应用技术大学本科、高职和技工学历教育涵盖先进制造技术、自动化技术、航空航天技术与服务、交通技术与服务、软件与通信技术、新能源、经贸管理、文化创意与技术、应用语言 9 个专业组群，现有本科专业 14 个，高职专业 39 个、中职专业 2 个。现有在校生近万人，毕业生就业率连续 3 年超过 98%，非学历教育培训规模年均超过 2 万人次。

天津中德应用技术大学有教职员工682名，副教授以上职称教师占专任教师的43.2%，硕士及以上学位教师占专任教师的75.9%。在中德、中日、中西政府级项目合作的基础上，天津中德应用技术大学拓展与加拿大、澳大利亚、美国、新加坡、韩国、柬埔寨、泰国、印度尼西亚、古巴等国家以及与我国香港地区、台湾地区的合作，获批设立“中德(天津)职教合作示范基地”，并获“国家引进外国智力示范单位”称号。天津中德应用技术大学主动对接产业发展，成功开展大火箭、空客、天津航空、博世力士乐、麦格纳、CSIP、森精机机床、NZWL、Schlote、大众变速器、中科曙光等20余项重大校企合作项目，举办不同模式的订单班80余期，定向培养的技术技能人才超2 000人。学校系统构建“政、产、学、研、资、用”六元协同的教育生态系统，与津南区政府合作共建“创新创业成果转化中心”，累计注册企业135家。

（注：数据截至2017年12月31日。）

第三节　倡导终身学习，推进职业教育和培训工作

2014年的《现代职业教育体系建设规划(2014—2020年)》明确提出，构建现代职业教育体系，应倡导劳动者终身学习、推行职业继续教育，要求企事业单位举办职工教育，建立制度化的岗位培训体系。现代职业教育体系的内涵不仅包括学历层次的纵向贯通，而且拓展到在职人员的继续教育领域。党的十九大报告指出，要完善职业教育和培训体系，这是对现代职业教育体系丰富内涵的再一次明确和提升。在此对改革开放40年以来的职业培训体系建设进行梳理和总结。

一、职工培训工作的进展

职工培训，又称“在职培训”，是国民教育体系的一个重要组成部分，是为了提高职工的文化、科学、技术和管理水平而对职工进行的教育和训练。[①] 职工培训的对象包括厂矿、企事业单位等各个行业的工人、管理人员、一般技术人员、服务人员和国家机关及社会团体中的一般职员；同普通教育相比，职工培训具有投资少、见效快、形式灵活、直接面向生产实际等特点；职工培训的内容一般包括政治、文化、技术、业务和管理等，而以实际生产、工作中急需的专业知识技能为主；职工培训有脱产、半脱产、业余等形式；职工培训要贯彻理论与实践相结合、学习和使用相结合、课堂教学和现场培训相结合、学历教育和非学历教育相结合等原则，以增强培训效果，促进生产发展和经济效益的提高；此外，职工培训对于开发智力，提高企业劳动生产率，推广新技术、新工艺，改善经营管理等都具有重要的作用。[②]

目前，我国的职工培训工作正在不断完善和发展，已建立起了各层次的职工培训管理机构，形成了形式多元、较为完善的职工培训体系。如职业培训机构和企业大学，二者都是满足人们终身学习需要的一种新型教育形式；不同的是，企业大学由企业出资，在培训内容、管理、师资等方面带有较强的企业色彩，服务于特定的企业，针对性比较强；而职业培训机构由受训本人出资，根据劳动力市场的需求为受训人员提供各类职业技能培训，属于一般技能培训。随着学习型社会的到来，各种形式的职工培训在构建终身教育体系、提高社会成员素质以及满足终身学习需求等方面发挥着日益重要的作用。

---

① 林崇德、姜璐、王德胜：《中国成人教育百科全书（经济·管理）》，600～601 页，海口，南海出版公司，1994。

② 苑茜、周冰、沈士仓等：《现代劳动关系辞典》，628 页，北京，中国劳动社会保障出版社，2000。

(一)职工培训的相关政策

“文化大革命”之后，随着国民经济的恢复和发展，我国的职工培训制度建设也进入了一个新的发展阶段。1981年2月，中共中央、国务院发布《关于加强职工教育工作的决定》，阐明了开展职工教育的重要意义，通过分析当时的现实情况，提出了开展职工教育的一些重大措施。如提倡多种形式办学，“职工教育除主要由企业事业单位举办外，还要发动业务部门、教育部门、群众团体等社会各方面力量积极办学”；建立健全专职机构，按照“加强领导，统一管理，分工负责，通力协作”的原则，改进职工教育的领导管理体制等。

1984年4月，国务院办公厅转发了全国职工教育管理委员会、国家经委《关于加强职工培训提高职工队伍素质的意见》，在对全国职工培训工作取得的成效进行肯定的同时，也对我国职工队伍的状况进行了深入的分析，进一步明确了职工培训的目标和要求，并提出了相应的政策措施，如将职工培训的教学场地列入各地区、各部门的基建计划，使校舍人均面积从现有的0.16平方米尽快达到中央规定0.3～0.5平方米的要求。

1992年，《劳动部关于加强工人培训工作的决定》发布，要求各地劳动部门和有关单位充分认识工人培训工作在国民经济发展中的地位和作用，进一步明确这项工作的指导思想、目标和任务，强化综合管理，切实加强工人培训工作，全面提高工人队伍素质。

1993年11月，十四届三中全会通过了《中共中央关于建立社会主义市场经济体制若干问题的决定》，指出：“要把人才培养和合理使用结合起来……要制订各种职业的资格标准和录用标准，实行学历文凭和职业资格两种证书制度。”该文件首次提出在我国实行学历文凭和职业资格证书并重的制度，对于扭转我国职工培训事业存在的一味追求学历文凭忽视职业资格的倾向具有重要的意义。①

1996 年 5 月，《中华人民共和国职业教育法》颁布，其中第二十条规定："企业应当根据本单位的实际，有计划地对本单位的职工和准备录用的人员实施职业教育。"这意味着职工培训有了更高层次的法律保障。

1999 年，国家经贸委办公厅印发了《1999 年全国企业管理人员培训工作要点》，提出了通过建立新型培训机制、优化配置培训资源、规范与监督培训市场，促进企业管理培训特别是工商管理培训继续健康有序地向前发展的总体要求。主要任务包括深入开展工商管理培训，有重点地开展适应性短期培训，积极促进企业自主培训，等等。

2003 年《中共中央国务院关于进一步加强人才工作的决定》出台，文件指出："实施人才强国战略是党和国家一项重大而紧迫的任务……加快构建终身教育体系，促进学习型社会的形成……强化用人单位在人才培训中的主体地位，鼓励在职自学，完善带薪学习制度。"

2010 年，《国家中长期人才发展规划纲要(2010—2020 年)》发布，这是我国第一个中长期人才发展规划。该文件指出，要创新人才工作机制，坚持以国家发展需要和社会需求为导向，以提高思想道德素质和创新能力为核心，完善现代国民教育和终身教育体系。完善在职人员继续教育制度，分类制定在职人员定期培训办法，倡导干中学。

2014 年，为了进一步推进学习型城市的建设，《教育部等七部门关于推进学习型城市建设的意见》决定在全国各类城市广泛开展学习型城市创建工作，以"形成一大批终身教育体系基本完善、各级各类教育协调发展、学习机会开放多样、学习资源丰富共享的学习型城

① 杨向格：《我国职工教育政策变迁及其价值取向研究》，硕士学位论文，华东师范大学，2011。

市，充分发挥这些城市在学习型社会建设中的引领和示范作用”。将“构建终身教育体系，促进各类教育融合开放”作为推进学习型城市建设的一个主要任务。文件还提出“通过深化教育综合改革，推进学历教育与非学历教育协调发展，职业教育与普通教育相互沟通，职前教育与职后教育有效衔接，有效发挥学校教育在全民终身学习中的基础作用”；“发挥职业教育和继续教育在提高社会成员素质以及满足终身学习需求中的核心和骨干作用”；“引导和支持各类学校向社会开放学习资源，与社区融合”。另外，“加强企事业单位职工教育培训，提高从业人员能力素质”也是推进学习型城市建设的一个主要任务，内容为：“建立完善现代企业职工教育培训制度，全面加强人力资源开发。鼓励支持行业企业在职工教育培训中发挥主渠道作用，将职工教育培训纳入行业企业发展规划和年度工作计划。支持企业内设教育培训机构建设。充分发挥学校特别是职业院校在职工教育培训中的服务功能。鼓励社会力量举办各类职业培训，促进社会化培训健康发展。加大对农民工、失业者、低技能者、残疾人等弱势群体职业培训的扶持。”

2015 年 4 月，《教育部人力资源社会保障部关于做好首届职业教育活动周相关工作的通知》指出，国务院决定自 2015 年起，将每年 5 月的第二周设为“职业教育活动周”。文件就活动内容做出了有关规定，如各类职业院校开放校园，面向中小学生、家长和社区居民开展职业体验活动、观摩教育教学成果，组织师生开展技能竞赛或演示，让社会了解职业教育，培养职业兴趣和职业意识，扩大职业教育影响力；组织有条件的行业、企业开展相关活动，介绍产业发展前景、企业产品研发等情况，激发全社会对于劳动和技术技能的兴趣爱好，增强创新活力。活动周的设立是加快发展现代职业教育的又一重大举措。

2015 年 6 月，为发挥职业院校开展职工继续教育的优势，提高职工文化知识水平和技术技能水平，教育部与人力资源和社会保障部联合发布《教育部人力资源社会保障部关于推进职业院校服务经济转型升级面向行业企业开展职工继续教育的意见》，提出"坚持把开展职工继续教育作为职业院校的重要职责"，"推进职业院校面向行业企业开展多种类型的职工继续教育"，如广泛开展立足岗位的技术技能培训，主动为企业提供技术服务，积极参与学习型企业建设，促进课程资源融通共享，等等。该文件要求进一步完善投入保障机制，认真落实《国务院关于加快发展现代职业教育的决定》中关于"企业要依法履行职工教育培训和足额提取教育培训经费的责任""其中用于一线职工教育培训的比例不低于60%"的要求。

改革开放40年来职工培训政策的演变，说明我国对于职工培训的认识深度和重视程度在不断增加，职工培训的政策和体系在不断发展完善，为提高我国职工队伍的素质、促进我国职工培训工作的多元有序发展提供了有力保障。

(二)职工培训的现状

1. 职业培训机构的发展

从职业培训机构的市场规模来看，根据《2017年中国非学历职业技能培训行业报告》，2016年中国非学历职业技能培训行业市场规模约为432.5亿元，其中IT应用类是最大的细分市场，市场规模为179.1亿元，份额占比41.4%；财会类培训份额排第二，占比30.1%；营销类培训份额最小。同时，受经济转型对于高端人才需求旺盛的影响，整个行业保持着一个高速发展的态势，2013—2016年行业整体年复合增长率为21.9%。①

从职业培训机构的培训模式来看，线下面授是行业内传统的培

①② 艾瑞咨询：《2017年中国非学历职业技能培训行业报告》，http://report.iresearch.cn/report_pdf.aspx?id=3038，2018-03-17。

训模式，目前仍占据主流地位。线下面授最大的好处是师生间的直接互动，学生能够在教师的即时指导与监督下学习，因而培训效果显著。但其也存在着不可忽视的弊端，正如《2017年中国非学历职业技能培训行业报告》中所指出的，线下面授模式受限于师资力量的强弱，更适合区域化运营，而不适合全国性推广，因而产能低下。②

近年来，由于互联网教育的兴起，部分职业培训机构也在探索一些新的培训模式，将传统的线下面授和新兴的线上教育模式的优势结合起来，如由达内教育首创的双师模式。双师模式是线上名师教学与线下传统教师辅助的深度结合。具体来说，双师课堂是指一位经验较丰富的主讲老师(名师或资深教师)，通过大屏幕远程直播授课，负责精准高效地讲授知识；另一位是在班内全程陪伴学生的辅导老师，负责维护课堂秩序、辅导学生学习并进行互动答疑。①这种模式使培训机构在不降低教学质量的前提下，大大提高了优秀教师资源的利用效率，降低了人工成本。

2. 企业大学的发展

企业大学又称公司大学，是企业培训部或培训中心的升级版，是满足人们终身学习需要的一种新型教育培训体系。企业大学的师资为企业高级管理人员、专业培训师和一流的商学院教授，教育模式为案例研讨、实战模拟、互动教学等，培养对象为企业内部中、高级管理人才和企业供销合作者。1955年，全球第一所企业大学——通用电气公司克顿维尔学院——正式成立，到20世纪90年代初，企业大学大规模涌现并高速发展。企业大学具有多种形式，例如具有实体校区的摩托罗拉企业大学、虚拟大学模式的戴尔企业

① 《双师模式为何能如此火热，又透露出了怎样的教育现状?》，https://www.sohu.com/a/205732065_789512，2018-03-17。

大学、惠尔丰大学。[①] 企业大学在全球迅速崛起，在2010年已达到3 700所，财富世界500强中近80%的企业拥有或正在创建企业大学。

1993年，摩托罗拉中国区大学成立，这是中国境内企业大学的开端。海信学院则是第一家中国企业大学，是我国本土化企业大学的萌芽。在我国，近10年来企业大学发展非常迅速，宝钢人才开发院、招银大学、中航大学、中国电信学院、腾讯学院等企业大学纷纷成立。企业大学的大规模发展反映了企业对员工培训与人才发展的重视。我国企业正处于从人力资源数量优势向人力资源质量优势转型的过程中，企业大学对于促进这个转变具有关键性作用。[②] 目前中国的企业大学开始出现爆发性的增长，统计显示平均每天增加3所，而总量也超过了2 600所。[③]

(三)职工培训存在的主要问题[④]

1. 职工培训发展水平参差不齐

不同规模企业的员工培训在规范性和实效性方面存在较大的差异。第一，培训组织机构建设水平差距较大。很多知名的大型企业不仅建有职工培训中心，而且在此基础上逐渐向企业大学发展。国内的企业大学自21世纪初开始萌芽，在这10多年的时间里发展非常迅速，知名的企业大学有中国电信学院、招银大学、忠良书院、中航大学、海尔大学等。这些企业大学强调全员学习，成为企业发

---

① 袁锐锷、文金桃：《试析美国企业大学的发展及其作用》，载《比较教育研究》，2002(9)。

② 吴峰：《企业大学：当代终身教育的创新》，载《北京大学教育评论》，2016(3)。

③ 吕佳、闾立新：《基于互联网+的高职院校企业大学创新模式的研究与实践——以物联网与软件技术学院为例》，载《价值工程》，2016(24)。

④ 马延伟：《当前我国职工培训的问题与对策》，载《教育研究》，2015(11)。

展与选拔人才的基地和企业拓展资源的工具。① 但很多中小企业没有能力建设企业大学，甚至没有培训中心。对于职工培训，这些企业要么向社会机构购买，要么忽视。第二，培训的系统性、规范性差异较大。宁波的一项调查表明，企业规模在500人以上的，约94%有培训计划，执行计划比例为89%；而企业规模在200人以下的，仅有21.6%有员工培训计划且能执行，67.3%的企业没有员工培训计划。② 可见，中小企业特别是小微企业的员工培训需要更多的帮助与支持。

2. 培训机会分布不均

第一，培训机会在各产业的分布不均。据统计，2013年教育系统内各类教育培训机构承担的培训共有6 274万人次结业生，面向第三产业的培训占据半壁江山，面向第二产业的培训规模最小(仅占16%)。从三类培训机构的情况来看，高校开展的培训主要面向第三产业，高达82.09%；面向第一产业的培训不足5%。职业技术培训机构的主体是农村成人文化技术培训学校，主要承担面向第一产业的培训，占41.23%。中等职业技术学校面向第二产业的培训所占份额最高，为21.99%。总体上看，培训机会在三大产业上的分布不均衡，第二产业行业内的培训发展滞后。③

第二，培训机会在从业群体间分配不均，具体表现为不同工作岗位、不同性别、不同身份的职工培训机会不均衡。在2010年约有27个省(自治区、直辖市)的5 279.1万名职工参与全国职工教育培训调查统计，参加非学历继续教育的培训人数为2 545.99万人，培

① 吴峰：《终身学习在行业中的发展趋势——企业大学与企业E-learning》，载《中国远程教育》，2012(3)。

② 洪列平：《宁波市企业职工培训现状分析》，载《浙江工商职业技术学院学报》，2009(4)。

③ 相关数据未包含技工学校。

训参与率为48.23%；参加培训的女职工人数约为917.16万人，培训参与率为44.87%，比全国平均职工培训率低近4个百分点。从各类岗位人员的分布来看，2010年，专业技术人员培训参与率高达64.94%，其次是管理人员(参与率为52.11%)，工人处于最低水平(参与率为46.12%)。作为各行各业从业人员的主体，一线员工的培训参与率有待进一步提高。由于农民工就业稳定性差，企业开展培训及个人参与培训的积极性都不高。据国家统计局《2014年全国农民工监测调查报告》，2014年接受过技能培训的农民工占34.8%，比2013年提高了2.1个百分点，但与全国职工培训的参与率相比差距仍比较大。

3. 培训实效不理想

第一，培训与职工岗位需要脱节。有些企业的培训部门不了解生产服务实际，缺乏对职工培训需求的深入调查，导致培训计划的制订脱离生产服务部门发展的需要，培训内容与岗位需要脱节。① 尤其突出的是，很多培训课程、教材严重滞后于新工艺、新设备的应用，对员工实际工作帮助不大。这种缺乏针对性的培训使员工缺乏学习积极性、培训出勤率低，培训变成了走过场、走形式。

第二，培训师资教学能力不强。有些企业由内部员工担任培训师，他们受限于原有的工作岗位，知识储备、理论联系实际的分析讲解能力有限；有的培训师缺乏教学设计和组织能力，授课方法不够灵活，这些都影响了培训效果。而一些从院校聘请的教师，虽长于理论教学却短于实践技能，对行业企业新技术、新工艺的发展缺乏及时了解，因此只能向企业提供低技能、低技术含量的内容，培训层次局限在新进厂员工的基本常识培训、下岗职工的转岗培训、农民工的培训及较低水平的职业资格培训等，无力开展高技术含量

① 龙筱珍：《在职职工培训的矛盾和对策分析》，载《中国职工教育》，2012(14)。

的培训业务。

第三，培训设备设施不足。一些对操作技能要求较高的岗位的职工培训对培训设备设施也提出了较高要求。很多社会培训机构没有足够的实训场地和设备设施，一方面限制了教师的现场讲解演示，另一方面严重影响了培训学习效果。这也在一定程度上解释了目前第二产业类培训发展滞后的原因。

二、农民工培训与就业

改革开放以来，随着城市化、工业化的快速推进，我国大量农业人口转移至城市就业，并被赋予了“农民工”这一特定称呼。据统计，2015年，我国农民工总数为27 747万人，已成为我国产业工人的主体，成为我国经济建设中的主力军，为经济社会发展做出了巨大贡献。但是，随着我国经济转型和产业结构调整，农民工的教育和职业技能培训问题日渐突出，而农民工获得职业技能的主要途径就是参与职业培训。

(一)农民工培训政策演进

为解决农民工能力和素质不与当前经济社会发展相适应的问题，为满足农民工个体生存与发展的需要，为改变农民工教育培训无序无效的状态，政府出台了一系列农民工教育培训政策。农民工教育培训政策经历了萌芽期(20世纪90年代—2003年)、初步建立与发展期(2003—2005年)、快速发展期(2006—2008年9月)、应急调整期(2008年10月—2009年)、新的发展期(2010年至今)五个阶段，主要出现以下几方面的变化。

其一，政策对象由最初相对单一地针对农村未能升学并准备从事非农产业工作或进城务工的初、高中毕业生，逐步转变为分类培训，强调针对不同的农民工群体，分别组织开展实用技能培训、技能提升培训、劳动预备制培训和创业培训。

其二，原来的政策目标分为“农村”和“城市”，针对农村人口的培训目标为建立农村进城务工人员的职业教育制度和劳动预备培训制度，而现在的政策目标转变为建立健全面向全体劳动者的职业技能培训制度，强调建立统一的农民工培训项目和资金统筹管理体制。

其三，培训机构方面，由主要依靠职业学校和成人学校逐步细化、深化，制定了包括培训基地建设、培训教材建设、农民工科技培训在内的一系列政策。

其四，培训经费政策最初偏向于由个人和用人单位承担，后主张推行补贴资金的“省级统筹”，探索实行财政全额承担基本公共教育服务的机制，为农民工教育提供财力保障。

其五，政策实施的组织机构最初是由主管负责人牵头，劳动保障、教育、人事、计划、经贸、财政、工商等部门共同组成工作小组，后来成立国务院农民工工作联席会议，之后又成立国务院农民工工作领导小组，作为国务院议事协调机构。

20 世纪 90 年代至今，农民工教育培训政策随着经济社会的发展不断调整、修订与完善。现行农民工培训政策表现出几个方面的特点：供给指向上强调以市场需求为主要导向；目标指向上强调以就业为直接目的；教育内容上强调以技能培训为核心；运作方式上强调以市场运作为主。①

(二)农民工技能培训的发展情况

2016 年农民工总量达到 28 171 万人，比 2015 年增加 424 万人，增长了 1.5％，增长率比上年增加 0.2 个百分点。其中，本地农民工有 11 237 万人，比 2015 年增加 374 万人，增长了 3.4％，增长率比 2015 年增加 0.7 个百分点；外出农民工有 16 934 万人，比 2015 年增加 50 万人，增长了 0.3％，增长率较 2015 年减少 0.1 个百分点。本地农民工增量占新增农民工的 88.2％。在外出农民工中，进城农

① 李晶：《农民工职业技能培训公共服务研究综述》，载《中国劳动》，2017(2)。

民工为13 585万人，比2015年减少157万人，下降了1.1%。

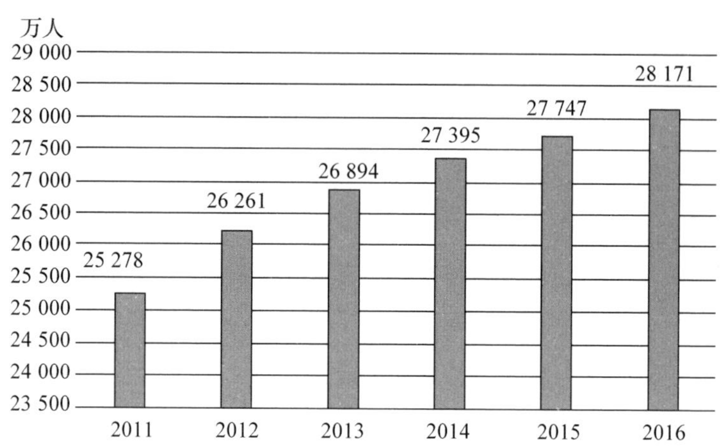

图5-2　2011—2016年农民工总人数

2016年，接受过农业和非农职业技能培训的农民工占32.9%，比2015年下降0.2个百分点。其中，接受过非农职业技能培训的占30.7%，接受过农业技能培训的占8.7%，均与2015年持平；农业和非农职业技能培训都参加过的占6.5%，比2015年提高0.2个百分点。其中，本地农民工接受过农业和非农职业技能培训的占30.4%，比2015年下降0.4个百分点；外出农民工接受过农业和非农职业技能培训的占35.6%，比上年提高0.2个百分点。

表5-1　接受过技能培训的农民工情况

年份	本地农民工			外出农民工			全体农民工		
	接受农业技能培训占比（%）	接受非农职业技能培训占比（%）	接受技能培训占比（%）	接受农业技能培训占比（%）	接受非农职业技能培训占比（%）	接受技能培训占比（%）	接受农业技能培训占比（%）	接受非农职业技能培训占比（%）	接受技能培训占比（%）
2015	10.2	27.7	30.8	7.2	33.8	35.4	8.7	30.7	33.1
2016	10.0	27.8	30.4	7.4	33.8	35.6	8.7	30.7	32.9

（三）农民工培训的主要模式和特点

目前的农民工培训的类型主要有职业技校和培训中心等机构提供的社会培训、企业供给的内部培训和财政补贴的政府培训三种。我国政府实施的农村劳动力转移培训计划的一般特征为：培训对象教育程度低、技能低、收入低，培训时间短，由政府资助，等等。为增强培训效果，政府不断加大对农民工的培训力度，且在资金支持、信息服务及制度保障方面为农村剩余劳动力的顺利转移提供帮助。①

农民职业教育的方式可以分为两类。一是传统的线下教育模式。课堂授课是目前主要的教育方式，比如开设培训班、教师进入农村开设田间课堂等。二是通过互联网远程教育，通过互联网进行教学。比如“农广在线”“互联网＋农民培训”等。然而这两种教学方法都只取得了十分有限的成果，因为这两种教学模式有着不同的不足之处。

现有农民工培训集中于中职学校。从各地职业教育的试点项目中可以看出，政府多鼓励职业院校改革招生制度，开展面向农民工的教育培训，农民工培训的主要力量集中在中等职业院校。例如河北省在农村职业教育改革中要求改革招生制度，职业院校招生对象由原来的以初中应届毕业生为主，扩展为应往届初、高中毕业生以及同等学力的农村基层党员干部、专业户、复转军人和返乡农民工等。河南省长葛市政府列出专项资金，资助近万名青年农民就读中职学校，参加新型农民培养培训。信阳市平桥区政府依托职业学校，对返乡初高中毕业生、退伍军人和零就业家庭人员进行技能培训。

农民工培训重视农民教育培训与实践应用的结合。农民工的培训就是为了提升劳动力素质和质量，培训效果能与工作产出直接对接是农民工培训的目标，因此，各地农民工培训普遍较为重视培训

① 李晶：《农民工职业技能培训公共服务研究综述》，载《中国劳动》，2017(2)。

与工作的对接。例如四川省大力开展农村劳动力转移培训和农村实用技术培训，以县为单位统筹农民工培训资金；紧贴市场需求，拓展培训项目，突出培训实效；举办农民工技能大赛，引导农民工参加技能培训。甘肃省榆中县夏官营镇社区学习中心将农村社区学习中心的目标和任务定为“以服务为宗旨，以就业为导向”，并且面向这一目标来推动工作。

（四）各地的进展与问题

经过多年的实践探索，农民工培训工作已经引起各地政府的重视，取得了一定的成效。目前，各地大部分职业教育试点项目重点提出农民工培训的相关计划与实施方式。例如，河北省提出重视农村教育的建设，并通过开展送教下乡、实施“双带工程”来加强农民工培训，具体包括改进培养模式、改革招生制度、改善教学模式，将实践教学与生产劳动相结合，做到因人、因时、因地制宜。江西省将返乡农民工的资助政策作为重点研究对象，并提出要大力发展面向农村的免费职业教育。

政府加强了对农民工技能培训的经费投入和资助。不少地区考虑到农民工难以承受培训费用的问题，进行免费职业教育、公益性模式的尝试，明确规定用农民工教育经费专款专用的方式来减少农民工的学费压力。例如，湖北省提出改革完善中职学生资助体系、将返乡农民工资助政策作为研究重点；另外，大力发展面向农村的免费职业教育，积极探索职业教育的公益性新模式。山东省济南市明确规定，实用技术培训和劳动力转移培训等农民教育专项经费按照不低于教育经费总额2%的比例由财政纳入教育经费预算总额，逐年列支。河南省长葛市开展“万名农民读中职”活动，政府列出专项资金，资助近万名青年农民就读中职学校、参加新型农民培养培训。信阳市平桥区政府依托职业学校，对返乡初高中毕业生、退伍军人和零就业家庭人员进行技能培训，培训采取政府买单的办法，由区财政为每位学员发放 1 000 元的培训代金券。

在实践过程中，各地针对农民工的技能培训工作也面临一些问题。主要表现为以下几点。

一是培训经费投入不足。农民工技能培训工作量大、覆盖面广，需要大量的经费投入。当前，我国农民工职业技能培训经费投入不足，经费来源渠道单一，多元化投入机制尚未完全建立。政府方面，受财政实力的影响，对农民工职业技能培训的资金投入不能满足需求。企业方面，出于经济利益的考虑，对农民工职业技能培训进行资金投入的积极性不高。农民工受收入水平相对较低的影响，无力承担较高的职业技能培训费。这几方面因素造成农民工培训工作经费不足，影响了农民工职业技能培训工作的顺利开展与可持续发展。

二是培训质量与效果有待进一步提升。在培训内容方面，培训机构因缺乏对农民工群体的深入调查研究，对其技能和知识需求了解不够，导致培训内容脱离农民工实际。培训方式较为单一，仍以传统的教师课堂讲授为主。经济全球化与我国产业结构调整、产业转型升级的发展，对从业者专业技能和素质提出更高要求，培训机构的培训内容与培训方式无法满足这种需求。很多培训机构培训实力不强，如师资队伍力量不强，缺乏实际操作能力强的高级技工教师，场地、设备不完善，这些都影响了农民工培训的质量和效果。

三是监管有待加强。现阶段农民工的职业技能培训存在多头管理的问题，因部门繁多而职责不清，缺乏必要的协调和协作，导致整体培训工作的开展缺乏秩序。目前很多地方农民工职业技能培训监督和考核机制还很落后，缺乏规范引导，对培训机构师资和场地、培训形式、培训内容、培训效果等的管理和监督有待强化。①

---

① 曾小林：《农民工职业技能培训问题初探》，载《中国商论》，2017(30)。

第四节　完善职业资格认证制度

职业资格认证制度是我国劳动就业制度的一项重要内容，也是一种特殊形式的国家考试制度，它是指按照国家制定的职业技能标准或任职资格条件，通过政府认定的考核鉴定机构，对劳动者的技能水平或职业资格进行客观公正、科学规范的评价和鉴定，对合格者授予相应的国家职业资格证书。职业资格证书是劳动者在求职、任职或创业时的资格凭证，也是用人单位招收录用人员的重要依据。①

一、我国职业资格认证制度的发展历程

我国职业资格认证制度从发展之初到现在，根据发展的不同特点可分为三个阶段：从职称评定到职业资格考试的转换阶段（1990—1994 年）、从业资格和执业资格大发展阶段（1994—2003 年）和职业资格清理规范阶段（2003 年至今）。②

职业资格制度是社会主义市场经济体制下科学评价人才的重要制度。1994 年《中华人民共和国劳动法》的颁布，代表着第一个具有法律效力的职业制度诞生。随后，国家陆续出台了一系列与职业资格认证相关的法律法规。职业资格制度逐步完善，对提高专业技术人员和技能人员素质、加强人才队伍建设发挥了积极作用。

这一制度在实施过程中也存在一些突出问题，集中表现为考试太乱、证书太滥。有的部门、地方和机构随意设置职业资格，名目繁多、重复交叉；有些机构和个人以职业资格为名随意举办考试、培训、认证活动，乱收费、滥发证，甚至假冒权威机关的名义组织

---

① 杜林芝：《我国职业资格认证制度问题与对策》，载《合作经济与科技》，2012(8)。

② 刘明伟：《我国职业资格管理的问题与对策研究》，硕士学位论文，山东大学，2015。

所谓职业资格考试并颁发证书；一些机构擅自承办境外职业资格的考试发证活动，高额收费。社会对此反应强烈。

2003年第十届全国人大常务委员会第四次会议通过了《中华人民共和国行政许可法》，该法律针对我国长期以来在行政管理活动中存在的行政许可过多、过滥的问题从源头上加以规范和清理。其目的是规范行政许可的设立和实施；保护公民、法人和其他组织的合法权益；维护公共利益和社会秩序，保障和监督行政机关有效实施行政管理。该法对行政许可的实施权力与委托做出了相关规定，其中第二十三条规定："法律、法规授权的具有管理公共事务职能的组织，在法定授权范围内，以自己的名义实施行政许可。被授权的组织适用本法有关行政机关的规定。"第二十四条对行政机关做出规定："行政机关在其法定职权范围内，依照法律、法规、规章的规定，可以委托其他行政机关实施行政许可。委托机关应当将受委托行政机关和受委托实施行政许可的内容予以公告。"这对当时较为混乱的职业资格认证的部门分工问题具有指导意义，也为之后制定各类职业资格相关法律法规奠定了基础。

为进一步有效解决职业资格设置、考试、发证等活动中的混乱问题，切实维护公共利益和社会秩序，维护专业技术人员和技能人员的合法权益，加强人才队伍建设，确保职业资格证书制度顺利落实，2008年国务院办公厅下发《国务院办公厅关于清理规范各类职业资格相关活动的通知》，其中第二项对职业资格认证的清理和取消工作做出了详细说明，明确了职业资格的批准部门，并对其他部门设置的职业资格认证进行了规定。例如，职业资格必须在职业分类的基础上统一规划、规范设置；对涉及在我国境内开展的各类境外职业资格相关活动，由国务院人事、劳动保障部门会同有关部门制订专门管理办法，报国务院批准；凡是依据有关法律、行政法规或国务院决定设置的行政许可类职业资格，予以保留并向社会公布，除此以外的其他各种行政许可类职业资格予以取消；对于国务院其他部门、各直属机构、各直属事业单位及下属单位自行设置的，全国性行业协会、学会等社会团体自行设置的，地方各级人民政府及有关部门和单位设置的职业资格认证进行了细致的清理规定；明确规定各类企业不得自行开展冠以职业资格名称的相关活动。

按照《国务院办公厅关于清理规范各类职业资格相关活动的通知》的要求，人力资源和社会保障部、国家发展改革委、公安部、监察部、教育部、民政部、财政部、工商总局对各类职业资格进行了清理规范，并分批向社会公告结果。2012年《人力资源社会保障部关于清理规范职业资格第一批公告》，该公告包含职业准入和职业水平评价两类职业资格。职业准入类职业资格包含36项，是根据相关法律法规设置的。职业水平评价类职业资格包含229项，专业技术人员职业资格是由人力资源和社会保障部会同国务院相关行业主管部门，结合行业发展和管理需要，根据国家职业资格证书制度有关规定设置的。技能人员职业资格是由人力资源和社会保障部根据《中华人民共和国职业分类大典》和相应国家职业标准以及有关规定设置的。

李克强总理上任后大力推进职业资格的清理工作。在2014年6月4日的国务院常务会议上，李克强总理提出减少职业资格许可和认定。会议决定先取消一批准入类专业技术职业资格，凡没有法律法规依据的和各地区、各部门自行设置的各类职业资格，不再实施许可和认定；逐步建立由行业协会、学会等社会组织开展职业水平评价的职业资格制度。2015年7月15日李克强主持召开国务院常务会议，决定再取消一批职业资格许可和认定事项，以改革释放创业创新活力。在去年已取消149项职业资格的基础上，再取消网络广告经纪人、注册电子贸易师、全国外贸业务员、港口装卸工等62项职业资格。2015年7月、2016年1月、2016年6月、2016年12

月，国务院陆续四次印发《关于取消一批职业资格许可证和认定事项的决定》。在 2015 年 9 月在国务院常务会议上，李克强总理在关于推进简政放权、放管结合、优化服务政策措施落实情况的评估报告中指出，有的地方对美甲从业人员也设有资格，而且分为五级，"这种资质评价，本来应由市场去认可。政府监管应该重点放在医疗美容方面，真正去管一管那些伤天害理的'假美容'案件。"为贯彻落实国务院常务会议精神，人社部印发通知，对减少职业资格许可和认定工作提出要求，立即在全国范围内停止美甲师职业资格考试鉴定活动并停止发放职业资格证书，严禁将水平评价类职业资格违规设置为行政许可并与就业、创业挂钩。直至 2016 年 12 月 16 日，在人力资源和社会保障部公示的国家职业资格目录清单中，拟列入目录清单的职业资格有 151 项。国务院部门设置的职业资格许可和认定事项已实现"七连消"，先后取消 434 项职业资格，占总数的 70%以上。[①] 2017 年 9 月，人社部颁发《人力资源社会保障部关于公布国家职业资格目录的通知》，规定国家职业资格共计 140 项，专业技术人员职业资格 59 项(准入类 36 项，水平评价类 23 项)，技术人员职业资格 81 项(准入类 5 项，水平评价类 76 项)。

职业资格的清理工作在整体上运用法律的办法，对职业资格加以规范。取消不必要的职业资格认定是国务院推进简政放权改革的重要组成部分，是降低市场准入门槛、降低创业就业成本、激发市场活力、推动大众创业与万众创新的重要举措。当然，一种职业认证的取消也意味着相关职业人员在就业时丧失了自身专业性的保障。因此，能否取消某一项职业资格需要由对这一职业的专业知识有清晰全面的认识的人来衡量，而非政府的某一个部门独自决断。

---

① 中国政府网：《李克强再谈清理职业资格：政府要管住那只"闲不住的手"》，http://www.gov.cn/premier/2017-05/24/content_5196545.htm，2018-03-12。

二、当前职业资格认证制度的结构

(一)职业分类与职业标准

职业分类和职业标准系统是职业资格运行的起点和基础，科学的职业分类和动态的职业标准体系本身就充分反映了现实的经济活动和职业活动的内在特征，反映了科学发展和技术进步对劳动者职业能力的要求。因此，以职业活动为导向、以职业能力为核心的职业标准体系成为整个职业教育培训鉴定考核的准绳。

职业标准是在职业分类的基础上，根据职业的特性、技术工艺、设备材料以及生产方式等要求，对劳动者的技术业务知识和技术操作能力提出的综合性水平规定，是劳动者培训和鉴定考核的基本依据。

职业分类可以按照等级，即根据各职业活动的范围、工作内容的数量和质量、工作责任等要素来进行。我国将经济管理人员分为经济员、助理经济师、经济师和高级经济师，以技能操作为主的人员分为初级工、中级工、高级工、技师和高级技师，并对各等级人员提出相应的资格要求。

(二)职业教育与培训制度

职业教育与培训制度包括与职业分类和职业标准相符合的课程设计、教材编制、教学装备开发和符合能力培养要求的师资队伍建设。从形式上它包括职业学校教育、其他就业培训、企业内职业教育培训和社会性职前或者在职教育培训；从服务对象上它包括后备劳动力、在职劳动力以及由于经济结构变动而不断产生的转职、转业、转岗的劳动力。事实上，对于大多数劳动者来说，职业教育和职业培训是他们终身教育的重要组成部分。

2014 年，国务院颁发《国务院关于加快发展现代职业教育的决定》，支持在符合条件的职业院校设立职业技能鉴定所(站)，完善职业院校合格毕业生取得相应职业资格证书的办法。各级人民政府要创造平等就业环境，消除城乡、行业、身份、性别等一切影响平等就业的制度障碍和就业歧视；党政机关和企事业单位招用人员时不得歧视职业院校毕业生；结合收入分配制度改革，促进企业提高技能人才收入水平；鼓励企业建立高技能人才技能职务津贴和特殊岗位津贴制度。

（三）职业资格考试（鉴定）制度

职业资格考试制度是劳动就业制度和人事管理制度的结合，又与职业教育培训制度有着天然的联系，在一定程度上引导和规范职业教育与培训的发展方向。职业资格考试的实施是推行职业资格证书制度的重要步骤。认识职业资格考试的客观规律，对于完善职业资格证书制度、全面提高劳动者素质、开发劳动者的职业能力、增强其就业能力和工作能力以及加强对人员的分类管理都具有重要的作用。职业资格考试制度包括命题与题库的建立、考试时间和场所的安排等。工作内容包括了命题组织管理、题库开发、测验考核方法的确定、社会化管理的考试考核实施等。我国职业资格考试分为职业技能鉴定、专业技术资格考试和公务员录用考试等形式。

（四）资格证书的核实与发放

证书的核实与发放是职业资格证书制度工作体系的最后一项工作，也是职业资格证书制度变革的起点。社会对职业资格的认识是从证书开始的，因此证书制度运行的成败与否，主要看证书的质量和信誉的好坏。一种证书如果不能如实地反映持证人的真实水平和能力，就会失去社会的认可，其本身也就失去了存在的意义。所以，严格按照证书的核发程序，搞好证书核发工作，是职业资格证书制度建设的重要任务。

在社会主义市场经济体制下，职业资格证书在劳动力市场的流通主要不是靠政府的认同，而是靠职业资格证书本身的效用以及企业、劳动者对它的认同。在这个意义上，职业资格证书制度是把教育培训活动和经济生产活动联系起来的纽带，也是把教育培训和就业联系起来的纽带。

国家对职业资格证书制度的管理采用“非竞争性集中管理”，即由政府或者政府授权的权威机构来统一推行和管理职业资格证书。

（五）职业资格管理组织实施机构

1. 国家职业资格认证

我国人力资源和社会保障部负责综合管理和实施国家职业资格认证，设立全国统一的标准，所颁发的证书是全国通用的。原人事部与相关部委及所属机构组织实施专业技术人员的职业资格认定。① 截至2017年9月，根据人社部颁发的《人力资源和社会保障部关于公布国家职业资格目录的通知》，国家职业资格共计140项，专业技术人员职业资格59项（准入类36项，水平评价类23项），技术人员职业资格81项（准入类5项，水平评价类76项）。

此通知还规定，今后职业资格的设置与取消、纳入与退出目录，须由人力资源和社会保障部会同国务院有关部门组织专家进行评估论证，新设职业资格应当遵守《国务院关于严格控制新设行政许可的通知》的规定并广泛听取社会意见，按程序报经国务院批准。人力资源社会保障部门加强监督管理，各地区、各部门未经批准不得在目录之外自行设置国家职业资格，严禁在目录之外开展职业资格许可和认定工作，坚决防止已取消的职业资格“死灰复燃”，对违法违规设置实施的职业资格事项，发现一起就严肃查处一起。

2. 行业协会组织的行业职业资格认证

近几年，越来越多的行业协会加入职业资格认证队伍中。行业

---

① 张铁铮：《我国职业资格管理研究》，硕士学位论文，东北财经大学，2012。

协会对于市场的把握较为敏锐，能够快速、准确地洞悉行业的需求和标准，设立的职业培训证书或者是职业资格证书能够满足从业者的需求和行业需求。行业协会在设置职业资格时，有些是依据国家相关的法律设定的，但大部分并未被纳入国际职业资格规划中。比较大型的行业职业资格考试认证，如中国企业联合会设置组织的企业经理人等，其职业资格认证覆盖面比较广，涉及的均是近些年较为热门的职业，包括注册人力资源管理师、注册企业培训师、人力资源测评师、中国物流职业经理、职业经理(资质)评价、职业经理人、商务策划师等。有些职业资格认证还包括一些涉及人身安全的、比较敏感的职业，如质量管理师、食品安全师、CT 医师、神经外科专科医师等。

2017 年 9 月，《人力资源社会保障部关于公布国家职业资格目录的通知》规定："行业协会、学会等社会组织和企事业单位依据市场需要自行开展能力水平评价活动，不得变相开展资格资质许可和认定，证书不得使用'中华人民共和国'、'中国'、'中华'、'国家'、'全国'、'职业资格'或'人员资格'等字样和国徽标志。对资格资质持有人因不具备应有职业水平导致重大过失的，负责许可认定的单位也要承担相应责任。"

3. 境外机构在我国开展的相关职业资格认证

近年来，中国职业资格市场涌入大批国外的职业资格认证，有国外厂家的各类认证、培训，有国外行业协会的认证。主要涉及美国、英国、加拿大等多个国家，主要涉及的行业包括金融、财会、保险、旅游、教育、工程、环保、艺术、商务、广告、信息技术、人力资源等。50 多家境外机构在国内通过我国各类单位或机构组织以合作、代理或分支机构等形式组织相关认证及培训，如英国伦敦工商会考试局(LCCIEB)、英国伦敦城市行业协会(C&G)、英国特许公认会计师公会(ACCA)、美国管理会计师协会(IMA)、北美精算师协会(SOA)、加拿大注册会计师协会(CGA-Canada)、微软公司、国际商业机器公司(IBM)等。认证的职业资格有数百项，如国际注册会计师(ACCA)、国际注册内部审计师(CIA)、注册金融管理师(CFM)、国际投资分析师、培训师、商务英语教师、国际旅游管理、世界商务策划师联合会(WBSA)商务策划师、商务公关经理、职业英语、国际商务谈判师、国际商业美术设计师、商务信誉管理师、银行管理专家、品牌管理师、人力资源管理师、国际酒店经理、商务经纪人、国际电子物流师等。①

(六)职业资格认证管理部门分工

国家职业资格中的专业技术职业资格考试工作由行业主管部门联合人社部共同负责，日常的管理工作由职业资格相对应的行业主管部门或主管部门委托的行业协会承担，考试的报名、审核、组织等具体工作由人社部考试中心负责。对于国家职业资格中的专业技能职业资格的管理，根据1993年颁布的《职业技能鉴定规定》总则所述，“职业技能鉴定实行政府指导下的社会化管理体制”。人社部对全国职业技能鉴定工作进行宏观管理，制定标准、政策，并根据社会市场需求对职业技能鉴定工作做出规划，审核批准行业有关的职业技能鉴定机构。各省(直辖市、自治区)综合管理本地区职业技能鉴定工作，审核审批本地区的职业技能鉴定中心(站)，制定职业技能鉴定相关的申报条件、考核办法、考评考务考场规则等，也负责对职业技能鉴定工作进行组织、指导和协调。职业技能鉴定站则负责职业技能鉴定的具体实施工作。②

地方政府和行业协会组织的职业资格认证是在经济飞速发展、人才市场需求呈现多样化的背景下产生的。这些地方性和行业性的

① 张铁铮：《我国职业资格管理研究》，硕士学位论文，东北财经大学，2012。

② 刘明伟：《我国职业资格管理的问题与对策研究》，硕士学位论文，山东大学，2015。

职业资格认证由各地政府、人社部门和行业主管部门进行管理。对于国外认证机构在我国开展的国际通用资格认证，根据《劳动和社会保障部关于对引进国外职业资格证书加强管理的通知》的相关规定，由人社部职业技能鉴定中心负责国外职业资格的引进、组织和实施工作，需要国外认证机构与国内职业资格证书机构、行业组织或其他法人机构合作，并向人社部职业技能鉴定中心提出申请，经审核同意引进后，由人社部核定注册号，并向各地人社部门和国务院相关工作机构发出注册通知后方可开展资格认证工作。

我国职业技能鉴定采用了国际上通行的第三方认证的现代认证规则。所谓第一方认证或者第二方认证实质上就是培训机构(供给方)或者企业机构(需求方)自培训、自考核、自认证的传统方式，而第三方认证则是由独立于供给方和需求方，与上述两者都没有行政隶属和经济利益关系的第三方来进行认证，在我国，就是由政府授权的独立的鉴定考核机构来对劳动者的职业技能做出认证。①

三、存在问题与挑战

在我国，法律规定职业资格证书制度是国家证书制度的一个组成部分，它通过国家法律、法令或者行政法规的形式，以政府力量来推行，由政府认定和授权的机构来实施。这是我国职业资格证书和职业技能鉴定工作的制度特征。我国采用的非竞争性集中管理方式有其优势，但也有其不足。从这一制度目前运行的情况来看，其存在的问题主要表现为以下几点。②

(一)资格管理认证中的权责、分工存在不合规现象

教育部是中华人民共和国国务院主管教育事业和语言文字工作

① 陈宇：《我国职业资格证书制度的回顾与前瞻》，载《教育与职业》，2004(1)。

② 蒋晓旭、郭雪梅：《完善中国职业资格认证与管理制度的思考》，载《中国高教研究》，2006(2)。

的部门。2008年，国务院办公厅印发的《教育部主要职责内设机构和人员编制规定》规定了教育部关于职业教育的主要职责："指导以就业为导向的职业教育的发展与改革，制订中等职业教育专业目录、教学指导文件和教学评估标准，指导中等职业教育教材建设和职业指导工作。"教育部需要清晰掌握当前就业形式及需求，并以此为导向开展职业教育相关工作，因此，教育部对职业资格的整个发展具有深入的了解。

人力资源和社会保障部是统筹机关企事业单位人员管理和统筹城乡就业和社会保障政策的国家部门。《中华人民共和国人力资源和社会保障部主要职责》规定其主要职责包含："负责促进就业工作，拟订统筹城乡的就业发展规划和政策，完善公共就业服务体系，拟订就业援助制度，完善职业资格制度，统筹建立面向城乡劳动者的职业培训制度，牵头拟订高校毕业生就业政策，会同有关部门拟订高技能人才、农村实用人才培养和激励政策。"人社部负责整个社会的人力资源分配问题，在制定某一项职业的专业性认证水平的具体要求时仍需其他部门来协助。

2014年，国务院颁发《国务院关于加快发展现代职业教育的决定》，支持在符合条件的职业院校设立职业技能鉴定所(站)，完善职业院校合格毕业生取得相应职业资格证书的办法。由于现有培训认证为多部门管理，对于同一职业(工种)，因为利益分配与权力分配不同，存在重复考核认证的现象。虽然该文件支持职业院校设立职业技能鉴定所(站)，但目前我国培训认证的实施部门主要分为三类：一是人社部，二是政府相关部门，三是技能鉴定协会。只有教师资格证的实施部门为教育部，而其他职业认证管理均由人社部连同该职业相关部门或者该职业的技能鉴定协会共同负责，都脱离了教育部门。

职业教育是由教育部门负责指导并实施的，是在把握就业导向、明确职业培养目标的基础上进行的教育。因此教育部门对职业资格的相关要求和标准具有更客观、更深入、更全面的了解。倘若职业资格认证缺乏教育部门的介入，那么认证的标准和要求很有可能脱离职业教育的目标，无法满足市场对从业人员专业性需求。

(二)培训认证部门偏重认证的经济效益，认证教育有发展为认证经济的趋势

通过考试或考核颁发证书不应是职业认证的目的，按照职业资格认证标准进行培训并取得相应的培训效果才是职业资格认证的真正目的。我国培训认证由人事部门、劳动部门或行业协会负责管理，多种认证在人才市场上相互交叉，多部门共同从事认证培训。由于许多培训认证单位往往从各自的经济利益出发，以拉生源为最大目的，较少关注甚至忽视了认证质量，从而使认证教育大有发展为认证经济的趋势。

(三)认证标准偏离企业的实际需要，证书的社会认可程度不高

当前我国企业对推行职业资格证书制度的参与和支持力度不够，一个重要原因就是没有建立以企业需要为导向的职业资格标准。由于没有根据企业的实际需要制定职业资格标准，制定的标准不能突破传统的学科分析体系，因此培训效果不明显，不能有效地适应科学技术发展以及就业方向的变化，不能满足企业对高质量劳动者和技术人才的需求，最终表现为职业资格证书的社会认可程度不高。

(四)培训认证普遍存在重知识、轻能力，重书面考试、轻实际操作的倾向

目前我国培训认证的教材是按课程学科体系编排的，这一体系考虑了学习过程中学习者认知的心理顺序，即由浅入深、由易到难、由表及里的顺序。培训学员使用这样的教材可以获得完整的知识体系，但进行实践时可能会遇到困难。

（五）当前就业准入制尚未完全落实，无证就业现象比较普遍

部分企业和用人单位不重视培训认证，存在短视倾向。2004年第四季度，人社部对部分城市劳动力市场供求状况的分析显示：用人单位对技术等级有明确要求的仅占45.7%，通常大中型企业和科技含量高的企业对技能培训认证比较重视，但相当多的中小企业忽视员工录用前的技能培训认证，为了降低用人成本，对员工的技能培训也是草草了事。

（六）培训认证等级规定滞后，不能满足国家进行各类职业认证的需要

现行国家资格等级仍然是以技术工种领域的初级工、中级工、高级工、技师、高级技师进行划分的。目前《中华人民共和国职业分类大典》已经将我国职业划分为国家机关、党群组织、企业、事业单位负责人，专业技术人员，办事人员和有关人员，商业、服务业人员，农、林、牧、渔、水利业生产人员，生产、运输设备操作人员及有关人员，军人，不便分类的其他从业人员，共八大类职业。而以初级工、中级工、高级工、技师、高级技师划分等级的方法，不适合管理、服务、艺术等职业，也不适应职业资格认证向高新技术领域和高层次发展的需要。

第六章

职业教育人才培养模式改革

人才培养模式是以某种教育思想、教育理论为依据建立起来的范型，可为学校教育工作者在人才培养活动中进行有序的实际操作提供依据，从而实现培养目标。它集中体现了人才培养目的、计划实施、过程控制、质量保障等一整套方法论，是教育理论与教育实践得以发生联系和相互转化的桥梁与媒介。[①] 职业教育人才培养模式是关于如何培养技术技能型人才的，它是职业教育机构和教育工作者在一定的职业教育思想和理论指导下，根据现有的办学条件，为完成技术技能型人才培养目标而形式的人才培养结构范式、人才培养过程的某种标准样式和运行方式等方面的概括。人才培养模式既受教育理论的影响，也受办学条件等因素的制约。随着外部社会经济条件的变化和教育观念的更新，我国职业教育人才培养工作在不同历史时期有着不同的探索。

① 龚怡祖：《论大学人才培养模式》，16 页，南京，江苏教育出版社，1999。

第一节　人才培养模式的演进

一、“产教结合”的培养模式及其实践

1978年，邓小平同志在全国教育工作会议上指出：“为了培养社会主义建设需要的合格人才，我们必须认真研究在新的条件下，如何更好地贯彻教育与生产劳动相结合的方针。马克思、恩格斯、列宁和毛泽东同志都非常重视教育与生产劳动相结合。”还明确指出：“现代经济和技术的迅速发展，要求教育质量和教育效率的迅速提高，要求我们在教育与生产劳动相结合的内容上、方法上不断有新发展。”①

20世纪80年代至90年代，职业教育发展贯彻了产教结合的思想，在产教结合的实践中获得了许多典型的办学经验。职业教育培养模式的调整与改革体现在三方面：一是自己创办校办产业，实现“教学、生产、科研、经营、服务”五结合；二是采取与企业联合办学的方式，紧紧依靠企业，面向社会、服务社会，为企业发展服务；三是在普通教学班中开展职业教育。

（一）上挂、横联、下辐射

1988年，河北南宫职教中心就在实施“燎原计划”中提出并实践了“上挂、横联、下辐射”的思想。“上挂”就是与大专院校和科研单位挂钩，引进新技术、新项目，聘请专家教授来校讲学；“横联”就是与当地农业局、林业局、畜牧局等相关部门建立横向联系，以聘用、承包、联办等形式进行合作；“下辐射”就是以定向培训、以工代训、巡回式培训等方式到乡镇学校和农户中进行职业教育，向学生和农户推广新知识、新技术。

---

① 《邓小平文选》第二卷，107页，北京，人民出版社，1994。

（二）边上学、边致富

“边上学、边致富”是河北迁安职教中心等职业学校探索出的产教结合人才培养模式，即学生一入学，学校就要求每个学生根据自己所学专业及家庭的种植养殖实际，在教师的指导下建立家庭实习基地，或搞养殖，或搞种植，边上学，边致富。在这项活动中，学校一是将“双边”活动纳入学校的常规管理，并将活动的效益与学生学业评定、教师业绩考核等挂钩；二是确立重点扶持对象，特殊培养，树立典型；三是不断创新和丰富活动的组织形式，提高学生的实践能力。①

现实中，“双边”人才培养模式的具体形式还有很多。如河北丰南职教中心实施“一师带两生，两生带十户”的办法，开展“双边生”培养工作。黑龙江北安农垦职教中心学校要求学生课堂学理论，基地看示范，回家放手干；要求教师校内办科研，社会做示范，深入农场搞生产（经营）；由专业课教师牵头，建立学生家庭生产经营指导小组，从专业学生中选出科技示范户，进行重点指导，影响和带动周边群众，帮助农户制定科学发展规划，提供技术咨询。

（三）学校＋企业＋农户

“学校＋企业＋农户”即通过农业职业院校与农业龙头企业及其联结基地的农户紧密结合，根据学校、企业和农户的需求而开展的合作办学，是集技术推广与技能培训于一体的校企联合办学机制。这一模式是在满足企业发展和农户需求的基础上，根据农业龙头企业的实际岗位定向培养，培养现代农业企业所需要的具有全面素质和专业特长的新型农业技术工人，从而真正实现产学合作，实现互

① 彭学军：《迁安市职教中心“边上学边致富”有特色》，载《职教通讯》，1999(5)。

惠互利、合作双赢的目标。①

(四)专业、实业、产业三业一体

专业、实业、产业三业一体人才培养模式就是实践中的“依托专业办产业，办好产业促专业”模式。简单地说，就是依托学校的品牌专业，兴办生产经营实体，通过发展生产经营实体，在带动或服务当地产业的过程中促进专业进一步发展。专业是依托，实业是纽带，产业是目标。产业发展起来了，反过来又可强专业，形成专业、实业、产业相互支持、良性循环、协调发展的局面，有效地推动职业教育和地区经济的互动发展。为了有效地调动各专业兴办实业的积极性，一些学校把与各专业相关的实业经营权下放到各专业，各专业把教学、科研、生产融为一体，通过兴办实业，服务地方经济，并实现自我发展，形成“前店后校、前校后厂”的人才培养模式。

二、“工学结合、校企合作”培养模式的主要类型

进入21世纪，随着我国社会经济条件的不断改善，企业对技能型人才的需求不断增加，国家出台了一系列政策和措施，鼓励职业院校实施“工学结合”人才培养模式，我国职业教育人才培养模式逐渐走向了工学结合、校企合作。工学结合人才培养模式以培养适合行业、企业需要的应用型人才为目的，利用学校和社会的教育资源和教育环境，适当安排学生在生产岗位上工作，提高学生对生产岗位与社会的适应能力，由学校、社会、学生共同参与。实践中，地方教育主管部门和各职业院校不断创新工学结合的具体模式。

2003年《国务院关于进一步加强农村教育工作的决定》指出：“以就业为导向，大力发展农村职业教育。要实行多样、灵活、开放的办学模式，把教育教学与生产实践、社会服务、技术推广结合起来，

① 石鑫炯：《学校、企业、农户联合的产学合作实践研究》，载《中国农业教育》，2005(3)。

加强实践教学和就业能力的培养。在开展学历教育的同时，大力开展多种形式的职业培训，适应农村产业结构调整，推动农村劳动力向二、三产业转移。实行灵活的教学和学籍管理制度，方便学生工学交替、半工半读、城乡分段和职前职后分段完成学业。”2003 年《教育部等六部门关于实施职业院校制造业和现代服务业技能型紧缺人才培养培训工程的通知》指出，要建立校企合作进行人才培养的新模式，有效加强相关职业院校与各地推荐的 1 400 多个企事业单位的合作，不断加强基地建设，扩大基地培养培训能力。

2004 年《教育部等七部门关于进一步加强职业教育工作的若干意见》指出：“推动产教结合，加强校企合作，积极开展‘订单式’培养。坚持以能力为本位，优化教学与训练环节，强化职业能力培养，高等职业教育专业实训时间应不少于半年，中等职业教育应为半年至一年。”

2005 年，国务院召开全国职业教育工作会议，提出以就业为导向深化职业教育教学改革，强调要加强职业院校学生实践能力和职业技能的培养，大力推行工学结合、校企合作的培养模式，为职业教育教学改革指明了方向和重点。《国务院关于大力发展职业教育的决定》中指出：“大力推行工学结合、校企合作的培养模式。与企业紧密联系，加强学生的生产实习和社会实践，改革以学校和课堂为中心的传统人才培养模式。中等职业学校在校学生最后一年要到企业等用人单位顶岗实习，高等职业院校学生实习实训时间不少于半年。建立企业接收职业院校学生实习的制度……逐步建立和完善半工半读制度，在部分职业院校中开展学生通过半工半读实现免费接受职业教育的试点，取得经验后逐步推广。”

2006 年，《教育部关于全面提高高等职业教育教学质量的若干意见》中明确提出，要大力推行工学结合，突出实践能力培养，改革人才培养模式。工学结合的人才培养模式体现了教育与经济、学校与企业、读书与劳作的有机结合，是加快我国高职教育发展的必由之路，是实现学生、企业和学校三方共赢的有效途径。要把工学结合作为高职人才培养模式改革的重要切入点，带动专业、课程和教学方法的整体改革。《教育部关于职业院校试行工学结合、半工半读的意见》强调，实行工学结合、校企合作是关系到建设中国特色职业教育的带有方向性的关键问题，要加快推进职业教育培养模式由传统的以学校和课程为中心向工学结合、校企合作转变。

2008年，《教育部关于进一步深化中等职业教育教学改革的若干意见》发布，提出在中职学校大力推行工学结合、校企合作、顶岗实习。2010年12月，全国中等职业教育教学改革创新工作会议在上海召开，会议按照当时刚刚闭幕的全国教育工作会议的精神，对以实行工学结合、校企合作人才培养模式为主要内容的中职教育教学改革做出了进一步规划和部署。经过持续推动，全国涌现出生产教学一体化、订单式培养、集团化办学、顶岗实习、工学交替等一批充分体现工学结合、校企合作特点的人才培养模式。

1.“订单式”人才培养模式

作为培养方的职业学校与作为用人方的企事业单位，针对社会和市场需求共同制订人才培养计划、签订用人及人才培养协议，并在师资、技术、办学条件等方面利用双方资源充分合作，通过“工学交替”的方式分别在学校和用人单位进行教学、实习，培养过程中企业参与培养质量评估，学生毕业后企业按照协议约定安排学生就业。① 其实质就是通过校企双方联合办班，签订合作“订单”，构建起学校与用人单位之间更加紧密的互联互动关系，解决学生在校学习的职业针对性、技术应用性以及就业等方面的问题。

---

① 刘晓欢、郭沙、彭振宇：《“订单式”人才培养模式的特征及其构建》，载《职业技术教育》，2004(25)。

2."集团化"人才培养模式

为了加强校企合作，优化职业教育人才培养模式，职业教育集团化办学以国家级示范型职业院校为龙头，以专业为纽带，吸纳开设相同(或相近)专业的职业院校以及相关行业企业和社会组织参加，采取行业或区域等联合形式，构成非法人组织。① 职教集团在自愿和互惠互利原则下，激发企业参与职业教育人才培养的积极性，是实现集团主体在设备、师资、技术、信息、就业等方面的优势互补、资源共享，优化资源配置，最大限度地发挥资源效能的人才培养模式。

3."三段式"人才培养模式

在职业教育人才培养模式的改革实践探索中，海南省曾摸索出了一条"1＋1＋1(县级职教中心＋示范性中职学校＋企业)"三段式的培养模式，即第一年学生在市县职校打基础，学习文化知识；第二年利用国家级重点中专学校或省示范中职学校师资和教学设备的优势，采取"以城带乡"联合办学的方式，让学生到省会学校学习专业理论，强化技能训练；第三年利用省会示范中职学校与各企业单位的人才优势，让学生到企业顶岗实习，毕业后由城市学校推荐就业。

总之，工学结合、校企合作的人才培养模式体现了职业教育的特点，符合职业教育人才培养规律。但随着我国人才培养模式改革的逐步深入，还需要结合时代特点和地方实际在实践中不断地探索和创新，逐步建立起更加符合我国国情的职业教育人才培养模式。

三、"产教融合"培养模式及其深化发展

专业人才培养必须与行业企业发展相结合，职业教育的技术技能人才培养是推动行业企业发展的关键，它们之间存在相互促进的

---

①　郭扬：《上海职教："集团"办学成为培养模式和提质途径》，载《上海教育》，2008(2)。

关系，只有密切合作才能够培养出符合行业企业发展的高技术人才。

在我国，行业协会在政府与企业之间、政府与职业院校之间发挥着桥梁和纽带的作用，是联结政府、企业、职业院校的重要渠道。行业协会负责指导和督促职业院校和企业积极主动地参与专家顾问委员会关于各类专业教学文件的商讨，通过指导、督促职业院校和其他职业技能培训鉴定机构的职业技能鉴定的全过程，提高并保证职业资格证书的含金量和社会认可度，并有力推动职业院校的“双证书”制度。

充分利用本地行业企业的发展优势，通过定期举办职业教育理论与实践研讨活动，吸收行业精英、各级院校在职教师、企业高级技工及管理人员、社会研究人员或机构参与职业教育理论的研究。在此基础之上，让行业、企业参与职业院校的人才培养，进一步丰富和完善产教融合人才培养模式的内容，共同培养出符合市场和行业发展需要的高素质人才。

为深入推进产教融合、校企合作，国家推动职业教育改革试验区建设，成立行业职业教育教学指导委员会、职教集团。自2015年起，每年举办“职业教育活动周”，连续举办全国职业院校技能大赛；加强高校拔尖人才培养和创新创业教育，实施科教结合协同育人行动、基础学科拔尖学生培养计划等；启动“新工科”建设，推进“5＋3”医学教育改革，举办“互联网＋”大学生创新创业大赛。在此背景下，职业院校不断对人才培养模式进行改革探索，在行业和企业的共同参与之下，产教融合人才培养模式逐渐完善，将素质教育、职业教育、创业创新教育进行有效融合，突出技术应用，对人才进行专业能力与综合素质的协同培养。

第二节　职业教育人才培养目标

一、中等职业教育人才培养目标的变化

培养目标可以有多种表达方式，《教育大辞典》对培养目标的解释是：指教育目的或各级各类学校、各专业的具体培养要求，一般包括人才根本特征、培养方向、培养规格、业务培养要求等内容。培养目标受社会对人才类型、规格的需要与学生的基础条件及全面发展要求的共同制约。人才培养目标，即培养者对所要培养出人才的质量和规格的总规定，是培养模式的决定因素。

(一)20 世纪 80 年代：培养中、初级技术和管理人员

1978 年十一届三中全会顺利召开，会上明确全党的工作中心应转移到社会主义现代化建设上来。但是，受“文化大革命”的影响，当时我国的基础设施建设非常落后，技术、装备、工艺水平较低，经济的增长主要靠大批的劳动力以及原材料等成本的投入，这决定了该时期的职业教育人才培养目标围绕“培养大量具有胜任某一种岗位技能的中初级技术工人”这一中心。1979 年《全日制中等专业学校工作条例》(征求意见稿)规定，中专的培养目标是：培养出掌握本专业现代化生产所需要的基本理论、专业知识和实践技能，具有健康体魄的中级技术、管理人员。技工学校在这一时期也强调了文化课和技术理论知识的教学。1979 年国家劳动局颁发的《技工学校工作条例(试行)》规定：“技术理论方面：使学生能够掌握本工种、专业所需要的技术理论基础知识。文化知识方面：使学生掌握本工种、专业所需要的文化知识，并且在原有基础上进一步提高文化水平，招收初中毕业生的，主要文化课程要提高到高中水平。”在这一教学理念的指导下，中专学校、技工学校的理论知识性课程有所加强，而实际操作训练有所减弱。

20世纪80年代是我国职业教育事业发展的起步期，1981年，五届全国人大四次会议指出：中学层次要积极发展中等专业学校，培养大量的技术工人和中级专门人才。这一时期我国高等职业教育才刚刚起步，办学规模较小，职业教育人才培养的责任主要由中等职业教育来承担。据统计，1985年，全国职业高中、中专以及技工学校共有15 538所，中等职业学校学生总数已经达到高中阶段学生总数的35.2%。①

这一时期的政策文件对我国中等职业教育培养目标的表述为：中等专业学校主要培养中级技术人员或管理人员；技工学校主要培养中、初级技术工人；职业中学培养中、初级技术和管理人员，也培养技术工人和从业者。1985年《中共中央关于教育体制改革的决定》发布，确立了职业教育人才培养的总体目标，提出社会主义现代化建设迫切需要“千百万受过良好职业技术教育的中、初级技术人员、管理人员、技工和其他受过良好职业培训的城乡劳动者”。

1990年，国家教委颁发《关于制订职业高级中学(三年制)教学计划的意见》，将职业高中的培养目标表述为：具有能直接从事某一职业(工种)的技术理论、专业知识和操作技能，与本专业有关的主要文化课要具有相当于普通高中的水平，有健康的体格的中级技术人员和管理人员、中级技术工人和从业者。可见，职业高中的培养目标兼顾了中专的文化课要求及技工学校的技能要求，既要培养等同中专的中级技术和管理人员，又要培养等同于技校的技术工人。

(二)20世纪90年代：培养应用型的专门人才

20世纪90年代，我国开始进行社会主义市场经济体制改革，政府提出要控制一般加工业，强化基础产业，改造和提高加工业的水

① 俞启定、和震：《中国职业教育发展史》，167页，北京，高等教育出版社，2012。

平，促使工业结构向高度化发展。① 随着我国经济社会的发展和产业结构、技术结构、职业结构的变化，中等职业教育的培养目标也进行了相应的调整。经济体制和经济增长方式的转变，促使我国职业教育人才培养目标由中初级技术和管理人员向应用型和实用型专业人才转变。

1995 年，发展高等职业教育研讨会对高等教育人才培养问题进行了广泛的讨论，最终明确培养目标为培养在一线工作的高层次实用型人才。1998 年，国家教委发布的《面向二十一世纪深化职业教育教学改革的原则意见》中提出："职业教育要培养同二十一世纪我国社会主义现代化建设要求相适应的、具备综合职业能力和全面素质的，直接在生产、服务、技术和管理第一线工作的应用型人才。"要求职业教育加强面向第一线工作的应用型人才培养，突出强调了全面素质和综合职业能力等关键性特征。

2000 年教育部制定的《关于全面推进素质教育、深化中等职业教育教学改革的意见》提出要"培养与社会主义现代化建设要求相适应，德智体美等全面发展，具有综合职业能力，在生产、服务、技术和管理第一线工作的高素质劳动者和中初级专门人才。"又进一步将应用型人才升级为高素质劳动者，而且将中、初级技术和管理人员统一称为专门人才。

（三）2000 年至今：强调技术技能型人才和创业能力的培养

进入 21 世纪以来，我国工业发展进入了中后期。加入世贸组织以后，我国电子信息等高新技术产业的比重大幅度增加，生产过程中的分工进一步细化，需要大量的具备高素质、高技能的人才来推动产业发展，对劳动者的技术技能水平提出了更高的要求。我国职

---

① 冯飞：《迈向工业大国：30 年工业改革与发展回顾》，57～58 页，北京，中国发展出版社，2008。

业教育人才的培养目标做出了相应的转变，由实用型、应用型人才转向了高素质、技能型人才。

2004年《教育部等七部门关于进一步加强职业教育工作的若干意见》首次强调“职业院校要坚持以服务为宗旨，以就业为导向，面向社会、面向市场办学，深化办学模式和人才培养模式改革，努力提高职业教育的质量和效益”。

2005年，《国务院关于大力发展职业教育的决定》提出“加快生产、服务一线急需的技能型人才的培养”，职业教育应“培养数以亿计的高素质劳动者和数以千万计的高技能专门人才”。将职业教育的服务面向做了初步调整，明确“生产、服务一线”的岗位，不再使用“技术和管理的一线岗位”的提法。

2008年，《教育部关于进一步深化中等职业教育教学改革的若干意见》提出，中职教育教学要“突出职业道德教育和职业技能培养，全面培养学生的综合素质和职业能力，提高其就业创业能力”。该文件中新增加了对学生就业创业能力的培养要求。

2009年，《教育部关于制定中等职业学校教学计划的原则意见》中对培养目标做出了较为详细的阐述：“中等职业学校培养与我国社会主义现代化建设要求相适应，德、智、体、美全面发展，具有综合职业能力，在生产、服务一线工作的高素质劳动者和技能型人才。”而且，对全面发展解释理解为：“具有基本的科学文化素养、继续学习的能力和创新精神；具有良好的职业道德，掌握必要的文化基础知识、专业知识和比较熟练的职业技能，具有较强的就业能力和一定的创业能力；具有健康的身体和心理；具有基本的欣赏美和创造美的能力。”

2010年，教育部出台的《中等职业学校管理规程》提出，中等职业学校应培养“在生产、管理、服务一线工作的高素质劳动者和技能型人才”。2014年，《国务院关于加快发展现代职业教育的决定》提出了“培养数以亿计的高素质劳动者和技术技能人才”的人才培养目标。

二、高等职业教育人才培养目标的变化

高等职业教育人才培养模式的基本特征是：以培养高等技术应用型人才为根本任务，以适应社会需要为目标，以培养技术应用能力为主线设计学生的知识、能力、素质结构和培养方案。毕业生应具有基础理论知识扎实、技术应用能力强、知识面较宽、综合素质较强等特点。教学内容和课程体系的构建以“应用”为主旨，实践教学在教学中占有较大比重，学校与用人单位结合、师生与劳动者结合、理论与实践结合是高等职业教育人才培养的基本途径。

在我国，高等职业教育作为高等教育的一种类型被提出并付诸实践是改革开放以后的事，高等职业教育是经济高速发展的产物。自 1980 年我国在江苏一些中心城市创办首批职业大学后，在短短的几年里，我国各地办起了 120 多所短期职业大学，进行高等职业教育的实践和探索。职业大学作为我国现代高等职业教育的先驱，率先从重理论、轻实践的人才培养模式中跳出来，探索出具有我国高职特色的人才培养模式。

高等职业教育的服务对象主要是地方的经济建设和区域发展，决定了其培养目标是培养适应生产建设、管理、服务一线需要的高级应用型、服务型人才(或称应用型高等专门人才)。在我国高职教育的发展历程中，对培养目标在不同时期有过不同的表述。

1998 年，教育部高教司将高等职业教育的人才培养目标总结为：为生产、管理和服务第一线培养具备综合职业能力和全面素质的高级实用型人才。1999 年《中共中央国务院关于深化教育改革，全面推进素质教育的决定》指出：“高等职业教育是高等教育的重要组成部分。要大力发展高等职业教育，培养一大批具有必要的理论知识和较强实践能力，生产、建设、管理、服务第一线和农村急需的专门人才。”2000 年，在《教育部关于加强高职高专教育人才培养工作的意

见》指出："培养拥护党的基本路线，适应生产、建设、管理、服务第一线需要的，德、智、体、美等方面全面发展的高等技术应用性专门人才。"2004年，《教育部关于以就业为导向深化高等职业教育改革的若干意见》明确指出，高等职业教育要"加大人才培养模式的改革力度，坚持培养面向生产、建设、管理、服务第一线需要的'下得去、留得住、用得上'，实践能力强、具有良好职业道德的高技能人才"。这说明高等职业教育的人才培养不仅要使人学到知识、掌握技能、继承思想道德，而且要培养人的创新精神和实践、创造能力，注重知识、能力、素质的协调发展。2006年，《教育部关于全面提高高等职业教育教学质量的若干意见》提出："高等职业教育作为高等教育发展中的一个类型，肩负着培养面向生产、建设、服务和管理第一线需要的高技能人才的使命。"

高等职业教育是高等教育的组成部分，具有高等教育的属性，其培养的人才属于高层次人才，必须具备与高等教育相适应的基本知识、理论和技能。同时，高等职业教育又是对学生进行某种职业生产和管理的教育，它以职业岗位群的需要为依据制订教学计划，在进行职业能力分析的基础上组织教学，因此它又有职业教育的本质属性。另外，高等职业教育培养的是具有必要理论知识和较强实践能力的高级技术应用型人才，要求毕业生不但要有某一专业的基本理论知识，更需掌握某一职业岗位群所需要的专业技能，能够解决工作中的实际问题，成为理论够用、技术熟练的复合型人才。

第三节　职业教育招生制度改革

一、总体发展历程

招生考试制度是国家教育制度的重要组成部分，它为不同层次学校选拔人才提供不同标准。职业教育招生考试制度的建立是职业教育管理和制度建设的重要内容，是职业教育可持续发展的有力保障。我国职业教育招生制度从发展到完善，大致经历了“统招统配”、试点探索和多样化发展几个特点鲜明的阶段。

（一）“统招统配”时期

1985 年《中共中央关于教育体制改革的决定》提出：“发展职业技术教育要以中等职业技术教育为重点，发挥中等专业学校的骨干作用，同时积极发展高等职业技术院校，优先对口招收中等职业技术学校毕业生以及有本专业实践经验、成绩合格的在职人员入学，逐步建立起一个从初级到高级、行业配套、结构合理又能与普通教育相互沟通的职业技术教育体系。”

1987 年，国家教委印发了《普通高等学校招收少数职业技术学校应届毕业生的暂行规定》，指出“为适应职业技术教育迅速发展的需要，加速培养中等职业技术学校专业课和实习指导教师，在国家核定培养职业技术师资的招生计划中，安排从中等职业技术学校招收少数优秀应届毕业生升入普通高等学校学习，毕业后分配到中等职业技术学校任教”，明确了中等职业学校与普通高等学校的衔接方式。

（二）试点探索时期

1991 年，国家教委下发《关于高考改革有关问题的通知》，以适应普通高等学校招生制度的改革，保证普通高等学校录取新生的质量。1991 年，《关于推荐应届职业高中毕业生参加高考有关问题的通知》允许推荐部分应届职业高中毕业生报考普通高等学校。为贯彻 1993 年全国教育工作会议提出的关于“积极发展高等职业教育”的方针，推动高职的改革与发展，国家教委于 1994 年下发了《关于在成都航空工业学校等 10 所中等专业学校试办五年制高职班的通知》，该通知确定了成都航空工业学校、广州民航学校等 10 所学校自 1994 年起组织实施 30 个班（1 200 人）的以初中毕业生为起点的五年制高等职业教育。1997年，《国家教委关于招收应届中等职业学校毕业生举办高等职业教育试点工作的通知》下发，决定从1997年开始在北京、上海、河北等10个省(直辖市)开展高职招收中等职业学校应届毕业生的试点。1999年，教育部、国家计委出台《试行按新的管理模式和运行机制举办高等职业技术教育的实施意见》指出，新高职“可招收少量的中等职业学校应届毕业生”，“对招收相关或相近专业的少量的中等职业学校应届毕业生，其文化课和职业技能水平应由省级招生部门单独组织考试，并确定具体的录取标准”。同年6月，《中共中央国务院关于深化教育改革，全面推进素质教育的决定》再次强调提出：“职业技术学院(或职业学院)可采取多种方式招收普通高中毕业生和中等职业学校毕业生。”

(三)多样化发展时期

2002年，《教育部关于进一步办好五年制高等职业技术教育的几点意见》，提出五年一贯制的高等职业教育是我国高等职业教育的重要形式。2005年，《教育部关于加快发展中等职业教育的意见》提出要促进东西部合作办学，加强农村与城市的联合招生，在强调职业指导与就业服务的基础上，多方管理高中阶段的招生计划。2005年，高职自主招生在上海进行试点。2006年，北京的少数高职院校也参与了自主招生改革。

2006年，《教育部关于做好2006年普通高等学校招生工作的通知》提出：积极稳步推进高考改革，探索和完善多样化选拔录取模式；有条件的省市可试行本科、高职分开考试录取的办法。2006年，《教育部财政部关于实施国家示范性高等职业院校建设计划加快高等职业教育改革与发展的意见》规定：“各地要制定相关政策，优先安排招生录取批次，鼓励开展单独招生试点，保证生源质量。”《教育部关于做好2007年普通高等学校招生录取工作的通知》明确：开展高职单独招生改革试点的省市要选择办学质量高、自律意识强、培养特色鲜明的高职院校参加试点工作；在设计考试内容、方式、标准时，注意鼓励普通高中应届毕业生报考，探索符合高职教育培养要求的人才选拔模式。这是教育部首次明确提出高职单独招生改革试点。随后，全国各地的众多高职院校开展了自主招生的改革工作。2007 年有 8 所国家示范性高职院校开始大胆尝试单独招生、自主招生等新型招生形式，2011 年单独招生政策覆盖面扩大至 159 所。①

2010 年《国家中长期教育改革和发展规划纲要(2010—2020 年)》提出“探索高等职业学校自主考试或根据学业水平考试成绩注册入学；探索自主录取、推荐录取、定向录取、破格录取的具体方式”。按照本科、高职分类考试录取的思路，2010 年各地对高职招生在考试科目、考试内容、录取要求等方面做了改革安排。如浙江高职院校考试为“3＋技术”，且技术考试有多次考试机会；北京实行“高考＋会考”录取方案，将高职招生与会考挂钩，结合高考语、数、外成绩和会考 2 或 3 门成绩等级要求进行录取。综合实践来看，全国高职考试招生制度主要包含以下几种形式。

1. 注册入学。2011 年《教育部关于推动中等和高等职业教育协调发展的指导意见》指出：“改革招生考试制度，拓宽人才成长途径。根据社会人才需求和技能型人才成长规律，完善职业学校毕业生直接升学和继续学习制度，推广‘知识＋技能’的考试考查方式。”注册入学在我国掀起高职考试招生改革的另一个浪潮，注册入学是综合评价的体现，它更注重学生综合能力的考量，专门为那些因高考成绩不理想而“落榜”的考生提供入学机会。从 2012 年起，福建省、江苏省等地开始用综合评价的方式录取学生，考生在成绩达到注册入学最低分数线的基础上，根据自己的兴趣、爱好或特长，结合自身实际情况，在具有相应阶段的毕业证书的前提下，直接向 1～3 所院

① 佛朝晖：《高职单独招生政策执行情况的调查报告》，载《国家教育行政学院学报》，2012(11)。

校递交申请，院校根据自身的招生简章及计划来审核学生的条件，最后实现院校与学生的“双向选择”。

2. 单独招生。2013年，《教育部关于积极推进高等职业教育考试招生制度改革的指导意见》出台，提出高等职业教育考试招生制度改革的总体要求，建立了在高考的基础上，增加单独考试招生、综合评价入学、面向中职毕业生的技能考试、中高职贯通和技能拔尖人才免试等多样化的招生办法，旨在提高我国高素质技术技能人才的培养水平和国际竞争力。高职单独招考是一种与高考并行的考试模式，在报名高考之后，学生依然可以进行报名；它的招生时间分为两季，由相关部门安排，这在一定程度上给了学生富余的时间；在对象上，主要面向三类考生，即中专生、技校毕业生、职高生，但是随着时代的变化，单独招考也逐渐对高中毕业生开放；在内容上，主要是“3＋X”，“3”指的是“语文＋数学＋英语”，“X”主要是针对专业课或技能特长方面的考核。

3. 技能拔尖人才免试。2014年《国务院关于加快发展现代职业教育的决定》明确提出，“完善职业教育人才多样化成长渠道”，要“健全‘文化素质＋职业技能’、单独招生、综合评价招生和技能拔尖人才免试等考试招生办法，为学生接受不同层次高等职业教育提供多种机会……适度提高专科高等职业院校招收中等职业学校毕业生的比例、本科高等学校招收职业院校毕业生的比例”。在地方的探索实践中，根据相关规定，高职教育的免试入学需满足以下条件：具有国家级技能大赛三等奖及以上的或省级技能比赛一等奖的中职应届毕业生；具有高级工或技师资格；具有县级以上荣誉的在职在岗中职毕业生。免试人员需要在省级行政部门核实资格、确认后才可由相关院校免试录取。[①]技能拔尖人才免试入学跟其他招生方式相比，

---

① 王李科：《技能拔尖人才可免试入学》，载《成都日报》，2017-03-26。

更加灵活和人性化。它在践行终身学习思想的同时，更强调了高职教育技能发展的重要性，但是无考试的招生也难免存在一定的风险。

从我国高职考试招生制度的发展历程中可以看出，传统考招模式不再是主流，高等职业教育的招生越来越关注自身教育的特点，考试内容由重文化知识向重技术技能转变，更加强调对技能的考核。2014 年《国务院关于深化考试招生制度改革的实施意见》提出进一步落实并加快考试形式、内容与录取机制方面的改革；要求加快推进高职院校分类考试的改革，其中中职学校毕业生报考高职院校，需参加文化基础与职业技能相结合的测试；普通高中毕业生报考高职院校，需参加职业适应性测试，文化素质成绩使用高中学业水平考试成绩，参考综合素质评价；学生也可参加统一高考进入高职院校。

二、中等职业教育招生改革

2005 年、2007 年教育部相继出台了《教育部关于统筹管理高中阶段教育学校招生工作的通知》和《教育部关于建立健全高中阶段教育学校招生工作机构的通知》，以深化招生改革，做好中职招生工作。在安排年度高中阶段教育学校招生计划时，大多数地方要求中等职业学校招生规模要大于普通高中或与之大体相当。各地进一步健全高中阶段教育学校招生工作机制，加强对招生工作的统筹管理，建立统一的招生工作平台。

(一)加强招生管理

1. 开展招生资格审查。针对一些地方乱招生、乱收费的现象，教育部要求各地审定并公布具有招生资格学校的名单，解决招生混乱问题；取消了部分学校的招生资格，以保障职业教育的招生秩序和教学质量。如，2009 年广东省教育厅发布《关于进一步规范我省中等职业技术学校招生秩序的意见》，成立由教育、人力资源和社会保障等部门组成的高中阶段教育学校招生工作领导小组，统筹全省普通高中、职业高中、中等专业学校和技工学校的招生工作，推进建立统一招生部署、统一招生宣传、统一组织输送生源的“三统一”招生工作平台。

2. 加强招生信息化建设。为解决一些地方初中毕业生底数不清，上报的初中毕业生与实际参加中考的人数差距较大的问题，各地有关部门加强信息化建设。湖南省从2010年开始启用全省中等职业教育数据采集平台，通过及时采集中职学校全体师生基本数据信息，切实加强对中等职业学校专业建设、课程设置、教材使用和质量评价等方面的监管。特别是对全日制与非全日制学生进行分模块注册和分类管理，较好地规范了中职招生与学籍管理工作。

3. 建立招生定期督查和考核制度。宁夏教育厅建立“半月通报”制度，对全区各学校招生进展情况每半月进行一次通报，强化自治区各部门、各级政府完成招生计划的责任意识。山东省将中等职业教育招生工作列入各级政府教育工作年度考核内容，加大督导检查力度，由省政府教育督导室进行职业教育专项督导。上海市则提出两个“严控”要求，即严格控制全日制普通高中招生计划，严格控制全日制普通高中招生最低投档控制线，统筹高中阶段招生工作。

（二）创新招生模式

针对西部地区职业教育“有生源、缺资源”，东部地区职业教育“有资源、缺生源”，区域之间职业教育难以协调发展的现状，2011年，教育部印发《教育部关于做好2011年中等职业学校招生工作的通知》，明确要求进一步推进东部与西部、城市与农村联合招生合作办学的工作。要求建立和完善教育对口支援制度，着力缩小城乡、区域差距，加快城乡、区域职业教育协调发展，促进教育机会公平和社会公正。要进一步加强省（自治区、直辖市）之间、地区之间、学校之间的合作办学力度，加强规范管理，依法办学。合作办学规模较大的地区，省级教育行政部门之间应签订合作办学协议。实践中，在中职联合招生方面主要有四种创新模式：东西部合作型招生模式，对口支援型招生模式，功能拓展型招生模式，中高职贯通型招生模式。

招生办法和形式也更加灵活，很多地区都采取了提前招生、集中录取、多次补录、注册入学等招生办法。山西省煤炭厅《关于推进煤矿从业人员专业学历提升及“变招工为招生”实施方案》要求：“各市煤炭局、集团公司和煤炭企业要开展多种形式、多种渠道的职业教育，采取委托培养、订单培养、对口单招等多种方式，积极同大中专煤炭职业院校和煤炭专业技工学校合作办学。”该文件还要求从2011年到2015年，每年新招从业人员中直接招生的比例要分别占25％、35％、55％、75％和100％。

（三）拓展招生对象

在工业化、城镇化、农业现代化的进程中，我国农民工的数量不断增加，成为进城务工人员集中的东部城市中等职业学校的重要生源。中等职业学校招收青年农民接受中职学历教育，招收进城农民工和企业职工接受中职学历教育，同时招收进城务工人员随迁子女接受中职学历教育。如上海从2008年开始开放了部分中职学校，招收在沪农民工初中毕业的子女，允许符合条件的农民工子女直接报考，招生人数逐年增长，2011年招收的农民工随迁子女有6 000人。另外中等职业学校也招收初中阶段流失的学生。《教育部关于推进中等和高等职业教育协调发展的指导意见》提出：“对于希望升入职业学校或较早开始职业生涯的初三学生，初级中学可以通过开设职业教育班或与职业学校合作等方式，开展职业教育。”

三、高等职业教育招生改革

（一）高职统考

1977年，我国恢复高考，自此高考成为我国学生进入大学的主要途径。我国高等职业院校的考试招生制度，一般都被纳入普通高等院校的考试招生制度，所有的普通高中生统一参加一年一次的高考，只是在招生录取的时候，分数高的进入本科院校，分数低的进入高职(专科)院校。这种考试招生方式，实际上是将职业院校作为低一层次的学校进行招生，由此也造成职业院校招收的往往是分数比较低的学生。

1987年，国家教委颁布《普通高等学校招收少数职业技术学校应届毕业生的暂行规定》，文件规定：高职统考考试科目分文化课和专业课两部分，文化课考政治、语文、数学，专业课考试科目由招生学校根据专业要求确定一门专业课和一门专业基础课，由省、自治区、直辖市自行组织命题、考试和阅卷工作。后来各地区根据现实发展的需要对考试内容进行了一些调整，主要采取“文化课(语文、数学、英语)＋专业课”的形式进行招生，即“3＋X”模式。高职统考主要是针对中职学校毕业生的考试，也是高职院校招生的重要方式，相对来说，高职统考招收的学生更具有职业性的特点，也是中职学生接受高等教育的主要渠道，但其依然沿用“普通高考”的考试模式，无论文化课还是专业课考试都是以考查理论为主，没有凸显职业院校考试招生的特点。

(二)自主招生

2005年，我国开始在高职院校实行自主招生政策，自主招生首先在上海实行。所谓高职院校自主招生是指经上级教育主管部门批准的高职院校依法自主进行入学测试、自主确定入学标准、自主实施招生录取的招生方式。① 自主招生制度突出考查学生的综合素质，注重学生的职业潜能，大部分院校采取的是笔试加面试的考核方法。考生参加院校自主招生测试并合格后，可直接被录取，不用再参加

---

① 张永红：《关于高职院校自主招生的现状研究》，载《长春理工大学学报(高教版)》，2010(4)。

普通高考。2007 年，自主招生在全国高职院校全面启动，具有自主招生权的院校主要是各省发展前景较好的示范性高职院校。

高职院校的自主招生，从源头上保证了高等职业教育是高等教育的一个类型而不是一个层次，创新了高职院校多元化的选拔录取机制。但也存在一些问题：其一，自主招生的对象仍是以普通高中的毕业生为主，生源类型少；其二，按照自主招生的规定，考生在参加自主招生考试且被录取后，就不能再参加其他类型的考试，也不再有被其他高校录取的机会，因此，考生的选择范围极为有限，很多优秀的学生不愿意选择这种考试方式；其三，高职院校自主招生还存在公平问题和缺乏招考监督的问题，尤其是在自主招生的面试环节，试题命制、面试操作、评分标准等都面临着能否真正做到公平的困境。

（三）技能高考

2011 年 1 月，湖北省首创一项重要的高职院校考试招生改革，开始面向全省中等职业学校的应往届毕业生实行技能高考制度。技能高考是一种有别于传统的“笔试＋面试”的考核形式，其面向的是全部应往届中职院校毕业生，主要考查的是学生技能的掌握。它的操作方法主要体现在：采取“知识＋技能”的考核形式，其中以技能操作为重点，占 70％；以文化知识为辅，占 30％。

技能高考招生模式从 2011 年开始在湖北省机械类专业招生中实施。到 2013 年，报考专业类别扩大，报名考试人数达到 1 万多人，共录取考生 6 000 多人（其中进入普通本科学校的有 600 人）。2013 年，湖北省招收技能高考考生的本科院校有 6 所，招生计划为 465 人；高职高专院校有 24 所，招生计划为 4 773 人。[①] 2013 年，湖北

---

① 《我国高考将推学术和技能两种模式 技能高考是湖北首创》，http://hb.people.com.cn/n/2014/0323/c194063-20837235.html，2018-03-06。

省教育厅下发了文件，集中反映实施技能高考的精神，其政策的目标设计可以被概括为以下几个方面。

1. 考试内容以技能考试为主、文化考试为辅

技能高考是以技能考核为主的中职毕业生升入高等院校的考试招生办法，目的在于推动高职院校根据职业教育特点，自主组织考试，选拔适合培养的新生，增加中职院校的学生能够接受不同层次职业教育的机会。技能高考形式新颖，选拔标准灵活，比以往单一的知识考试招生更体现了对技术技能型人才的重视和需求。技能考试分为专业知识考试和技能知识考试两方面，总分为490分。专业知识部分是理论考试或专业技术知识考试，主要是为了考查学生是否具有所需要的专业技术知识，专业知识测试主要采用机考的形式进行。技能知识考试部分则采用实际操作的方式进行。技能考试成绩分为合格和不合格，大于或等于294分为合格，小于294分为不合格。文化综合考试内容包括语文、数学和英语，总分为210分，其中语文90分，数学90分，英语30分，考试内容较高考内容更简单、偏重基础。考试成绩以等级形式呈现，共分五个等级：A为大于或等于90分，B为80～90分，C为70～79分，D为60～69分，E为小于或等于59分(不合格)。

2. 考试主体和形式的多元化

技能高考实行以统一技能高考为主、学校单独招生考试为辅的原则，考试的形式包括全省统一组织的技能高考和有关高职院校组织的单独招生考试。由于既有统考又有单考，考试的主体也多元化，既包括省级教育考试院，也包括各拥有组考资格的高职院校。具体来说，社会需求量较大、比较热门的专业实施全省统一的、通过“技能”来招生的考试；比较有特色的、比较冷门或者是不适合统一组织考试的专业，就由相关高等职业院校进行单独的招生考试。在考试专业设置上，必须贯彻动态调整原则。其中，文化综合考试的实施

主体为省级教育行政管理部门，由省级教育考试院具体组织实施；技能考试由相关高职院校在省级教育考试院的指导下具体组织实施。而有资格组织考试的高职院校是由省级教育部门根据相关条件来确定的，并由省级教育考试院向社会公布。

3. 考试的专业类别适时变化调整

2011 年，湖北省率先开展“知识＋技能”考试试点，当年对机械类专业实行全省统一技能考试；2012 年，湖北省将技能高考试点的专业进行扩展，使专业类别包含机械、电子和计算机专业；2013 年，专业类别进一步扩大，新增了建筑技术类专业、会计专业和护理专业；2015 年，技能高考基本涵盖了职业院校的大部分专业类别，为机械类、电子类、计算机类、建筑技术类、旅游类、农学类、学前教育、会计、护理等 9 个类别(专业)。

4. 报考对象范围明显扩大

按照湖北省教育厅的文件，技能高考面向的是符合高考报名条件的中等职业学校(包括中专、职业高中、技工学校和成人中专)的应届、往届相近专业的毕业生。相比于此前实行的高职统考，其报考对象范围明显更广，扩大到中专、职业高中、技工学校、成人中专四类学校的毕业生，也由应届扩大到往届毕业生。参加技能高考的考生可在当年普通高考报名期间，到户籍或学籍所在地的教育考试机构办理报名手续。学生技能考试合格后才有资格参加随后的文化考试。技能高考的录取时间与普通高考是一致的，但不同的是，技能高考是由湖北省决定本科和高职高专的录取分数线的，总成绩是技能考试的分数加上文化综合考试的分数。和普通高考一样，技能高考的录取也是从高分到低分，学生如果不能达到技能考试要求，则不被录取。

四、招生制度改革的审视与反思

21 世纪以来，职业教育规模扩大。但据人社部统计，截至 2014

年年底，在中国7.7亿的就业人员中，技能劳动者有1.6亿，占20%，高技能人才的数量为4 136.5万，仅占5%。① 2017年江苏省共有85所高职院校提前招生，计划招录7.53万人，但至截止日期时总报名人数只有6万多。② 目前，我国的职业教育考试招生制度没有完全形成独立的体系，偏重对理论知识的考查，忽视对学生实践能力和技能的考核，与培养实践型技能人才的目标不符。

（一）职业教育招生制度改革存在的问题

1. 中等职业教育招生制度存在的问题

第一，招生专业及规模缺乏统筹规划。目前教育部门对中职招生和在校生规模已提出明确的目标，但教育部门还无法得到行业、企业对中职毕业生的需求的准确信息。目前对中职招生的要求很明确，但难以制订分专业招生计划，专业招生计划主要由学校根据毕业生就业状况和专业培养能力来确定，导致很多中职学校的专业设置、招生计划难以与当地经济社会发展相匹配，人才培养与行业企业用工需求不符。

第二，招生计划难以满足灵活学习的需求。当前，一些地方中职学校招生仍然以招收应届初中毕业生为主，没有落实好教育部要求的努力扩大招生和服务范围，招收往届初中毕业生、未升学的普通高中毕业生、退役士兵、农村青年、农民工、下岗失业人员等人员接受中等职业教育。职业学校举办的非全日制学历教育的模式、考核评估等还不能适应城乡劳动者边工作边学习的需求，在职业教育招生和在校生中，非全日制学历教育学生的比重偏小，与职业教育"面向人人"的服务定位不符。

---

① 王辉辉：《不唯学历论英雄是职教发展的关键——专访人社部职业能力建设司司长张立新》，载《中国培训》，2016(15)。

② 方桐清：《高职招生宣传："热闹"不如真实高效》，载《中国教育报》，2016-09-06。

第三，对区域职业教育统筹缺乏有力的政策措施。普通高中、中职学校招生分属不同部门管理，不同的中职学校也分属不同部门管理，高中阶段招生工作难以统筹。一些地区存在地方保护主义，设置了很多障碍，影响了跨区域招生。在有些地区，省级与地市级的招生管理机构之间的管理协调存在问题，导致招生渠道不畅，联合招生难以推进。近几年，随着产业升级，西部职业教育办学条件改善，西部职业学校毕业生在东部就业的意愿随生活成本的提高而减弱，东部地区职业学校招收西部学生的难度增加，东部地区中职“招不满”和西部地区中职“招不了”的现象并存。此外，监督和奖励机制缺乏，违规招生、有偿招生的现象时有发生。

2. 高等职业教育招生制度存在的问题

第一，技能考核与文化知识的协调问题。当前我国高职考试招生制度中存在多种考试模式，考试内容因考试模式的不同也各不相同，但大体上还是大同小异的，有很多在实施过程中成为高考的仿制品。随着这几年高职的发展，不少省份也在不断探索高职的考试内容。在北京、天津、山东等多地试行的春季高考考试科目分为语文、数学、英语、专业知识及专业技能实操考试，虽然增加了专业知识和专业技能实操两科，但在专业知识和专业技能方面的考核还是不多，尤其是专业技能方面。高职院校的入学考试还是以考查学生掌握的公共知识为主，即考试的主要内容还是学生的理解能力和分析能力。技能高考通过“技能考试为主，文化考试为辅”(技能占70％，文化占30％)，给中等职业院校的学生更多的升学机会，缓解了高职院校的生源问题。但是，技能高考政策相对来说更加注重技能方面的培养，很容易让学生产生文化知识不重要的错觉，这些并不利于学生德智体综合素质的发展。另外，在试行技能高考时，还存在技能是否可测量、技能考试是应该考专业知识还是应该仅仅考技能等一系列问题。

第二，单独招生选拔机制在运行中出现了一些问题。单独招生选拔机制是对引导高中毕业生和中职毕业生向优质高等职业院校合理分流、提升高等职业教育的生源质量的积极探索，是进一步完善高等职业教育多元化选拔录取机制的尝试。单独招生考试一般分笔试和专业面试两部分，笔试重点考查的是学生的文化基础知识，面试着重考查的是学生报考专业的基本素质。但是，在实际操作中，面试的形式大于内容，让专业技能考核失去了本来的意义。大部分高职院校在面试时采用的是开放式问题，虽然这样也能从某些方面考查学生的专业素养，但是不能考查学生的实际操作和动手能力，流于形式的考核并不能保证选拔出的学生真正适合未来专业的学习。

（二）推进职业教育招生制度改革的建议

职业教育与普通教育属于两个独立的体系，普通教育培养的理论型学生不能完全满足当今社会对人才的要求，国家需要更多技术技能型人才。应有适应不同类型人才发展的招生考试方式，使得招生考试制度更加适合不同类别、不同层次的校院，拓宽人才成长的途径，从而建设多元化的考试机制。

1. 厘清职业教育管理体制中的权责

政府和学校应逐步建立平等的关系，赋予职业学校更多的自主权。政府和职业学校要厘清各自的权责，明确各自的角色，相互协调、配合，做好各自的“分内事”。省级政府负责宏观统筹、政策引导和外部监督；学校按照国家和地方的相关招生政策和法规具体操作执行，自主招生，自主录取，选拔合适的人才。在招生过程中，学校有责任接受政府和社会的监督，及时公布招生录取信息，增加招生录取的透明度。

2. 建设完善相互配套的制度环境

考试招生制度作为选拔技能人才的行动指南，具有稳定性、系统性等特点。职业教育考试招生制度为多元智能的开发提供工具性指导，又为职业教育培养多样化人才提供预备性人才。但是职业教育考试招生制度一方面缺少强有力的法律保障，另一方面职业教育尴尬的社会地位造成其多元录取的形式在社会上的反响平平。考试招生制度的实现是有赖于其他制度补充的，但是当前我们国家的制度并未形成配合，对于多元化的到来还缺乏制度环境。

3. 优化招生考核的内容和机制

应在遵循职业教育发展规律的前提下，按照职业教育特性来进行内容的规划。在文化基础方面，从学生的实际程度出发进行范围的把控；在技能考核方面，以职业适应性和职业技能测验为主，重点进行实际操作能力的考核。在招生对象方面，增加职业教育对社会人士的吸引力。当前高职招生对象与规模持续扩大，不再局限于传统意义上的毕业生，而是加大对社会“有能”人士的招收力度。在录取入口上，放宽对各项条件的限制，提高学生与社会各界人士参与的积极性。

应建立健全考试评价方法：一方面，在考试内容上，在原有的文化知识基础上增加必要的专业能力和职业素质知识；另一方面，在考试方法上，强调专业面试中对学生动手能力和操作技能的考核。此外，面向中职学生的考试要体现中高职课程体系衔接和贯通，规避中高职课程设置重复和教学资源浪费的现象。

第四节　职业教育专业管理与平台建设

职业教育专业设置应突出社会适应性与区域性，即根据社会需要，而且主要是根据学校所在地区的经济社会发展需要，设置适应性强的专业，并使之符合所在地的产业结构调整。

一、职业教育专业目录的调整与修订

在中华人民共和国成立初期，我国就制定了全国统一的专业目录，进行专业设置规范化管理。但职业教育专业目录的编制和管理采取的是区别对待、分工管理的办法：中专教育部分，由国家教委会同各部门制定发布，由学校主管部门督促执行；技工教育部分，由劳动部会同各业务部门制定发布，由各省市劳动部门督促执行；高等职业技术学校及职业中学部分，没有发布统一目录，由各省、自治区、直辖市结合社会需要参考目录探索试办。专业设置基本上参照苏联模式，比较强调针对性，以工业建设主导需求为设置目标。在当时的17类336个专业中，工科占13类237个专业。1963年教育部颁布的《中等专业学校专业目录》，确定全国统一的专业为8科348个专业，其中工科占242个专业。专业划分以部门分工和职业岗位为依据，中专以学科为基础进行专业设置，培养专业技术人员；技工教育以工种为基础进行专业设置，培养技术工人。专业结构中第二产业比重大，第三产业十分薄弱，专业分类的学科倾向明显。

改革开放以后，社会经济飞速发展，技术进步、产业调整加快，新的社会职业也不断出现，职业教育获得较快发展，培养出了一大批社会、企业需要的有一技之长的人才。但对于社会变化所需要的新型技能专业，20世纪60年代初制定的专业目录已不能涵盖，且一些职业学校为了适应这一变化也进行了新专业的开设，特别是为适应第三产业的发展需要，一些新兴专业，如会计、文秘、旅游服务、商务电子等纷纷在各类职业学校中开设。据有关数据，到1991年中专专业已达1 500余个，出现了专业名称、专业划分混乱，专业内涵界定不清等问题，迫切需要对专业建设与管理提出国家统一的、规范化的要求。

1992年，国家教委发出了《关于修订普通中等专业学校专业目录的通知》，在国务院有关部委参加下，对1963年的中专专业目录进行了修订，1993年国家教委颁布了《普通中等专业学校专业目录》并制定了专业设置的原则意见，共设有518个专业；劳动部也发布了《技工学校专业目录》，首批专业有169个，第二批有240个。这次修订以职业分析方法为理论基础，专业以技术领域、工程领域、服务领域或以职业群、岗位(工种)群来划分；在专业简介中提出了中专人才以职业能力为基本要求，而不是学科知识；淡化了专业的部门分割，专业之下设立了专门化方向，拓宽了专业服务面；专业目录由指令性变为指导性。

2000年，教育部制定并发布了统一的《中等职业学校专业目录》和《教育部中等职业学校专业设置管理的原则意见》。这次专业目录的修订以中等职业教育层次为起点，专业设置兼顾了原中专、技校、职业高中的专业设置需求，并统一、规范化，解决了原有各类中职学校的专业设置混乱的问题，在指导、规范中等职业学校的专业设置方面发挥了重要作用。这次修订以国民经济行业分类和职业分类为依据，设有13大类、270个专业、470个专门化方向，这些专业覆盖了《中华人民共和国职业分类大典》中的千余个职业岗位，适用范围广，符合职业教育专业设置与社会职业岗位相对应的发展要求。专业目录体例也更加规范、科学，由目录和简介组成，规定了培养目标、业务范围、建议修业年限、专业教学主要内容等，这与国际职业教育专业设置的经验基本一致，专业名称及内涵界定也突出了准确、科学、规范等特点，这些为今后专业目录的修订与完善打下了良好的基础。

21世纪以来，发展现代产业和新型产业，转变经济发展方式，加快产业结构调整成为经济改革的主要方向。为指导中等职业教育根据经济社会发展需求科学合理地设置专业，建立起中等职业教育专业设置与职业发展、职业岗位需要相吻合的动态管理机制，迫切需要对2000年发布的《中等职业学校专业目录》进行调整与更新，建立及时反映经济社会发展需求的、动态的职业学校专业管理模式。

2010年3月，《中等职业学校专业目录(2010年修订)》颁布。这次修订以国民经济行业分类、职业分类和产业划分规定为依据，结合普通高等学校本科专业与高职专业目录，在内容体系上做了重大调整，涵盖了专业名称、专业(技能)方向、对应职业(岗位)、职业资格证书举例、继续学习专业举例等内容；共设有19大类、321个专业、927个专业(技能)方向，列举对应的职业(岗位)1 185个，职业资格证书720个，继续学习专业方向554个，专业的新职业覆盖率达80%；在专业与产业、职业岗位对接，专业课程内容与职业标准对接，教学过程与生产过程对接，学历证书与职业资格证书对接，职业教育与终身学习对接方面进行改革尝试。2010年9月，教育部印发了《中等职业学校专业设置管理办法(试行)》，规定了中等职业学校专业设置的条件与程序，确立起国家、地方、行业主管部门、学校各个方面在专业设置中的职责与权限，提出要进一步规范和完善中等职业学校专业设置管理，引导中等职业学校依法自主设置专业，促进人才培养质量和办学水平的提高。

2012年首批410个高职专业教学标准公布。230个中职专业教学标准在2014年、2015年分两批制定并公布，第一次大规模规范了职业教育教学基本要求。2015年修订了《普通高等学校高等职业教育(专科)专业设置管理办法》和《普通高等学校高等职业教育(专科)专业目录(2015年)》，加快完善有关标准和制度体系建设。

二、专业发展项目的实施

2002年教育部批准了62个专业为第一批国家高职高专精品专业建设项目；2006年，教育部、财政部启动“国家示范性高等职业院校建设计划”，通过中央财政资金支持建设100所国家示范性高职院校，9所培育扶持高职院校和440个专业。

如果说“国家示范性高等职业院校建设计划”的专业选择是基于

国家角度上产业布局及重点产业发展需求的，那么2011年实施的“支持高等职业学校提升专业服务能力”项目则进一步考虑了地方经济产业发展的需求。财政部、教育部文件明确要求在全国高等职业学校中，重点支持每所院校1～2个产业支撑型、人才紧缺型、特色引领型、国际合作型的专业建设。2011年，950所公办高职学校立项建设1 753个专业。各地按照区域产业发展要求，重点建设的专业分属于先进制造业（占19.6%）、战略性新兴产业（占27.2%）、生产性服务业（占11.7%）、生活性服务业（占5.1%）、现代能源产业和综合运输产业（占7.6%）、现代信息技术产业（占7.6%），着力于专业建设多样化发展与区域重点产业布局相适应、与国家总体产业布局相协调的发展格局。①

三、共享型专业教学资源库建设

2006年11月，《教育部财政部关于实施国家示范性高等职业院校建设计划加快高等职业教育改革与发展的意见》指出：“对需求量大、覆盖面广的专业，中央财政安排经费支持研制共享型专业教学资源库，主要内容包括专业教学目标与标准、精品课程体系、教学内容、实验实训、教学指导、学习评价等要素，以规范专业教学基本要求，共享优质教学资源；针对职业岗位要求，强化就业能力培养，为实施‘双证书’制度构建专业认证体系；开放教学资源环境，满足学生自主学习需要，为高技能人才的培养和构建终身学习体系搭建公共平台。”2007年11月，国家示范性高等职业院校建设工作协作委员会开始牵头开展资源库建设工作。教育部文件提出，以现代信息技术为支撑，选择与国家产业规划及经济社会发展联系紧密、布点量大的专业，建设50个左右代表国家水平、具有高等职业教育

① 上海市教育科学研究院、麦可思研究院：《2012中国高等职业教育人才培养质量年度报告》，载《中国教育报》，2012-10-17。

特色的标志性、共享型专业教学资源库，解决高等职业院校专业共性需求，实现优质资源共享，带动全国高等职业院校专业教学模式和教学方法改革，整体提升高等职业教育人才培养质量和社会服务能力。

教学资源库项目旨在通过建设若干示范专业，形成共享型教学资源，在全国范围内形成具有示范性的专业教学模式，带动专业教学方法和教学手段的改革。数控技术、汽车检测与维修、高速铁道技术、道路与桥梁工程技术、模具设计与制造、园林技术、畜牧兽医、建筑工程技术等专业建设的成绩显著，专业水平和社会服务能力不断提高。

在中等职业教育专业发展改革方面，为适应信息化快速发展的要求，2010年，教育部印发《中等职业教育改革创新行动计划(2010—2012年)》，把提升中职教育信息化能力作为十大行动计划之一。同年，全国中职学校管理信息标准、中职校园网建设标准公布。2011年，教育部启动“国家示范性职业学校数字化资源共建共享计划”，共有400多所中职学校参与建设，形成了80多个数字化资源开发项目。

2012年5月，《教育部关于加快推进职业教育信息化发展的意见》出台，文件提出把信息技术创新应用作为改革和发展职业教育的关键基础和战略支撑，以先进教育技术改造传统教育教学，以信息化促进职业教育现代化。同年12月，教育部在南京召开全国职业教育信息化建设工作会议，提出在“十二五”期间，职业院校要配备够用适用的计算机及配套设备设施；90%的职业院校建成运行流畅、功能齐全的校园网，信息技术能够支撑学校教育、教学、管理、科研等各种应用；85%的职业院校按标准建成数字校园；90%的成人学校及其他职业培训机构实现网络宽带接入；建成国家职业教育数字化信息资源库，不断完善各级职业教育网络学习平台；建成全国职业教育综合管理信息系统，职业教育信息化达到发达国家水平。按照会议提出的工作部署，各地加紧实施，在增强职业教育信息化基础能力、开发职业教育数字化优质信息资源、提高职业教育电子政务应用能力、加快建设职业院校数字校园等方面取得了快速发展。从国家层面来看，中央财政投入建设资金超 3.1 亿元，共开发建设了 56 个学生需求量大、专业分布面广、行业企业急需的高等职业教育专业教学资源库，涉及 18 个专业大类，27 个项目已通过验收，共有 532 所高职院校、851 家行业企业参与建设，建成各类多媒体资源超 30.2 万条，注册学员超 38 万人，累计访问量超过 7 000 万人次。①

第五节　职业教育教学管理制度改革

在职业教育人才培养模式的构建实践中，课程和教学内容体系改革既是教学改革的重点与难点，也是职业教育特性的集中体现，还是职业教育确保人才培养质量的重要保障。教学是各级各类学校实现一定教育目的和人才培养目标的基本途径，不同类别、不同层次的人才培养在教学内容选择、教学组织方式上会存在实质性的区别。不同的人才培养模式都需要根据培养目标进行系统设计，要从内容、教学安排的次序及组织实施的途径和方式上对课程体系、实践环节进行合理构建。

2008 年，教育部颁发了《高等职业院校人才培养工作评估方案》，这标志着我国高等职业院校人才培养工作评估跨入了一个新的阶段。开展高等职业院校人才培养工作评估，旨在促进高等职业院校加强内涵建设，形成校企合作、产学结合的人才培养模式；推动教育行

① 童卫军、姜涛：《高等职业教育专业教学资源库平台建设研究》，载《中国高教研究》，2016(1)。

政部门完善对高等职业院校的宏观管理，逐步形成以学校为核心、教育行政部门为引导、有社会参与的教学质量保障体系，促进我国高等职业教育持续、稳定、健康发展。2014年，《国务院关于加快发展现代职业教育的决定》下发，对提高人才培养质量做出全面部署。其中一项重要内容便是推进人才培养模式创新，在实践中主要在三个主线上展开：一是进一步强化德育，对2004年发布的《中等职业学校德育大纲》进行修订；二是深化校企合作、工学结合，全面倡导和推广工学结合人才培养的基本模式，订单培养、顶岗实习、工学交替等形式更加多样和灵活，全面改善职业院校实习实训条件，普遍推行项目教学、案例教学、情境教学等教学方式，实践教学得到切实加强，不断完善全国职业院校技能大赛制度，专业覆盖、人人参与、学赛相长的局面初步形成；三是陆续制定并公布德育、语文、数学、英语、计算机应用基础、体育与健康、物理、化学、公共艺术九大类专业基础课教学大纲，基本形成了以专业目录、专业教学标准、顶岗实习标准、专业仪器设备装备规范等构成的国家职业教学标准体系。

一、职业教育学制的变革

职业教育实行的是不同学制分别管理，根据中专、技校和职业高中的不同学制制订不同的教学计划。1980年，国务院批转的《全国中等专业教育工作会议纪要》规定，中等专业教育的学制可以多样化，招收初中毕业生，一般为四年制，个别为五年制，有的专业仍保持三年制；招收高中毕业生，一般为两年制，医科和工科等一些专业可为两年半制或三年制。1986年，《国家教委关于制定和修订全日制普通中等专业学校(四年制)教学计划的意见(试行)》印发；对职业高级中学，国家教委颁发了《关于制定职业高级中学(三年制)教学计划的意见》(1990年)。

1996年，《中华人民共和国职业教育法》颁布实施，表明我国职业教育学制体系基本明确并逐步稳定、规范。以《职业教育法》为依据，中等职业教育的学制呈现灵活化、多样性的特点，两年制、三年制、四年制共同存在，学制年限因培养目标、招生对象、专业设置的不同而有所不同。1998 年，国家教委、国家经贸委、劳动部在《关于实施〈职业教育法〉加快发展职业教育的若干意见》中对学制改革提出了具体要求，提出“要逐步规范和理顺职业学校教育的学制”。各类职业学校的招生对象和学制年限为：“初等职业学校教育招收小学毕业生，学习期限为三至四年；中等职业学校教育主要招收完成初中阶段教育的毕业生，学习期限一般为三年，有些可为两年和四年；高等职业学校教育招收中等职业学校和普通高中毕业生及有同等学力的人员，专科层次的学习期限为二至三年，少数经批准的学校，招初中毕业生，学习期限为五年。今后，除一些特殊专业(工种)外，要逐步实现中等职业学校不再招收高中毕业生。”

2000 年，教育部《关于全面推进素质教育、深化中等职业教育教学改革的意见》确定：“全日制中等职业学校学历教育一般招收初中毕业生或具有同等学力者，基本学制为 3 至 4 年，以 3 年为主”。这是在规范三类中等职业学校之后，根据培养目标规定出的统一的学制年限。同时，该文件对学制年限的完成提出了新的思路：积极创造条件，实行全日制与非全日制相结合，允许成年学员和有实际需要的学生工学交替、分阶段完成学业。统一的学制年限和灵活的学习制度是我国中职教学的重大改革，它标志着职业教育教学进入了一个新的探索期。

根据我国《高等教育法》规定，专科教育的基本修业年限为 2～3 年。现实来看，在高等职业教育发展的过程中，一般以三年制高职教育为主。2004 年，《教育部关于以就业为导向深化高等职业教育改革的若干意见》提出“积极进行高等职业教育两年制学制改革……要把高等职业教育的学制由三年逐步过渡为两年”，旨在加快对当前社会发展急需的技术人才的培养，增强高职教育的灵活性，提高高职教育对经济和社会发展的适应能力，突出高职教育的服务功能。

经过若干年的实践，到2009年，教育部对中等职业学校的学制又进行了调整。《教育部关于制定中等职业学校教学计划的原则意见》中将中职学校基本学制由三至四年确定为三年制为主，逐渐使四年学制淡出高中阶段教育，同时加强了对高中毕业生进行正规职业教育的学习要求。针对通过灵活的学习制度完成职业教育，文件进行了具体和强化。

二、教学计划和教学大纲的修订

教学计划是由国家发布的重要的教学管理规范文件，教学大纲是与教学计划相配套的专业文件。教学大纲是由国家教育部门、行业教育部门组织相关专家制定的，一般是指令性、指导性和参考性的；地方职教管理部门、中等职业学校要以此为依据，结合当地经济社会需求以及学校条件来制定“实施性教学大纲”。从现有文献来看，通过教学计划与教学大纲对中职学校的教育教学工作进行的管理和规范，经历了一个从仅规定结构体例到内涵规定逐步完善，从功能性质单一到管理建设逐步规范的过程。

在20世纪，中专教学计划是由国家教委发布编制计划应遵循的基本原则和有关规定，然后由国务院各有关部门按专业归口、行业归口组织力量编制并审定批准实施的；职业高中教学计划是由国家教委提出编制计划的指导原则，各省市教育主管部门组织编制和批准实施的；技工学校教学计划是由劳动和社会保障部和各有关主管部门组织编制和批准实施的。这种状况直到21世纪初才有所变化，中专、职业高中的教学计划由教育部统一编制，但技工学校仍由劳动部组织管理。而教学大纲一般由国家教育主管部门和相关业务部门统一编制，并由专家组成的权威机构审定。20世纪80年代以前，按照分工，技工学校的教学大纲由劳动部负责综合管理，各工种的教学大纲分别由有关部委组织编制。对于中专学校，国家教委负责工科的普通课和技术基本课的通用性教学大纲的编制，工科的专业课和其他科类的所有课程教学大纲由各有关部委负责编制。进入 21 世纪，中等职业学校的文化基础课程及专业基础课程的教学大纲是由教育部统一编制的，专业课程教学大纲是由各个主管部委编制的。2000 年，教育部统一制定了 82 个重点建设专业教学指导方案，4 种德育课和 23 种文化基础课及公共专业基础课的教学大纲。

进入 21 世纪，我国对中职教育教学管理建设进行了重大调整。一是国家制定了统一的中等职业学校教学计划要求，改变了原有的三类学校教学工作各自为政的局面；二是在加强对中等职业学校教学计划规范管理的同时，结合社会经济形势的变化，突出了教学管理的科学性与灵活性要求。在教学计划文件的结构内容上反映为：将教学计划的制订和审批调整为教学计划的管理，明确了国家组织制定重点建设专业教学指导方案等专业建设规范性文件；强化了教学计划的指导思想与基本要求，突出了职业教育的就业导向与能力本位、培养学生综合素质和职业能力的要求；细化了教学计划的基本内容与时间安排，要求学校教学计划要涵盖专业名称、招生对象与学制、培养目标与人才规格、教学内容与教学要求、教学活动时间分配表、课程设置与教学时间安排表。中职教学大纲的性质由指令性文件转变为指导性文件，在教学目标上，大纲单独列出了“课程教学目标”一项，提出了按知识、能力、态度三个维度对目标进行描述，明确了职业教育要培养学生的全面素质和综合职业能力。这对于规范教学内容、加强学校教学管理具有重要作用。

2009 年，根据进一步深化中等职业教育教学改革，提高教育质量和技能型人才培养水平的要求，中等职业学校语文、数学、英语、体育与健康、计算机应用基础、物理、化学 7 门公共基础课程教学大纲得到了修订。同时，现行中等职业学校机械制图等覆盖专业面广、规范性要求高的 9 门大类专业基础课程的教学大纲也得到了修订。新修订的教学大纲包括 6 个部分：课程性质和任务，课程教学目标，教学内容结构，教学内容与要求，课程实施，考核与评价。新的教学大纲结合国际课程改革的趋势，从内容到形式都进行了创新，将课程标准理念、知识与能力、过程与方法、情感态度与价值观融入教学大纲的编制过程中。

高等职业教育方面，1992 年国家教委关于印发《成人高等专科教育制订教学计划的原则》的通知，要求加强对成人高等专科教育的宏观管理，为各类成人高等学校制订高等专科教学计划提供指导性原则和政策依据。2000 年《教育部关于加强高职高专教育人才培养工作的意见》的附件一《关于制订高职高专教育专业教学计划的原则意见》，明确了高职人才培养的目标与基本要求，指出制订教学计划的基本原则，对教学计划的构成和时间安排做了详细规定。在附二《高等职业学校、高等专科学校和成人高等学校教学管理要点》中，增加了制订教学计划的一般程序和计划的实施过程等内容，并对教学大纲的制定工作也提出了具体要求。2002 年，《教育部关于进一步办好五年制高等职业技术教育的几点意见》提出实行五年一贯制的高等职业教育，认为实行五年制高职有利于统筹安排教学计划。基于此，地方政府积极贯彻落实该文件的指示和精神，规范管理，全面提升教育教学质量。如 2012 年江苏省教育厅出台《省教育厅关于制定中等职业教育和五年制高等职业教育人才培养方案的指导意见》，该文件涉及课程设置、教学安排、人才培养方案的内容和管理等方面的规范要求。

三、实习实训基地的建设与管理

实践教学是职业教育提高教学质量的一个重要途径，利用实训基地产学结合、校企合作的平台，职业院校在改革工学结合人才培养模式、构建以岗位能力和职业素质为核心的课程体系、顶岗实习等方面进行了深入实践，在人才培养强化实践性教学等方面取得了明显成效。2002 年，《国务院关于大力推进职业教育改革与发展的决定》指出："职业学校要加强与相关企事业单位的共建和合作，利用其设施、设备等条件开展实践教学。职业学校相对集中的地区应建设一批可共享的实验和训练基地。"

2005 年，《国务院关于大力发展职业教育的决定》颁布，首次提出"加强基础能力建设"的要求，并部署了相应的专项计划。2007 年发布的《国家教育事业发展"十一五"规划纲要》进一步明确实施"职业教育基础能力建设工程"，主要包括县级职教中心建设、职业教育实训基地建设、高水平示范性院校建设、职业院校教师素质提高计划。到 2012 年，在中央财政和地方财政的大力支持下，全国重点完成了 2 000 多个县级职教中心建设，形成了覆盖城乡的职业教育网络体系；重点建设了 200 所高职、1 000 所中职改革发展示范校，使职业教育优质资源不断扩大，形成了一批深化教育教学改革、不断提升人才培养质量的职业教育品牌和典型；重点建设 3 000 多个职业教育实训基地，全面改善了职业教育的实践教学条件，为提升学生的技能训练水平提供了坚实保障。

此后，中央财政继续支持职业教育实训基地建设，2011 年增加了 221 个高职项目。至此，自 2004 年启动以来，共建设了 1 068 个中央财政支持的高等职业教育实训基地，基本覆盖了所有高等职业学校(新增院校除外)。实训基地的区域、产业、学校、专业覆盖面进一步拓宽，为中西部地区尤其是地县级城市培养人才提供了实训基地保障，对提升院校实践教学水平发挥了引领作用。

四、职业院校技能大赛制度的建立与发展

作为我国职业教育改革发展成果展示、职业院校与企业合作交流、职业教育教学效果检验、职业院校学生职业发展的平台，全国职业院校技能大赛带来的影响正在不断扩大，大赛本身制度的完善与内涵的发展对职业教育内涵的发展有着重要意义。大赛制度的规范与完善能使其得到更有序、良性的发展，充分发挥自身功能，使其成为职业教育内涵建设的助推器和质量评价的标尺。

2008 年，大赛筹备工作确立了大赛的指导思想和基本原则。大赛坚持“政府统筹、企业支持、院校参与”的原则，在政府部门的领导和统筹协调下，调动和发挥相关企业支持大赛的积极性；坚持“重在参与、重在学习、重在提高”的原则，对广大职业院校学生积极参与大赛进行广泛动员；“公平、公正”的原则要求所有裁判人员严格按照比赛裁判和评分规则，秉公办事，公正严明，确保大赛顺利举行。大赛建立了组织机构，明确各方职责分工，确定了大赛的总体方案，印发了大赛突发事件紧急处理预案、仲裁工作规则、奖项设立方案和赞助商奖励优惠政策等文件，建立起了大赛服务支持体系，建立了 2008 年全国职业院校技能大赛专家技术咨询委员会等。

2009 年，大赛成立了全国职业院校技能大赛组织委员会和执行委员会，聘请各个行业中比较知名的专家担任技能竞赛的裁判，增设了企业特别贡献奖。

2010 年，大赛在制度建设方面更加完善。一是完善了相关组织机构，扩充了大赛组织协调委员会。二是人才招聘组在企业选择、聘用薪酬等方面制定了严格的标准，建立和完善了大赛人才选拔机制。三是加强了与相关部委的沟通，教育部与人力资源和社会保障部联合下发了《关于 2010 年全国职业院校技能大赛获奖选手职业资格证书颁发问题的通知》，大赛有 10 个项目的部分获奖人员直接获得了相应的职业资格证书。

目前，全国职业院校技能大赛已经持续开展了 10 年。从 2008 年第一届大赛开始，到 2017 年的第十届大赛，联合举办单位从 11 个部门增加到 37 个，参赛选手从 2 500 人增加到 1.39 万人，赛项从 30 个增加到 90 多个，从 2012 年开始设立 10 个分赛区到 2017 年设立 19 个分赛区，基本建立起人人参与、专业覆盖、层层选拔的赛事体系。“普通教育有高考，职业教育有大赛”，全国职业院校技能大赛成为引导职业教育人才培养模式改革的重要制度引领。

五、学生顶岗实习制度的发展改革

顶岗实习最早出现在师范类学生支教行动中。1996 年，忻州师范专科学校（现忻州师范学院）为解决贫困地区学校师资短缺问题，开始了“师范教育下乡”，实施“扶贫顶岗实习支教”活动，又称“411 工程”，即 4 个学期校内学习，1 个学期顶岗实习，回校后再安排 1 个学期有针对性地培养提高。[①] 忻州师范专科学校的这一做法不久就被推广到其他师范院校，并从师范教育领域扩展到职业教育领域。职业院校学生顶岗实习作为企业实习制度的重要组成部分出现于 20 世纪末，其名称经历了由“实习”到“上岗实习”再到“顶岗实习”的演变过程。这种变化体现在国内教育法律及相关的政策文件中。

1995 年第八届全国人民代表大会第三次会议通过的《中华人民共和国教育法》第四十七条规定：“国家机关、军队、企业事业组织及其他社会组织应当为学校组织的学生实习、社会实践活动提供帮助和便利。”

1996 年第八届全国人民代表大会常务委员会第十九次会议通过的《中华人民共和国职业教育法》第三十七条规定：“国务院有关部门、县级以上地方各级人民政府以及举办职业学校、职业培训机构的组织、公民个人，应当加强职业教育生产实习基地的建设。企业、事业组织应当接纳职业学校和职业培训机构的学生和教师实习；对上岗实习的，应当给予适当的劳动报酬。”

2000 年，教育部颁发了《教育部关于加强高职高专教育人才培养

---

① 黄忠明：《昭通师范高等专科学校顶岗实习支教模式探析》，载《昭通师范高等专科学校学报》，2009(1)。

工作的意见》，在其附件二《高等专科学校、高等职业学校和成人高等学校教学管理要点》中提出："重视校外实训基地建设。按照互惠互利原则，尽可能争取和专业有关的企事业单位合作，使学生在实际的职业环境中顶岗实习。"此文件首次提出"顶岗实习"一词，并将顶岗实习作为职业院校人才培养工作的重要环节加以强调。

2006年，《教育部关于全面提高高等职业教育教学质量的若干意见》也明确提出要"大力推行工学结合，突出实践能力培养，改革人才培养模式"。工学结合的人才培养模式体现了教育与经济、学校与企业、读书与劳作的有机结合，是加快我国高职教育发展的必由之路，是实现学生、企业和学校三方共赢的有效途径。高等职业院校要保证在校生至少有半年时间到企业等用人单位顶岗实习。顶岗实习作为工学结合的一个重要环节，与校内学习同等重要。

2016年，教育部等五部门联合印发了《职业学校学生实习管理规定》，组织制定并发布了首批涉及农业、汽车运用与维修、护理等30个量大面广专业(类)的70个顶岗实习标准。

(一)关于实习时限的规定

2005年，《国务院关于大力发展职业教育的决定》要求"中等职业学校在校学生最后一年要到企业等用人单位顶岗实习，高等职业院校学生实习实训时间不少于半年"。《教育部关于全面提高高等职业教育教学质量的若干意见》要求"加强和推进校外顶岗实习力度，使校内生产性实训、校外顶岗实习比例逐步加大，提高学生的实际动手能力"，"在评估过程中要将毕业生就业率与就业质量、'双证书'获取率与获取质量、职业素质养成、生产性实践基地建设、顶岗实习落实情况以及专兼结合专业教学团队建设等方面作为重要考核指标"。《高等职业院校人才培养工作评估方案》也提出高职院校"顶岗实习时间原则上不少于半年"的要求，国家示范性高职院校建设以参加半年以上顶岗实习的学生占应届毕业生的比例作为对建设院校进行考核的重要标准。

（二）制定实习考核评价制度

《职业学校学生实习管理规定》要求“职业学校应当会同实习单位共同组织实施学生实习”，“职业学校应当根据专业人才培养方案，与实习单位共同制订实习计划，明确实习目标、实习任务、必要的实习准备、考核标准等”，另外“跟岗实习和顶岗实习的考核结果应当记入实习学生学业成绩，考核结果分优秀、良好、合格和不合格四个等次，考核合格以上等次的学生获得学分，并纳入学籍档案，实习考核不合格者，不予毕业”。

（三）加强对实习工作过程的管理

《职业学校学生实习管理规定》提出“职业学校、实习单位、学生三方应签订实习协议”，明确各方的责任、权利和义务，职业学校和实习单位应依法保障实习学生的基本权利。《职业学校学生实习管理规定》还列举了部分不得出现的情形，对实习期间的实习报酬也做出了规定，有效保障了学生的权益，规范了实习工作的流程和内容。

六、教学质量监控与保障体系的建设

建立和完善学校教学质量监控与保障体系逐渐成为职业教育学校提高人才培养质量的共识。根据教育部《高等职业院校人才培养工作评估方案》，各地制定了人才培养工作评估实施细则，全国已评估的院校达到 400 余所；1 206 所院校建立了人才培养工作状态数据库，学校覆盖率达 95 %；浙江、江苏、广东等地每年分析全省（自治区、直辖市）高等职业院校人才培养工作数据，67%的院校分析本校人才培养工作数据，为提高教学质量提供依据。教育部建立人才培养质量年度报告发布制度，2011 年有 20 个省（直辖市、自治区）和新疆生产建设兵团以及 237 所高等职业学校撰写并在中国高职高专教育网上公布了人才培养质量年度报告，公开人才培养质量信息，完善人才培养质量监测体系。近50%的高等职业院校设立了质量保障与监测机构，浙江省32所学校设立质量监测部门，校均专职监测人员为4人。

在质量评估建设方面，高等职业教育质量的评估主体进一步优化，评估方式方法更加完善。以第三方机构为代表的独立评估关注行业、企业、用人单位等对教育质量的评价以及学生对教育教学的反馈。多所学校通过教育数据咨询和教育质量评估专业机构麦可思研究院开展第三方评价，第三方机构质量评估的成效初步显现，为学校提高人才培养质量提供信息参考。

2011年，《教育部关于推进中等和高等职业教育协调发展的指导意见》《教育部关于推进高等职业教育改革创新引领职业教育科学发展的若干意见》《教育部关于充分发挥行业指导作用推进职业教育改革发展的意见》三个重要文件颁布，引导高等职业学校人才培养质量的全面提高。其中，《教育部关于推进中等和高等职业教育协调发展的指导意见》提出要改变中等和高等职业教育在专业、课程与教材体系，教学与考试评价之间存在的脱节、断层或重复的局面，加强制定系统培养技能型人才制度，显示出在建设现代职业教育体系战略背景下高等职业教育新一轮改革与发展的亮点。

第七章

职业教育教师队伍建设与专业化

改革开放以来，随着我国经济的快速发展，职业教育日益受到社会各界的关注，职业教育逐渐从注重规模的扩张转向注重质量和效益的提高。教师是体现办学理念、推动教育教学改革、落实人才培养政策的关键力量，没有一只高水平、高质量、高素质的教师队伍，就无法提高职业教育质量。职业教育教师队伍建设对于科教兴国战略、人才强国战略有着重大的意义，经过多年的建设，我国职业教育师资队伍建设取得了较大成就，但也存在教师专业化程度不高、专业发展能力不足等问题，习近平总书记在党的十九大报告中明确提出要“加强师德师风建设，培养高素质教师队伍”，《中共中央国务院关于全面深化新时代教师队伍建设改革的意见》对新时代加强教师队伍建设提出新要求，培养一支高质量、高素质的教师队伍成为未来职业教育发展的重要任务。

第一节 职业教育师资队伍制度建设

一、职业教育师资培养培训的历史发展

（一）扩大规模，满足教育教学需要(20世纪80年代)

改革开放以前，我国没有专门培养职业教育师资的院校，新师资主要是被选留的职业学校的优秀毕业生，由职业学校在实践中进行培养。1979年，经国务院批准，国家劳动总局在吉林、山东、河南、天津各建一所技工师范学院。1984—1988年，全国相继建立了10所职业技术师范院校。20世纪80年代末，国家开始在普通高等院校建立二级职业技术教育学院，一些省在高等院校设立职业技术师资班、专业或系来培养职教师资。较早有关职业学校师资建设的专门法规是《国家教委关于加强职业技术学校师资队伍建设的几点意见》(1986)和《劳动部关于加强职业技术培训师资队伍建设的意见》(1989)，建立了职业教育师资培养机构的分工与协作体系，明确了师资培养机构、培养对象、培训内容和毕业去向等问题。

针对师资队伍存在严重的“数量不足、质量不高”的现实问题，该时期国家出台的相关政策文件主要从承担师资培养任务的主体、扩大培养培训的规模和范围等方面强调师资建设问题，以求优先改善师资队伍数量不足的状况，主要涉及职业教育教师的来源、渠道、培养和管理等方面。

1. 分类培养

1980年，教育部、国家劳动总局《关于中等教育结构改革的报告》发布，在教师配备问题层面，提出有计划地培养师资，筹办职业技术师范学院，开办专业课教师培训班。该文件分别对职业学校的教师和普通中学改为职业学校后的教师做了安排，多层次建立职业

技术师范学院以培养师资，逐步使中职师资培养步入正轨。之后，国务院批转了教育部《全国中等专业教育工作会议纪要》，要求中专教育在贯彻八字方针时要加强师资队伍建设，通过多种形式使学历水平不合格的中专教师获得本科学历。学校要培养出符合社会发展需求的专业人才，而师资队伍建设在很大程度上影响着这个目的的实现。该文件中针对师资问题，将文化课教师和专业课教师分开进行表述，通过提高学历层次，有针对性地解决中职师资素质偏低的问题。

2. 稳定来源

1983 年 5 月，《关于改革城市中等教育结构、发展职业技术教育的意见》提出："有关大专院校应承担职业技术教育的专业课师资培训任务……从今年开始要分配一定比例的大专院校、中专毕业生给职业中学、职业(技术)学校和技工学校。"对具体承担培养培训任务的主体和师资配置进行了规定，在一定程度上保证了教师的稳定来源。1983 年 5 月，教育部发出了《关于编报 1983—1985 年培养职业学校专业课师资计划的通知》，要求各地区教育部门通过多种途径，例如将专业课师资培养计划纳入高校招生计划，以有计划地培养专业课师资。据了解，1982 年以来，江苏省在部分条件较好的中专学校设立了职业中学师资班，并将其列入高校招生计划，实行定向招生，定向培养专业课师资。除此之外，吉林、辽宁、上海等地设有高等职业技术师范院校，有些地区在高等学校设置了职业技术师范系，有计划地为职业中学培养专业课师资，使专业课师资有了稳定的来源。① 1984 年《教育部、国家计委、财政部关于在普通高等学校举办中等学校教师本科班和专科班的通知》指出，要在普通高校办教

① 《中国教育年鉴》编辑部：《中国教育年鉴 1982—1984》，98 页，长沙，湖南教育出版社，1986。

师培训班以培训中等职业学校教师，希望利用普通高校的教育教学优势，提高中职师资水平。

3. 扩宽渠道

1985年5月《中共中央关于教育体制改革的决定》明确指出："师资严重不足，是当前发展中等职业技术教育的突出矛盾。"1986年，国家教委颁发《关于加强职业技术学校师资队伍建设的几点意见》，该文件提出，中等职业学校的专业课教师的来源不足问题主要通过改、分、调、聘、留五种渠道来解决。1986年，以职业教育的发展任务、工作方针为主题的第一次全国职业技术教育工作会议召开。会后发布了《关于全国职业技术教育工作会议情况的报告》，指出师资不足是影响职业教育发展的严重问题，要多渠道解决；将中等职业学校和各类职业学校的师资建设任务纳入国家计划，派教师出国进修学习先进经验。随后，国家教委颁布了《关于选派职业技术学校教师出国进修问题的通知》。该文件提出选择10个省（自治区、直辖市）开展试点工作，有计划地派遣一些教师出国进修，决定于1987年派出50人，并对派出人员的资格进行了规定，规定派出教师必须是在职中青年教师，具有专科或以上学历、两年以上教学经验，以此确保师资培训的质量。1987—1989年，出国进修的职业教育教师有114人，派出学习的有83人。①

4. 做好储备

1989年1月，《劳动部关于加强职业技术培训师资队伍建设的意见》，以采取多种措施建立专兼职相结合的师资队伍为主要目标。要求"各地区、各部门要统筹安排，制定出本地区、本部门培养师资的规划"，加强后备师资的培养，"建立师资培训基地，单独办或联合

① 杨金土：《30年重大变革——中国1979—2008年职业教育要事概录（上卷）》，294页，北京，教育科学出版社，2011。

办职业技术师范院校、专科学校、进修院校或培训中心，也可以委托普通高等院校开办师资班”，采取多种形式，培训在职教师。到1989年，全国共建有14所职业技术师范学院，多省成立了职业技术教育师资培训中心，负责职教师资、管理干部培训等工作。①

20世纪80年代，政策从定向培养转变为加强师资队伍建设，培养范围扩大。培养主体增加，覆盖面越来越广，由最开始的几所重点高校扩大到职业技术师范学院、培训中心等多种机构。从简单的选派进修、有计划地培养转变为多渠道解决教师来源问题和培养在职教师问题，这是一个从计划到着手实施的过程。培养途径不断增多，并且具体化、丰富化，由简单进修、分配毕业生到聘请兼职教师、举办培训班、出国进修、相互交流等。全国中等专业学校选派中青年骨干教师和急需开新课的教师到全国重点高等学校进修，以掌握一门课程的各个教学环节，提高教学水平；选派职业技术专科学校、中等技术学校、技工学校、职业高中的在职中青年教师或急需开新课的教师出国进修，来提高各类职业技术学校专业课教师的水平，学习国内空白或发展不足的专业的相关知识，吸收国外职业技术教育经验。

(二)提高质量，加强对青年骨干教师的培养(20世纪90年代)

在20世纪90年代，师资数量短缺问题得到一定程度的缓解，针对师资队伍出现的新问题，这一时期的师资队伍建设不仅要满足数量要求，还要提高质量。这阶段的职业教育师资建设主要包含以下几方面。

1. 定期进修

1995年，国家教委印发了《关于普通中等专业教育(不含中师)改

① 杨金土：《30年重大变革——中国1979—2008年职业教育要事概录(上卷)》，302页，北京，教育科学出版社，2011。

革与发展的意见》，认为当前教师队伍处于新老交替的关键期，当务之急是补充学科带头人和培养中青年骨干教师。针对该问题，该文件要求采取多种形式来加强教师与社会的联系，提高教师的实践活动能力，逐步建立定期进修培训制度。该文件提出把进修培训作为一个固定制度确立下来。

2. 短期培训

1997年，《国家教委关于加强中等职业学校教师队伍建设的意见》发布，强调加强师资队伍建设的重要性和紧迫性。该文件要求从多方面补充教师的来源，多途径开展在职教师培训；要求"依托现有普通高等学校建立职业教育师资培养和培训基地"，"加速在职教师学历达标的进程"，"对教师广泛开展各种形式的短期业务培训"，并且"加强对青年教师的培养和培训"。

3. 学历提升

20世纪90年代，职业技术学校专科学历的在职中、青年教师需参加成人高校专升本考试，尤其是中等职业技术学校专业理论课教师，需尽快达到本科学历水平。而中等职业学校45岁以下的在职教师，要通过参加高等教育自学考试来实现学历达标。《面向21世纪教育振兴行动计划》要求"经济发达地区高中专任教师和校长中获硕士学位者应达到一定比例"；开展中等职业学校教师在职硕士项目，同时对中等职业学校中级以上职称的专业带头人和骨干教师进行国家级培训；制定中等职业学校教师企业实践制度，提高教师专业技能水平和实践教学能力；培养一批在教育教学中起骨干示范作用的"双师型"优秀教师，以促进职业教育骨干教师队伍的形成，带动教师队伍整体素质的提高，从而优化教师队伍的素质结构，提高职业教育教学水平。

20世纪90年代，职教师资培养政策涉及内容较广，既包括针对农村职业教育师资队伍的建设，也包括职业中学校长岗位培训，还包括中职领域教师队伍整体建设。培养目标从笼统地加强建设到相对具体地解决来源问题和学历问题，体现了细化趋势和对素质问题的重视。此时期侧重依托高等院校，培养途径逐渐增多且更加具体，除了上一阶段的选调人员、分配毕业生、开办师资班等方式，这一时期重视教师技能的实用性和实践性，要求教师到企事业单位实习，同时依托师资培养基地来加强师资建设。

（三）专项计划，注重教师队伍的能力建设（2000 年至今）

2000 年以后，职教师资队伍制度建设得到多方面加强。《中等职业学校教师职业道德规范（试行）》《关于开展中等职业学校教师在职攻读硕士学位工作的通知》《关于"十五"期间加强中等职业学校教师队伍建设的意见》《教育部关于进一步加强职业技术学校校长培训工作的若干意见》等文件下发，我国基本形成职业教育师资队伍建设的规章体系。有关职教师资队伍建设的政策多围绕加强师德规范、建立师资培养培训基地、开展教师素质提高计划、鼓励中职教师在职攻读硕士学位、建立教师企业实践制度等。教师培养政策从所面临的实际出发，积极关注教师的能力建设，目的是通过政策的引导提高教师素质，培养出高质量的技能型人才。此阶段的师资建设主要包含以下几方面。

1. 持续提高

为贯彻落实《面向 21 世纪教育振兴行动计划》提出的"大力提高教师队伍的整体素质"的要求，在 2000 年《关于开展中等职业学校教师在职攻读硕士学位工作的通知》发布，旨在通过在职攻读硕士学位的方式提高中职教师素质，决定"在 2000 年至 2005 年间，平均每年招收约 1 000 名中等职业学校在职教师在职攻读硕士学位"。为更好地贯彻该通知的精神，自 2000 年起，教育部每一年都下发了当年关于开展中等职业学校教师在职攻读硕士学位的通知，安排相关工作的具体事宜，以使工作有序进行，并对上一年度发布的通知进行补充和完善。报名条件逐渐放宽，从最初要求的40岁以下，到2005年取消年龄限制。从2014年起，不再单独设立职业学校教师在职攻读硕士学位的招生类别。

2. 基地建设

1997年《国家教委关于加强中等职业学校教师队伍建设的意见》提出要大范围建立职业教育师资培养培训基地。1999年，《面向21世纪教育振兴行动计划》要求加强职教师资培训基地建设工作。同年，教育部批准天津大学等20所学校成为首批全国重点建设职业教育师资培训基地。为保证此项工作顺利进行，2000年教育部下发《关于进一步加强中等职业教育师资培养培训基地建设的意见》，此后分别于2000年、2001年、2006年和2007年批准建设共56个全国重点建设职业教育师资培训基地。

3. 专项计划

2006年12月，《教育部财政部关于实施中等职业学校教师素质提高计划的意见》下发，要求："各级有关部门要精心策划、周密安排，以提高专业教师实践教学能力为重点，着力培训一批具有'双师'素质的专业骨干教师。按照中央、省(区、市)两级组织的方式，中央财政在中等职业学校教师素质提高计划实施中主要起引导和示范作用，地方财政等部门单位要加大经费投入力度，在教师队伍建设中发挥主体作用，整体推进该计划的实施。"至此，中职教育以国家、省两级培训为引导，以培训联盟为补充的专业骨干教师培训体系基本形成。

4. 骨干培训

2009年，在中央财政没有对高职教师培训工作进行专门投入的情况下，国家示范性高职院校、全国高职高专教育师资培训基地、高职高专教育专业类教学指导委员会等自发联合成立了“全国高职高专教育教师培训联盟”，有针对性地面向高职院校骨干教师开展培训工作。全国高职高专教育教师培训联盟 2014 年的工作报告的数据显示，2009—2013 年培训联盟共培训高职院校骨干教师 3.8 万人次。2011 年开始的中央财政支持的“职业院校教师素质提高计划”中的“高等职业学校专业骨干教师国家级培训”亦由培训联盟牵头，截至 2013 年年底共培训高职专业骨干教师 2.3 万人次。在政策要求和国家级培训的牵引作用下，各省也相继开展了省级高职骨干教师培训。

二、促进教师队伍建设的专门制度

(一)任职资格制度

《教育法》《教师资格条例》《国家教委关于实施〈教师资格认定的过渡办法〉的通知》《〈教师资格条例〉实施办法》等一系列法律政策文件相继发布实施，职业教育教师资格制度得以明确，并被纳入我国教师资格制度体系。其后，劳动和社会保障部于 2003 年发布了《关于技工学校、就业训练中心以及民办职业培训机构教师上岗资格认定有关问题的通知》，在附件《技工学校、就业训练中心以及民办职业培训机构教师上岗资格条件(试行)》中对 1997 年发布的《关于做好技工学校和就业训练中心及其他职业培训机构教师上岗资格认定工作的通知》中的有关内容进行了更新。我国中、高等职业教育教师入职资格要求如表 7-1、表 7-2 所示。

表 7-1　中、高等职业教育教师入职资格要求

<table>
<tr><th colspan="2">教师类型</th><th>品格要求</th><th>学历要求</th><th>专业技术要求</th><th>教育教学能力要求</th></tr>
<tr><td rowspan="2">中等职业学校教师</td><td>文化课、专业课教师</td><td rowspan="3">遵守宪法和其他法律，热爱教育事业，履行《教师法》规定的义务，遵守教师职业道德。</td><td rowspan="2">高等师范院校本科或者其他大学本科及以上学历。</td><td>无</td><td rowspan="3">(一)具备承担教育教学工作所必需的基本素质和能力，具体测试办法和标准由省级教育行政部门制定。(二)普通话水平应当达到国家语言文字工作委员会颁布的《普通话水平测试等级标准》二级乙等以上标准，少数方言复杂地区教师的普通话水平应当达到三级甲等以上标准；使用汉语和当地民族语言教学的少数民族自治地区的普通话水平，由省级人民政府教育行政部门规定标准。(三)具有良好的身体素质和心理素质，无传染性疾病，无精神病史，适应教育教学工作的需要，在教师资格认定机构指定的县级以上医院体检合格。</td></tr>
<tr><td>实习指导教师</td><td>达到助理工程师或者中级以上工人技术等级。</td></tr>
<tr><td colspan="2">高等职业学校教师</td><td>研究生或者大学本科学历。</td><td>无</td></tr>
</table>

表 7-2　(高级)技工学校教师任职资格要求

<table>
<tr><th></th><th colspan="3">技工学校</th><th colspan="3">高级技工学校</th></tr>
<tr><th></th><th>文化课教师</th><th>专业课教师</th><th>实习指导教师</th><th>文化课教师</th><th>专业课教师</th><th>实习指导教师</th></tr>
<tr><td>学历要求</td><td colspan="2">高等职业技术师范学院、普通高等师范学院或者其他高等院校本科及以上学历。</td><td>高级技工学校（高职院校）及以上学历。</td><td colspan="2">高等职业技术师范学院、普通高等师范学院或者其他高等院校本科及以上学历。</td><td>高级技工学校（高职院校）及以上学历。</td></tr>
</table>

续表

	技工学校			高级技工学校		
	文化课教师	专业课教师	实习指导教师	文化课教师	专业课教师	实习指导教师
专业技术要求	无	本专业某一职业（工种）初级及以上技能水平。	高级以上（含高级）技能水平或相应专业高级以上（含高级）专业技术职务。	无	本专业某一职业（工种）中级及以上技能水平。	技师以上（含技师）技能水平或相应专业高级以上（含高级）专业技术职务。

（二）专业技术职务资格制度

1980年《关于中等专业学校确定与提升教师职务名称的暂行规定》首次确定了中等专业学校教师职务名称及确定中专教师职务名称的依据。1986年中央职称改革工作领导小组连续发布了《关于转发〈技工学校教师职务试行条例〉及〈实施意见〉的通知》《关于转发国家教育委员会〈中等专业学校教师职务试行条例〉及〈实施意见〉的通知》《关于转发国家教育委员会〈中小学教师职务试行条例〉等文件的通知》，分别对技工学校、中等专业学校、职业中学的教师职务名称及任职条件等进行了确定和调整，并沿用至今。

（三）教师企业实践制度

1997年颁布的《国家教委关于加强中等职业学校教师队伍建设的意见》提出："对于缺乏工作实践经验和技能的青年教师，要有计划地安排到对口企事业单位进行专业实习和技能训练。要逐步建立教师到对口企事业单位定期实习的制度。"这是政策文件中关于教师到企业实习的最早表述，教师到企业实习实践逐渐成为中等职业教育师资培养的一种方式。

2003年《教育部等六部门关于实施职业院校制造业和现代服务业技能型紧缺人才培养培训工程的通知》印发，在培养紧缺人才的同时，提出要“根据技能型紧缺人才培养培训专业领域知识、技术更新快的特点，建立专业教师定期轮训制度……重点提高教师的专业能力和教育教学能力”，这是政策文件中要求教师到企业实践的较为详细的表述。

2004年，《教育部等七部门关于进一步加强职业教育工作的若干意见》将专业教师脱产接受继续教育作为晋职的必要条件，非专业教师也要定期实践和调研，且要有时间保证。该文件将教师到企业实践的规定具体化，对教师到企业实践的时间做了要求，一定程度上符合职业教育的特点。

2006年9月，《教育部关于建立中等职业学校教师到企业实践制度的意见》明确提出，“中等职业学校专业课教师、实习指导教师每两年必须有两个月以上时间到企业或生产服务一线实践”，并且“职业学校文化课教师和相关管理人员也应定期到企业进行考察、开展调研，了解企业的生产情况及其对职业教育的需求，不断改进职业学校的教育教学和管理工作”。该文件将中职教师到企业实践作为一种制度确定下来，在中等职业学校教师到企业实践制度的重要性、要求与主要内容、主要形式与组织管理等方面做了论述。

2010年，《国家中长期教育改革和发展规划纲要(2010—2020年)》明确提出完善教师定期到企业实践制度，为贯彻这一要求，教育部批准中国铝业公司等10家企业为全国职业教育教师企业实践单位，以积极发挥企业在师资培训中的重要作用。2010年，《中等职业教育改革创新行动计划(2010—2012年)》指出，要“完善在职教师定期到企业实践制度，构建政府牵头、行业指导、企业支持的职教教师企业实践平台”，以完善职教师资培养规划，健全教师管理制度，在政府、企业和学校之间建立联系。2011年颁布的《教育部关于进一步完善职业教育教师培养培训制度的意见》把企业实践作为中职教师补充教育的重要途径，要求在组织和管理层面搭建实践平台，以推进该制度的全面建立和完善。

三、重点加强校长队伍和农村师资建设

(一)校长队伍建设

1989 年，国家教委职业技术教育司委托河北省农业技术师范学院举办了 4 期农村职业学校校长培训班，每期 100 人，培训时间为 1 个月，经过培训，校长们开阔了眼界，明确了“燎原”计划的内容。

1993 年，国家教委发布了《全国职业中学校长主要职责及岗位要求(试行)》，要求校长上岗之前必须在指定单位接受岗前培训，并获得合格证书，同时对校长的资历、政治思想品德、岗位知识及能力等进行严格要求。《国家教委关于加强全国职业中学校长岗位培训工作意见》对校长岗位培训的原则和目标做出了具体安排。该政策提出“要将培训与校长的考核、任用结合起来，逐步建立起比较完善的培训制度”，要“采取业余自学、短期脱产或半脱产等多种形式进行，要有组织地配合高质量的辅导，也可利用电教等手段”。在基地建设方面，“各省、自治区、直辖市可依托有条件的普通高校、教育学院等建立 1 至 2 个培训机构”，以“协同教育部门制定和修定本地职业中学校长培训工作规划和计划”及“具体实施职业中学校长培训工作”。该文件从培训工作的原则、目标、方式等方面对校长岗位培训工作做了规定和要求。该政策的出台旨在通过对校长的岗位培训和培养，提高校长的素质和水平，一方面使其能更好地完成岗位工作，另一方面加强师资队伍的领导能力。该文件颁布后，各地区、各部门开始重视校长培训工作，积极开展形式多样、内容丰富的培训活动。1996 年年底，全国职业高中基本实现了校长持证上岗。1996 年，《国家教委关于进一步做好全国职业中学校长岗位培训工作的通知》要求进一步提高对职业中学校长岗位培训工作重要意义的认识，明确职业中学校长岗位培训基地的教师队伍要专兼结合，同时各地要因地制宜地适当增加培训内容。这一时期的师资建设，创新了路

径，首次提出从加强学校校长的培养培训的角度来推动师资建设，这是对以往只注重单纯培养任职教师的突破。

2003年，教育部颁布了《教育部关于进一步加强职业技术学校校长培训工作的若干意见》这一文件，对培训对象、培训工作的指导思想和原则、工作目标和主要任务、培训内容与形式、主要措施和要求等各方面做了进一步的明确规定。为使校长积极参与培训，该文件指出可根据培训情况采取自学、专题研修、实践考察等多种形式。为使该文件得以贯彻落实，从2003年开始，教育部每一年都下发《关于举办职业技术学校骨干校长高级研修班的通知》。2010年教育部颁布了《中等职业教育改革创新行动计划(2010—2012年)》，将开展中等职业学校校长专题培训作为重点任务之一，要求在2010—2012年举办中等职业学校校长改革创新战略专题研究班和中等职业学校骨干校长高级研修班，完成一定规模的国家级和省级校长培训。这一时期，在校长培训工作文件的指导下，在一系列骨干校长研修计划文件的督促下，校长培训取得了显著效果，校长培训制度也逐渐完善。

(二)农村师资队伍建设

农村职业教育师资队伍是职业教育师资队伍的重要组成部分，对整体上提升职业学校的办学水平起着重要作用。为加强农村职业教育师资队伍建设，1990年7月，国家教委颁布了《全国农村教育综合改革实验区工作指导纲要(试行)(1990—2000年)》。该文件要求各地因地制宜、因需制宜，办好一所中职学校以发挥骨干和示范作用。在师资队伍建设上提出要重视技能教师的培养，就地选聘一些能工巧匠，经过多种形式的培训或实践，使教师掌握一定的专业技术知识和技能。这是改革开放以来第一次对农村职业教育及教师培养进行较为完整的论述。

1993年，国家教委、农业部、林业部联合发出《关于加强农村、林区中等职业技术学校和农民中专农、林类专业师资队伍建设的几点意见》，要求高等农林院校要积极为农村林区中等职业技术学校和农民中专学校培养专业师资；选调、聘请农林科技人员担任专兼职教师；分配高校毕业生任教；加强在职教师的培训进修，对达不到规定学历水平的教师，学校及主管部门可有计划地安排其到高等院校举办的师资培训班进行脱产和不脱产的培训，为所有文化、专业和技能教师组织定期、不定期的业务进修、技能培训，逐步形成培训制度。该项政策的制定与颁布，为实现中职教育服务农村、林区发展提供了保障。在认真思考农村、林区中职学校的发展实际的基础上，该政策有针对性地提出了加强该类学校师资队伍建设，通过多种渠道提升农村、林区中等职业学校师资水平，更好地培养农村、林区发展所需的人才。

1998 年，《教育部关于贯彻十五届三中全会精神促进教育为农业和农村工作服务的意见》肯定了农村职业教育的发展成就，但同时指出，农村职业教育总体上仍是薄弱环节，要“重视农村师资培养，积极发挥高等师范院校和其他高等院校为农村教育培养高素质师资的作用。积极鼓励和提倡高等学校教师和管理人员到农村开展支教服务”。该文件对保障并提高农村职业教育的质量和水平起到了积极作用。

第二节　师资培养培训体系建设

一、培养培训体系结构与特点

经过多年的实践，我国构建了以职业技术师范院校和培训基地为主体、培养培训并重、职前职后一体、灵活开放的职教师资培养培训体系。

（一）培养目标

从职教师资人才培养模式的目标来看，“双师型”的培养目标已经成为共识。1999年《中共中央国务院关于深化教育改革，全面推进素质教育的决定》中提出“加快建设兼有教师资格和其他专业技术职务的‘双师型’教师队伍”的要求。2006年，《教育部关于全面提高高等职业教育教学质量的若干意见》强调，要注重教师队伍的“双师”结构。2007年，《教育部关于“十一五”期间加强中等职业学校教师队伍建设的意见》指出，要提高教师师德水平和实践教学能力，满足技能性和实践性教学要求。2010年，《国家中长期教育改革和发展规划纲要(2010—2020年)》明确提出“以‘双师型’教师为重点，加强职业院校教师队建设”。

(二)培养培训单位

1989年，国家教委先后批准天津大学等8所高等院校设立职业技术教育学院或农村职教培训中心，作为国家教委直接负责的职教师资培养培训基地。① 20世纪90年代初，以职业技术师范学院和高等学校设立的职业学院为支撑，以师资培训基地的职教师资培养为辅助的体系初步形成，有30多所高校开展中职教师在职硕士学位项目，建立了56所全国重点建设职教师资培养培训基地、8个全国职教师资专业技能培训示范单位、300多个省级基地、千余家企业实践基地。

(三)招生对象

职业技术师范学院和各类职业学院作为我国职教师资培养的主体，其招生对象主要是参加全国普通高等学校招生考试的普通高中毕业生和中等专业学校、职业高中、技工学校的应届毕业生。2000年5月，国家教育部、国务院学位委员会联合发出《关于开展中等职业学校教师在职攻读硕士学位工作的通知》，开始面向中职学校招收

① 曹晔、刘宏杰：《我国中职师资队伍培养培训主要政策60年演变进程综述》，载《职业技术教育》，2010(25)。

在职教师。此外，各地政府结合实际，开展中职学校教师资格认定工作，将有志于从事教师工作的其他师范类和非师范类专业的毕业人员囊括进来，使其通过考试后获相应资格。

(四)专业建设

2000 年，教育部颁布的《中等职业学校专业目录》中有 13 个大类，2010 年《中等职业学校专业目录(2010 年修订)》增加为 19 个大类，在对原有专业类进行了更名、合并或拆分等调整的基础上，新增了两个专业类。据统计，我国 8 所职业技术师范学院以及全国重点建设的职教师资培训基地的专业设置均为 11 个大类。其中全国重点建设的职教师资培训基地共设置 70 个专业，加工制造类和农林类专业居多，这些专业包括了当前中等职业学校开设的 49 个重点建设专业，21 个一般专业①，一定程度上满足了经济社会快速发展对我国职教师资提出的现实需求。

(五)学习方式

随着职教师资队伍建设步伐的加快，职教师资培养培训的形式更加灵活，形成了学校(基地)教学、企业实践、高级或校本研修、远程教育等多种形式交替或叠加使用的局面，满足了不同学习者的需要。

(六)保障体系

对职教师资培养培训体系的保障，一是管理部门的支持，包括中央和地方政府各级教育行政机构、行业组织、企业单位、学术研究团体等；二是相关法律、政策和制度的建设，如教育法律法规、中职师资队伍建设的意见、中职师资素质提高的专门政策以及地方政府出台的政策等。

---

① 齐秀东、王晶、马秀兰：《国家级职教师资培训基地的建设与发展》，载《河北科技师范学院学报(社会科学版)》，2010(1)。

二、培训基地建设

20世纪80年代末，为了弥补职业技术师范院校培养培训的不足，部分地区开始尝试依托普通高校和部分条件较好的中等职业学校建立培训基地，培训专业课教师和实习指导教师。国家又批准天津大学、浙江大学、湖南农业大学、同济大学、东南大学、西安交通大学和四川大学等高校建立职业技术教育学院或农村职教培训中心。全国大多数省市和相关行业部门根据自身需要，建立了300多个职教师资培养培训基地，其中依托高校建立的基地有200多个，依托中等职业学校建立的基地有90多个。

1999年，国务院批转的教育部《面向21世纪教育振兴行动计划》，提出国家将依托普通高等学校和高等职业技术学院，重点建设50个职业教育专业教师和实习指导教师培养培训基地，地方也要加强职业教育师资培训基地建设。同年，教育部办公厅下发了《关于组织推荐全国重点建设职业教育师资培训基地的通知》，正式启动全国重点建设职教师资培训基地工作，分若干批次遴选确定了64个全国重点建设职教师资培训基地，包括天津大学、同济大学、海尔集团、长虹集团等高等学校、高职院校、中等职业学校、企业集团。国家级基地突出优势，服务全国，管理规范，发展创新，在全国起示范作用，带动各省(直辖市、自治区)建立约300个面向本地的职教师资基地，初步形成与我国中等职业教育事业发展相适应的、布局合理的、功能完备的职教师资继续教育网络体系。

全国重点建设职教师资培训基地的功能主要是承担中等职业学校专业课教师和实验实习指导教师的培训工作，重点培养培训骨干教师和专业带头人；承担中等职业学校校长和其他管理干部的培养培训工作，特别是国家级、省部级中等职业学校校长的培训；开展职业教育师资方面培养的科学研究。职教师资培训基地有力地推动了职业学校教师和校长培训工作的开展，同时积极推动了对中职学校骨干优秀教师、学科带头人的培养，不仅提高了中等职业学校的办学水平，也提高了职业教育的理论学术水平；推动了职业教育师资培训项目的建立和逐步完善，调动了一大批资金投入职业教育师资培训基地的建设，对我国职业教育师资队伍发展起到极大促进作用。

基地的建设打破了我国长期以来仅依靠职业技术教育师范院校来培养职教师资的封闭型模式，充分吸引高等教育资源和有效社会资源参与，使职教教师职前教育与职后教育融为一体，为广大职教教师提供了继续教育的条件，丰富了培养培训专业的种类与内容，加强了职教师资培训过程与社会需求的衔接，突出了职业教育师资培养的特点，完善了我国职教教师继续教育制度。

表 7-3　全国重点建设职业教育师资培训基地的政策发展历程

年份	政策名称	主要内容
1999	《关于公布首批全国重点建设职教师资培训基地名单的通知》	批准天津大学等 20 所学校为首批全国重点建设职业教育师资培训基地，各基地学校要加强重点专业建设，充分利用学校的现有师资设备等资源，努力提高办学质量和办学效益。
2000	《关于公布第二批全国重点建设职教师资培训基地名单的通知》	批准哈尔滨工业大学等 24 所学校为第二批全国重点建设职教师资培训基地，根据自身的专业特色和办学优势及教育部门提出的要求，制定相应的培训项目，建设能发挥示范作用的专业带头人和骨干教师队伍。
2001	《关于公布第三批全国重点建设职业教育师资培训基地名单的通知》	批准北京师范大学等 8 所院校为第三批全国重点建设职教师资培训基地，以培训项目建设为重点，加强基地自身建设，提高培训质量和效益，发挥示范作用。
	《教育部关于调整部分全国重点建设职业教育师资培训基地的通知》	组建青岛海洋大学—平度职教中心、常州技术师范学院—中德无锡高级职业技术学校等四个基地，充分发挥有条件的中职学校在基地中的作用。

续表

年份	政策名称	主要内容
	《教育部关于公布首批全国职业教育师资专业技能培训示范单位的通知》	鼓励企业参与师资培训，确定6个单位为全国职业教育师资专业技能培训示范单位。
2003	《教育部关于批准华中科技大学、集美大学为全国重点建设职业教育师资培养培训基地的通知》	批准华中科技大学、集美大学为全国重点建设职教师资培养培训基地，以优化师资培养培训基地的区域布局和专业布局，培训基地增加到54个。
	《关于确定同济大学等七所职教师资培训机构为中德职教师资进修项目国内培训基地的通知》	启动中德职教师资培训项目，以学习国外职教师资培养培训经验、先进理念和方法，与德国国际继续教育和发展协会合作。确定同济大学职业技术学院、东南大学职业技术教育学院等为国内培训基地。
2007	《教育部关于批准清华大学、北京理工大学作为全国重点建设职业教育师资培养培训基地的通知》	批准清华大学、北京理工大学为全国重点建设职业教育师资培养培训基地，以扩大职教师资培养基地的覆盖面，培训基地增至56个。
	《教育部关于批准北京首都旅游集团有限公司、武汉华中数控股份有限公司作为全国职业教育师资专业技能培训示范单位的通知》	批准北京首都旅游集团有限责任公司、武汉华中数控股份有限公司作为全国职业教育师资专业技能培训示范单位，以加强培训资源和培训项目建设及与各方的联系合作，培训示范单位增至8家。
2011	《教育部关于公布全国重点建设职业教育师资培养培训基地、全国职业教育师资专业技能培训示范单位评估合格名单的通知》	对56个全国重点建设职业教育师资培养培训基地、8个全国职业教育师资专业技能培训示范单位，通过单位自评、专家书面评审和现场考察情况进行评估，完善以国家级基地为龙头、以省级基地为骨干、校企合作、灵活开放的职教师资培养培训体系。
2012	《教育部关于批准天津职业大学等33个单位为全国重点建设职业教育师资培养培训基地和神州数码网络(北京)有限公司等2个单位为全国职业教育师资专业技能培训示范单位的通知》	要求结合本地区职业教育发展的需要，积极发挥基地在职业教育师资培养培训和职教科研方面的作用，加强省级职业教育师资基地建设，进一步完善职业教育师资培养培训体系。

三、特色模式

从机构维度来看，我国职教师资培养属于封闭型(定向型)的人才培养模式。所谓封闭型师范教育，亦称定向型师范教育(oriented teacher education)，是指由独立设置的师范院校对学生进行普通文化科目、专门科目、教育科目和教育实践的混合训练，以实现特定的培养目标，学生毕业后被分配或推荐到职业学校从事教师工作。该模式以职前教师的培养为主，既重视教育教学技能的培养，也注重专业理论与技能的训练。我国职业院校在自身发展中形成了一些各具特色的师资培养模式，如天津职业技术师范大学"双证书、一体化""本科＋技师"培养模式，西北农林科技大学"三突出、四双制"培养模式，河北科技师范学院农科专业双"三三四"培养模式，重庆师范大学"需求导向、行业参与、能力本位、学员中心"培训模式，山东—巴伐利亚职教师资培训中心"五个导向"培训模式。

中职教师素质提高计划创新性地提出"基地培训＋企业实践"的培训模式。一些地方政府也在积极开展职教师资队伍建设工作，如辽宁省实施"千名教师进企业，千名技师进学校"工程；河北省开展"1＋1＋1"专业带头人研修培训；河南省在全省范围内选择教育教学专家、学科带头人和骨干教师，分批选送到河南职业技术师范学院、天津大学等国家级培训基地进行职教师资培训；等等。

第三节　"双师型"教师队伍建设

"双师型"教师是中国职业教育发展进程中特有的现象。在20世纪80年代初期普通高中向职业高中转型、技能型教师大面积缺乏的背景下，"双师型"教师形成于20世纪80年代末90年代初的高职高专实践。"双师型"教师最初是职业院校解决技能型教师严重短缺问题的尝试。

一、“双师型”教师的产生

（一）源于职业院校的办学实践需要

20 世纪 80 年代初，我国的职业教育特别是中等职业教育开始迅速发展，大量的普通高中改制成为职业高中。这样的职业高中没有职业教育的经验，没有相应的设施设备，没有专业师资，所以当时的职业学校寻求与企业合作，专业课与技能课的教学多由企业人员担任。随着职业教育的发展，职业学校开始有了自己的实习与实训设施，通过多种方式培养专业课教师，并从高校毕业生中引进专业师资。但是职业学校办学独立性（封闭性）的增强，使师资方面出现了严重的问题：无论是职业学校自己培养的教师还是来自高校的毕业生，普遍缺乏动手能力与实践能力，无法承担起培养学生职业能力的重任。

随着职业教育的恢复和发展，师资问题越来越突出，集中表现为职业教育师资数量不足、质量不高。针对这种状况，国家教委于 1986 年印发了《国家教委关于加强职业技术学校教师队伍建设的几点意见》，重点就职业技术学校教师的来源和在职培训问题制定了措施。此时解决教师来源问题主要有 5 个办法：分配高等学校毕业生；选调或聘请工程技术人员、能工巧匠担任专职或兼职教师；选拔中职优秀毕业生，到有关高等学校或师资培训班进修培训，之后回校任教；创办职业技术师范学院；在有关高等学校设职业技术师范系或职业教育师资班。

20 世纪 80 年代末 90 年代初，高职高专得到了快速发展，但很多高职高专的前身为中专，是以理论教学为主的学术性专门学校，升格为高职高专后，其师资结构无法适应职业教育的发展需要。专业课教师有较好的理论功底，但是动手实践能力偏弱；高职高专的职业教育理论研究与实践探索也比中职学校更为系统与深入。鉴于此种情况，高职高专首先提出了“双师型”教师的培养问题。1990 年，王义澄在《中国教育报》上发表了《建设“双师型”专科教师队伍》一文，介绍了上海冶金专业专科学校培养“双师型”教师的做法。

（二）高职学校设置的必要条件

1995 年《国家教委关于开展建设示范性职业大学工作的通知》提出师资队伍建设的目标为“师资队伍结构合理，水平较高。专业课教师和实习指导教师基本达到‘双师型’要求”，还将“有一支专兼结合、结构合理、素质较高的师资队伍。专业课教师和实习指导教师具有一定的专业实践能力，其中有 1/3 以上的‘双师型’教师”作为申请试点建设示范性职业大学的基本条件之一。这是将“双师型”概念上升到政策层面的最早表述。

1997 年，首次召开的全国职教师资工作会议指出，师资工作以建立“双师型”师资队伍为重点。将“双师型”师资队伍的建设视为“九五”后 3 年至 2010 年期间职教师资队伍建设的重点，中等职业技术学校要不断提高教师队伍中的“双师型”教师所占的比重。同年，《国家教委关于高等职业学校设置问题的几点意见》发布，提出：“副高级专业技术职务以上的专任教师人数应当不低于本校专任教师总数的 15%；每个专业至少配备副高级专业技术职务以上的专任教师 2 人，中级专业技术职务以上的本专业非教师职称系列的或‘双师型’专任教师 2 人；各门主要专业技能课程至少配备相关专业中级技术职务以上的专任教师 2 人。”

在 1999 年确定了北京工业技术学院等 15 所高等学校为我国第一批示范性职业技术学院建设单位之后，教育部于 2000 年启动了示范性职业技术学院的建设，《教育部关于启动第一批示范性职业技术学院建设的通知》指出，示范性职业技术学院要“加强高等职业教育教师队伍建设，逐步建立一支学历层次较高、年龄结构合理、‘双师型’素质突出、专任与兼任相结合的高水平的教师队伍”。而《教育部关于支持第二批示范性职业技术学院建设有关问题的通知》则对示范性职业技术学院的基本条件做了具体的规定，其中一条便是“专任教师不少于150人，其中副高级专业技术职务以上职称的专任教师所占比例不低于25％，并具有一定比例的‘双师型’专业课教师”。此处虽然未明确指出“双师型”教师的比例要求，但也将其作为示范性职业院校的必备条件之一。2000年《高等职业学校设置标准(暂行)》第二条规定：“设置高等职业学校必须配备专、兼职结合的教师队伍，其人数应与专业设置、在校学生人数相适应……每个专业至少配备副高级专业技术职务以上的专任教师2人，中级专业技术职务以上的本专业的‘双师型’专任教师2人；每门主要专业技能课程至少配备相关专业中级技术职务以上的专任教师2人。”

(三)教师队伍能力建设的标杆

1997年《国家教委关于加强中等职业学校教师队伍建设的意见》指出：“我国中等职业教育教师队伍的现状与中等职业教育面向21世纪改革和发展的需要还很不适应，存在很多问题。”职业技术院校66.6％的教师是从学校毕业后直接上讲台，大多数教师的实践工作年限偏低，尤其是青年教师，大多缺乏专业实践经验和必需的专业技能。[①]《关于“十五”期间加强中等职业学校教师队伍建设的意见》指出，我国中等职业教育在整个教育体系中仍然是薄弱环节，教师队伍建设存在不少问题和困难，比如教师队伍总体素质有待进一步提高，专业课教师学历达标率低，实践教学能力弱。

教师队伍建设的具体工作目标之一就是使“双师型”教师达到一定的比例。“双师型”师资队伍建设被教育部列为2001—2005年高职高专教育工作的重点之一。教育部要求：选择一批办学条件好、教

① 卢晓春、姜远文：《“双师型”师资队伍建设面临的问题和对策》，载《机械职业教育》，2001(10)。

学质量高、高职特色鲜明的高职高专学校，建立 30 个高职高专师资培训基地；计划通过 5 年的时间对现有高职高专院校的中青年教师进行职业技术教育培训，使 80％的专业课教师具备“双师型”素质；同时，积极开展与国外技术学院的合作，进行师资培训合作项目。

2006 年《关于做好 2006 年度国家示范性高等职业院校建设计划项目申报工作的通知》为建设高水平的“双师型”教师队伍提出了具体要求，即每个专业引进和培养 1～2 名专业带头人，培养 4～6 名骨干教师，聘请 4～6 名企业行业技术专家，制定建设具备“双师”素质与“双师”结构的专兼结合的专业教学团队的规划，开展多种形式的专业教师实践技能培训。2007 年，《教育部关于“十一五”期间加强中等职业学校教师队伍建设的意见》提出“造就一大批在教育教学工作中起骨干和示范作用的‘双师型’优秀教师，带动教师队伍整体素质的提高”，将“双师型”教师作为教师队伍建设的目标。

2012 年，《国务院关于加强教师队伍建设的意见》强调了“双师型”教师的培养培训体系，提出：“职业学校教师队伍建设要以‘双师型’教师为重点，完善‘双师型’教师培养培训体系，健全技能型人才到职业学校从教制度……发挥好行业企业在培养‘双师型’教师中的作用。”由此，“双师型”教师队伍建设被纳入国家促进教师队伍建设的系统工程。

二、“双师型”教师的内涵界定

(一)双师教师概念的演变

“双师型”教师经历了从整体意义上的“双师型”教师队伍到“双证书”“双职称”“双素质”等提法的演变。

1.“双师”与“双证书”

我国“双师型”职教教师的提法起源于天津职业技术师范学院(现天津职业技术师范大学)进行的培养“一体化”新型师资的教学改革，

该校认为其培养的既不是工程型人才，也不是普通中学的教师，而应是既有较强的专业理论知识，又有较强的操作技能，既能从事专业理论教学，又能指导技能训练的“一体化”的新型师资。“一体化”职教师资培养的构想是通过“双证书”的教育方案实现的，部分院系实行了“双证书”的教育方案，使毕业生不仅取得大学本科或专科学历证书，同时取得劳动部门颁发的相应工种的技术等级证书。① 天津职业技术师范学院提出的“实行双证书制、培养一体化师资”可以被认为是我国职业教育领域“双师型”师资队伍建设的萌芽，对“双师型”教师内涵的认识和标准的制定产生了重要影响。

2.“双师”与“双职称”

2000年，教育部下发的《教育部关于加强高职高专教育人才培养工作的意见》指出，“双师型”教师队伍建设是提高高职高专教育教学质量的关键，并对“双师型”教师的内涵界定为“既是教师，又是工程师、会计师等”。在该文件的附件之一《高等职业学校、高等专科学校和成人高等学校教学管理要点》指出，要有计划地组织教师参加工程设计和社会实践，鼓励从事工程和职业教育的教师取得相应的职业证书或技术等级证书，培养具有“双师资格”的新型教师。可以认为，“双职称”是“双师型”教师最初的含义。

3.“双师”与“双素质”

2000年，教育部下发的《关于开展高职高专教育师资队伍专题调研工作的通知》对“双师”素质教师做了注解。具有“双师”素质的专职教师(不含公共课教师)，工科类具有“双师”素质的专职教师应符合以下两个条件之一：(1)具有两年以上工程实践经历，能指导本专业的各种实践性教学环节；(2)主持(或主要参与)两项工程项目研究、开发工作，或主持(或主要参与)两项实验室改造项目，有两篇校级

① 王宪成：《实行“双证书”制，培养“一体化”职教师资》，载《中国培训》，1997(9)。

以上刊物发表的科技论文；其他科类参照此条件。该文件对“双师型”教师的能力建设提出了要求，“双师型”师资的内涵又被阐释为“双素质”。

2000年，教育部在《关于开展高职高专教育教学工作优秀学校建设与评价的意见(征求意见稿)》和《高职高专教育教学工作合格学校评价体系(征求意见稿)》中提出“双师”素质教师应符合下列条件之一：(1)具有两年以上基层生产、建设、服务、管理第一线本专业实际工作经历，能指导本专业实践教学，具有讲师(或以上)教师职称；(2)既有讲师(及以上)教师职称，又有本专业中级(及以上)技术职称；(3)主持(或主要参与)两项(及以上)应用性项目研究，研究成果已被社会企事业单位实际应用，具有良好的经济或社会效益。要达到优秀学校的A级标准，“双师素质”教师要占全校专任教师(除“两课”、公共课教师及助教)的比例应大于或者等于50%；要达到优秀学校的C级标准，“双师素质”教师应占全校专任教师(除“两课”、公共课教师及助教)的20%。此外，一所高职院校的“双师素质”教师占全校专任教师(除“两课”、公共课教师及助教)的20%以上，其教育教学工作才能算作合格。

2004年4月12日，《教育部办公厅关于全面开展高职高专院校人才培养工作水平评估的通知》的附件《高职高专院校人才培养工作水平评估方案(试行)》明确指出：“双师素质教师是指具有讲师(或以上)教师职称，又具备下列条件之一的专任教师：(1)有本专业实际工作的中级(或以上)技术职称(含行业特许的资格证书及其有专业资格或专业技能考评员资格者)；(2)近五年中有两年以上(可累计计算)在企业第一线本专业实际工作经历，或参加教育部组织的教师专业技能培训获得合格证书，能全面指导学生专业实践实训活动；(3)近五年主持(或主要参与)两项应用技术研究，成果已被企业使用，效益良好；(4)近五年主持(或主要参与)两项校内实践教学设施建设或提升技术水平的设计安装工作，使用效果好，在省内同类院校中居先进水平。”而且规定高职高专院校要达到C(合格)，专业基础课和专业课中“双师”素质教师比例要达到50%，而要达到A(优秀)，专业基础课和专业课中“双师”素质教师比例则要达到70%以上。至此，国家的政策文件中对“双师型”一词的界定的表述逐渐完整。

(二)有关“双师”概念的研讨

1.“双证”说认可度较高

教育部最初的政策规定是“双师型”教师应该具有“双证”，很多研究者也认为“双师型”教师是持“双证”的职业教育教师。比如说，段青河、卢月萍认为，“双师型”教师的英文应为“double-certificate vocational teaching staff”，其中的“双证”是学历证书和技能等级证书。[①] 在“双证”的基础上，有研究者提出职技高师的“双师型”教师要有“四证”，比如贺文瑾认为，职技高师的“双师型”教师在一定时间内必须取得本科以上毕业证、技术(技能)等级证、继续教育证和教师资格证“四证”。[②]

“双师”即“双证”的说法比较普遍，是否有“双证”也是最初教育部规定的衡量职教教师是否是“双师型”教师的标准之一。但有学者认为这种观点是对“双师型”教师认识的误区，因为它虽然从形式上强调了“双师型”教师重实践的特点，但在职业资格证书制度还不健全、不完善的情况下，资格证书与实际能力的等值性值得怀疑，以此为依据作为判断教师是否是“双师型”教师的做法亦值得商榷。而且，“双师”也不同于教师与工程师的简单叠加，即不能简单地理解

---

① 段青河、卢月萍：《关于“双师型”职教师资队伍建设的思考》，载《职业技术教育》，2001(1)。

② 贺文瑾：《略论职技高师“双师型”师资队伍建设》，载《职业技术教育》，2002(4)。

为既具备教师的能力，又具备技师或工程师的能力，应理解为是两者在知识、能力和态度等方面的有机融合。①周山雪认为："工程技术人员与教师相比关键的区别是懂不懂教育理论和教育实践。"②

2. 重视实践经历

2008年，教育部发布的《高等职业院校人才培养工作评估方案》对专业课教师范围内"双师型"条件加以界定，提出"双师"素质是指既具有教师资格，又具备3个条件③之一的校内专任教师和校内兼课人员。该文件明确指出，"双师型"教师覆盖兼职教师，同时将兼职教师定义为"聘请来校兼课的一线管理、技术人员和能工巧匠"。

发展"双师型"教师是特殊时代对职业教育师资队伍建设的要求，随着职业教育的发展和国家重视程度的提升，"双师型"教师的内涵不断地充实和完善。也有人认为"双师型"的提法只有在特定的情况下才有意义，即在以往学校教育重理论、轻实践的背景下，在教师的发展或师资的培养和评价等方面比较注重理论水平的情况下，为了强调实践的重要性，使理论与实践获得准确定位，"双师型"的提法才具有积极的意义。就理论和实践的意义而言，"双师型"并不是一个科学的概念，也不能反映职业技术教育对教师的特殊要求。因为理论和实践并不是职业技术教育所特有的因素，各行各业都有各自理论和实践的内容，并且在一定层次上有机结合。实际上，我们是在追求一定水平的理论和实践的正确结合。到了职业教育高度发展的阶段，技能型教师不再短缺的时候，这一临时性称呼就自然消

---

① 姚贵平：《解读职业教育"双师型"教师》，载《中国职业技术教育》，2002(6)。

② 周山雪：《关于"双师型"的若干问题》，载《职业技术教育》，1998(17)。

③ 这3个条件为：(1)具有本专业中级(或以上)技术职称及职业资格(含持有行业特许的资格证书及具有专业资格或专业技能考评员资格者)，并在近5年主持(或主要参与)过校内实践教学设施建设或提升技术水平的设计安装工作，使用效果好，在省内同类院校中居先进水平；(2)近5年中有两年以上(可累计计算)在企业第一线本专业实际工作经历，能全面指导学生专业实践实训活动；(3)近5年主持(或主要参与)过应用技术研究，成果已被企业使用，效益良好。

失，取代的是职业院校教师。到那时，所有职业院校教师都具备“双师型”教师素质，也就无须加以强调。也就是说，职业院校教师除了应该满足普通教师素质的一般要求外，还应该满足完成培养技能人才这一使命的特殊素质要求。

三、“双师型”教师队伍的建设途径

1996 年，《职业教育法》颁布，毕业生就业制度进行市场化改革，我国开始了真正意义上的职业教育。发展培养技能型人才的职业教育，首先要解决的就是培养发展职业教育所需的师资，其主要途径为对现有普通教育师资进行改造。“双师型”师资建设就是在这样的背景下被提出来的。

1999 年，陈至立在教育部年度工作会议上的讲话和《教育部 1999 年工作要点》提出，要加强“双师型”专业教师的培养，主要依托普通高等学校和高等职业学校，在全国重点建设 50 个中等职业教育专业教师和实习指导教师培养培训基地。同年，《中共中央国务院关于深化教育改革，全面推进素质教育的决定》进一步明确：“注意吸收企业优秀工程技术和管理人员到职业学校任教，加快建设兼有教师资格和其他专业技术职务的‘双师型’教师队伍。”“双师型”教师的培养成为职业院校师资队伍建设的重点。

《国家中长期教育改革和发展规划纲要(2010—2020 年)》从不同侧面提到“双师型”教师队伍建设的问题。在基础能力建设方面，该文件第十四条提出“加强‘双师型’教师队伍和实训基地建设，提升职业教育基础能力”；在“双师型”教师培养路径方面，第五十三条提出“通过研修培训、学术交流、项目资助等方式，培养教育教学骨干、‘双师型’教师、学术带头人和校长，造就一批教学名师和学科领军人才”；在师资队伍建设内容方面，第五十三条提出“以‘双师型’教师为重点，加强职业院校教师队伍建设”；在“双师型”教师培养支持方面，第五十三条提出“依托相关高等学校和大中型企业，共建‘双

师型'教师培养培训基地"；在"双师型"教师来源方面，第六十六条提出"完成一大批'双师型'教师培训，聘任(聘用)一大批有实践经验和技能的专兼职教师"。

(一)采用"培养+引进"的方式

1998年颁布的《面向二十一世纪深化职业教育教学改革的原则意见》对"双师型"教师的来源与培养做了比较明确的规定："要采取教师到企事业单位进行见习和锻炼等措施，使文化课教师了解专业知识，使专业课教师掌握专业技能，提高广大教师特别是中青年教师的实践能力。要注意从企事业单位引进有实践经验的教师或聘请他们做兼职教师。要重视教学骨干，专业带头人和'双师型'教师的培养。"一方面，校外人员作为"双师型"教师的来源被正式提出；另一方面，"双师型"教师与教学骨干、专业带头人并列，表明"双师型"教师不包括后两类教师，这两类教师仍局限于理论教学工作。

2002年，《教育部办公厅关于加强高等职业(高专)院校师资队伍建设的意见》提出："改革开放以来，我国高职(高专)院校的师资队伍建设取得了很大成效，但总体上结构不尽合理、实践能力偏弱、培养渠道相对贫乏等情况尚未从根本上改观。"基于此，该文件指出："各高职(高专)院校一方面要通过支持教师参与产学研结合、专业实践能力培训等措施，提高现有教师队伍的'双师'素质；另一方面要重视从企事业单位引进既有工作实践经验，又有较扎实理论基础的高级技术人员和管理人员充实教师队伍。"兼职教师被认为是"双师型"教师的重要来源。

在"双师型"教师培养培训方面，学校的培养培训包括两种类型，即校本培训和校外培训。王文龙等认为："'校本培训'是造就'双师型'师资最直接最经济的方式。所谓'校本培训'是指在教育行政部门和有关业务部门的规划、指导下，以教师任职学校为基本培训单位，以提高教师教育教学能力为主要目标，把培训与教育教学、科研活动紧密结合起来的一种继续教育形式。校本培训的实施方式主要有：(1)利用本校的名优教师开展传、帮、带、导等活动，提高青年教师的理论水平和实践能力；(2)聘请职教师资培训基地的相关专家或生产第一线的技术人员，利用寒、暑假时间对在职教师进行短期培训；(3)反思性教学(reflective teaching)，即教师借助行动研究，不断研究与解决自身、教学目标以及教学工具等方面的问题，将'学会教学'(learning how to teach)与'学会学习'(learning how to learn)有机结合起来。"①依托社会采取挂职方式实施的校外培训也是培养"双师型"教师的一个重要的途径。学校根据专业和学科特点，有计划地安排教师到一些企业或科研单位挂职学习，在完成教学任务的同时，提高实践能力和应用能力。教师在挂职期间，要参与一项工程或一个经济循环、一个开发项目、一个课题等，在知识应用领域得到锻炼，并从中获取课堂教学所需的生动素材。②

在引进"双师型"教师方面，除了挖掘专门人才，引进专职"双师型"教师之外，也可以聘任科研、企事业单位优秀的科技工程技术人员、管理行家、技术能手等作为学校的兼职教师。职业学校要实施开放办学，走校企、校厂联合的办学之路，以实现优势互补，增强办学活力。

从上述部分可以看出，研究者们认为"双师型"师资队伍建设可以通过多种途径。然而，无论是对在职教师进行培训，还是聘请兼职教师或者引进专家能手到职业学校任教，都必须坚持"产学研"结合的办学思路。有研究者基于省时高效的原则，认为在职教师的各种培训，包括校内培训和校外培训，都能够在一定程度上提高他们的"双师"素质，但无法满足多、快、好、省地建设"双师型"职教师

---

① 王文龙、张磊、徐文秀等：《"双师型"教师培养对策研究》，载《长江职工大学学报》，2001(1)。

② 刘爱群：《培养"双师型"教师的意义和途径》，载《黑龙江高教研究》，1998(6)。

资队伍的需要；实施产学合作教育能够克服其他途径的弊端，是培养具有“双师”素质的教师的最佳途径。①

(二)保障机制建设

“双师型”师资队伍保障机制的建设在于建立健全“双师型”教师的评价制度和激励制度。

有研究者提出了三点保障措施：第一，职业学校要把“双师型”师资队伍建设纳入学校教育发展的总体规划，建立继续教育的培训制度，根据教师的年龄、学历、经验制订出具体的培训计划，对不同情况要区别对待；第二，通过职业学校与产业部门联合办学，采取一定的措施，鼓励教师尤其是专业教师和实训教师走出校园，到生产第一线参加实践，以提高他们的专业实践技能；第三，充分运用补贴、晋升职称、合理调配等方法，努力为“双师型”教师营造良好的工作、学习、生活和发展氛围，并在此基础上严格要求，比如可以规定凡在劳动主管部门组织的技术等级考核中不合格的，或应参加考核而未参加的教师，均为不合格教师，以逐步实现“双师型”师资队伍建设的规范化、制度化。②

第四节　兼职教师队伍建设

一、国家政策关于兼职教师的规定和解释

(一)兼职教师的来源

1985 年《中共中央关于教育体制改革的决定》指出：“各单位和部门办的学校，要首先依靠自身力量解决专业技术师资问题，同时可

① 余丽萍、孙慧平、吴文山：《产学合作教育在“双师型”教师培养中的作用剖析》，载《浙江交通职业技术学院学报》，2002(1)。

② 王文龙、张磊、徐文秀：《“双师型”教师培养对策研究》，载《长江职工大学学报》，2001(1)。

以聘请外单位的教师、科学技术人员兼任教师，还可以请专业技师、能工巧匠来传授技艺。”这是改革开放以来首次在国家的政策文本中提到兼职教师的问题。在这个文件中，兼职教师的作用被确定为两点：一是弥补学校专职教师数量的不足，二是传授技艺。兼职教师分为外单位的教师与科学技术人员、专业技师与能工巧匠两大类。1994年颁布的《国务院关于〈中国教育改革和发展纲要〉的实施意见》是对1993年《中国教育改革和发展纲要》的补充，对一些具体问题的实施进行指导，在职教师资培养方面提出了明确要求：“到2000年使中专学校教师基本达到任职资格标准，职业中学、技工学校60％以上的教师达到任职资格标准。积极聘任企业工程技术、管理人员和能工巧匠任兼职教师。”1995年，国家教委在《关于推动职业大学改革与建设的几点意见》提出：“要聘请一批富有实践经验，又能胜任教学工作的工程技术人员或管理人员到校任兼职教师，做到专兼结合。”该文件确定了“兼职教师”的名称、来源，确定聘任兼职教师的目的是专兼结合以提高职业学校的教学质量。1998年，《教育部关于贯彻十五届三中全会精神促进教育为农业和农村工作服务的意见》也提出：“要切实抓好‘双师型’师资队伍建设，通过多种形式的培训和加强考核评估等措施，着重提高专业教师的操作和动手能力，同时注意聘请有实际经验的专业技术人员和能工巧匠作为兼职教师。”

（二）兼职教师队伍建设的原则

1991年《国务院关于大力发展职业技术教育的决定》指出：“本着培养和培训、专职和兼职相结合的原则，多渠道地解决职业技术教育的师资特别是技能教师来源问题。”这便是对职业教育师资队伍建设专兼结合的原则的表述。

（三）兼职教师的地位

1996年，兼职教师问题被写进了《职业教育法》。《职业教育法》第三十六条规定：“县级以上各级人民政府和有关部门应当将职业教育教师的培养和培训工作纳入教师队伍建设规划，保证职业教育教师队伍适应职业教育发展的需要。职业学校和职业培训机构可以聘请专业技术人员、有特殊技能的人员和其他教育机构的教师担任兼职教师。有关部门和单位应当提供方便。”以法律的形式确定了兼职教师的对象、作用和地位，并对兼职教师所在的部门提出了要求。

（四）兼职教师的任教课程

1999年，《中共中央国务院关于深化教育改革，全面推进素质教育的决定》要求“注意吸收企业优秀工程技术人员和管理人员到职业学校任教”，包括了从企业引进教师和聘用兼职教师。2002年下发的《教育部办公厅关于加强高等职业（高专）院校师资队伍建设的意见》指出：“聘任兼职教师是改善学校师资结构、加强实践教学环节的有效途径，各高职（高专）院校要结合实际，加强兼职教师队伍建设工作。兼职教师是指能够独立承担某一门专业课教学或实践教学任务、有较强实践能力或较高教学水平的校外专家。”

2006年，《教育部关于全面提高高等职业教育教学质量的若干意见》提出了高职教师队伍的“双师”结构概念，要求“注重教师队伍的‘双师’结构”，同时“大量聘请行业企业的专业人才和能工巧匠到学校担任兼职教师，逐步加大兼职教师的比例，逐步形成实践技能课程主要由具有相应高技能水平的兼职教师讲授的机制”。

（五）兼职教师的聘任与管理

2005年，温家宝在全国职业教育工作会议上提出要大力发展中国特色的职业教育，指出要制定和完善职业教育兼职教师聘用政策，鼓励工程技术人员、高技能人才到职业院校兼职。2006年，《教育部关于全面提高高等职业教育教学质量的若干意见》下发，提出要增加专业教师中具有企业工作经历的教师的比例，安排专业教师到企业顶岗实践，积累实际工作经验，提高实践教学能力。同时要大量聘请行业企业的专业人才和能工巧匠到学校担任兼职教师，逐年加大兼职教师的比例。2007年颁布的《国家教育事业发展“十一五”规划纲要》指出：“地方各级财政要继续支持职业教育师资培养培训基地建设和师资培训工作，支持职业院校面向社会聘用工程技术人员、高技能人才担任专业课教师或实习指导教师……完善职业教育兼职教师的聘任与管理制度，积极鼓励职业院校从行业企业招聘教师。”国家近年的政策文件开始关注兼职教师队伍建设以及关于聘任与管理等具体问题。

二、兼职教师队伍建设中存在的主要问题

(一)兼职教师聘任程序有待完善

尽管在1999年发布的《教育部关于当前深化高等学校人事分配制度改革的若干意见》第八条明确规定：“推行高等学校教师聘任制和全员聘用合同制。”但由于政府并没有针对兼职教师制定专门的聘任制度，各高职院校在聘任兼职教师时拥有完全的自主权，相当一部分不具备教师资格和相关教学能力的兼职教师进入高职院校教师队伍，不少兼职教师并非是通过公开招聘的形式被聘任的，而是通过熟人介绍、推荐进入高职院校师资队伍的。有些学校聘任兼职教师时仅仅达成口头协议，没有签订聘任合同。一旦双方合作出现不愉快，学校不能有效地对兼职教师进行约束和管理，兼职教师的合法权益也得不到保障。

部分高职院校同兼职教师建立的只是松散的聘用关系，没有明确的责权规定，缺乏有效的激励机制和约束机制，不管教学质量如何，学校都对教师一聘到底，这使兼职教师认为只要上完课、不出教学事故就算完成教学任务，在教学过程中缺乏积极性和创造性。高职院校没有建立起完善的兼职教师考核和评价制度，对兼职教师的教学缺乏监督，这不利于兼职教师教学质量的提高。

(二)资格认定缺乏法律制度的保障

1996年颁布的《职业教育法》规定：“职业学校和职业培训机构可

以聘请专业技术人员、有特殊技能的人员和其他教育机构的教师担任兼职教师。有关部门和单位应当提供方便。”《国家教委关于加强职业技术学校师资队伍建设的几点意见》和《教师法》规定了各级职业技术学校教师应当具备的学历。但是，我国现行的《教师法》《教育法》《高等教育法》等法律法规都没有对高职院校兼职教师的资格认定、聘任及其与所在单位的关系做出明确规定，使得兼职教师的聘任没有适合的法律依据。

（三）兼职教师的工作时间难以协调

我国职业教育的兼职教师大部分是企事业单位的工程技术人员，兼职教师在教学时间上受到限制。一是兼职教师在校工作时间受限。校方在聘任兼职教师时采用的方法通常是将兼职教师聘请到学校，让他们在校园中承担教学任务。但兼职教师大多是各单位的业务骨干，工作非常繁忙，另外由于人事、管理等制度原因，目前大部分企事业单位还没有支持员工去学校兼职的政策，兼职教师只能利用业余时间备课、上课，没有更多的时间像专职教师那样为学生答疑、研究教学方法。二是兼职教师与学生的交流时间受限。兼职教师没有时间研究学生的情况，对学生已有的知识基础了解不多，不利于因材施教。当学生需要学习上的帮助时，兼职教师往往不能及时地帮助学生解决问题。三是兼职教师与专职教师的沟通交流时间受限。兼职教师在校时间少，不可能与专职教师一起讨论教学经验。因此，兼职教师在教学时间、教学方式上都有特殊的要求，如集中上课、利用节假日或晚间上课，这些都对传统的教学管理方式提出了新的要求，而传统按部就班的教学管理方式也是影响聘任兼职教师的一个重要因素。

（四）兼职教师的数量和质量有待提高

《高职高专院校人才培养工作水平评估方案（试行）》指出，合格院校、优秀院校的兼职教师数要分别达到专业课与实践指导教师合计数的10%和20%；兼职教师队伍的专业结构要与学校专业设置相适应；优秀院校的兼职教师应具有中级以上职称，其中高级职称占30%以上，其教学效果良好。然而，目前我国高职院校兼职教师队伍在数量上仍然不足，且缺乏来自企事业生产、管理一线的高级技术人员。

第五节　师资队伍建设的现状与经验

一、主要经验与成就

（一）法规政策逐步完善

1995年《中华人民共和国教育法》和《教师资格条例》颁布，1996年《中华人民共和国职业教育法》颁布。同时，为了更好地贯彻执行这些法律法规，《国家教委财政部关于职业教育师资班学生享受师范生待遇的通知》《教育部关于加强高职高专教育人才培养工作的意见》《教育部办公厅关于加强高等职业（高专）院校师资队伍建设的意见》等文件下发。2005年国务院又下发了《国务院关于大力发展职业教育的决定》。此外，还有不少部委和地方制定了一些相关的政策和规章。这些政策和法律法规的制定，为维护教师的合法权益，提高教师队伍的整体素质提供了政策保障和依据。

（二）培养培训体系初步建成

我国职业教育师资来源基本上有五条渠道：一是各类高等院校毕业生被分配至职业院校担任教师，这是职教师资的主要来源；二是行业部门在下属企业单位中选调一批工程技术人员，到该部门办的学校担任教师；三是职业技术学校选留本校的优秀毕业生；四是"转"或"改"，即原来普通中学的教师，参加短期培训后改教专业课；

五是聘请企事业单位中的专家、能工巧匠作为学校的兼职教师。[①]近年来，为了大力发展职业教育，加强高职院校师资队伍建设，我国逐步建立了一批职教师资培养培训基地，在全国范围内开展职业教育师资培养和培训工作。第一，全国大部分省、自治区、直辖市和各有关行业部门，根据本地或行业部门的实际情况，依托普通高等学校或国家级、省部级重点职业学校，先后建立了一批职业教育师资培养培训基地。据统计，自 1999 年启动至今，全国共建立 56 个重点建设职教师资培养培训基地和 8 个职教师资专业技能培训示范单位。另据统计，仅 2003—2007 年，中央财政累计投入 53 亿元，重点支持 1 080 个职业教育实训基地，1 235个县级职业教育中心和示范性中等职业学校，推动了中职骨干专业教师培训工作。[②] 这些基地的建立和发展，培养培训了大批职业教育教师。依托高等学校培养职业教育师资，一定程度上缓解了职业教育专业教师和实习指导教师数量不足的问题。第二，国家提倡通过在职“专升本”、攻读硕士学位等措施，提高教师的学历层次。第三，国家、各高职院校又通过短期培训来不断更新职教教师的知识，提高教师的动手能力和实践教学能力，并提高教师运用现代教育技术的能力。

现有的职教师资培养单位、学校和基地建设已基本涵盖各行业、部门和专业方向。从学校类型来看，有独立设置的职业技术师范学院，也有普通高等院校的职教学院(系)；从层次来看，有本科院校，也有专科院校，有重点大学，也有普通院校。不仅如此，我国还较注重与国外的交流与合作，学习、借鉴他们先进的理论和实践经验。我国职教师资培养培训经历了曲折的发展，从最初依托普通高校培

① 张家祥、钱景舫：《职业技术教育学》，265～266 页，上海，华东师范大学出版社，2001。

② 中国教育年鉴编辑部：《中国教育年鉴 2008》，193 页，北京，人民教育出版社，2008。

养到建立专门的职业院校再到建设职教师资培训基地，有效地缓解了职业教育快速发展带来的师资数量和质量等方面的不足，逐步建立起符合我国国情需要的师资培养体系。

(三)重视对政策的监督

2004年，国家教育督导团成立督查组，专项检查职业教育的工作情况，以敦促政策在各省市的执行。在2011年，为落实《国家中长期教育改革和发展规划纲要(2010—2020年)》，根据《关于开展全国重点建设职业教育师资培养培训基地评估工作的通知》，督查组对56个重点建设的职教师资培养培训基地和8个专业技能培训示范单位通过自评、他评和现场考察进行评估。监督政策的实施有利于提高政策的执行力，更好地完成政策提出的任务。

(四)培养培训方式多元化

改革开放初期到20世纪90年代的师资培养政策大都单纯为了培养而培养，承担培养任务的机构多是师范院校、大专院校等，培养的形式和方式主要是函授、进修等短期培训。从进入21世纪以后，培训内容由重视基本理论知识的增强转变为更注重实践技能的培养，并开始围绕促进教师专业化和增加“双师型”教师来开展培养培训工作。培养形式和方法呈现出多样化、丰富化的特点，不仅包括集中培训、置换脱产研修、远程培训、校本研修等短期培训，还包括教师在职攻读硕士学位以提高学历层次的长期培训，以提高理论素养为主要目的的师资班，以及组织教师到企业参加实践提高实践技能等方式。

(五)教师能力培养从重理论转向重实践

我国针对职教师资的培养注重对实践能力的要求这一特点，越发关注教师实践能力的培养。1980年国务院批转了《全国中等专业教育工作会议纪要》，提出：“要采取多种形式培训和提高师资。要使尚未达到大学毕业水平的中专教师努力达到大学本科毕业水平。”1997年国家教委发布了《关于加强中等职业学校教师队伍建设的意见》，提出：“对教师广泛开展各种形式的短期业务培训。包括专业理论培训、知识更新培训，教育理论培训，现代化教学技术、方法的培训和专业实践技能培训等等。”1999年《中共中央国务院关于深化教育改革，全面推进素质教育的决定》要求：“把提高教师实施素质教育的能力和水平作为师资培养、培训的重点……注意吸收企业优秀工程技术和管理人员到职业学校任教，加快建设兼有教师资格和其他专业技术职务的‘双师型’教师队伍。”在此基础上，2000年《关于全面推进素质教育、深化中等职业教育教学改革的意见》提出：“学校要建立有效的培训机制，有计划地安排教师到企事业单位进行顶岗工作或实习锻炼，提高广大教师特别是中青年教师的专业技能和实践能力。”2006年《教育部关于建立中等职业学校教师到企业实践制度的意见》出台，中职教师到企业实践成为中职教师实践能力培养的专项制度。

二、存在的不足

(一)管理制度建设有待进一步完善

在职教师资培养培训的制度建设上，我国已颁布关于职业学校教师师德建设、在职教师研究生培养、校长培训、教师到企业实践等方面的政策文件，但仍未能覆盖职教师资培养涉及的全部问题。亟待政策规范的有以下几个方面：一是专门针对中职教师管理方面的教师资格认证制度、教师的职务评聘制度、教职工编制标准等；二是教师参与培养培训的激励和保障机制，提高职业教育的吸引力；三是行业企业参与职教师资培训的管理办法，建立监督评估体系，保证师资培养培训的质量。

(二)政策的具体性和操作性不强

政策的制定和执行及其实效构成政策过程的动态结构，任何一个环节出现问题都会影响政策目标的实现。① 如果某项政策的制定水平不高，就会对政策的贯彻落实有直接的影响。我国职业教育政策普遍存在缺乏可行性和操作性的问题。例如，1983年《关于改革城市中等教育结构、发展职业技术教育的意见》在师资培养培训方面提出“从今年开始要分配一定比例的大专院校、中专毕业生给职业中学、职业(技术)学校和技工学校”；1993年，《国家教委关于加强全国职业中学校长岗位培训工作意见》要求“各省、自治区、直辖市可依托有条件的普通高校、教育学院等建立1至2个培训机构”；1998年《面向21世纪教育振兴行动计划》中提出“经济发达地区高中专任教师和校长中获硕士学位者应达到一定比例”。这几个文件中，“一定比例”“有条件的”“经济发达地区”等表述语义模糊、不具体，这些不清楚的表述会给政策具体的实施带来一定的困难，造成政策执行的效果不佳。

从改革开放以来颁布的中职师资培养政策的名称来看，多是“决定”“意见”“通知”“报告”等权威式、宣言式的，很少以法律法规的形式出现。目前《职业教育法》是我国第一部也是唯一一部关于职业教育的法律，对我国职业教育的相关问题进行根本性的、全局性的、统领性的规定，是一部有较强综合性和原则性的法律。但该法在教师方面的规定较为简短，缺少具体规定和指导要求，这使得各地方政府在处理相关问题时缺乏法律依据。除了在职业教育教师培养培训方面缺少专门的法律法规外，一些政策的执行效果也存在一定的问题。虽然政府相继出台了一些与中职师资培养培训相关的政策文件，但在实际落实上却出现政策重视、行为忽视的现象。例如，20世纪90年代的《关于加强中等职业学校教师队伍建设的意见》要求加大对职业技术师范学院的投入，改善办学条件，使其达到国家规定

① 杜晓利：《教师政策》，160页，上海，上海教育出版社，2012。

的基本标准等，但这些要求并没有被贯彻落实。政府政策执行不力还表现在对师资培养培训的效果缺乏有效的监督和评估。不管是针对校长的高级研修班还是针对教师的师资培训班，都是简单听听课或者考试考核，并没有针对具体的培训效果做调查统计，导致缺乏对实施效果的认识和反思。

针对政策的具体性、执行力度不够的问题，一是要完善法律法规，最好有针对职业教育教师的专门的政策法律法规，使各级政府在教师培养培训方面有一个较明确的标准。二是要建立相应的评估标准和监督机制，不能在项目下达后就放任不管，在每一个培养培训项目的实施过程中还要做好相应的评估和监督工作。

(三)职前培养与职后培训的衔接不够

首先是培养目标的衔接不够。进行职前培养的师范院校多是以“培养高素质的教师”为培养目标，过于重视理论知识，忽视教师的实践技能。职后培训分为新教师培训、骨干教师培训等多个阶段，每个阶段的培训目标也各不相同，职前职后的培养目标不能很好地衔接，不能循序渐进地促进教师发展。其次是职前培养和职后培训的课程衔接不够。受应试教育的影响，大部分人在高中阶段接受分科教育，在课程学习中获得的知识面窄，难以为未来从事教师工作准备良好的知识储备。职后培训所学习的知识大都是零散的，或者是教师以前从未接触过的，职前培养和职后培训的课程之间并不连贯，课程缺乏系统性。最后是管理体制的不衔接。职前职后分别由不同的机构承担，很难在整体上规划，从而使教师的职前培养、入职教育和在职培训不能有机整合成一个连续的体系。我国《职业教育法》规定：“企业、事业组织应当接纳职业学校和职业培训机构的学生和教师实习；对上岗实习的，应当给予适当的劳动报酬。”教师到企业实践制度由于受到企业积极性、教师积极性、经费和时间等内外因素的制约，并没有达到预期效果，甚至流于形式，影响了培训效果。

三、发展建议

各级教育部门应设立专门机构，对于那些在企业界具有较高理论水平和丰富实践经验的技工或工程师进行教育学、心理学、教学法的系统培训，对其任教资格给予认定，经考核合格者，由教育行政部门颁发统一印制的职业教育教师资格证书。兼职教师的管理在遵循《教师法》和《教师资格条例》的同时，可以根据当地经济发展制定兼职教师管理制度，对兼职教师的待遇、与所在单位的人事关系和分配关系等问题做出具体规定。学校要依法聘任具有相应资格的教师，依法与教师签订聘任合同，明确双方的权利、义务与责任，尊重教师权利，落实和保障教师待遇。

（一）贯彻落实国家法律政策，制定完善相关制度体系

制定职业学校教师标准，严格执行教师资格证书制度。认真研究职业教育教学规律，科学把握职教教师专业发展特点，尽快制定符合职业教育发展要求的职教教师标准，从根本上促进教师队伍整体素质的提升。要研究制定职教教师的资格认定办法，严格职教教师准入制度，要特别强调只有接受过系统职教教师教育训练的合格人员才能从事职教教师职业。

加强职教师资的评估制度建设。教育部十分重视高等教育的评估工作，通过评估制度来规划和引导高等教育工作。教育部于2004年颁布实施了《教育部办公厅关于全面开展高职高专院校人才培养工作水平评估的通知》并于2008年颁布实施了《高等职业院校人才培养工作评估方案》，两个文件都要求加强教师的专业知识和能力的建设。职业院校应根据这两个文件的精神来建立教师专业能力的评估指标，构建教师专业基础、专业教学知识、专业教学能力和专业实践能力评价的指标体系。

加强与教师专业发展相匹配的激励制度建设。明确职教师资队

伍的需求，要采取动态化与多样化的激励手段，根据教师的成长与专业化发展的不同层次，实行物质激励、精神激励，使多种需求得到满足，并不断改变激励的方法和措施，采用动态的激励手段。

完善兼职教师考核与评价制度。教学质量是教育的根本，直接反映学校的办学水平和教育质量，影响学校的生存与发展空间。为确保兼职教师高质量完成教学任务，高职院校应对其教学质量进行严格的监控和考核。

（二）创新职教教师培养模式，培养高素质教师队伍

职业教育最大的特色在于与生产、管理、服务紧密联系，培养应用型人才。而职教教师作为这一目标的实现者，需要构筑起理论与实践、教学与产业结合的桥梁。加强职教师资队伍专业发展也是国家的政策要求，《国家中长期教育改革和发展规划纲要（2010—2020年）》提出"完善培养培训体系，做好培养培训规划，优化队伍结构，提高教师专业水平和教学能力"，"加强职业院校教师队伍建设，加大职业院校教师培养培训力度"，"严格教师资质，提升教师素质，努力造就一支师德高尚、业务精湛、结构合理、充满活力的高素质专业化教师队伍"。

第一，需要构建职前培养、入职培训和职后提高三部分组成的完整的职教师资队伍培养培训体系。通过职前培养、入职培训和职后培养这三者的有效衔接，构建多层次的职教师资培训体系。教师的专业化发展是一个可持续的、动态的过程。每个阶段都应该建立特定的培训目标，都要开展有针对性的培训活动。

第二，需要完善职教师资队伍培训的保障体系、运行体系和教学体系建设。通过制定各项政策法规、加强财政拨款、开展国际交流、加强校企合作等方式加强政府的支持力度，通过各种方法保障职教师资队伍的建设，促进师资队伍专业能力的提升，以实现职教为我国制造业的人力资源服务的目标。通过建立多元化的职教师资

培训机构、建立健全职教师资研究生培养制度等方式加强职教师资队伍培训运行体系的建设。充分发挥专业化企业的作用，加强校企合作，构建多元化的师资培训机构。通过专业化的师资培训机构，进行学术能力、教学能力和实践能力方面的培训，促进师资队伍专业能力的提升。通过职教师资的硕士研究生培养来提升师资队伍的学历层次，加强骨干教师和专业带头人的培养。努力加强职教师资培训的方案和课程建设，整合专业技术和教育课程，加强职教师资的专业化能力。

总之，必须加强职教师资队伍建设，强化职教师资的专业地位，重视职教师资队伍的专业化，促进教师的成长。

第八章

职业教育课程改革

课程改革是我国较长时期内职业教育内涵建设的现实要求，也是构建与完善中国特色现代职业教育体系的重要内容。从借鉴双元制和能力本位教育(CBE)等典型模式开始，我国职业教育课程改革从最初的拿来主义，到将国外经验进行本土化探索，再到创建中国特色职教课程。在此期间，在借鉴国外先进模式的基础上，不同地区、院校在职业教育课程改革方面进行了许多理论和实践探索，取得了一定的成绩，积累了宝贵的经验，但同时也遇到了一些困惑和问题。回顾过去，总结成就、经验与不足；立足当下，客观审视已有的发展模式，以使我们更好地把握未来方向。

第一节　课程改革的阶段化特征

一、1978 年至 20 世纪 80 年代末：侧重文化理论知识的教育和传承

改革开放以后，我国职业教育开始恢复发展，大批普通中学被改办成为职业学校，这一时期的职业教育受苏联模式和普通教育的学科中心课程观的影响，采用与普通教育相同的学科体系来设置课程，课程设置实际上是普通教育的“压缩饼干”。1979 年，教育部在

《全日制中等专业学校工作条例(征求意见稿)》中指出，中等专业学校的学生要以学习科学文化为主，具有相当高中文化程度，并在此基础上学习专业知识；切实加强基础理论和基本知识的教学，克服轻视理论、轻视书本知识的错误观点；要求职业教育课程内容具有科学性和系统性。同年，《教育部关于中等专业学校工科专业二年制教学计划安排的几点意见》要求中等专业学校的教学“必须注意加强基础理论教学”。这体现出当时国家对职业院校学生文化水平的提高和理论知识的系统掌握的重视。

20世纪80年代初，为满足改革开放后部分地区经济发展对技术人才的需求，1980年，国家教委批准成立了南京金陵职业大学、江汉大学等13所短期职业大学，1985年《中共中央关于教育体制改革的决定》提出“积极发展高等职业院校”，促进了一批职业大学的快速发展。职业大学的课程体系也基本沿用普通高等专科教育的学科系统化课程。

总之，这一时期学科本位的思想在职业教育中占据主导地位，课程设置主要包括政治理论课、普通文化课、专业基础课和专业课。职业学校注重文化知识和专业理论知识的传授，强调知识的系统性和完整性，形成从基础文化课到专业基础课再到专业课的理论知识体系；并非按照职业能力标准和要求设置课程，课程内容远离工作岗位的实际需求。课程的价值在于帮助学生为未来的工作生活做准备，职业针对性不强的职业教育课程内容难以与企业实际工作有效衔接，学生在校期间的知识储备与社会对人才的需求不符。

二、20世纪90年代：加强实践教学，鼓励企业参与

20世纪80年代末至90年代，我国职业教育课程借鉴以德国的核心阶梯课程和加拿大的能力本位教育(CBE)课程为代表的能力本位课程模式，开始对传统的学科中心课程进行改革。

1990年国家教委发布了《关于制订职业高级中学(三年制)教学计

划的意见》。第一，该文件提出了“职业高级中学以专业教育为主，着重职业技能的训练”，“除根据专业需要学好必要的文化基础和专业技术知识外，特别要重视实验、实习、生产劳动等环节的实践性教学”等原则。在课程设置上，“课程分为政治课、文化课、专业课和实习四类”。文件增加了实习类课程，指出“实习(包括教学实习和生产实习)是培养学生职业技能的基本环节”，“要安排足够的时间”并予以保障。第二，该文件对职业教育培养目标、课程设置与学时做了详细且明确的规定，强调以实践教学为主的课程实施，加大实践教学的比重。文件规定：“政治课和文化课、专业课、实习的课时比例，工农医类一般为 3∶3∶4，文科类一般为 4∶3∶3，某些要求技能较强的专业、工种一般为 2.5∶2.5∶5。根据专业、工种性质和培养目标的不同，具体比例可适当灵活。”该文件在普通课与专业技能课的设置方面，更加突出专业技能课的重要地位，而且给予了学校一定的课程自主权。

1991 年，《国务院关于大力发展职业技术教育的决定》指出：“要改革教学内容和教学方法，突出实践性教学环节，加强职业技能训练。”该文件同时要求相关部门积极配合做好落实工作，“各级政府和参与办学的部门、企事业单位必须认真解决职业技术学校实验、实习设备和校内外实习基地。企业应该积极接纳职业技术学校师生到厂实习。县一级政府要负责安排一定土地、山林或水面给农村职业技术学校做生产实习基地”。

在这一时期，无论在国家政策层面还是在职业院校实施层面，课程实施的重心由重视理论教学逐步向扩大实践教学转移。主要表现在三方面：一是围绕职业岗位需求设计课程，精简课程门类，课程内容的选取以职业岗位对技能的需求为基点；二是重新调整教学计划，增加实践教学课程的时长，建设相关的教学保障体系；三是在课程改革过程中，更加强调企业、行业协会和其他社会力量的共同参与，使得课程改革获得更多的社会支持。

三、21世纪：实施职业素养教育，提高综合职业能力

《面向二十一世纪深化职业教育教学改革的原则意见》指出，“课程开发须以社会和经济需求为导向，从劳动力市场分析和职业岗位分析入手，科学合理地进行”，同时“要建立健全课程标准，优化课程结构”。21世纪以来，在学习和借鉴国外先进职业教育经验和我国对职业教育课程开发方法研究的基础上，广大高等职业技术院校开始了新一轮课程改革，力求从根本上解决高等职业教育课程的核心问题，从职业分析入手设计课程，实施能力本位的课程方案。2000年《教育部关于加强高职高专教育人才培养工作的意见》提出，“基础理论教学要以应用为目的，以必需、够用为度”，并且要加强实践教学环节，增加实训、实践的时间和内容。此外，2000年，教育部印发《关于全面推进素质教育、深化中等职业教育教学改革的意见》，要求“积极开展现代课程模式，特别是适应于学分制的模块式课程和综合化课程的探索和实验，把知识传授和能力培养紧密结合起来”，开始注重培养学生能力的教育。

职业素养包括从业人员的职业道德、职业规范、爱岗敬业精神、团队合作精神、交流意识、服务意识等，良好的职业素养对职业院校学生的就业以及今后职业生涯的发展起着至关重要的作用。2002年《国务院关于大力推进职业教育改革与发展的决定》提出了“把职业能力培养与职业道德培养紧密结合起来”的要求。2004年，《教育部等七部门关于进一步加强职业教育工作的若干意见》指出：“努力把职业道德培养和职业能力培养紧密结合起来，培养学生爱岗敬业、诚实守信、办事公道、服务群众、奉献社会的精神和严谨求实的作风。注重加强德育实践活动。”2008年，《教育部关于进一步深化中等职业教育教学改革的若干意见》再次强调，“全面培养学生的综合素质和职业能力，提高其就业创业能力”，这表明国家将学生的综合素质放在了更加重要的位置。

在具体的课程设置和教学改革方面，2000 年和 2009 年教育部在《关于制定中等职业学校教学计划的原则意见》中提出了职业教育应根据学生提高全面素质和综合职业能力的实际需要设置课程，其中 2000 年的文件指出："文化基础课程与专业课程的课时比例一般为 4∶6，专业课程中的实践教学比例一般为 50%。"2009 年的文件规定，按照相应职业岗位(群)的能力要求，采用基础平台加专门化方向的课程结构，设置专业技能课程；明确课程设置分为公共基础课程和专业技能课程两类，公共基础课目的是"提高学生思想政治素质、职业道德水平和科学文化素养"，公共基础课程学时一般占总学时的1/3，累计总学时约为一学年，专业技能课程学时一般占总学时的2/3，其中顶岗实习累计总学时约为一学年。

2014 年，《国务院关于加快发展现代职业教育的决定》再次明确："全面实施素质教育，科学合理设置课程，将职业道德、人文素养教育贯穿培养全过程。"也就是说，职业教育课程设置应体现学生的需求，实现学生素质可持续发展的目标。

综合来看，21 世纪以来，在借鉴前期经验的基础上，我国职业教育课程改革更多地呈现出自主性与创新性，根据各地不同中职学校课程实施的实际情况，进行了一定程度的探索和改革，形成了具有一定中国特色的职业教育课程话语体系。①

第二节　课程模式的引入和借鉴

自 20 世纪 80 年代末以来，随着对外交流的不断扩大，国内职业教育研究人员及相关从业者把目光投向更加广阔的国际社会，致力于把发达国家先进的课程模式引入国内，推进职业教育的改革进

① 方展画、刘辉、傅学凌：《知识与技能——中国职业教育 60 年》，186 页，杭州，浙江大学出版社，2009。

程，如德国双元制课程模式、国际劳工组织的模块式技能培训(MES)、加拿大的能力本位教育(CBE)、英国商业与技术教育委员会(BTEC)课程模式、澳大利亚职业技术教育学院(TAFE)课程模式、德国的学习领域课程等。20世纪90年代，各地进行了许多国外课程模式本土化的试验，如辽宁职业技术教育研究所在辽宁省13个市的13所中等职业学校开展了机械类、电类、农业类及工商管理类的借鉴德国双元制经验的典型试验；一些职业院校开展了CBE课程模式的试验；中国职业技术教育学会培训部推行了英国BTEC课程模式的试验；等等。

一、双元制课程模式

20世纪80年代初期，我国教育界和经济界首先对具有国际影响力的德国双元制课程模式产生了浓厚的兴趣，并开始借鉴德国职业教育经验，进行改革传统职教模式的探索和试验。

双元制课程模式在德国被称为核心阶梯式课程，在一定程度上具有三段式的结构特点：第一年强调宽泛的职业基础，但不是普通文化课基础；第二年强调职业大类的内容，但不是专业大类的内容；第三年强调职业专门化，但不是专业专门化。双元制课程模式的开发步骤为“课程标准的制定——课程结构的设计——课程的实施”。根据德国《联邦职业教育法》，核心阶梯式课程适用于所有有资质或有资格从事职业教育的企业。因此，双元制课程模式的运行以企业为主、以学校为辅。

从20世纪80年代中期开始，我国在不同层面上通过多种形式借鉴德国双元制职业教育经验，进行改革传统职教模式的探索和试验，主要有三种类型。①

① 徐涵：《我国职业教育课程改革的发展历程与典型模式评价》，载《中国职业技术教育》，2008(33)。

一是双元制模式企业培训中心或职业学校所开展的试验。从1983年开始，中国与德国在技术合作的框架内建立了30多个以双元制模式命名的企业培训中心或职业学校，这些职业教育机构进行了双元制原型模式的改革试验。在该类改革模式中，德方提供试验经费、教学设备、教学文件并派遣专家；中方则按照德国的培训条例、教学计划和课程方案开展教学活动，其教学组织形式及教学方法也基本上采用德国原型。南京的建筑培训中心、十堰的二汽技工学校、上海的电子工业学校、北京的精密机械培训中心均属这一类型，可被称为“原型”的试验。双元制原型中的某些元素，如注重学生职业能力的培养、关注企业的需求等对我国职业教育课程领域的改革产生了深刻的影响。

二是在教育部和地方政府支持下的区域性的借鉴双元制经验的探索。1984年，安徽省同联邦德国下萨克森州结为友好省州，在安徽省当涂县实施九年制义务教育阶段职业技术教育试验，并选择该县新桥乡初级中学作为双元制改革实验学校。①

三是在三个职业教育研究所的指导下的职业学校开展的借鉴德国双元制经验的试验。在这三类典型试验中，无论是试验规模还是试验效果，影响最大的都是在职业教育研究所指导下的职业院校开展的典型试验。该典型试验从1993年开始，2000年结束，其主要成果体现在以下四方面：确立了以职业能力为导向的培养目标；围绕培养目标设置综合化的课程；确立了“职业基础培训—专业培训—职业岗位培训”的新三段式课程结构；引入了以学生为中心的教学方法。

二、MES课程模式

MES是英文Modules of Employable Skills的缩写，直译为“就

---

① 夏瑞庆、魏志春：《“双元制”在中国农村的实验——安徽省当涂县农村初级职业实验学校创建与发展的初步报告》，载《教育与经济》，1989(4)。

业技能模块组合”，意译为“模块式技能培训”或“模块培训法”。MES课程模式是国际劳工组织(ILO)在20世纪70年代初研究开发出来的一种课程模式，他们认为技能型工作可以按工作步骤被划分为不同的模块，通过模块的叠加可以完成这一工作。

这种模式自20世纪80年代推行以来成效颇丰，被认为是一个不同发达程度的国家和地区都能采用的培训方法。MES课程模式以对具体工种的任务和技能进行科学分析为前提，严格按照工种规范开发课程。20世纪90年代，在我国职业教育借鉴国外先进经验的政策要求和劳动部的极力推动下，沪、津等地组织了试点，并明确要求在企业的岗位培训中逐步推进。①

MES课程模式的开发步骤为：设计培训大纲——实施培训大纲——测评和反馈培训大纲。MES模式以描述每一个具体职业或岗位的工作为前提，将该职业或岗位包含的全部职能划分为各不相同的工作任务，每一项工作任务对应一个学习模块，每个学习模块又包含完成相应工作任务所需要的知识和技能，每个知识和技能为一个学习单元，根据不同的单元和模块，组合确定不同的培训内容和培训计划。

MES课程模式的主要特点是“干什么，学什么”，基于职业岗位的描述进行就业技能模块课程的组合，通过每个模块的学习接受培训者可获得社会生产活动中所需要的多种实际技能，模块之间也可以灵活组合。MES突破了传统模式的束缚，转变了我国职业教育课程重理论知识、轻实践操作的思想。同时人们认识到课程可以是灵活的，可以根据需要对课程进行选择。该课程模式的优点是比较灵活，模块的划分与叠加简单易行，具有较强的适应性。

三、CBE课程模式

CBE是英文Competence Based Education的缩写，即能力本位

① 郭扬：《双元制与MES的课程模式之比较》，载《现代技能开发》，1994(2)。

教育。1989年开始，国家教委陆续组团赴加拿大学习先进职业教育思想与经验，引进能力为本的职业教育思想、课程模式及其开发方法。随后，在国家教委的主持下，加拿大国际开发署(CIDA)资助设立了“中加高中后职业技术教育合作项目”(CCCLP)。1991年，该项目在成都举办了中国第一次“开发一个教学计划”(Develop A Curriculum，DACUM)讲习班，将CBE教育思想、课程模式正式介绍到了中国，引发了20世纪90年代全国范围内的CBE课程模式研究与实践热潮。

CBE的课程模式以职业分析为基础，目的是识别出从事某一岗位工作所需要的知识、技能、能力，从而为职业教育的课程建构提供客观依据。CBE模式强调以能力作为教学的基础，以岗位的职业能力确定培养目标。CBE课程模式采用的是由专业委员会负责实施的DACUM课程开发法，以职业分析为起点，以能力培养为核心，课程设计采用模块式方案，重视学生的能力训练和技能掌握；理论知识传授以“必需、够用”为原则，教学过程中强调发挥学生的主体作用；同时，强调以职业需求作为课程开发的出发点和归宿，吸收社会用人单位参与课程制定，满足产业界和雇主对培训对象的要求，是一种职业导向的课程模式。① 其开发步骤为：工作分析——任务分析——教学分析——教学开发——教学实施。先由相应的行业、企业专业人员组成顾问委员会，进行专业分析，从而获得该专业的课程开发表(DACUM表)；再由从事职业教育工作的专家组成课程开发委员会，分析职业岗位所需要的能力，根据能力分析确定课程的内容。

这种课程开发方法很大程度改善了职业教育内容脱离生产实际的问题，突出能力本位，校企合作进行课程开发，具有很强的操作

---

① 刘春生、徐长发：《职业教育学》，151页，北京，教育科学出版社，2002。

性，在学校层面的开发比较容易实现，因而在我国得以迅速推出。CBE课程模式的引进，让当时的职业教育办学者耳目一新，并积极进行了试验。CBE课程模式宣传的范围比较广，第一次培训活动是在成都举办的，在后续实践中，试点工作进行得较为深入的是上海和江苏。上海市教委依托全国教育科学"九五"规划重点课题"职业教育课程改革与教材建设研究与实验"，于1996年启动了"10181"工程，即用5年时间，完成10门公共课的课程改革及示范教材的编写工作，完成18个典型专业、工种的教材编制，经过不断实验、研究和总结，在10年左右的时间里基本形成一个反映中国特色、上海特点、时代特征的中职课程、教材体系。

河北科技师范学院(原河北职业技术师范学院)作为中加高中后职业技术教育合作项目(CCCLP)第一轮试点学校，1992年开始运用DACUM方法，先后在财务会计、物资经营与管理、市场营销、文秘档案管理、体育教育、计算机应用与维修、宾馆服务与管理等专业进行课程改革试点，开发了职业能力图表，并按CBE教学体系实施教学，实现了课程设置从传统的"三段式"学科教育转变为培养适应职业岗位的职业能力。[①]

四、BTEC课程模式

BTEC是英国权威职业资格考试和颁证机构——英国商业与技术教育委员会(The Business and Technology Education Council)——的简称。该机构成立于1986年，它由商业教育委员会与技术教育委员会两大职业资格评估机构合并而成，其主要任务是课程的开发、教学大纲的编写及国家职业资格证书的颁发。BTEC课程就是对该组织开发并操作运行的课程的简称。后来，商业与技术教

① 邓泽民、陈庆合、郭化林：《借鉴CBE理论，构建适合中国国情的职教模式》，载《河北职业技术师范学院学报(社会科学版)》，2002(1)。

育委员会和伦敦大学考试与评估委员会合并，成立英国爱德克斯国际教育基金会(Edexcel Foundation)。目前，BTEC课程由英国爱德克斯国际教育基金会操作运行，属于英国国家职业资格证书课程。

BTEC课程将通用能力和专业能力一起列入教学目标，强调通用能力的培养是BTEC课程模式的重要特色。BTEC课程教学认为，职业教育应重视培养学生的专业技能和通用能力，使学生能够适应不同岗位的要求。

BTEC采用的是模块化的课程结构。课程模式中各专业的课程被称为学习单元，每个单元的知识结构围绕着专题知识横向展开。若干学习单元组成不同的模块，一个或若干个模块组成一个技能模式(即一个工种或岗位的工作规范)。模块化的课程结构不仅能及时体现新知识、新技术和新工艺的要求，增强教学内容的适用性，而且能满足不同学生的要求，做到因人而异。

BTEC课程模式把职业岗位要求作为课程开发的基础和逻辑起点。从事BTEC课程开发的人员中有三分之二来自企业界，其余的是教育界的课程专家。BTEC课程教学大纲符合企业需要，有较好的针对性和实用性，能够充分体现职业教育的特征。开发方法主要是任务分析法和专家咨询法两种。

BTEC课程的实施明确体现为以学生为中心的思想，其主要特点为“学”重于“教”，教师的作用是评估、判断、建议和指导。课程大纲、课程实施、学习系统与考核评估等都是以学生为中心的。BTEC课程模式主要通过课业评价来考查学生的能力，课业的目标就是解决工程的实际问题。

五、TAFE课程模式

TAFE是英文Technical and Further Education的简称，即职业技术教育学院，是澳大利亚教育体系的重要组成部分。以能力为本位的TAFE课程是“在澳大利亚资格框架下，以行业组织制定的行业标准和国家统一的证书制度为依据，为满足行业需要而设计的，理论知识学习和技能培训并重且多数是以技能培训为主的一组结构严谨有序的多个科目组合”①。

TAFE课程开发以满足行业的需要为出发点，以行业能力标准为基础，将行业的专家组成课程开发委员会，深入研究行业的需求，根据对行业需求的调查结果来决定有必要开发的课程；根据综合行业能力标准制定本行业的培训包，根据培训包对课程进行开发，并根据行业能力的需求及变化不断调整培训包，制定新的课程教学大纲。其中，能力标准是由各个行业制定的，保证了这种课程所培养出来的人才能够真正满足行业的需要。

澳大利亚TAFE委员会(Australia Conference of TAFE Directors，ACTD)会议最重要的成就是开发新的TAFE课程分类体系并建立新的与TAFE课程分类体系相对应的国家TAFE资质证明。1980年，ACTD建立了课程分类事务委员会。1982年，该委员会发布了对TAFE课程重新修订的报告，按照专业方向对课程进行分类。1983年11月ACTD会议通过了TAFE新的课程分类体系，1985年开始实施这一新体系。新的TAFE课程分类体系包括4个大类，19个子分类。②

澳大利亚TAFE开设的课程几乎涉及各个层次，包括学徒制课程、技工课程、文凭及高级文凭课程等。③ TAFE按学科将课程分为基础和准备课程与培训、半熟练或熟练工作课程、辅助专业人员课程和提供额外工作技能的课程等，每一类课程都与某一国家资格

① 黄日强、万福恩、王平风：《澳大利亚TAFE学院的课程设置》，载《职教论坛》，2005(13)。

② Tracy Bradford，“Second chance not second best：a history of TAFE NSW 1949—1997，” PhD diss.，University of Technology Sydney，2010.

③ “Guide to TAFE Courses in Australia，”https：//www.tafecourses.com.au/tafe/，2018-03-20.

对应，适用于相关行业的各类学习者。2005 年之后，考虑到 TAFE 课程与大学的衔接，TAFE 增加了研究生文凭课程。TAFE 课程的开发并不是由各个学院自行进行的，而是根据社会和行业的要求，统一由政府相应机构负责开发。TAFE 课程体系分为五个层次：第一层是联邦培训包，规定相关专业的能力标准和要求，包括能力标准、资格、评估指南；第二层是专业教学计划，由州教育部课程开发部门负责，贯彻培训包的每一项要求，形成课程并提出实施计划；第三层是由州或学校开发的教学大纲，明确课程的教学内涵、要求等，一般涉及面广的课程由州课程开发部门组织专门人员开发，以保证质量；第四层是学习或教学指导书，州课程开发部门参与开发，包括教学内容、教学方法、考核练习等；第五层是必要的教材，由学校依据指导书进行选择，不进行专门开发，供学生参考阅读。

六、学习领域课程模式

学习领域课程是 20 世纪 90 年代德国针对职业学校课程模式进行的一次重大改革尝试。20 世纪 90 年代，德国不来梅大学技术与教育研究所与德国大众汽车公司合作，提出了基于工作过程的职业教育课程理念和设计方法，被称为以工作过程为导向的整体化工作任务分析法(BAG)。以 BAG 为基础的学习领域课程方案在德国经过几年的试验，于 2003 年得以广泛推广，成为德国职业教育课程改革的新范式，是德国“双元制”课程模式改革的产物。[①] 在我国，自 2006 年国家开始进行高职示范校建设以来，学习领域课程就成为职业教育课程改革的主要模式，对我国职业教育课程改革产生了深刻的影响。

“学习领域”就是由学习目标描述的主题学习单元。按照德国职教课程专家的解释，学习领域是建立在教学论基础上的由职业学校

① 徐涵：《德国学习领域课程方案的基本特征》，载《教育发展研究》，2008(1)。

制订的学习行动计划，它包括实现该专业目标的全部学习任务，通过行动导向的学习情境实现具体化。学习领域的组成包括学习目标、学习内容和学习时间三部分。一般来说，一个职教专业的课程由10～20个学习领域组成。①

学习领域课程方案是根据培训职业的典型工作任务开发出来的，每一个学习领域都针对一个典型的职业工作任务。首先，通过“专家—技术工人访谈会”的形式，开发出一系列典型的职业工作任务；其次，对开发出来的典型的职业工作任务，按照人的职业能力的形成规律(由初学者到专家的成长规律)进行序列化；最后，某一典型的职业工作任务由几个具体的工作任务组成，采用BAG对与具体工作任务相关的工作过程、工作内容、工作方法、工作要求、劳动组织、劳动工具及与其他工作任务的相互关系等进行分析，从中找出符合培训职业的技术知识并破译出隐性的工作过程知识，以工作任务为核心组织技术知识和工作过程知识。

学习领域课程方案是以培养学生具有建构工作世界的能力为主要目标的，基于工作过程的课程设计方法，遵循设计导向的现代职业教育指导思想，赋予职业能力全新的内涵意义。它打破了传统学科系统化的束缚，将学习过程、工作过程与学生的能力和个性发展联系起来，在培养目标中强调创造能力(设计能力)的培养。

第三节　国内课程开发的理论与实践

改革开放以后，我国许多职业教育专业课程开发事实上只是从高校专业学科中选择“合适”的内容并进行适当的“教学简化”，然后添加部分实践课程，其结果就是职业教育的课程模式也是我国传统

---

① 姜大源：《“学习领域”课程：概念、特征与问题——关于德国职业学校课程重大改革的思考》，载《外国教育研究》，2003(1)。

的学科式课程模式(又称“单科分段式”或“三段式”等)，由文化基础课、专业理论课、专业实践课(也称实训或实习课)三部分构成。20世纪90年代中期以来，我国职业教育课程模式的构建进入“在借鉴国外经验的基础上创建中国特色”的阶段。由于能力本位的MES、CBE课程模式的引进，我国学者开始重视职业能力在职业教育人才培养中的重要性，努力打破传统的学科体系、知识本位的课程结构，改善教学理论与企业实践脱离的问题，开始尝试职业分析导向、能力本位的课程模式的研究与实践。如20世纪90年代由蒋乃平提出的“宽基础、活模块”课程模式，21世纪初由教育部发布的技能型紧缺人才培养方案，以及由上海市推行的“项目课程”，等等。在广泛吸收国际先进经验的基础上，我国在建构符合中国实际的、具有中国特色的职业教育模式方面进行了有益探索。

一、“三段式”课程模式

“三段式”课程模式将课程分为文化基础课、专业理论课、专业实践课三类，是一种学科系统化的课程。其特点是文化、专业理论与实践课程并列，重视文化基础知识，实践课单独设课，文化课、专业理论课、专业实践课各自系统化，先学理论，再学实践。其优点是学科逻辑性、系统性很强，有利学习者建构知识体系。其缺点是以间接经验为辅的学科割裂式教学在一定程度上加深了各门学科间的分离，不利于学生用全面的观点分析和解决实际问题，无法满足对技能型人才知识能力结构的要求。另外，该类课程虽然在安排与设置时会强调加强实践性教学环节，突出学生技术应用能力的培养和综合职业素质的教育，但未能实质性地突破以学科教育为基础的课程框架，过于强调学科的系统性，无法达到职业教育课程的定向性要求。该种课程模式是我国职业教育发展初期存在的课程模式。

二、“宽基础、活模块”课程模式

“宽基础、活模块”课程模式是在借鉴双元制课程、CBE课程、

MES课程等发达国家职业教育课程模式的基础上，结合我国国情和职业教育的实际，研发出的一套课程模式。该模式以终身教育思想为指导，强调为学生的发展打基础，使学生具有继续学习、职业转换和职业适应的能力。该课程模式强调不仅要培养学生的专业能力，而且要重视对学生的方法能力和社会能力的培养。所培养的学生是生产一线的中级技术人员，同时具备继续学习的基础，学生能够适应技术进步和职业变换的需要。与传统的"三段式"课程模式不同，"宽基础、活模块"课程模式由"宽基础"和"活模块"两段构成，这也是区别于其他课程模式的特征。①

"宽基础、活模块"课程将全部专业课程分为两个阶段，第一阶段为"宽基础"阶段，即教学内容不针对具体的职业岗位，而是集合了一个专业群所需的知识和技能，为今后的转岗和继续学习奠定知识与技能基础。"宽基础"是由四大板块，即德育文化类板块、工具类板块、社会能力类板块和职业群专业类板块组成。德育文化类板块由德育、数学、语文等科目组成；工具类板块包括外语和计算机两科；社会能力类板块由公关能力训练和职业指导与创业教育两门课程构成，通过这两门课程提高学生的社会能力；职业群专业类板块由一个职业群必备的专业基础知识和技能构成，是毕业生在一个职业群中就业、转岗和晋升的基础。第二阶段称为"活模块"阶段，其功能是在学生选定好模块后，针对相对确定的一个或几个就业岗位进行训练，为就业做技能方面的准备。此阶段侧重强化从业能力，强调以就业为导向，注重针对性、实用性，追求教学内容与职业资格相对应。学习内容既考虑就业方向，也注重学生个性。注重对应职业资格标准的强化训练，强调以"问题为中心"的课程综合化。

该课程模式提出后，北京市朝阳区职教中心最先成为这一模式

---

① 蒋乃平：《"宽基础、活模块"课程结构研究》，载《中国职业技术教育》，2002(3)。

的实践者，开发出城市公交运营与管理、涉外经济、电气工程等专业，开发出汽车修理与驾驶的集群式模块课程，这些专业的毕业生在劳动力市场中有很强的适应性。① 之后多个地区的职业学校的几十个专业也进行了“宽基础、活模块”实验，其在实现全面素质和综合职业能力培养，使学生胜任在生产、服务、技术和管理第一线工作方面得到了职业学校的肯定。②

三、多元整合课程模式

多元整合课程模式是由华东师范大学的黄克孝教授提出的，他在对现有各种课程模式进行比较分析的基础上，试图揭示各种模式优点，集各家所长，概括它们的共同规律，整合成一个最优化的课程模式。其操作构想是：在确保课程目标具有明确职业化方向的前提下，实施课程内容综合化，开设技术化的学科，采取模块化的组合形式，安排阶段化进程，实现学习者方向的个性化；在教学策略方面，实施能充分实现产学研结合的、以学生为主体的“项目制”教学和以完全学分制为基础的弹性学习制度。

多元整合的现代职教课程观以培养综合职业能力为基本特征，它以培养就职能力为导向，实施课程内容综合化，把学科式的文化基础课、专业理论课、专业实践课改造成适应职业教育的“基础、定向、专长”的三段式课程。在学分制的基础上，可以让学生在一定程度上灵活选择课程；在课程内容上，实现知识、技能、态度三要素的综合；在课程结构上，拥有模块化、综合化、阶段化、柔性化和个性化等特点，以培养具备文化和专业理论与实践基础的、拥有与职业相结合的综合素质的职业技术人才。③

---

① 蒋乃平：《集群式模块课程的理论探索》，载《职教通讯》，1997(1)。
② 蒋乃平：《课程模式选择的重要性》，载《职业技术教育》，2001 (34)。
③ 黄克孝：《“多元整合”课程模式创新的策略思想》，载《江苏教育》，2011(12)。

四、职业能力系统化课程模式

就业导向的职业能力系统化课程（Vocational Competency Systematized Curriculum），简称为VOCSCUM，这个课程模式及其开发方法是2004年由北京联合大学牵头开展的教学改革课题的相关研究成果。该课程模式是北京联合大学高等技术与职业教育研究所在借鉴国际先进的职业教育课程模式及其开发方法的基础上，结合我国国情开发出来的。它以技术技能型人才为培养目标，设计任务驱动和行动导向的课程，倡导能力本位理念。其课程结构分为三个层次：宏观专业课程、中观链式课程和微观单元课程。

在受人关注的职业能力培养环节，职业能力系统化模式包含了职业专门技术能力和职业关键能力两部分，力争在职业专门技术能力的基础上培养综合职业能力，在教学过程中注重以技术技能为基础的经验性知识和工作过程性知识的学习，以及对关键能力的培养。

职业能力系统化课程的开发方法共分为五部分，分别是行业分析方法、专业设置方法、专业课程开发方法、单元课程开发方法和课程评价方法。

行业分析方法是对社会各行各业的能力标准和职业要求进行全面分析，构建国家行业的能力体系与职业资格框架，从而使人才培养与合理利用有效结合起来，提高人力资源开发的效率的方法。行业分析包括行业能力分析与行业职业分析两方面，行业分析是高等职业教育课程的起点。

专业设置方法分为国家、地方、学校三级。①国家级：国家专业设置修订委员会由教育专家和行业专家共同组成，制定专业设置的类别原则，组织行业分析工作等。②地方级：在国家颁布的专业目录的基础上，地方教育主管部门根据地方经济发展的主要目标和该地支柱性产业形成地方职业教育专业目录，同时成立由教育专家和经济劳动部门专家组成的委员会，在教育行政部门的指导下负责制定与修订职业教育专业目录的工作。③学校级：在国家和地方颁布的专业目录的指导下，学校综合考虑所在地区的劳动力市场需求、教育市场供给以及学校教学资源，决定专业的开设与调整，这一过程由学校的规划部门、教学指导部门和行业企业专家共同完成。

专业课程开发方法即在以就业为导向、以能力为本位、以服务为宗旨的课程观的指导下，依据高职教育目的，在需求分析(包括行业分析、职业分析、劳动力市场分析等)的基础上，进行专业职业分析、课程内容选择、课程结构设计、单元课程设计等。

单元课程开发方法由课程分析、课程设计、课程实施、课程评价四部分组成。课程分析以专业及职业分析结果为基础，进行课程任务分析和课程实施的内外部环境分析。课程设计包括设计课程目标、教学内容、教学环节的组织形式、活动方式及制作课件等，课程设计是单元课程开发的核心部分。课程实施的任务是根据课程分析和课程设计的结果，按照课程实施的时间进程安排、学习者的实际情况以及当前实施课程的具体条件，形成课程实施方案。单元课程评价的主要任务是制定单元课程开发各阶段的工作标准，包括课程分析评价、课程目标评价、课程内容体系与课程大纲评价、课件与教材评价、课程实施方案评价、课程实施效果评价等。

课程评价方法分为国家、地区、学校三个层面。国家层面的评价标准体现为教育部高职高专人才培养工作水平评估方案。地区层面的评价标准为地方教育行政部门依据国家的评价标准，是结合地区经济发展和教育资源配置的特性来制定的本地区的评价标准。学校层面则建立以专业评估为核心的专业课程评价标准，同时，学校还应建立以毕业生评价为核心的目标评价体系。各个层面的评估工作应通过专门评估机构开展。

五、项目课程模式

受国外有关课程改革思想的启示，在对我国传统职业教育课程模式反思的基础上，有学者提出职业教育课程的逻辑核心应当是工作实践，应从工作结构而不是学科结构中获得职业教育课程结构，而技术知识的实践性决定了职业教育课程必须以实践为中心，从而提出建立实践导向的职业教育课程。

为解决理论与实践脱节的问题，项目课程把理论和实践加以整合，由企业专家和职业学校教师共同参与课程的开发工作。在课程开发过程中，企业专家分析岗位的工作任务和职业能力，对实践操作部分进行把关；职业学校教师则结合职业学校学生的实际情况及人才培养的规律，对企业专家开发的课程内容进行教学化处理，通过具体项目实现职业教育满足社会需求的目标。

在内涵方面，职业教育课程中的"项目"不同于教师承担的研究或制作项目，此处的"项目"是"基于工作任务的、聚合式的、有结构的项目"，具有相对独立的客观存在的活动模块。在项目活动中，学生要通过完成工作任务，制作出具有一定尺寸和特定功能的标准产品。项目课程强调以典型产品为载体来设计教学活动，每一个项目的教学最终都要指向让个体获得生产一个具有实际价值的产品的能力。项目课程与任务本位课程的联系在于：项目课程是以任务本位课程为基础的，并对任务本位课程进行进一步发展。项目课程的定义被表述为"以工作任务为课程设置与内容选择的参照点，以项目为单位组织内容，并以项目活动为主要学习方式的课程模式"。①

在理论知识方面，项目课程强调了学习理论知识的重要性，但认为理论知识并非获得就业适应能力的充分条件，而且理论知识必须以合乎能力获得顺序的方式传授给学生。项目课程的核心是在任务与知识之间建立联系，按照工作体系的结构来设计课程结构。②

---

① 徐国庆：《学科课程、任务本位课程与项目课程》，载《职教论坛》，2008(20)。

② 徐国庆：《职业教育项目课程的几个关键问题》，载《中国职业技术教育》，2007(4)。

项目课程在设计上解构了传统的学科课程模式，以联系论、结构论和结果论来阐释课程知识选择、组织结构和任务负载，在理论层面上有效探索了目标、组织与实施等层面的问题，在实践层面上也受到了较大范围的欢迎。例如，名为“任务引领型课程”的改革实践在上海市多所职业院校进行，名为“项目课程”的改革在江苏、浙江等地得到大范围推广。其中，任务引领型课程按照与工作任务的相关性进行课程设置，以工作任务为中心选择和组织课程，工作任务需要根据工作岗位的实际情况进行选取或设计。但该模式的实施有较高的环境要求，一是需要高素质复合型的师资队伍和较好的实训教学条件；二是需要学校与企业之间的密切合作。因此，该模式目前主要在职业教育基础建设较好，经济较发达的地区进行试验与推广。

六、工作过程系统化课程模式

21 世纪初，我国学者开始把以工作过程为导向的课程系统引入职业教育领域，主要从两方面进行研究：一是根据工作过程系统化的职业教育理论探讨课程开发的方法与技术，论述课程开发过程中的一些重要概念及相互关系，进而确定典型职业工作任务的方法与基本流程等；二是研究部分欧盟国家在以工作过程为导向的课程理论的基础上开发出的学习领域课程模式，以及行动导向教学理论在教学方面的实践。

2003 年，教育部等部委联合启动“职业院校制造业和现代服务业技能型紧缺人才培养培训工程”，首次提出工作过程系统化(或称基于工作过程、工作过程导向)的概念思想，后又提出职教课程开发要在一定程度上与工作过程相联系的课程设计理念，提出要以工作过程系统化的理论为依据进行课程开发，要求要遵循企业实际工作任务开发工作过程系统化的学校课程模式，引入依据企业实际工作任务开发的工作过程系统化的教学项目课程模式，确定了以工作过程为导向的课程模式。2006年，教育部在国家示范性高等职业院校建设计划中，正式引进推广基于工作过程的学习领域课程。2007年，在教育部的直接指导下，在国家示范性高等职业院校建设计划中我国开始试点采用基于工作过程的职业教育课程理念和设计方法。自2007年6月，教育部多次组织示范校教师赴德国学习培训，结合示范校的课程改革，开始了对基于工作过程的课程开发的研究与实践探索，初步开发了基于工作过程的课程方案。2007年10月，高等教育出版社出版了介绍德国基于工作过程的课程及其开发方法的专业书籍——《职业教育与培训学习领域课程开发手册》。

2008年，高职高专国家精品课程评选把“与行业企业合作进行基于工作过程的课程开发与设计”作为高职精品课程评审标准之一。工作过程是指在企业里为完成一个工作任务并获得工作成果而进行的一个完整的工作程序。将企业的实际工作过程、工作任务和职业活动的真实场景引入教学，并以使学生胜任工作任务为核心形成学习项目或课题，并根据职业能力形成的规律进行组合和顺序编排。

“工作过程系统化”课程的设计可以分为四个步骤：第一步，工作任务分析(筛选典型工作)，即根据专业对应的工作岗位及岗位群进行典型工作任务分析，目的是从大量的工作任务之中筛选出典型工作；第二步，行动领域归纳(整合典型工作)，即根据能力的复杂程度，将典型工作任务整合形成综合能力领域；第三步，学习领域转换(构建课程体系)，即根据职业成长规律及学习认知规律，对行动领域进行重构后转换为课程体系；第四步，学习情境设计(设计学习单元)，即根据职业特征的六要素及完整思维的六步骤，将学习领域分解为主题学习单元。①

工作过程系统化的课程吸收了模块课程的灵活性、项目课程的

① 姜大源：《论高等职业教育课程的系统化设计：关于工作过程系统化课程开发解读》，载《中国高教研究》，2009(4)。

一体化特长，并力图在此基础上实现从经验层面能力向策略层面能力的发展，关注如何在满足社会需求的同时重视人的个性需求，关注如何在就业导向的职业教育大目标下实现人的可持续发展，关注教育的本质属性问题。

第四节　课程体系的构建与发展趋势

职业教育的课程及其教学是在一个与学科体系有着本质区别的体系中运行的。这一体系应该是平行于学科体系的具有独立意义的系统。[①] 改革开放后，在职业教育各项基本建设逐步推进的同时，课程建设起步，并且随着对内涵建设的重要意义的认识日益加深，课程建设也越来越受到重视。然而，在 20 世纪 80 年代，我国并没有太深入的课程建设行动，直到 1989 年我国第一部课程论著作——钟启泉的《现代课程论》——出版面世。进入 20 世纪 90 年代，职业教育学者开始介绍当时国际上比较流行的 MES 和 CBE 等课程模式。1995 年尚元明主编的《职业中学课程体系研究》对当时职业中学的课程问题做了深入调查和分析，并试图提出解决思路。2001 年黄克孝主编的《职业和技术教育课程概论》被认为是我国第一部较为系统的职业教育课程论专著。

总体上看，改革开放初期，职业教育只是普通教育的延续，1985 年我国提出大力发展职业教育，20 世纪 90 年代不断引入和借鉴国外职业教育课程模式，开始构建以工作知识为核心的职业教育课程内容体系；21 世纪以来，我国开展了大量课程建设研究与行动，以完善职业教育课程系统，逐步从传统的学科本位向能力本位转变，注重对学生综合职业能力的培养。

---

① 姜大源：《关于职业教育课程体系的思考》，载《中国职业技术教育》，2003(5)。

从各地区及各中、高等职业院校的实践情况看，各地区或各校都在积极进行基于职业能力培养的课程改革，并结合本地区或学校的实际情况探索具有区域特点、学校特色的课程体系。如上海市提出构建以能力为本位、以职业实践为主线、以项目课程为主体的模块化专业课程体系；浙江省提出优化选择性课程体系，由核心课程模块(公共必修课程和专业必修课程)和自选课程模块(限定选修课程和自由选修课程)组成，为学生提供可自主选择的多样化课程方案；四川省提出构建以就业为导向、以能力为本位，突出职业综合能力培养的专业课程体系；等等。很多职业院校在课程改革的实践中形成了自身的特色，如武汉船舶职业技术学院提出校企共建的基于岗位基本能力、岗位核心能力、职业素质能力的模块化课程体系；上海市大众工业学校数控技术应用专业基于职业岗位群的分层，构建了三个层次的技能人才培养课程体系，即岗位就业技能人才、复合型技能人才和专业特长技能人才课程体系；浙江绍兴职业教育中心推进以职业能力培养为核心、以工作过程为导向的课程改革，构建了“技能主导，双证融通”的课程体系，将职业资格证书的相关要求融入专业课的内容，实现了中职学历证书与对应的职业资格证书相通。

下面将从课程目标、课程内容、课程结构、课程实施、课程管理、课程评价六个方面就我国职业教育课程体系的构建与发展进行梳理。

一、课程目标

1979年教育部在《全日制中等专业学校工作条例(征求意见稿)》中提出职业教育的基本任务在于“培养社会主义革命和社会主义建设所需要的各种中等专业人才，为提高整个中华民族的科学文化水平，实现新时期的总任务而奋斗”。该文件笼统指出培养各种人才，强调职业教育主要学习科学文化知识，提升文化素养。1985年，《中共中央关于教育体制改革的决定》中指出，中等职业教育“要着重职业技能的训练……以适应长期广泛就业、进行技术革新和继续进修的需要”。将职业教育的课程目标定位于职业技能的训练。

随着社会主义市场经济的发展和对外开放程度的提高，中等职业教育的课程目标日趋多样化，既重视培养中职学生服务于社会经济建设的职业技术能力，又重视学生的身心健康，努力提高学生的综合技能和素质。

21 世纪以来，国家的职业教育课程政策越来越重视对学生的综合职业能力和素养的培养。经济全球化、社会信息化以及科技的快速发展改变了企业的组织管理方式和生产方式，扁平化的管理结构和精益化的生产方式要求企业员工不仅要具有很强的专业能力，而且要具备跨专业能力，如合作能力、沟通能力、创造性地解决现场问题的能力等。为此，国家在一系列政策文件中多次明确提出：职业教育的课程目标要以培养学生的创新精神和实践能力为重点，全面培养学生的综合素质和职业能力，提高学生的就业创业能力。2014 年，《国务院关于加快发展现代职业教育的决定》重申职业教育“要全面实施素质教育”，并“将职业道德和人文素养教育贯穿培养全过程”，在关注职业学校学生的综合素质培养的同时，重视学生的个性化发展。

二、课程内容

课程内容是课程的主体。1979 年，《教育部关于中等专业学校工科专业二年制教学计划安排的几点意见》强调中等专业学校的教学“必须注意加强基础理论教学”。教育部 1979 年《全日制中等专业学校工作条例(征求意见稿)》提出学生“要具有相当高中文化程度，并在此基础上掌握本专业现代化生产所需的基础理论、专业知识和实际技能”。文件提出的中专学生的文化知识水平要达到相当于高中文化水平的要求，成为持续至今中等职业学校文化基础课程内容改革的底线。

石伟平在《职教课程内容开发研究》一文中提出“课程内容开发”这一表述，他认为课程内容开发主要体现为课程内容的选择、确立、组织与评价等。[①] 姜大源认为，课程内容可分为陈述性知识(由专业学科构成的以结构逻辑为中心的学科体系知识)和程序性知识(由实践情境构成的以过程逻辑为中心的行动体系)两大类，并主张职业教育课程内容应以过程性知识为主，陈述性知识为辅，即以实际应用的经验和策略的习得为主，以适度够用的概念和原理的理解为辅。[②] 徐国庆认为，职业教育专业课程内容应包括技术实践知识和技术理论知识两部分。技术实践知识包括职业规则、职业情境知识和判断知识。理论知识是根据实践需要选择的知识，既包括科学理论的应用又包括经验的归纳。[③] 另外，黄克孝提出，高职教育课程内容必须适应当时、当地所属的特定行业、职业的要求，在知识、技能、态度等方面构建适宜且实用的课程内容。[④]

在课程内容的选择方面，有学者认为，课程内容的取舍受制于培养目标和教育对象的不同。也有学者守建议从职业活动的需要和受教育者个人生存发展的需要的角度考虑课程内容选择。另外姜大源认为，“不论选择什么样的课程内容，它都必须构成严密的内在结构”[⑤]，“行动体系课程的内容编排则是一种串行结构”[⑥]。而职业教育课程如何摆脱学科体系的束缚，如何选择、组织、改造并建立职

① 石伟平：《职教课程内容开发研究》，载《全球教育展望》，1998(2)。

② 姜大源：《学科体系的解构与行动体系的重构——职业教育课程内容序化的教育学解读》，载《教育研究》，2005(8)。

③ 徐国庆：《职业知识的工作逻辑与职业教育课程内容的组织》，载《职业技术教育》，2003(16)。

④ 黄克孝：《构建高等职业教育课程体系的理论思考》，载《职业技术教育》，2004(7)。

⑤ 姜大源：《学科体系的解构与行动体系的重构——职业教育课程内容序化的教育学解读》，载《教育研究》，2005(8)。

⑥ 姜大源：《关于职业教育课程体系的思考》，载《中国职业技术教育》，2003(5)。

业教育的特色课程，是我国职业教育实践长期努力解决的问题。

针对我国职业教育课程内容存在的“重视原理，缺乏应用性”“过于关注客观需要，忽视了人的发展”等问题，国家通过政策对职业学校的课程内容提出了新的要求，在多个文件中明确指出要推进职业学校专业课程内容和职业标准的衔接。[①] 20 世纪 90 年代中期以来，为了在职业院校推行双证书制度，国家在多份政策文件中提出了职业院校的课程内容应与职业资格标准相适应或相衔接。2004 年《教育部等七部门关于进一步加强职业教育工作的若干意见》要求：“要做好职业资格认证与职业院校专业设置的对接服务，加强专业教育相关课程内容与职业标准的相互沟通与衔接，教学内容能够覆盖国家职业资格标准要求的专业，学生技能鉴定可与学校教学考核结合起来，避免重复考核。”2010 年《国家中长期教育改革和发展规划纲要(2010—2020 年)》也指出，积极推进学历证书和职业资格证书“双证书”制度，进而“推进职业学校专业课程内容和职业标准相衔接”。2014 年《国务院关于加快发展现代职业教育的决定》首次提出要建立国家职业标准与专业教学标准联动开发机制，为课程内容与职业标准的衔接提供了制度上的保证。

三、课程结构

课程结构是课程内部各要素、各成分、各部门之间合乎规律的组织形式。[②] 它解决的主要问题是根据课程目标设计什么样的课程，如何设置这些课程等。课程结构是否合理，能否贯彻课程目标的意图，将影响课程目标是否达成，是课程体系的核心。[③] 课程结构依

---

① 柳景、李学杰：《我国职业教育课程改革和课程体系的构建》，载《云南师范大学学报(哲学社会科学版)》，2007(1)。

② 廖哲勋：《课程学》，68 页，武汉，华中师范大学出版社，1991。

③ 和学新：《课程改革要致力于课程结构的改造和完善》，载《课程・教材・教法》，1997(10)。

据其决定主体，可被划分为国家课程、地方课程和校本课程；依据学生能否选择，可被划分为必修课程和选修课程；依据其表现形式，可被划分为显性课程和隐性课程。

职业教育课程结构的构建模式包括以下几种类型：一是学科式结构模式，即沿袭传统本专科的课程结构模式，以学科本位为主线来构建，将课程分为基础课、专业基础课、专业课三类，或分为公共基础课、专业基础课、专业课、专业方向课四类，并按照公共基础课、专业基础课、专业课、专业方向课的顺序安排课程；二是平台式结构模式，即将课程按公共基础课、专业大类基础课、专业或专业方向课、特色课程等分层构建“三级平台”或“四级平台”，按授课时间的先后顺序纵向排列课程；三是模块式结构模式，在对职业岗位或岗位群所必需的基础知识、基本素质和各种专业技能进行分析的基础上，将课程组合成各种知识模块和能力模块，且以能力为主线来构建专业的课程体系。①

随着职业技术教育内涵的拓展，对其课程的概念和形式等的理解也更加丰富。传统上，技术教育偏重于理论课程的学习，强调专业基础理论课程教学；职业教育则以实践课程为主，通常以生产实习为主。而随着高新技术的发展，技术创新与应用既需要职业教育课程又需要技术教育课程，在技术不断加快发展的社会背景下，职业技术教育的课程结构在不同时期、不同地区、不同层次、不同院校中呈多元化发展的趋势。

四、课程实施

课程实施即将选择并组织好的课程内容付诸实践的过程，也是课程建设过程中的重要一环。课程实施中，教师将规划的课程内容、课程方案付诸实际教学行动的具体过程，是将“书面的课程”转化为

---

① 朱晓峰：《高等职业教育课程结构研究》，硕士学位论文，华东师范大学，2007。

课程情境中具体的教学实践的过程。

课程能否顺利有效地实施，与教师课程实施能力的强弱直接相关。教师课程实施能力是教师在参与一系列课程实施活动中所具备的心理特征，或者说是教师完成各项课程活动时所具备的能力。① 课程实施能力是教师在其课程实施中所表现出来的综合素质，不仅表现为教师的教学能力，还应包括教师对课程的认识、实践、创生和反思评价能力。②

职业教育在培养对象、培养目标、培养内容、培养方式等方面存在特殊性，使得职业教育课程实施问题变得更加复杂。实施主体涵盖学校、企业、教师和学生；实施过程包括教学组织、教学方法、教学情境设计和课程实施评价等；课程实施涉及的影响因素有观念因素、制度因素和环境因素等。以行为为目标取向的职教课程体系，在课程实施上采取的策略是工作实践性教学。所谓工作实践性教学，就是教师把按照职业实践活动精心设计的知识、技能在教学过程中忠实地传授给学生，学生通过在实际工作环境中的运用获得对知识的领悟和掌握，进而发生行为变化的过程。③

五、课程管理

课程管理既包括对课程编制、课程实施和课程评价等课程活动的管理，又包括对课程文件(如专业标准、课程标准)和课程资源(如专业教学设备、教材)的管理。④

我国实行三级课程管理体系，国家层面的职业教育课程管理主

---

① 赵文平：《论中职教师课程实施能力的结构》，载《职教通讯》，2013(10)。

② 赵文平：《工作过程导向的职业院校教师课程实施能力》，载《江苏教育研究》，2013(21)。

③ 张友辉、肖凤翔：《关于行为目标取向的职业教育课程体系的设想》，载《教育与职业》，2007(24)。

④ 袁丽英：《职业教育课程管理：问题与对策》，载《江苏技术师范学院学报(职教通讯)》，2008(1)。

要为对制定职业教育课程政策、课程框架、大类专业课程的指导方案、课程标准、主干专业课的教材等宏观方面进行指导和监督。例如，1999年，教育部组织成立全国中等职业教育教学指导委员会，下设德育课程教学指导委员会、文化基础课程教学指导委员会和若干行业性教学指导委员会，对中等职业教育的专业划分、教学计划制定、课程开发和教材建设工作提出建议。省级教育行政部门则依据国家职业教育课程管理政策和本地实际情况，制定本省有关职业教育课程实施计划、课程标准、课程管理和开发的政策法规，并组织审定教材等工作。学校主要根据上级管理部门有关规定，结合实际，自主开发校本课程，选编选修教材，进行职业教育课程实施的管理。

目前，从我国职业教育三级课程管理体系的发展现状来看，相关的制度体系建设尚不够健全，在中等职业学校课程建设与教学改革的制度建设方面，主要有《教育部关于制定中等职业学校教学计划的原则意见》《教育部关于印发新修订的中等职业学校语文等七门公共基础课程教学大纲的通知》《关于中等职业学校德育课课程设置与教学计划的意见》以及83个中等职业学校重点建设专业教学指导方案等政策性、指导性文件。在权责分工方面，缺少针对各个层级管理机构与主体职责分工和权利义务的明确的界定和规范，易导致课程开发盲目、课程改革混乱的局面。在管理体制上，课程管理的方式主要还是传统的管理形式，以行政指令为主，如文件传达、情况汇报、经验总结等。为保障课程改革的深入，需要进一步推动课程管理的体制机制改革，完善管理制度，细化管理职责与分工，创新课程管理方式，等等。

六、课程评价

随着我国课程改革的逐步深入，政府和学界开始关注职业教育课程的质量保障问题。2008年，《教育部关于进一步深化中等职业教育教学改革的若干意见》明确提出："广泛开展职业院校技能竞赛活动，使技能竞赛成为促进教学改革的重要抓手和职业教育制度建设的一项重要内容"。2009 年，《教育部关于制定中等职业学校教学计划的原则意见》明确指出，国家将统一制定部分基础性强、规范要求高、覆盖专业面广的大类专业基础课程的教学大纲。2011 年，《教育部关于充分发挥行业指导作用推进职业教育改革发展的意见》明确提出，要"逐步建立和完善职业教育人才培养质量行业评价制度。要建立社会、行业、企业、教育行政部门和学校等多方参与，以能力水平和贡献大小为依据的职业教育质量评价体系"，并"逐步建立以行业企业为主导的职业教育第三方评价机制"。2014 年，《国务院关于加快发展现代职业教育的决定》提出实施行业指导评价制度，"行业组织要履行好发布行业人才需求、推进校企合作、参与指导教育教学、开展质量评价等职责"。2015 年，《教育部关于深化职业教育教学改革全面提高人才培养质量的若干意见》也明确"教育部联合行业部门、行业协会定期发布行业人才需求预测，制订行业人才评价标准"。

在评价过程和标准建设方面，我国教育行政部门对职业院校的评价大多停留在专业评价上，课程评价只是作为专业建设评价中的一小部分，还没有出台专门的课程评价标准或指标体系。有学者认为，各职业院校都在搞新课程开发，但对课程如何评价没有通盘考虑和安排，更没有对课程评价进行专门的组织和规划。整个课程开发过程缺乏一个对课程整体反思的环节。①

在评价目标与实施方法上，我国职业教育课程评价活动大多采用的是教育行政部门主导的校外专家评价模式，评价目的主要是评定绩效，在诊断课程具体问题、提出解决方案、提高课程质量方面有很大的局限性。而这种专家导向的单一评价模式，不利于一线教

① 袁丽英：《课程评价：职教课改中的重要环节》，载《职教论坛》，2010(12)。

师全面参与课程评价或开展自我评价。

因此，目前亟须研究开发真正符合课程评价层级的有职业教育特色的评价模式、评价实施策略与评价方法。

第五节 课程改革的成就、问题与建议

一、主要成就

（一）专业教学标准开发

专业教学标准开发是课程建设中最基础的一环，专业教学标准是课程的基础性文件，是开展专业教学的基本文件，是明确培养目标与规格、组织实施教学、规范教学管理、加强专业建设、开发教材和学习资源的基本依据，它对规范专业教学、促进专业建设、提高教学质量具有重要的意义。同时，专业教学标准是评估教育教学质量的主要标尺，也是社会用人单位选用职业院校毕业生的重要参考。因此，专业教学标准体系的建设情况是评价一个国家职业教育课程建设水平的重要指标。

长期以来，我国职业教育一直没有国家统一的专业教学标准，致使职业院校在实施专业教学时无标准可循，人才培养水平参差不齐，难以很好地满足经济社会发展对技术技能人才的需求。近年来，国家逐渐认识到专业教学标准在人才培养中的重要意义。2011 年，《教育部关于推进中等和高等职业教育协调发展的指导意见》提出要逐步编制中等和高等职业教育相衔接的专业教学标准。教育部先后于 2010 年和 2012 年启动了高等职业学校专业教学标准和中等职业学校专业教学标准的建设工作，委托行业职业教育教学指导委员会组织开发国家专业教学标准。2012 年 12 月，首批涉及 18 个专业大类的 410 个高等职业学校专业教学标准发布。2014 年 5 月，首批涉及 14 个专业大类的 95 个中等职业学校专业教学标准颁布；同年 12

月，第二批涉及16个专业类的135个中职专业教学标准公布。国家专业教学标准的颁布与实施改变了多年来职业院校专业教学没有国家标准的状况，对加强职业院校专业建设和课程建设、全面提高职业教育质量具有重要意义。

(二)教材建设

中华人民共和国成立初期，职业教育没有统一独立的教材，一般是采用普通文化课借用普通高中的教材、专业基础课和专业课借用同专业大学的教材或自编讲义的方式。中专教材系统规划与建设工作始于1961年全国高等学校和中等专业学校理、工、农、医各科教材领导小组的成立，教育部发布了《解决高等学校和中等专业学校理、工、农、医各科教材的具体分工办法》，确定了由教育部负责文化基础课教材，国务院各有关部委负责本行业或系统的专业教材，分工进行教材编审、出版的原则，建立起了较为系统的中专教材体系，解决了中专教材的问题。至1986年，13个中专普通文化课和部分工科技术基础课课程组建立，各专业设立了学科委员会，组织编审各专业的专业课教材。这些举措加强了中专教材建设的研究与管理，提高了中专教材建设的专业化水平。

职业高中教材的建设于20世纪80年代起步，普通文化课教材统一由当时的国家教委组织编写，供职业高中选用。专业课教材由国家教委会同相关部委和出版社编写，地方教育部门根据需要组织教学研究部门、出版部门自行编写地方性教材。至20世纪90年代，我国中等职业教育已初步建立起品种齐全、结构比较科学的教材体系。

1993年，国家教委颁布《关于职业技术教育教材规划工作的意见》，提出了国家和省两级规划原则，并提出教材规划的重点是提高质量。但除了管理上的规定外，并没有涉及教材建设的模式、思路等方面的内容。同时，国家教委、各地区教育部门成立职业技术教育教材审定委员会，以完成审定教材的工作。据统计，到1996年，共完成中专选题规划的教材 122 种，与教材相配套的规划外教学用书 70 余种，教学录像带 38 种，录音带 10 种；职业高中完成选题规划的 10 个大类 13 种专业教材共计 522 种，教学录像带 90 余种。1998 年，“面向 21 世纪职业教育课程改革和教材建设规划”工程启动，职业教育课程改革和教材建设基金设立，课程改革和教材建设规划实施，全国性教材改革开始进行。

1999 年，《中共中央国务院关于深化教育改革，全面推进素质教育的决定》明确指出，职业教育要“开发和编写体现新知识、新技术、新工艺和新方法的具有职业特色的课程及教材”。职业教育与其他教育有着本质上的不同，这种不同要在职业教育的课程中体现，课程要求以够用为度、以实用为本、以应用为主，课程的内容要与社会发展同步，并且要具有与之配套的教材。

2000 年，教育部《关于全面推进素质教育、深化中等职业教育教学改革的意见》制定出了使教材建设规范化、制度化的管理体制。一是要“建立健全课程开发和教材编写机制，实行国家和省(部)两级规划两级审定制度”。二是确立了各级机构在教材建设中的职责与任务，国家在教材建设中的职责是“组织开发和编写具有中等职业教育特点和要求的文化基础课程标准和教材，开发和编写体现新知识、新技术、新工艺和新方法的具有职业教育特色的重点专业课程、教材及多媒体教学课件”；地方、行业的职责是“根据区域经济和行业发展的实际需要，组织开发和编写具有地方和行业特色专业的课程和教材”；中职学校要“根据实际需要，及时更新教学内容，开发教学资源，编写反映自身教学特色的补充教材和讲义等”。

2002 年，《国务院关于大力推进职业教育改革与发展的决定》颁布，其中也要求积极推进课程和教材改革，开发和编写反映新知识、新技术、新工艺和新方法并具有职业教育特色的课程和教材，加强职业学校与企业等用人单位之间的联系。

2006 年，《教育部关于全面提高高等职业教育教学质量的若干意见》提出要加强教材建设，重点建设好 3 000 种左右的国家规划教材。

2008 年，《教育部关于进一步深化中等职业教育教学改革的若干意见》提出要建立健全教材编写、选用与审定机制，“德育课、文化基础课等必修课教材统一由国家规划并组织编写，专业技能课程教材实行国家与地方(区域)规划相结合。部分大类专业的基础课程和重点建设专业核心课程的教材由国家统一组织编写”，同时也提出组织评选 1 000 门精品课程和 2 000 种左右精品教材。

在新一轮的职业教育教学改革中，教材建设仍然是一个重点，体现出的特点是由教材建设向教学资源建设转变，教材开发与课程开发结合，教材呈现形式多元化与多选择性的特征，有精品教材、地方教材、实训教材，以及仿真、多媒体课件等数字化教学资源广泛应用。2017 年，《国务院关于印发国家教育事业发展“十三五”规划的通知》提出职业教育要“统筹规划课程与教材建设，对接最新行业、职业标准和岗位规范，优化专业课程结构，更新教学内容”。教材与行业、职业标准和岗位规范的连接更加密切，以促进学生发展。

(三)精品课程建设

2003 年，教育部启动了高等职业教育国家精品课建设项目。2004 年，《教育部等七部门关于进一步加强职业教育工作的若干意见》提出：“根据社会需求设置专业、开发培训项目，推进精品专业或特色专业、精品课程和精品教材的建设，不断更新教学内容，增强职业教育的针对性和适应性。”该政策将原来提倡的开发新知识、新技术、新工艺和新方法课程上升到推进精品课程的建设。

2005 年，《国务院关于大力发展职业教育的决定》要求：“大力推进精品专业、精品课程和教材建设。”2006 年颁布的《教育部关于全面提高高等职业教育教学质量的若干意见》确立了高等职业教育精品课程建设的规划：“建立突出职业能力培养的课程标准，规范课程教学的基本要求，提高课程教学质量。”并提出在“十一五”期间，国家要启动1 000门工学结合的精品课程建设，带动地方和学校加强课程建设。2006年，《教育部财政部关于实施国家示范性高等职业院校建设计划加快高等职业教育改革与发展的意见》提出：“建成4 000门左右优质专业核心课程，1 500种特色教材和教学课件……围绕国家重点支持发展的产业领域，研制并推广共享型教学资源库，为学生自主学习提供优质服务；运用现代信息手段，搭建公共服务平台，为共享优质教学资源提供技术支撑。”2008年颁布的《教育部关于进一步深化中等职业教育教学改革的若干意见》提出了组织评选1 000门精品课程的规划。

截至2010年，国家精品课程建设项目共立项建设了1 022门国家精品课程，国家精品课程等国家级专业教学资源通过国家精品课程资源网向全社会发布，省级精品课程等省级专业教学资源通过各省精品课程网站向社会发布，有些校级精品课程通过学校的网络平台向社会发布。各职业院校在课程改革中积极进行资源库建设，旨在为课程的实施提供丰富的课程资源。

（四）课程设置规范化

1. 课时比例

2000年，教育部颁布了《教育部关于加强高职高专教育人才培养工作的意见》，该文件的附件《关于制订高职高专教育专业教学计划的原则意见》明确规定：“高职高专教育专业的基本修业年限为二至三年，非全日制的修业年限应适当延长。三年制专业的课内总学时一般以1 600～1 800学时为宜；二年制专业的课内总学时一般以1 100～1 200学时为宜。三年制专业的实践教学一般不低于教学活动总学时的40％，两年制专业的实践教学一般不低于教学活动总学时的30％。”同年，教育部《关于制定中等职业学校教学计划的原则意见》则规定了中职学校文化基础课程与专业课程的课时比例。2008

年，教育部颁布《教育部关于进一步深化中等职业教育教学改革的若干意见》，要求："加大专业技能课程的比重，专业技能课程(含顶岗实习)的学时一般占总学时的三分之二。"2009年《教育部关于制定中等职业学校教学计划的原则意见》明确了专业技能课程学时一般占总学时的三分之二、公共基础课程学时一般占总学时的三分之一的要求，并进一步细化了顶岗实习的要求。

2. 课程类型

2001年，教育部颁布《关于中等职业学校德育课课程设置与教学安排的意见》，规定："中等职业学校德育课分为必修课程与选修课程两部分。必修课程包括职业道德与职业指导、哲学基础知识、经济与政治基础知识、法律基础知识等四门课程。"

3. 教材开发

2008年，《教育部关于进一步深化中等职业教育教学改革的若干意见》对教材使用做出规定："德育课、文化基础课等必修课教材统一由国家规划并组织编写，专业技能课程教材实行国家与地方(区域)规划相结合。部分大类专业的基础课程和重点建设专业核心课程的教材由国家统一组织编写。"

(五)高职教学资源库建设

2010年，教育部启动高等职业教育专业教学资源库建设项目，在示范高等职业院校专业建设与课程改革实践成果的基础上，选择与国家产业规划及社会经济发展联系紧密、布点量大的专业进行资源库建设。《关于开展高等职业教育专业教学资源库2010年度项目申报工作的通知》提出，按照共建共享、边建边用的原则，"建设代表国家水平、具有高等职业教育特色的标志性、共享型专业教学资源库并推广使用"，为高职院校的专业教学和学生的自主学习提供优质资源。2010年度启动了数控技术、汽车检测与维修、道路与桥梁工程技术、应用电子技术、模具设计与制造、建筑工程技术、应用化工技术、物流管理、会计、护理、眼视光技术11个专业教学资源库建设项目。

2014年，《教育部关于确定职业教育专业教学资源库2014年度立项建设项目的通知》发布，立项建设园艺技术、现代宠物技术、制冷与冷藏技术、建筑装饰工程技术、电气自动化技术、工业机器人技术等14个职业教育专业的教学资源库。

2015年，为了顺应“互联网＋”的发展趋势，教育部《高等职业教育创新发展行动计划(2015—2018年)》提出“构建国家、省、学校三级数字教育资源共建共享体系”，“立项建设省级高等职业教育专业教学资源库(200个左右)和精品在线开放课程(1 000门左右)”。

2016年，《关于做好职业教育专业教学资源库2016年度相关工作的通知》提出：“2016年起，职业教育专业教学资源库项目按照‘自主建设、省级统筹、择优入库、有序支持、验收监测、持续更新’的方式进行组织，从已建成或在建的省级资源库项目中遴选国家级资源库备选项目。”由国家进行顶层设计，省和地区自主建设，择优入库，以确保资源库的高质量、高标准。

教学资源库的建设推进了学校教学质量的提高，为教师提供了优质的教学资源，便于教师利用资源库中的丰富素材来进行教学；也为学生提供良好的学习资源，拓展了学生的学习时间和空间，并且满足了学生个性化学习的需要。

二、存在的问题

(一)传统课程模式存在局限

纵观我国职业教育课程改革的发展历程，我国首先是沿用传统的“三段式”课程模式，“三段式”课程强调知识体系的系统性和完整性，有利于对理论知识的学习，但并不利于对技术知识的掌握，不利于学生职业能力的形成。

在CBE等课程模式的引入、实践过程中，通过借鉴CBE等课程模式的改革，职业院校的教师确立了职业教育应以培养学生的职业能力为核心的信念，这有助于打破传统的学科课程体系，构建体现职业教育特色的模块化的课程。但这种方法也受到了一些质疑：其一，在职业分析过程中将所观察的工作行为分解为具体的能力点，虽然有利于单项技能的获得，但是忽视了劳动的整体性；其二，通过运用职业分析的方法确定了某种职业岗位所需的知识与技能之后，还需要将这些知识与技能进行序列化，才能使课程开发进行下去。工作过程导向的课程体系开发通过企业专家对各自职业成长史的描述和典型工作任务的分析，找出职业生涯发展中的阶段、任务和能力，将典型工作任务转化成为相应的学习领域(单门课程)，在此基础上形成课程，避免了能力分析过程的复杂、烦琐和易遗漏的缺点。但作为一个专业的课程体系，其还包括了非专业的、不能工作过程化的课程，工作没有鲜明过程的课程，或者过程开放、结果不固定的课程，等等。这些课程不适合通过工作过程导向开发技术来完成。

(二)缺少对边界和应用条件的澄清

由于专业大类的性质与特征差异明显，课程模式需要澄清自身适用的边界和适应的条件。例如，项目课程并不适用于所有的专业与课程，它更适用于工作过程具有流程化并且工作任务容易被描述的专业，比如电子信息、电工、建筑等工科类专业。在目前条件下，课程所设计项目只能通过学校的实训中心进行，但多数学校的实训中心是按照学科性课程模式建设的，在整体布局上人为地割裂了项目之间的联系，要进行课程改革必须对现有布局进行重新调整。①

学习领域课程是高度专业化的技术性活动，需要较高的环境条

① 唐林伟：《行动导向职业教育课程改革问题剖析》，载《江苏技术师范学院学报(职教通讯)》，2008(9)。

件，其难度不亚于课程专家的理论研究。在已有的课程改革实践中，改革往往完全寄托于院校自身，课程改革往往依赖于校长个人的课程领导力和教师的参与性与理解能力，甚至出现人为简化或者删除典型工作任务分析以及岗位工作任务分析环节、课程内容并非来自工作体系等现象；出现课程改革只限于编写教材，而现实中的理实一体化教学却根本无法实施等问题。① 究其原因，一方面，德国职业教育与我国职业教育在技术技能人才培养层次、目标、环境等方面都存在显著差异，需要对两国职业教育的教学模式进行系统化的深入比较和分析；另一方面，基于工作过程的课程开发需要来自行业企业专家的参与，而我国在吸收行业企业人员参与职业教育课程开发方面还没有建立起相对成熟的体制机制，这对我国推动实施德国学习领域课程模式提出了挑战。

面对实践中的种种问题，有学者就课程改革的基本问题进行了反思，指出我国课程改革存在价值取向模糊、课程改革内容不明确等问题。对什么是职业教育、职业教育应该培养什么样的人、职业教育应该传授什么知识、哪些知识对职业最具有价值等基本问题认识不清，因此对课程改革的方向、教学内容的选择和组织以及教学内容的组合等问题无法有效解决，从而造成职业教育课程改革的实践缺乏明确的理论指导，也使得课程改革很难有突破。②

三、发展建议

课程改革是为经济社会发展、行业企业发展和技术人才成长服务的，是一项系统工程，既需要管理制度与措施的保障，也需要教育科研工作的引领，还要依靠职业学校在办学、教育教学等方面的贯彻落实。

---

① 周宏伟：《“学习领域课程”在中国：创新与局限》，载《中国职业技术教育》，2017(35)。

② 徐涵：《关于我国职业教育课程改革的思考》，载《职业技术教育》，2005(31)。

（一）从专业大类的角度选择课程模式

每种专业都具有不同的特点，这决定了对不同专业要应用不同的开发模式，应根据不同课程开发模式的适用范围和基本流程进行选择。如 DACUM 法是北美能力为本教育提出的方法，以行为主义为基础，是基于某一特定职业或行业的岗位工作任务进行职业能力分析的课程开发模式，适用于工作岗位明确的职业课程或专业培养方案的开发；以典型工作任务进行能力分析的 BAG 法则适用于工作过程明确的职业课程或专业培养方案的开发。不同院校应在已有课程理论模式研究的基础上，以专业能力培养为目标，根据自身办学性质、功能和具体专业的特性，对以能力为本的专业课程体系开发不断尝试探索。针对中职和高职，不同的大类专业，德育课程、文化课程与专业课程，不同经济发展水平的地区，必须要加以理性分析，建立分门别类的发展框架。每种通过不同的研究与实践提出的课程开发模式都有其自身的优势和应用的局限，随着时代的变化，其应用条件也会发生改变，因而要不断总结吸收已有的经验，进行灵活的、侧重的或综合的方法创新。

（二）促进行业企业参与课程开发与建设

在德国，企业是职业教育的主要场所；而我国属于典型的学校职业教育，需要在学校教育框架内寻求解决“工学结合”难题的办法。在工学结合的职业教育中，岗位培训有着不可替代的作用，因为与职业院校的“人工环境”相比，岗位培训的“自然环境”能更有效地促进学生关键能力的发展。在促进企业参与方面，应在以下方面做出努力。

一是理顺机制，强化政府的引导作用，成立相关部门组织，出台针对性的政策，并提高政策执行效率。政府应制定切实有效的政策措施和管理办法，直接介入管理、组织与协调环节．通过评价监控、约束与强制等手段，保障合作质量和稳定的关系。一方面通过立法，明确企业参与教育的责任、义务和权利；另一方面制定落实激励政策，调动企业行业参与课程开发的积极性，为校企合作课程开发营造良好的外部环境。

二是畅通渠道，由政府部门牵头，学校积极与行业主管部门、行业协会联系沟通，将课程开发中的一些工作通过授权、委托等方式交给行业企业，让行业企业参与课程开发的全过程，组建校企合作利益共同体。

三是深度参与，全面提高行业企业在课程开发中的参与程度与地位，包括开发指导、职业分析、合作、论证、课程实施和评价等。行业企业是课程开发的建议者和信息的传播者，其主要职责是依据产业发展和行业企业岗位职业能力标准所要求的知识、技能和职业素养，为课程开发工作提供真实的岗位内容和必备的职业能力要求，为课程开发过程中出现的问题提供咨询。

（三）增强学校课程改革的研究与实施能力

首先，要深化我国职业教育的课程改革，就必须解决课程开发的方法问题。组织有关专家学者对目前职业教育课程开发的基本方法进行深入、系统的比较研究，特别加强对有关课程模式、方法的研究，如对德国的职业工作任务分析法的研究。将有关课程改革的理论模式、开发方法、操作流程等研究清楚，才能选择出有效的、体现职业教育特点的、符合职业能力发展规律的课程开发方法。

其次，树立积极的课程开发价值取向和课程内容观念。课程开发与课程教学活动都是在某种观念的支配下进行的。如果没有对课程的正确理解，开发与实施人员就不可能正确预设、转化和实施课程。如果我们连“为什么而教”“教什么最有价值”这样的问题都还没厘清，那么我们对“如何教”的关注很可能就是一种盲人摸象。①

---

① 顾建军：《关于中等职业教育课程改革的若干思考》，载《教育与职业》，2005(35)。

再次，提高课程的实施人员尤其是教师的课程教学综合能力，提高教师的课程开发技术水平。教师是课程改革的主力军，对课程中的各种问题最为了解，最有发言权，因此教师的课程开发技术水平直接关系到课程改革的质量。应加强对教师进行职业教育课程开发技术与方法方面的培训，使得他们中的优秀者能真正成为课程改革前线的开发专家和实践能手。

第九章

职业教育发展的基本经验与未来展望

改革开放 40 年来，中国的经济社会发展取得了举世瞩目的成就，中国现已成为世界第二大经济体，对世界经济增长贡献率稳居第一位。① 国家统计局发布的《中华人民共和国 2017 年国民经济和社会发展统计公报》显示，2017 年全年国内生产总值为 827 122 亿元，年末城镇登记失业率为 3.90%，贫困发生率为 3.1%，全年全员劳动生产率为 101 231 元/人。② 中国经济连续增长的背后是数亿人脱贫。中国这样一个近 14 亿人口的人口大国，实现了 40 年经济的高速增长，这在人类历史上是没有先例的。③ 改革开放 40 年的发展可以被称为“中国奇迹”。

中国 40 年的经济快速增长是以人力资源为支撑的，其中职业教育发挥了重要作用，我国职业教育也是伴随着改革开放的步伐成长与发展起来的。党的十一届三中全会为中国职业教育体系的建设拉开了序幕，经过 40 年的努力，我国已发展出世界上最大的职业教育

① 陆娅楠：《中国经济一枝独秀》，载《人民日报》，2017-10-11。

② 中华人民共和国国家统计局：《中华人民共和国 2017 年国民经济和社会发展统计公报》，http://www.stats.gov.cn/fjsj/zxfb/201802/t20180228 _ 1585631.html，2018-03-08。

③ 钱颖一：《中国经济实现 40 年高速增长 人类历史上没有先例》，http://finance.ifeng.com/a/20180308/16017612 _ 0.shtml，2018-03-08。

体系。

经过40年的改革发展，以政府办学为主导，多种办学形式并存的办学格局形成；以职业学校教育为主，其他形式职业教育协调发展；学历教育与职业培训并举、形式多样、灵活开放、具有中国特色的现代职业教育体系框架已基本形成。[①] 中国职业教育体系在规模和质量上都取得了巨大的历史成就，职业教育投入大幅增长，人才培养质量稳步提升，“双师型”教师比例逐渐上升，产教融合、校企合作不断深化，人才成长“立交桥”不断完善。对中国职业教育改革和发展有益经验的总结有利于明确未来职业教育发展的基本思路和主要任务。

第一节　职业教育发展的基本经验

一、政府强有力的支持与保障

改革开放40年来，党中央、国务院高度重视职业教育工作，就大力发展职业教育做出了一系列重大部署，科学系统地推进职业教育的改革发展。与国外相比，中国政府对职业教育的干预具有一特殊之处：法律与行政手段并重。[②] 在职业教育发展的关键时刻，政府不仅依靠制定法律法规使职业教育发展有法可依，而且更多地借助行政手段，进行整体系统的制度设计，发布政策制度文本，包括从中央到地方各级政府发布的有关职业教育的“决定”“令”“通知”“规定”“函”“行动计划”“纲要”“指导意见”以及领导的讲话、批示等，形成了中央统筹并把握方向，地方政府自主探索创新、因地制宜、百花齐放的职业教育发展形势。中央出台了《国家中长期教育改革和发

① 黄尧：《职业教育学——原理与应用》，序言，北京，高等教育出版社，2009。
② 黄尧：《职业教育学——原理与应用》，177页，北京，高等教育出版社，2009。

展规划纲要(2010—2020年)》(2010)、《国务院关于加快发展现代职业教育的决定》(2014)、《教育部国家发展改革委财政部关于引导部分地方普通本科高校向应用型转变的指导意见》(2015)、《国务院办公厅关于深化产教融合的若干意见》(2017)、《习近平在中国共产党第十九次全国代表大会上的报告》(2017)等，统筹把握职业教育发展改革的总方向和制度设计；积极发挥地方政府的作用，设立改革试验区，允许地方政府探索创新、因地制宜出台具体实施办法细则。如宁波市作为国家职业教育与产业协同创新试验区，在全国率先颁布实施了《宁波市职业教育校企合作促进条例》及实施办法；浙江省自2018年1月1日起施行《浙江省工伤保险条例》，对职业技工等学校学生在实习期间参加工伤保险进行了规定。

无论是在改革开放初期，还是在决胜全面建成小康社会、夺取新时代中国特色社会主义伟大胜利的今天，政府强有力的行政手段保障了职业教育的发展始终具有鲜明的中国特色，保持与变化迅速的经济社会发展状况的高度的、紧密的联系。职业教育涉及范围很广，任何单个行业、企业、学校都没有能力独立承担，需要政府对宏观的政策、法律、体制、机制，中观的产业与教育界，以及微观的学校与企业各层面进行协调，充分利用可调动的资源，为职业教育发展提供支持和保障。实践证明，由于中国尚未形成像德国那样强有力的行业协会组织或具有类似功能的组织，同时在中国特色社会主义市场经济体制下，政府在推动职业教育发展中扮演的角色尤为必要，尤其是当职业教育处于弱势发展阶段时。

政府在政策文件中对政府在职业教育发展中扮演的角色及功能予以不断明确和强调。如《国务院关于加快发展现代职业教育的决定》(2014)明确指出“政府推动、市场引导”，政府的职能是“保基本、促公平”，“着力营造制度环境、制定发展规划、改善基本办学条件、加强规范管理和监督指导等”。《现代职业教育体系建设规划

(2014—2020年)》指出坚持“政府统筹规划”,“发挥政府在职业教育体系建设中的引导、规范和督导作用”。改革开放40年来,政府对于其自身、行业、企业、学校等主体在职业教育发展中的角色的认识逐渐清晰,政府在职业教育发展中的角色也逐步发生了转变:在职业教育的管理方面,由过去的直接办学者和管理者逐渐转向指导者和服务者,实施宏观调控,但这并不意味着完全通过市场进行运作。总体而言,政府对职业教育的作用体现在以下几方面。

1. 国家层面确立中国特色职业教育发展道路

道路问题是一个根本性问题。中国特色职业教育发展道路是中国特色社会主义道路的重要组成部分。2002年召开的第四次全国职业教育工作会议是改革开放以来首次以国务院名义召开的专门研究部署职业教育的工作会议,规格高、规模大、推动力强,会后发布了《国务院关于大力推进职业教育改革与发展的决定》以及两个重要的配套文件——《教育部、国家经贸委、劳动和社会保障部关于进一步发挥行业、企业在职业教育和培训中作用的意见》和《劳动和社会保障部、教育部、人事部关于进一步推动职业学校实施职业资格证书制度的意见》。2005年,时任国务院总理温家宝在《大力发展中国特色的职业教育——在全国职业教育工作会议上的讲话》中首次提出建设有中国特色的现代职业教育体系的目标,2005年发布的《国务院关于大力发展职业教育的决定》进一步明确:“进一步建立和完善适应社会主义市场经济体制,满足人民群众终身学习需要,与市场需求和劳动就业紧密结合,校企合作、工学结合,结构合理、形式多样,灵活开放、自主发展,有中国特色的现代职业教育体系。”从国家层面明确了要不断解放思想,实事求是,大胆探索,不断创新,走中国特色职业教育发展道路。之后发布的文件也多次提出要坚定地走中国特色职业教育发展道路。2010年,《国家中长期教育改革和发展规划纲要(2010—2020年)》颁布,该文件作为10年里中国教育改革发展的行动指南，对职业教育的发展目标、改革重点、工作任务和政策保障做了全面规划和部署，提出“支持一批中等职业教育改革示范校和优质特色校建设，支持高等职业教育示范校建设；支持一批示范性职业教育集团学校建设”等具体做法。2014年教育部等部门联合印发《现代职业教育体系建设规划(2014—2020年)》，这是我国第一次对现代职业教育进行顶层设计，提出：“坚持产教融合发展。走开放融合、改革创新的中国特色现代职业教育体系建设道路。”

改革开放后特别是21世纪以来，国家大力推动并全面探索职业教育发展，国家战略规划层面的对中国特色职业教育发展道路的规划已经成熟。从国家层面确立了积极推进中华民族伟大复兴的中国梦的现代职业教育体系的战略地位与价值功能、职业教育人才的培养定位及方式、中国特色职业教育的发展理念与发展模式等，并继续坚定地走中国特色职业教育发展道路。尤其是进入21世纪以来，从党的十六大提出“加强职业教育和培训”，党的十七大提出“大力发展职业教育”，到党的十八大要求“加快发展现代职业教育”，再到党的十九大要“完善职业教育和培训体系，深化产教融合、校企合作”，对发展职业教育重要性的认识更加自觉，改革发展的要求、方向、道路更加明确也更加坚定。现已基本形成“立德树人、服务发展、导向就业、能力本位、工匠精神、保障公益、面向市场、产教融合、知行合一”的指导职业教育发展的理念。①

2. 将发展现代职业教育放在更加突出的战略地位

40年来，伴随着社会主义现代化建设的推进，职业教育在我国经济社会发展和教育工作中的战略地位更加突出。不同时期的中央领导同志都强调大力发展职业教育的重要性。1978年，邓小平同志

① 和震：《新时代职业教育理论体系要点分析》，载《中国职业技术教育》，2017(34)。

明确指出整个教育事业必须同国民经济发展的要求相适应，应该考虑各级各类学校发展的比例，特别是扩大农业中学、各种中等专业学校和技工学校的比例。1994 年，江泽民同志在第二次全国教育工作会议上指出，要大力发展各种层次的职业教育和成人教育，调整教育结构的关键环节是多办一些各类职业学校，培养大量的初级、中级人才。1999 年，江泽民同志在第三次全国教育工作会议上再次强调，努力办好各类职业技术教育是一篇大文章。中等职业技术教育虽然已经有了发展，但总体来说还刚刚开始，各地各部门要狠抓中职教育工作。2006 年，胡锦涛同志指出，普及和巩固义务教育，大力发展职业教育，提高高等教育质量，是“十一五”规划纲要对教育事业发展提出的三项主要任务，必须切实抓紧、抓实、抓好。2007 年，胡锦涛在党的十七大报告中把“优先发展教育，建设人力资源强国”列为以改善民生为重点的社会建设的各项任务之首，并提出大力发展职业教育，“健全面向全体劳动者的职业教育培训制度，加强农村富余劳动力转移就业培训”。2012 年党的十八大报告继续延续优先发展教育思想，提出“坚持教育优先发展”，“加快发展现代职业教育”。2014 年，国务院在北京召开全国职业教育工作会议，这是在我国现代化建设进入关键时期后召开的重要会议，会议召开前，《国务院关于加快发展现代职业教育的决定》印发。习近平主席明确职业教育是青年成功成才的重要途径，并就加快职业教育发展做出重要指示：“职业教育是国民教育体系和人力资源开发的重要组成部分，是广大青年打开通往成功成才大门的重要途径，肩负着培养多样化人才、传承技术技能、促进就业创业的重要职责，必须高度重视、加快发展。”习总书记要求各级党委和政府要把加快发展现代职业教育摆在更加突出的位置，加快发展职业教育，努力让每个人都有人生出彩机会。2017 年 10 月 18 日，习近平总书记在党的十九大上的报告中将“优先发展教育事业”列为“提高保障和改善民生水平，加强和创新社会治理”部分的第一条，提出“建设教育强国是中华民族伟大复兴的基础工程”，要“加快教育现代化”，“完善职业教育和培训体系，深化产教融合、校企合作”。

改革开放40年来，党和政府发布了大量有关职业教育的行政法规、地方性法规、行政规章和规范性文件等政策文件，指导职业教育发展。如1985年《中共中央关于教育体制改革的决定》，1991年《国务院关于大力发展职业技术教育的决定》，1994年《国务院关于〈中国教育改革和发展纲要〉的实施意见》，1999年《中共中央国务院关于深化教育改革全面推进素质教育的决定》，2000年《教育部关于加强高职高专教育人才培养工作的意见》，2002年《国务院关于大力推进职业教育改革与发展的决定》，2005年《国务院关于大力发展职业教育的决定》，2006年《关于进一步加强高技能人才工作的意见》，2010年《国家中长期教育改革和发展规划纲要（2010—2020年）》，等等。其中，2010年发布的《国家中长期教育改革和发展规划纲要（2010—2020年）》提出职业教育“必须摆在更加突出的位置”。2013年发布的《中共中央关于全面深化改革若干重大问题的决定》中强调“加快现代职业教育体系建设，深化产教融合、校企合作”。2014年，教育部等六部门联合印发的《现代职业教育体系建设规划（2014—2020年）》是我国第一次对现代职业教育进行顶层设计，对体系的基本架构、发展任务以及相应的制度保障、机制创新和保障措施都予以明确，提出：“坚持产教融合发展。走开放融合、改革创新的中国特色现代职业教育体系建设道路。”

一方面，上述“条例”“办法”以及领导的讲话和批示等不断明确加强职业教育的战略地位；另一方面，以《宪法》《教育法》《劳动法》《职业教育法》为基础，以《义务教育法》《教师法》《高等教育法》《民办教育促进法》《就业促进法》为补充，再加上配套的行政法规、地方性法规、行政规章和规范性文件的职业教育法律法规制度体系框架，对职业教育的战略地位予以明确与保障。《宪法》规定，国家举办各种学校，普及初等义务教育，发展中等教育、职业教育和高等教育；国家对就业前的公民进行必要的劳动就业训练。《教育法》规定，国家实行职业教育制度和成人教育制度；各级人民政府、有关行政部门以及企业事业组织应当采取措施，发展并保障公民接受职业学校教育或者各种形式的职业培训。《劳动法》规定，劳动者享有“接受职业技能培训的权利”。《职业教育法》第三条规定：职业教育是国家教育事业的重要组成部分。

这样，通过中央与地方政府的共同努力，通过法律法规体系的不断完善以及与行政手段的共同作用，将加快发展现代职业教育摆在更加突出的位置，更好地支持和帮助职业教育发展，为实现“两个一百年”奋斗目标和中华民族伟大复兴的中国梦提供坚实的人才保障。

二、长期发展规划与短期动态调整相结合

任何政策的出台都有着深刻的社会背景和问题背景，具有鲜明的时代特征。政府将从国家层面制定的长期发展规划改革路线与针对不同时期具体问题的短期动态调整结合起来，调整职业教育的发展方向与目标任务，保证职业教育的改革发展方向能够与中国具体国情、科技进步和国家整体战略布局的调整相适应，并与国家制度和其他政策保持高度密切的联系，这是职业教育长远健康发展的不竭动力。

40 年来我国职业教育的发展经历了重要转型。第一，在发展动力方面，职业教育发展在 20 世纪 80 年代初至 20 世纪末主要是由教育结构调整和经济驱动的，在 21 世纪初期主要是由社会问题驱动的，这实际上反映了职业教育发展的价值取向从“国家/政府取向”转变为“以人为本取向”，更加注重人民的需求①；从学科导向到就业

① 和震：《我国职业教育政策三十年回顾》，载《教育发展研究》，2009(3)。

导向再到促进就业导向，从数量扩张到数量与质量(内涵)并重；从单纯关注职业教育的经济价值转向兼顾经济与社会的多元价值。第二，在教育对象方面，从主要面向新增劳动力的就业前学校职业教育转向全民大众型教育(包括职前学校职业教育和在职继续教育等多种类型)，多元途径，面向社会，面向人人。第三，在教育内容方面，由从学科本位转为职业能力本位，再到现在关注职业道德、综合职业能力、就业创业能力、就业质量以及幸福生活的能力，如今职业教育的内容包括学生服务国家、服务人民的社会责任感、勇于探索的创新精神、善于解决问题的实践能力、职业生涯发展能力、创新创业能力、终身学习能力、职业技能等，实现"以人为本"。第四，在教育功能方面，从传统的升学导向转变为就业导向，后又转变为面向学生终身职业生涯发展，关注可持续发展、职业生涯。[①]第五，在人才培养目标方面，由计划经济下按照计划培养劳动者转向培养劳动力市场需要的自主择业的岗位劳动者，再转向培养体面工作、追求幸福生活的人。

1978年后的职业教育可被划分为几个阶段：1978年至1984年的恢复期；1985年至1996年的发展期；1997年至2001年的滑坡期；2002年至2009年的重振期；2010年至今的发展现代职业教育体系期。

1978年，我国整个职业教育体系尚未恢复，高中阶段绝大部分为普通高中，中专学校比例很低，教育结构严重失衡，中等教育结构单一化倾向尤为明显。为了更有效地通过教育提供经济发展所需的技术工人，1978年4月22号，邓小平同志在全国教育工作会议上发表重要讲话，提到要使教育事业计划成为国民经济计划的一个重要组成部分，摆正教育的位置；还提出要改革教育结构，特别是中

① 马庆发：《切换发展动力从就业导向迈向需求导向》，载《中国教育报》，2016-08-02。

等教育结构，要加大职业教育的比例。1980 年国务院批转了《关于中等教育结构改革的报告》，开始进行中等教育的调整工作，原有技工学校得到恢复和发展。经过 1978 年到 1984 年这几年的恢复之后，1985 年《中共中央关于教育体制改革的决定》出台，明确提出了“调整中等教育结构，大力发展职业技术教育”的方针，确定了学校教育从中学阶段开始分流的政策，《中共中央关于教育体制改革的决定》具有高度权威性，标志着包含职业教育在内的新时期教育发展的思路已经初步形成，为新时期职业教育发展确定了基调。在此精神的指导下，中学阶段学校教育开始分流，以扭转当时中等教育结构不合理的状况。1991 年，《国务院关于大力发展职业技术教育的决定》开始在以往规模发展的基础上关注内涵发展的问题，提出了骨干校、示范校以及师资队伍的建设的问题。1993 年，受到邓小平南方谈话的影响，《中国教育改革和发展纲要》提出了引用市场机制、产教结合的办学方式。紧接着，1994 年全国教育工作会议以及《国务院关于〈中国教育改革和发展纲要〉的实施意见》提出“三改一补”和“小学后、初中后、高中后三级分流”的职业教育方针。由于政策聚焦于继续扩大规模，中等职业教育迅速扩张，逐渐成为中等教育的重要组成部分，加上之后的高等职业教育改革调整(如“三多一改”)，共同促进了合理职业教育体系的形成。1996 年颁布的《职业教育法》标志着职业教育开始走上依法建设的道路，受国家法律保护。

1985 年至 1996 年职业教育经历了 10 多年的发展上升期，而 1997 年至 2001 年这段时间是从计划经济体制转向社会主义市场经济体制的转型期，同时也是职业教育发展的滑坡期。这一时期职业教育滑坡的原因是多方面的。首先，在之前的计划经济体制下，职业教育的培养模式以及毕业生的就业是与计划经济体制相适应的。然而，进入“九五”后，我国社会主义市场经济体制改革逐步深化，经济结构调整，企业转制或“关停并转”，职业教育原有的计划人才培养模式逐渐丧失基础，毕业生的就业也受到影响。其次，高校扩张引发了生源的下降，社会上存在“抑职扬普”的观念，职业教育也失去了原来计划经济体制下的低收费和包分配的优势。再次，世界银行1998年发布了《中国二十一世纪教育发展战略目标》，建议中国降低中等职业教育的比例，这无疑对政府决策产生了很大影响，这一时期国家政策信息的不确定性突出，对中等职业教育发展的支持力度下降。尽管这一阶段职业教育整体处于滑坡，但“三多一改”方针的提出使得高等职业教育得到了一定程度的发展。1999年，《中共中央国务院关于深化教育改革，全面推进素质教育的决定》发布，之后教育部印发《关于调整中等职业学校布局结构的意见》，两个文件明确了中等职业学校布局调整的必要性，实现形式包括合并、共建、联办、划转等。2000年，《教育部关于加强高职高专教育人才培养工作的意见》发布，标志着我国高等职业教育的发展由此迈入规范化与规模化发展的时期。

在2002年至2009年的重振阶段，大力发展职业教育的重要性被重新认识，职业教育发展理念在这一时期得以进一步明确，支持系统也更加成熟完善。严峻的就业形势和职业教育发展方向的偏离是提出“就业导向”政策的社会大背景。[①] 2001年，城镇登记失业率居高不下并有上升趋势，政府面临着就业难的问题，然而在一些领域，如机械制造、数控技术、汽车运用与维修等，却存在着人才短缺问题，尤其是高技能型人才短缺。当时职业教育出现了以升学为办学目标的倾向，将职业教育引向升学教育。在这样的背景下，国务院召开了三次全国职业教育工作会议，先后发布了《国务院关于大力推进职业教育改革与发展的决定》(2002年)[②]、《教育部等七部委

---

① 黄尧：《职业教育学——原理与应用》，449页，北京，高等教育出版社，2009。

② 该文件提出了建立现代职业教育体系的目标：“力争在‘十五’期间逐步建立起适应社会主义市场经济体制，与市场需求和劳动力就业紧密结合，结构合理、灵活开放、特色鲜明、自主发展的现代职业教育体系。”

关于进一步加强职业教育工作的若干意见》(2004)、《国务院关于大力发展职业教育的决定》(2005)，进一步明确职业教育的发展方向和思路。针对上述就业难、人才短缺等问题，2004 年《教育部关于以就业为导向深化高等职业教育改革的若干意见》印发，提出了“以就业为导向”。2004 年针对技能型人才短缺问题，教育部发布了相关专业领域的技能型紧缺人才培养培训指导方案。① 2005 年《国务院关于大力发展职业教育的决定》正式提出“规模大体相当”“以服务为宗旨、以就业为导向”的职业教育办学方针，“积极推动职业教育从计划培养向市场驱动转变，从政府直接管理向宏观引导转变，从传统的升学导向向就业导向转变”。这也成为缓解当时的就业压力，调节结构性失业，消除职业教育的发展方向偏差的关键思想。这一方针在 2014 年得以进一步修正和完善，以解决职业教育面临的新问题——不能完全适应经济社会发展的需要，结构不尽合理，质量有待提高，办学条件薄弱，体制机制不畅。2014 年国务院发布了《国务院关于加快发展现代职业教育的决定》，提出职业教育要“以服务发展为宗旨，以促进就业为导向”，“服务经济社会发展和人的全面发展”，明确了职业教育发展的新任务，实现了从以就业为导向到以促进就业为导向，从关注服务经济发展到社会指向、关注个体的全面发展的重要价值导向转变，成为此后职业教育工作的重要思想。

2010 年召开的全国教育工作会议是 21 世纪以来第一次、改革开放以来第四次全国教育工作会议，是我国教育改革发展史上的一个里程碑。面对我国教育还不完全适应国家经济社会发展和人民群众接受良好教育的要求的问题，国务院颁布《国家中长期教育改革和发展规划纲要(2010—2020 年)》，明确提出了职业教育“必须摆在更加突出的位置”，要加快发展现代职业教育；提出“基本实现教育现代

① 黄尧：《职业教育学——原理与应用》，448 页，北京，高等教育出版社，2009。

化，基本形成学习型社会，进入人力资源强国的行列”的战略目标；提出到2020年，要“形成适应经济发展方式转变和产业结构调整需求、体现终身教育理念、中等和高等职业教育协调发展的现代职业教育体系”。2012年党的十八大又再次强调要发展现代职业教育。2014年《国务院关于加快发展现代职业教育的决定》和《现代职业教育体系建设规划(2014—2020年)》。2015年，为了缓解高等教育结构性矛盾突出、同质化倾向严重、毕业生就业难和就业质量低等问题，《教育部国家发展改革委财政部关于引导部分地方普通本科高校向应用型转变的指导意见》发布，指出要“引导部分地方普通本科高校向应用型转变”，“形成一批服务产业转型升级和先进技术转移应用特色鲜明的应用科技大学、学院”，这些院校要“转到培养应用型技术技能型人才上来，转到增强学生就业创业能力上来，全面提高学校服务区域经济社会发展和创新驱动发展的能力”。2017年国务院印发《国家教育事业发展“十三五”规划》，为“十三五”时期我国职业教育事业的发展描绘了新的发展蓝图，明确培养支撑现代产业体系构建所需的各级各类人才的任务。

现代职业教育作为国民教育体系的组成部分具有多元价值导向，不仅推动经济发展、促进就业、改善民生、解决“三农”问题、缓解劳动力供求结构矛盾，而且面向人人、面向社会，关注个人、企业、行业、社会、民族、国家以及整个人类命运共同体的多主体、多层次的多重价值需求，注重效率，兼顾公平。职业教育不仅是国家现代化建设所需技术技能人才的重要来源，也是推动社会包容、和谐、创新发展的重要力量和帮助个体全面持续发展、多样成才的重要力量。[①]《中华人民共和国职业教育法》第三条规定，职业教育“是促进经济、社会发展和劳动就业的重要途径。国家发展职业教育，推进

---

① 和震：《新时代职业教育理论体系要点分析》，载《中国职业技术教育》，2017(34)。

职业教育改革，提高职业教育质量，建立、健全适应社会主义市场经济和社会进步需要的职业教育制度”。2017年，习近平总书记在党的十九大报告中指出，“建设教育强国是中华民族伟大复兴的基础工程”；要“加快教育现代化”“完善职业教育和培训体系，深化产教融合、校企合作”。这样做的目的在于更好地促使现代职业教育体系支撑“中国制造”走向“中国智造”，为在全面建成小康社会的基础上，基本实现社会主义现代化，为实现“两个一百年”奋斗目标和中华民族伟大复兴的中国梦提供坚实的人才保障。

除了对职业教育发展方向、路径总体把握，国家还通过制定各项标准与指导方案等方式实现对实践的指导。例如，为适应中国经济发展与产业调整，国家多次对职业教育专业设置、专业结构等进行调整。一些高职高专院校专业设置随意性强，专业名称不规范，在一定程度上影响了高职高专教育的专业结构以及人才培养类别的划分、统计与宏观调控，也影响了社会对人才能力结构的了解和毕业生的就业。2004年，教育部印发《普通高等学校高职高专教育指导性专业目录(试行)》，设置19个大类、78个二级类，共532种专业，并每两年更新一次，成为指导高等学校设置、调整高职高专教育专业、制定培养方案、组织教育教学、安排招生、组织毕业生就业以及行政管理部门进行教育统计和人才预测等工作的主要依据，也是社会用人部门选用高职高专学校毕业生的重要参考。为了提升职业教育质量，一系列示范校计划开始实施。2005年《国务院关于大力发展职业教育的决定》中提出：“重点建设高水平的培养高素质技能型人才的1 000所示范性中等职业学校和100所示范性高等职业院校。”2006年《教育部财政部关于实施国家示范性高等职业院校建设计划加快高等职业教育改革与发展的意见》发布，决定在“十一五”规划期间支持百所高等职业院校实施为期3年的国家示范性院校建设计划。此外，还有《关于全面推进素质教育、深化中等职业教育教学改革的意见》(2000年)、《普通高等学校高职高专教育指导性专业目录(试行)》(2004年)、《教育部关于制定中等职业学校教学计划的原则意见》(2009年)、《教育部办公厅关于做好〈高等职业学校专业教学标准〉修(制)订工作的通知》(2016年)等系列文件。

三、中央统筹、地方因地制宜、社会参与的管理机制

我国职业教育形成了在国务院领导下分级管理、地方为主、政府统筹、社会参与的管理机制。①《职业教育法》规定，在多部门分工分管的格局下，职业教育的统筹协调权归教育行政部门。《职业教育法》第十一条规定："国务院教育行政部门负责职业教育工作的统筹规划、综合协调、宏观管理。国务院教育行政部门、劳动行政部门和其他有关部门在国务院规定的职责范围内，分别负责有关的职业教育工作。县级以上地方各级人民政府应当加强对本行政区域内职业教育工作的领导、统筹协调和督导评估。"

统一性与灵活性相结合的管理机制能够充分发挥现有制度的优势。第一，国务院相关部门和地方各级人民政府建立健全校企合作的促进支持政策、服务平台和保障机制。国务院教育行政部门负责职业教育校企合作工作的综合协调和宏观管理，会同有关部门做好相关工作，这样便能从国家层面强有力地统筹协调，为职业教育发展提供有利的发展环境。2004年，在国务院的领导下，由教育部、人力资源和社会保障部、国家发展改革委、财政部、农业部、国务院扶贫办等相关部门参与的职业教育工作部际联席会议制度建立②，以解决职业教育工作中的重大问题，发挥"集中力量办大事"的体制优势。2018年，教育部等六部门联合发布《职业学校校企合作促进办法》，明确校企合作实行校企主导、政府推动、行业指导、学校企业

① 黄尧：《职业教育学——原理与应用》，554页，北京，高等教育出版社，2009。

② 袁贵仁：《百年大计教育为本——党的十六大以来教育事业改革发展回顾(2002—2012)》，154页，北京，人民出版社，2012。

双主体实施的合作机制。第二，积极发挥地方政府作用，县级以上地方人民政府教育行政部门负责各自行政区域内校企合作工作的统筹协调、规划指导、综合管理和服务保障，会同其他有关部门做好该地校企合作有关工作。行业主管部门和行业组织统筹、指导和推动该行业的校企合作。通过设立改革试验区、允许地方政府探索创新、因地制宜出台具体实施办法细则，如从 1983 年开始中德两国在技术合作的框架内建立双元制模式的企业培训中心或职业学校；在教育部和地方政府的支持下，苏州、无锡等 6 个城市开展区域性探索；在 3 个职业教育研究所①的指导下多所职业学校开展典型实验。② 第三，在政府主导下发挥市场机制，引导和鼓励社会参与办学和管理。这样便从国家层面建立了统筹从中央到地方的各级各类部门，协调产业界与教育界、学校与企业的管理机制。

四、政府统筹与面向市场相结合的办学体制

改革开放 40 年来，我国对职业教育办学机制的探索一直在进行。政府试图通过逐步引入市场力量和社会力量来变革办学体制，在此过程中需要解决准入机制和地位确立的问题。

1980 年《关于中等教育结构改革的报告》强调“集体和个人也可以办”。1983 年教育部、劳动人事部、财政部等联合下发的《关于改革城市中等教育结构、发展职业技术教育的意见》进一步明确了中等教育结构的改革途径，并提出每年对教育部门主办的职业教育追加一次补助。至此，我国形成了行业企业、劳动等部委、教育部门共同举办中等职业学校的格局。1985 年《中共中央关于教育体制改革的决

① 1991 年德国政府通过德国技术合作公司，支持中国政府建立 3 个职业教育研究机构：教育部职业技术教育中心研究所、上海职业技术教育研究所、辽宁职业技术教育研究所。

② 黄尧：《职业教育学——原理与应用》，446～447 页，北京，高等教育出版社，2009。

定》进一步肯定了社会力量办学，并且这一点在以后的政策中得以延续，为各种形式的职业教育办学提供了政策基础。1993年出台的《中国教育改革和发展纲要》，首次提出今后职业学校要走依靠行业、企业、事业单位办学和社会各方面联合办学以及产教结合的路子。① 《国家中长期教育改革和发展规划纲要(2010—2020年)》明确指出我国职业教育要"建立健全政府主导、行业指导、企业参与的办学机制"。2014年《国务院关于加快发展现代职业教育的决定》正式指出"政府推动、市场引导"的原则，要"充分发挥市场机制作用，引导社会力量参与办学""发挥企业重要办学主体作用"。《现代职业教育体系建设规划(2014—2020年)》指出政府要统筹规划，"发挥政府在职业教育体系建设中的引导、规范和督导作用""充分发挥市场在资源配置中的决定性作用""促进政府办学、企业办学和社会办学共同发展"。2018年，教育部等六部门颁布《职业学校校企合作促进办法》，提出："校企合作实行校企主导、政府推动、行业指导、学校企业双主体实施的合作机制。"至此，我国职业教育初步形成校企主导、政府推动、行业指导、学校企业双主体实施，充分发挥行业作用，发挥市场在资源配置中的决定性作用，社会力量积极参与，公办与民办共同发展的多元办学格局。

职业教育的办学思想和办学格局实现了重大转变，改革发展职业教育的思路更加清晰。职业教育经历了从计划培养到市场驱动的转变，由原来的政府办学为主、社会力量办学为辅的"政府主导、直接管理"，转变为"政府推动与宏观引导""校企主导、校企双主体合作"。对社会力量参与的表述最初是"集体和个人也可以办"，之后变为正式肯定，然后实行由政府进行主动"引导"，到现今已把企业作为双主体之一的重要实施者，把行业指导、市场在资源配置中的作

① 和震：《我国职业教育政策三十年回顾》，载《教育发展研究》，2009(3)。

用放到前所未有的高度。在办学方向上，坚持“促进就业为导向”的办学方针，面向人人，面向全社会。在办学模式上，大力推行产教融合、校企合作、工学结合，积极推进职业教育集团化、规模化办学。职业教育办学机制中市场机制的作用和社会力量参与的日益强大是与十一届三中全会以来整体的政治经济体制改革相一致的，都是采用一种渐进的改革方式，在政府的宏观力量的扶持下逐渐走向完善、成熟。①

政府统筹与面向市场相结合的职业教育发展与中国特色社会主义市场经济体制一脉相承，是中国特色社会主义市场经济体制在职业教育上的反映。市场以“看不见的手”发挥作用，有利于调节人才的供需平衡，市场(行业企业)在向职业教育提出要求的同时也为职业教育的人才培养提供了参考依据，包括人才需求、能力标准、师资、实训实习等各种资源，这些是高质量的职业教育所必需的。高质量的职业教育需要面向市场办学，但仅仅依靠市场机制，完全依靠行业、企业办学会产生很多问题。在我国独特的国情中，市场机制并没能解决我国职业教育发展中包括职业教育滑坡在内的诸多问题，反而引发了危机。在没有国家资助的情况下，市场机制无法支持职业教育实现自我持续发展，无法实现对公共资源的有效配置，无法促成职业教育与其他社会组织尤其是行业组织和企业组织的有效联合，无法有效解决教育公平等问题，无法代替政府对职业教育的高投入。因此，市场机制的政策取向并没有使职业教育发展摆脱困境。② 政府统筹下的公共职业教育具有行业、企业办学所不具备的优势与功能，我国职业教育需要政府统筹主要体现在三方面。其一，职业教育具有一定的公益属性，其公益性的实现程度取决于国

① 和震：《我国职业教育政策三十年回顾》，载《教育发展研究》，2009(3)。

② 覃壮才：《市场化及其危机——20年来我国职业教育政策发展的基本取向分析》，载《比较教育研究》，2003(11)。

家财力和政府的决心与选择。《2015中国高等职业教育质量年度报告》统计数据显示，2014届高职毕业生中有91%为家庭第一代大学生，52%的家庭背景为“农民与农民工”，职业教育成为促进社会公平，发挥教育脱贫作用，阻断贫困代际传递的重要途径。① 2015年11月，习近平在中央扶贫开发工作会议上提出：一个贫困家庭的孩子如果能接受职业教育，掌握一技之长，能就业，这一户脱贫就有希望了。其二，职业教育在一定程度上具有的诺贝尔经济学奖获得者米尔顿·弗里德曼所提出的教育邻近影响或毗邻效应。② 职业教育不仅有利于学生自身及其家庭，其他社会成员也能从中受益，有利于整个社会的和谐。具体而言，假如一个贫困青年通过接受职业教育获得一技之长，从而能够谋生，获得收益的不仅是他自身和他的家庭，同时也在一定程度上降低了他因个人贫困、失业而违法犯罪，影响社会安定的可能性。因此，职业教育需要政府在发展规划的制定、环境的营造、保障条件的完善、经费的提供、发展质量的监督等方面提供有力支持。其三，职业教育涉及的范围超乎任何单个行业、企业、学校的能力，一些人才培养的关键性问题，在中国人口庞大、地区差异巨大等十分复杂的情况下，只有通过国家政府层面的统筹规划才可能解决。比如产业结构调整带来的人才需求、劳动力市场情况变化等问题，只有在国家层面才能够做到较为精准的预测和调整。在维护产教融合、校企合作关系上，要为企业参与提供政府支持和法律依据③；人才培养模式的创新也需要国家的大力扶持，为其营造一个有利的发展环境；在提出职业教育标准、途径、创新方法，提供财政支持、制度保障等方面政府也起着重要

---

① 中华人民共和国教育部：《2015中国高等职业教育质量年度报告》，http://www.moe.edu.cn/jyb_xwfb/s7600/201507/t20150730_196863.html，2018-03-08。

② [美]米尔顿·弗里德曼：《资本主义与自由》，83～104页，北京，商务印书馆，1986。

③ 黄尧：《职业教育学——原理与应用》，493页，北京，高等教育出版社，2009。

作用。

总之，职业教育的发展需要政府从宏观的政策、体制、机制，中观的产业与教育界，微观的学校与企业各个层面进行全方位协调，利用可调动的资源提供支持和保障。而事实上，中国独特的政治体制也确实能够发挥优势。中国职业教育发展需要政府的作用，尤其是在职业教育发展初期力量薄弱、体系不完善时，只有依靠政府的主导作用职业教育才能快速成长。当职业教育体系在政府宏观力量的扶持下逐渐走向成熟时，政府会逐渐减少在职业教育的招生就业、专业设置和课程等方面的计划、控制和支持，转而让市场更多、更好地发挥作用。“产教融合、校企合作”的职业教育合作模式反映了教育界与产业界、学校与企业的取长补短、互利共赢的保险机制(防止单一主体失灵的状况)、互动模式。

五、从规模扩张到内涵建设的可持续发展模式

在我国职业教育基础薄弱阶段，政府大力发展职业教育首先要解决的是数量问题，即进行粗放型的规模扩张。当规模问题解决时，政府开始关注更高层次的质量问题，即进行内涵建设。

回顾改革开放 40 年，职业教育经历了两轮从规模扩张到内涵建设的阶段。第一轮发生在 1985—1991 年，在 1985 年《中共中央关于教育体制改革的决定》的大力推动下，职业教育规模发展迅速。1991 年《国务院关于大力发展职业技术教育的决定》提出有计划地建设骨干校、示范校等一系列问题，开启了内涵发展的阶段。经历了 1997—2001 年的滑坡阶段后，以《国务院关于大力推进职业教育改革与发展的决定》(2002)、《教育部等七部委关于进一步加强职业教育工作的若干意见》(2004)等一系列文件为标志，开启了第二轮规模扩张与内涵建设。这一轮的扩张速度与规模远超第一轮。《教育部等七部委关于进一步加强职业教育工作的若干意见》多次提到质量问题。紧接着，2005 年《国务院关于大力发展职业教育的决定》提出“重点建

设高水平的培养高素质技能型人才的 1 000 所示范性中等职业学校和 100 所示范性高等职业院校”。2006 年《教育部财政部关于实施国家示范性高等职业院校建设计划加快高等职业教育改革与发展的意见》提出，在“十一五”规划期间支持百所高等职业院校实施为期 3 年的国家示范性高等职业院校建设计划，在制造、建筑、能源化工、交通运输、电子信息、农林牧渔和服务业等领域遴选了 100 所高职院校，国家重点投入建设 409 个专业。

进入到新时期，职业教育开启可持续发展和服务能力提升的内涵发展模式，以办好人民满意的教育。2010 年，《国家中长期教育改革和发展规划纲要(2010—2020 年)》颁布，作为中国教育改革发展的行动指南，该文件对职业教育的发展目标、改革重点、工作任务和政策保障做了全面规划和部署，提出要“支持一批中等职业教育改革示范校和优质特色校建设，支持高等职业教育示范校建设；支持一批示范性职业教育集团学校建设”等具体做法。2015 年，为了缓解高等教育结构性矛盾突出、同质化倾向严重、毕业生就业难和就业质量低等问题，《教育部国家发展改革委财政部关于引导部分地方普通本科高校向应用型转变的指导意见》发布，指出要引导部分地方普通本科高校向应用型转变，形成一批服务产业转型升级和先进技术转移应用的特色鲜明的应用技术大学、学院，培养应用型技术技能型人才，增强学生就业创业能力，提高学校服务区域经济社会发展和创新驱动发展的能力。随着一系列发展规划纲要、教学标准等的出台，对于职业教育未来发展提出了更高的要求。另外，习近平总书记在党的十九大报告中提出办人民满意的教育，建设学习型社会。

六、科学研究与教育改革实践探索紧密结合

我国的职业教育发展凝结着无数职业教育研究者和实践者的共同努力。国家高度重视职业教育的科研工作，设立了大量的职业教育研究机构。1978 年，国务院批准重建中央教育科学研究所，设立

"教育制度研究室"，进行中等教育结构改革和职业技术教育研究，这个研究室在1986年改为职业技术教育研究室和成人教育研究室。后来，部分省市以及高校也建立了职业教育研究机构。1991年德国政府通过德国技术合作公司，支持中国政府建立了3个研究机构：教育部职业技术教育中心研究所(原中央教科所职教研究室并入)、上海职业技术教育研究所、辽宁职业技术教育研究所。此外，其他地区如江苏、湖南、河北等也独立设置了省级职教科研机构。

国内很多大学也设立了职业教育研究机构，如北京师范大学职业与成人教育研究所、华东师范大学职业教育与成人教育研究所、广西师范大学职业技术教育学院、天津大学职业技术教育研究所、同济大学职业技术教育学院等。中、高职也设立研究室，如深圳职业技术学院技术与职业教育研究所。另外，全国还有一些群众性学术研究团体，如中国职业技术教育学会、中华职业教育社等。初步形成了由职业教育行政部门、职教科研机构、职业教育院校和职业教育学术团体组成的，专兼职研究人员结合的规模庞大的科研队伍。① 研究成果不断涌现，对于国外的人才培养模式、课程模式、办学思想、管理机制以及在他国已证明有效的经验有了基本了解，也在实践中积极探索如何将其"本土化"。同时在中国本土也获得了丰富的改革经验，我国职业教育实践体现了"兼容并包"的特征。实地调研发现，全国职业院校的各专业并不是统一采用某一种课程开发模式，而是结合各自的专业特色、地区优势等，充分发挥各种模式的长处，获得了很多适用于中国本土的有益经验。如我国在20世纪90年代引入的加拿大CBE模式，多个地区的职业院校对其DACUM课程理念及课程开发方法进行了实验。我国在借鉴双元制、CBE、MES等经验的基础上，结合我国具体国情，研发了具有中国

① 《职业教育研究机构》，载《中国职业技术教育》，2006(6)。

特色的职业教育课程模式，如“宽基础、活模块”模式、理论与实践一体化的项目课程模式①，在一定程度上解决了课程结构问题。

第二节 职业教育发展的未来展望

展望未来，职业教育与培训的改革发展任重而道远。人才是实现全面建成小康社会的奋斗目标、建设富强民主文明和谐美丽的社会主义现代化强国的关键，职业教育现代化是国家现代化的重要组成部分，肩负着夺取新时代中国特色社会主义伟大胜利，实现中华民族伟大复兴的中国梦，从教育大国转向教育强国，从人力资源大国转向人力资源强国的重要历史使命。国家需使职业教育培训的发展规划与经济政策保持密切的、战略级别的联系，将职业教育纳入经济社会发展和产业发展规划，维持职业教育与培训系统与随时间变化的经济需求之间的联系，促使职业教育规模、专业设置与经济社会发展需求相适应。

未来随着改革的深入推进，应紧紧围绕“办人民满意的教育”这一宏伟目标，继续保持中国特色，结合中国具体国情，反映中国现实和未来需要，紧密结合“中国制造2025”“脱贫攻坚”“一带一路”；在人才培养上坚持“以人为本、全面实施素质教育，坚持德育为先、能力为重、全面发展”这一战略主题，以立德树人为根本任务，以促进公平为基本要求，以优化结构为主攻方向，以深化改革为根本动力；加快推进教育现代化，深化校企合作，开展现代学徒制培养；继续推进深化体制机制改革，实现优质、创新、协调、可持续、开放、共享发展，提升教育质量；加强国际交流与合作，提高国际影响力，建成中国特色现代职业教育和培训体系。

---

① 黄尧：《职业教育学——原理与应用》，448页，北京，高等教育出版社，2009。

一、继续大力发展职业教育事业，建设与完善现代职业教育和培训体系

作为现代国民教育体系的重要组成部分，职业教育是面向人人、面向全社会的教育，对促进就业、繁荣经济、消除贫困、保障公平和社会和谐具有重要意义。“优先发展教育事业”“办人民满意的教育”是党对人民做出的庄严承诺。党的十九大报告将“优先发展教育事业”放在保障和改善民生部分的首位，继续大力发展职业教育事业，建设与完善现代职业教育和培训体系，完善终身学习体系建设，这对建设社会主义现代化强国和教育强国具有巨大和深远的指导意义。

一是基本实现职业教育现代化。包括物质、精神和制度层面的现代化，健全现代化职业教育体系，完善现代化职业教育制度，实现职业教育思想、办学理念、人才培养目标和模式、教育内容、师资队伍、软硬件设施等的现代化，以信息化、智能化带动现代化，提升国家现代化水平。

二是基本形成学习型社会。未来将完善终身教育体系，建立灵活、开放、多元的终身学习制度；搭建终身学习“立交桥”，促进各级各类教育纵向衔接、横向沟通，提供多次选择机会，满足个人多样化的学习和发展需要；推进城乡社区教育，加强学习型组织建设，建设全民学习、终身学习的学习型社会。

三是建设人力资源强国。通过完善惠及全民、公平、优质、完备、共享的基本公共教育服务体系，构建全民学习和终身学习的学习型社会和充满活力的教育体制，特别保障弱势、贫困群体的受教育权利，使得充分、普遍开发并充分、合理利用人力资源变为可能。

二、深化职业教育体制机制改革，增强职业教育发展活力

2017 年 9 月，中共中央办公厅、国务院办公厅印发了《关于深化教育体制机制改革的意见》，明确了我国深化教育体制机制改革的指

导思想、基本原则和主要目标等，指出三个“更加”：更加符合教育规律，更加符合人才成长规律，更能促进人的全面发展。

职业教育发展不平衡、不充分问题仍然存在。我国职业教育整体大步前进，但局部差距依然存在。人才总供给能力显著增强，但结构性矛盾尚未解决；人民总体受教育机会大大增加，但个性化、多样化需求仍未有效满足；人民群众渴望接受优质教育，但如何遏制片面追求升学、如何促进学生全面发展的问题仍然没有得到很好解决。在办学方向、办学标准、办学质量上，应该有统一性要求。在坚持统一性的前提下，要少一些“一刀切”的规定，营造更加宽松的环境，鼓励各地有不一样的探索、不同的发展模式。

(一)进一步完善统筹协调的管理机制

统筹协调的职业教育管理机制是优质职业教育的基石。未来需要从国家层面统筹政府部门、研究机构与劳动力市场，重点突破障碍，投入资金，支持更多全国性的大型项目，实现跨领域、跨部门协调合作，完善管理体制机制以及配套的资源数据库的建设，为政府决策部门、受教育者、劳动者、学校、职业教育研究者等提供更加透明、精准、及时、便捷的劳动力需求与供给、职业资格等信息参考，进而实现对接经济需求，实现专业的动态调整，培养高质量的创新型技能人才。

此外，未来还应重点把握好“统一”与“灵活”之间的关系。一方面，从国家层面宏观管理，建立统一、全国通用、一致的法律法规、政策、标准等，提供基本原则和要求，真正做到把该管的事项切实管住管好，加强事中事后监管，构建政府、学校、社会之间的新型关系。如健全行业企业参与办学的体制机制和支持政策，支持行业企业参与人才培养全过程。另一方面，把该放的权力坚决放下去，允许各地区、各院校探索因地制宜、多样化、灵活的具体办法，形成学校自主办学、社会有序参与、各方合力推进的格局。如充分发挥行业主管部门的指导、评价和服务作用，支持行业组织推进校企合作、发布人才需求信息、参与教育教学、开展人才质量评价。

（二）完善人才培养“立交桥”的建设

完善人才培养“立交桥”的建设是满足人民群众个性化、多样化职业教育需求的重要体现。加强职业教育与普通教育的沟通，使中等和高等职业教育紧密衔接，学历教育与非学历教育、全日制与非全日制职业教育相融通，为更广大范围的受教育者搭建多样化选择、多路径成才的“立交桥”，使学习者在人生的任何阶段都能够根据自身兴趣，通过多次选择、以多种方式自由地转换学习路径，灵活接受职业教育和培训，获得上升的渠道和机会，从而促进学习者的可持续发展。重点增加非全日制职业教育在职业教育中的比重，为学生提供工学交替、双元制、学徒制、半工半读、远程教育等多样、灵活的学习方式。打通从中职、专科、本科到专业学位研究生的培养体系，满足受教育者不同层次的受教育需求。同时，改革学制、学籍和学分积累转换管理制度，实现学籍、课程和学分互认，畅通人才成长通道，保障“立交桥”的顺利转换。只有这样才能培养出实践型、创新型、技能型、应用型人才，才能真正构建起终身学习的学习型社会。

（三）大力推进职业教育公平，面向人人

教育公平是社会公平的重要基础。党的十九大报告中提出“努力让每个孩子都能享有公平而有质量的教育”。我国职业教育整体大步前进，但不平衡、不充分问题仍然存在：东、中、西部区域之间，城乡、学校之间依然存在较大差异，职业教育发展不平衡。构建现代职业教育体系需要实现职业教育的协调发展，保障人人可以享有优质、公平的教育。教育公平的主要责任在政府，也需要全社会的共同参与。

优化教育资源配置，促进教育协调发展，保障弱势群体受教育的权利。合理配置教育资源是促进教育公平的根本措施。国家财政性教育经费的使用应坚持向老少边穷地区、少数民族地区倾斜，向家庭经济困难学生倾斜，向薄弱环节、关键领域倾斜。统筹协调，实现优质师资、软硬件教学资源等协调发展，缩小资源差距。重点解决集中连片特困地区和老少边穷等艰苦地区教师工资保障机制，实现精准补助，做到越基层、越艰苦的地区补助水平越高。保障经济困难群体、弱势群体受教育机会的公平，努力确保每个学生都有权利接受职业教育，发展自身的职业能力。

建立健全国家资助体系，加大资助力度。要完善针对老少边穷地区、不均衡地区的，对家庭困难学生全覆盖的，“奖、助、贷、勤、补、免”多元化的资助制度体系。完善国家奖学金、助学金政策和中职免学费政策，完善国家助学贷款机制。建立问题反馈机制，根据不同的薄弱环节，实施针对性的帮扶措施，提高资助精准度。

扩大受教育范围，面向在职人员、社区居民、农民工、新型职业农民、退役军人等重点人群开展教育培训。要加快发展老年教育，统筹发展城乡社区教育，推进学习型城市和各类学习型组织的建设。健全继续教育、终身学习制度，建立学分认定转化积累制度，完善人人皆学、时时可学、处处能学的终身学习体系。

（四）大力发展农村职业教育

农村职业教育是教育扶贫、精准扶贫的重要举措，要大力增强现代职业教育服务现代农业、社会主义新农村建设、新型职业农民培育和农民工职业技能提升的能力。一是要在城镇化建设中科学规划职业教育，院校布局更加贴近所服务的产业和社区，新增高等职业学校主要建在中小城市，以方便农村学生。二是要强化职业教育资源的统筹协调和综合利用，推进城乡、区域合作，增强服务“三农”的能力。三是要加强涉农专业建设，加大力度培养适应农业和农村发展需要的专业人才。四是要支持各级各类学校积极参与培养有文化、懂技术、会经营的新型农民，重点加强农民工、农民工子女和城市转岗就业人员的职业教育和转移培训。五是要逐步实施农村新成长劳动力免费劳动预备制培训。六是要强化省级、地市级政府发展农村职业教育的责任，扩大农村职业教育培训的覆盖面，推动县区职业教育中心(中等职业学校)成为区域学历教育、技术推广、扶贫开发、劳动力转移培训和社会生活教育的开放平台，将服务网络延伸到社区、村庄、合作社、农场、企业。

(五)科学合理优化教育结构

教育结构优化问题是体系建设的重点任务，特别是高等职业教育的结构优化问题。一是以举办本科职业教育为重点，鼓励举办应用技术类型高校，进一步引导部分地方普通本科高校向应用型转变，形成一批服务产业转型升级和先进技术转移应用的特色鲜明的应用技术大学、学院，培养应用型技术技能型人才，增强学校服务区域经济社会发展和创新驱动发展的能力。二是原则上现有专科高等职业学校不升格为或并入普通高等学校，保持现有专科高等职业学校的规模。三是职业教育结构优化调整与国家产业政策和产业发展保持高度一致。

三、进一步提高职业教育人才培养质量

提高职业教育质量是职业教育工作的重中之重，其中推进产教深度融合、加强校企合作是关键。人才培养需要解决的是“培养什么样的人”和“怎么培养人”的问题。“培养什么样的人”由需求决定，需求一方面来自劳动力市场，推进产教深度融合、加强校企合作能够在一定程度上为职业教育院校提供更加精准的用人信息；另一方面来自广大的学习者，满足人民的需求才能“办人民满意的教育”，增强人民群众的获得感。总体而言，人民群众的个性化、多样化的教育需求仍未得到有效满足，人民仍然渴望接受更加优质的教育。提升职业教育人才培养质量的重点就是要围绕满足上述两方面的需求

开展改革。

(一)引导多元主体深度参与办学

建立健全政府主导、行业指导、企业参与的办学机制，制定促进校企合作办学的法规，推进校企合作制度化，重点解决体制机制障碍及校企合作中的具体问题，充分调动行业企业的积极性。

一是以职业教育校企深度合作项目为依托，鼓励行业组织、企业举办职业学校；二是鼓励行业组织、企业委托职业学校进行职工培训；三是制定优惠政策，鼓励企业接收学生实习实训和教师实践，鼓励企业加大对职业教育的投入；四是继续推进现代学徒制试点，建设一批示范性职业教育集团；五是完善多元主体参与办学的法律体系，保障在实践中充分执行法律，解决法律执行亏空问题；六是在专业设置、人才培养目标设定等方面给予行业企业更多的话语权。根据国家产业政策和产业发展趋势，积极发展面向鼓励类产业的专业，控制面向限制类产业的专业，逐步取消面向淘汰类产业的专业。①

(二)完善特色“双师型”教师的师资队伍建设

要坚持教育优先发展战略，就要把建设“双师型”教师队伍工作列为职业教育事业发展的重点关注领域。

我国现已建成相对独立的职业教育师资培训体系，但还不够完善，未完全满足一线教师的发展需要。未来应重点围绕四个方面进行建设。一是教师资格和编制制度。职业教育的特点决定了其教师资格标准、专业技术职务(职称)评聘办法与普通教育略有不同。未来应在职业学校设置正高级教师职务(职称)，合理核定公办职业院校教职工编制，并重点将教师编制用于引进有实践经验的专业教师。

① 袁贵仁：《百年大计教育为本——党的十六大以来教育事业改革发展回顾(2002—2012)》，149页，北京，人民出版社，2012。

二是职业院校用人制度。在落实职业院校办学自主权的同时，需配以用人自主权。尤其要鼓励职业院校按照国家相关规定聘请企业管理人员、工程技术人员和能工巧匠担任专兼职教师，建立符合职业院校特点的教师绩效评价标准，并向“双师型”教师适当倾斜。建立健全技能型人才到职业学校从教的制度。三是教师培养制度。依托高水平学校和大中型企业建立“双师型”职业教育师资培养基地，加强职业技术师范院校建设。探索职业教育师资定向培养制度和“学历教育＋企业实训”的培养办法。重点加强职业教育教师队伍师风师德建设。四是教师培训制度。提升职业院校教师专业化发展水平，以职业教育教师实践企业基地为依托，保障专业教师每两年专业实践的时间累计不少于两个月，实行新任教师先实践、后上岗和教师定期实践制度。

（三）创新人才培养模式，推进课程改革

职业院校要探索适应自身特点的人才培养模式，实行工学结合、校企合作、顶岗实习的培养方法，建立专业设置、课程改革、教学改革随产业发展的动态调整机制，创新课程开发与课程实施的策略，变革教学组织形式，创新教学手段，改革学生学习方式和评价方式，开展多样化实习，提升职业院校的办学水平和质量。

具体而言，一是完善专业目录、部分公共基础课课程标准、新的中职高职专业教学标准；二是创新课程管理制度，突出课程的灵活与个性化选择，必修与选修并重，允许双专业与转专业；三是实施灵活的学习制度，给予学生充分、灵活的选课、休学、转专业的自主权；四是创新校企合作制度，强化长时段、多场域的育人合作设计；五是推进校企在实习方面的深度合作，加强对话，保障实习质量。

（四）建立职业教育质量评估和保障体系

建立健全目标分层、多级评价、多元参与、管评办分离的职业

教育质量评价制度。一是完善学校、行业、企业、研究机构和其他社会组织共同参与的职业教育质量评价机制。二是各地要加强对职业教育的督导和评估，开展以人才培养质量和服务贡献为主要内容的职业院校绩效考核。三是职业院校要建立内部质量评价制度，强化质量保障体系建设。四是注重发挥行业作用，支持行业协会开展职业院校人才培养质量评估，提高人才培养的质量、结构与行业需求的匹配度。五是鼓励企业、用人单位开展毕业生就业质量、满意度等评价。六是健全第三方评价机制，积极支持各类专业组织等第三方机构开展质量评估，增强评价的专业性、独立性和客观性。

（五）进一步开展创新创业教育

在《国务院办公厅关于深化高等学校创新创业教育改革的实施意见》的基础上，形成更加科学、先进、认同广泛、具有中国特色的创新创业教育理念，进一步形成一批可复制、可推广的制度成果，继续推进深化体制机制改革，统一领导，齐抓共管，开放合作，全员参与，形成全社会关心支持创新创业教育和学生创新创业的良好生态环境。充分结合职业教育的特点，充分贯彻面向全体、分类施教的理念，使职业院校、专业与地区、产业、企业建立更加紧密的联系，普及创新创业教育，促进学生全面发展，提升人力资本素质。坚持问题导向，建立健全将课堂教学、自主学习、结合实践、指导帮扶、文化引领融为一体的高校创新创业教育体系，人才培养质量显著提升，学生的创新精神、创业意识和创新创业能力明显增强，投身创业实践的学生显著增加，努力造就大众创业、万众创新的生力军。

四、深入推进职业教育对外交流与合作

加强职业教育对外交流与合作，不仅要学习先进经验，也要与全世界分享中国职业教育的经验和智慧。

一是通过学术活动、国际职业技术教育论坛、技能大赛等途径

加强同联合国教科文组织、世界银行等国际组织和职业教育先进国家开展的职业教育领域的合作和交流。二是鼓励骨干职业院校“走出去”，建设一批具有国际竞争力的职业院校，服务国家的对外开放(如“一带一路”)，培养适应我国企业“走出去”要求的技术技能人才。三是加大对职业院校学生出国留学的支持力度，加大财政支持投入。四是支持承揽海外大型工程的企业与职业院校联合建立国际化人才培养基地。五是积极扩大职业院校招收海外留学生的规模，探索并规范职业院校到国(境)外办学的机制。六是鼓励职业院校加强与周边国家的合作，积极探索中外合作办学机制，增强我国教育对周边国家的辐射力、影响力。

五、加大职业教育科学研究支持力度

职业教育科学研究为我国职业教育实践做出了巨大贡献，这些基础性研究影响到实践教学环节，但目前对于职业教育领域研究的支持仍有可改进之处。

一是要提高对职业教育领域相关研究的重视程度。二是要围绕重点、难点和关键性问题设立专门、长期的研究项目，加大资金投入倾斜力度，支持全国性、跨部门、跨领域共同合作完成研究，如支持教育领域交叉研究，设立自然科学基金项目。三是加强职业教育相关的数据库建设与开放共享机制。四是加大对职业教育领域科学研究机构的支持力度。五是建立与完善职业教育研究合作机制，促进针对职业教育的多部门、多领域、多机构合作的研究。

后 记

改革开放40年来，在党和政府的领导下，我国职业教育与培训事业取得了举世瞩目的成就。中等和高等职业教育快速发展，基本完成了中等教育结构调整的重任，推进了高等教育多样化的进程，中职招生规模接近整个中等教育招生规模的一半，而高职招生规模已达到高等教育招生规模的一半。培训事业也迅速发展，建成了世界最大规模的职业教育与培训体系，推动了我国从人口大国向人力资源强国的转变，为经济发展、社会进步和民生改善做出了不可替代的重大贡献。职业教育和培训制度建设不断推进，职业教育得到了立法保障，政府主导、社会力量参与、产教融合、校企合作、行业指导的办学新模式正在形成。职业院校基础能力显著提高，产教融合制度设计已被提出，校企合作不断深入，行业企业参与不断加强。中高职业教育衔接呈现良好势头，初步形成现代职业教育和培训体系框架。职业教育投入不断增长，办学条件显著改善，职业教育教学改革逐步深化，“双师型”教育队伍建设得到强化，职业教育科研队伍逐步壮大。农村职业教育得到加强，中等职业教育免学费政策得到实施，有力地推动了教育公平，保障了更多学生受教育的权利。

但是，在取得重大发展成就的同时，我们也应清醒地看到我国职业教育事业面临的挑战，职业教育仍然是教育事业中的薄弱环节，大而不强，多而不精，体制机制的发展瓶颈依然存在，校企合作不畅，职业教育缺乏吸引力的局面未得到根本扭转，社会中鄙薄职业教育的落后观念仍很普遍，职业教育支撑产业升级、结构调整和创新驱动的能力还需要大力提升，等等。对于这些问题和不足，我们需要站在整体位置，加强对职业教育的支撑，面向新时代国民经济建设事业，运用系统思维和创新精神，采纳改革办法，从而逐步加以解决。

职业教育在教育教学领域的改革也引人注目。职业教育是建设终身学习社会的主要载体，是所有人成长和发展都需要的。职业教育推行知行结合、手脑并用，注重实践教学，教学做三者合一，结果导向，能力本位。它能使人在青少年时期就获得知行合一、多样发展的人生舞台，获得不同于一心读书求知、获取间接经验的教育。职业教育为大批不擅长学习间接知识的学生提供人生出彩的机会，把他们从普通教育考试失败的困境中解救出来，找到适合自己的自立自强的成长道路。职业教育的知行合一、产教融合还体现在职业学校教师追求开放合作、跨界学习，从不故步自封，不断依据科技进步和企业变化来调整自己的课程与教学。如马克思所言，生产劳动同智育和体育相结合不仅是一种提高社会生产的方法，而且是造就全面发展的人的唯一方法。职业教育的新理念和新方法值得整个教育领域学习借鉴。

为迎接新时代我们要认真总结改革开放 40 年来我国职业教育改革发展取得的历史成就、基本经验，正视发展中存在的不足和问题，探索未来的发展方向和改革路径。值此特殊时期，北京师范大学社会科学处和北京师范大学出版社委托我们写作此书，作为“中国教育改革开放 40 年”系列丛书中的一卷，为我们提供了总结过去和展望未来的机会。本书整体框架由我设计，并与刘云波、魏明等同志讨论确定，全书内容由所有参与作者集体合作、分工完成。各章节的撰写工作安排如下：第一章由北京师范大学和震、张格然撰写，第二章由北京师范大学谢珍珍、和震撰写，第三章由天津大学徐晔、北京师范大学刘云波撰写，第四章由北京师范大学刘云波、涂晓君撰写，第五章由北京师范大学刘云波、李萌撰写，第六章、第七章和第八章由深圳职业技术学院魏明撰写，第九章由北京师范大学贺世宇、和震撰写。全书最后由我统稿。

由于作者水平有限，粗浅和错漏之处在所难免，敬请广大专家、同行与读者对书中的观点与内容批评指正。

和震

2018年5月5日

北京师范大学英东教育楼

图书在版编目(CIP)数据

中国教育改革开放40年：职业教育卷 / 和震，刘云波，魏明等著. —北京：北京师范大学出版社，2019.2
(中国教育改革开放40年/朱旭东主编)
ISBN 978-7-303-24410-2

Ⅰ. ①中… Ⅱ. ①和… ②刘… ③魏… Ⅲ. ①教育改革—成就—中国②职业教育—教育改革—成就—中国 Ⅳ. ①G521

中国版本图书馆CIP数据核字(2018)第272650号

营 销 中 心 电 话　010-58805072　58807651
北师大出版社高等教育与学术著作分社　http://xueda.bnup.com

ZHONGGUO JIAOYU GAIGE KAIFANG 40 NIAN: ZHIYE JIAOYU JUAN
出版发行：北京师范大学出版社 www.bnup.com
北京市海淀区新街口外大街19号
邮政编码：100875
印　　刷：北京盛通印刷股份有限公司
经　　销：全国新华书店
开　　本：710 mm×1000 mm　1/16
印　　张：28.75
字　　数：372千字
版　　次：2019年2月第1版
印　　次：2019年2月第1次印刷
定　　价：136.00元

策划编辑：陈红艳　　责任编辑：齐　琳　张筱彤
美术编辑：王齐云　　装帧设计：王齐云
责任校对：段立超　　责任印制：马　洁